高等教育立体化精品系列规划教材

Excel 财务应用教程

◎ 朱晟 主编
◎ 刘建 吴凯 副主编

人民邮电出版社
北京

图书在版编目（CIP）数据

Excel财务应用教程 / 朱晟主编. -- 北京 : 人民邮电出版社, 2013.10（2016.9 重印）
高等教育立体化精品系列规划教材
ISBN 978-7-115-32847-2

Ⅰ. ①E… Ⅱ. ①朱… Ⅲ. ①表处理软件－应用－财务管理－高等学校－教材 Ⅳ. ①F275-39

中国版本图书馆CIP数据核字(2013)第184312号

内 容 提 要

本书主要讲解 Excel 2003 在财务工作中的应用，主要包括 Excel 的基本操作，使用 Excel 进行员工薪酬核算、填制并处理会计凭证、编制会计报表、进销存数据分析、往来账款管理、本量利分析、筹资与投资决策分析等知识。本书在附录中还收集了与“财务管理”相关的各种表格分类并制作成表格模板提供到光盘中，用户可直接调用所需的表格模板进行操作，这样不仅可以制作具有专业性和实用性的表格，而且操作方便快捷，大大地提高了工作效率。

本书由浅入深、循序渐进，采用项目教学，每个项目均以情景导入、任务目标、相关知识、任务实施、上机综合实训、疑难解析及课后练习的结构进行讲述。全书通过大量的案例和练习，着重于对学生实际应用能力的培养，并将职业场景引入课堂教学，让学生提前进入工作的角色中。

本书适合作为高等教育院校 Excel 财务应用相关课程的教材，也可作为各类社会培训学校相关专业的教材，同时还可供 Excel 财务应用初学者自学使用。

◆ 主　　编　朱　晟
　副 主 编　刘　建　　吴　凯
　责任编辑　王　平
　责任印制　焦志炜

◆ 人民邮电出版社出版发行　　北京市崇文区夕照寺街 14 号
　邮编　100061　　电子邮件　315@ptpress.com.cn
　网址　http://www.ptpress.com.cn
　北京京华虎彩印刷有限公司印刷

◆ 开本：787×1092　1/16
　印张：16　　　　2013 年 10 月第 1 版
　字数：357 千字　　　　2016 年 9 月北京第 4 次印刷

定价：42.00 元（附光盘）

读者服务热线：(010) 67170985　印装质量热线：(010) 81055316
反盗版热线：(010) 81055315
广告经营许可证：京东工商广字第 8052 号

前 言 PREFACE

近年来，随着高等教育的不断改革与发展，高等教育的规模在不断扩大，课程的开发逐渐体现出职业能力的培养、教学职场化、教材实践化的特点，同时随着计算机软硬件日新月异地升级，市场上很多教材的软件版本、硬件型号、教学结构等内容都已不再适应目前的教授和学习。

鉴于此，我们认真总结已出版教材的编写经验，用了2~3年的时间深入调研各地、各类高等教育院校的教材需求，组织了一批优秀的、具有丰富的教学经验和实践经验的作者团队编写了本套教材，以帮助高等教育院校培养优秀的职业技能型人才。

本着“提升学生的就业能力”为导向的原则，我们在教学方法、教学内容和教学资源3个方面体现出自己的特色。

教学方法

本书精心设计“情景导入→任务实施→上机实训→疑难解析→课后练习”5段教学法，将职业场景引入课堂教学，激发学生的学习兴趣；然后在职场案例的驱动下，实现“做中学，做中教”的教学理念；最后有针对性地解答常见问题，并通过课后练习全方位帮助学生提升专业技能。

- **情景导入**：以主人公“小白”的实习情景模式为例引入本项目教学主题，并贯穿于项目的讲解中，让学生了解相关知识点在实际工作中的应用情况。
- **任务目标**：对本项目中的任务提出明确的制作要求，并提供最终效果图。
- **相关知识**：帮助学生梳理基本知识和技能，为后面实际操作打下基础。
- **任务实施**：通过操作并结合相关基础知识的讲解来完成任务的制作，讲解过程中穿插有“知识提示”、“多学一招”两个小栏目。
- **实训**：结合任务讲解的内容和实际工作需要给出操作要求，提供操作思路及步骤提示，让学生独立完成操作，训练学生的动手能力。
- **常见疑难解析**：精选出学生在实际操作和学习中经常会遇到的问题并进行答疑解惑，让学生可以深入地了解一些提高应用知识。
- **拓展知识**：在完成项目的基本知识点后，再深入介绍一些知识的使用。
- **课后练习**：结合本项目内容给出难度适中的上机操作题，让学生强化巩固所学知识。

教学内容

本书的教学目标是循序渐进地帮助学生掌握Excel财务应用，具体包括掌握Excel的基础操作，使用Excel进行员工薪酬核算、填制并处理会计凭证、编制会计报表、进销存数据分析、往来账款管理、本量利分析、筹资与投资决策分析等知识。全书共分为8

个项目的内容进行讲解。

- **项目一**：主要讲解Excel 2003的基础操作，包括创建工作簿、输入数据、编辑与美化表格数据、保护和打印表格数据等。
- **项目二**：主要讲解使用各种图片对象、公式与函数等知识进行员工薪酬核算。
- **项目三**：主要讲解使用数据有效性、记录单、定义名称、条件格式等知识填制并处理会计凭证。
- **项目四**：主要讲解使用导入数据、样式、超链接等知识编制会计报表。
- **项目五**：主要讲解使用窗体控件、图表、VBA等知识进行进销存数据分析。
- **项目六**：主要讲解使用数据排序、分类汇总、筛选等知识进行往来账款管理。
- **项目七**：主要讲解使用模拟运算表、微调项窗体控件等知识进行本量利分析。
- **项目八**：主要讲解使用方案管理器等知识进行筹资与投资决策分析，并巩固公式与函数的使用。

教学资源

本书的教学资源包括以下三方面的内容。

（1）配套光盘

本书配套光盘中包含图书中实例涉及的素材与效果文件、各项目实训及课后练习的操作演示动画、整理的模板库（对应于书中附录）和模拟试题库4个方面的内容。模拟试题库中含有丰富的关于Excel财务应用的相关试题，包括填空题、单项选择题、多项选择题、判断题、简答题、操作题等多种题型，读者可自动组合出不同的试卷进行测试。另外，光盘中还提供了两套完整模拟试题，以便读者测试和练习。

（2）教学资源包

本书配套精心制作的教学资源包，包括PPT教案和教学教案（备课教案、Word文档），以便老师顺利开展教学工作。

（3）教学扩展包

教学扩展包中包括方便教学的拓展资源以及每年定期更新的拓展案例两方面的内容。其中，拓展资源包含Excel教学素材和模板、教学演示动画等。

特别提醒：上述第（2）、（3）教学资源可访问人民邮电出版社教学服务与资源网（http:// www.ptpedu.com.cn）搜索下载，或者发电子邮件至dxbook@qq.com索取。

本书由朱晟任主编，刘建、吴凯任副主编。虽然编者在编写本书的过程中倾注了大量心血，但书中仍有疏漏，恳请广大读者不吝赐教。

编者

2013年6月

目　录 CONTENTS

项目一　Excel的基础操作　1

项目二　员工薪酬核算　33

项目三 填制并处理会计凭证 69

项目四 编制会计报表 93

项目五 进销存数据分析 125

项目六　往来账款管理　163

项目七　本量利分析　195

项目八　筹资与投资决策分析　219

附录　Excel财务应用表格模板　243

PART 1

项目一 Excel的基础操作

情景导入

小白凭着扎实的专业功底、较强的个人能力、热诚的工作态度终于顺利地通过了公司的面试，接下来的几天，小白除了熟悉公司的管理制度、岗位职责和要求外，她决定先掌握财务应用表格的制作方法。

知识技能目标

- 熟练掌握启动/退出Excel、工作簿、工作表、单元格的基本操作方法。
- 熟练掌握编辑表格数据、设置单元格格式的方法。
- 熟练掌握保护表格数据、设置页面、打印表格数据的方法。

- 了解制作财务表格必须掌握的Excel基础操作知识。
- 掌握“公司日常费用记录表”、“员工信息表”、“差旅费报销单”等表格的制作。

最终效果对应图

	A	B	C	D	E	F	G
1	公司日常费用记录表						
2	序号	日期	员工姓名	所属部门	费用类别	金额（元	详细事项
3	1	2013-4-1	李莉	办公室	办公费	600	办公用品
4	2	2013-4-1	李菲雪	企划部	办公费	800	墨盒、打印纸、
5	3	2013-4-1	孙文彬	总经办	通讯费	400	电话费、传真费
6	4	2013-4-3	杜建国	企划部	宣传费	800	在商报做广告
7	5	2013-4-3	李菲雪	企划部	宣传费	1800	海报宣传
8	6	2013-4-5	孙文彬	总经办	住宿费	1000	宾馆住宿
9	7	2013-4-5	孙文彬	总经办	招待费	1500	农家乐游玩
10	8	2013-4-6	杨培	人事部	招聘费	700	招聘费
11	9	2013-4-8	林俊	技术部	差旅费	2500	上海
12	10	2013-4-8	章语艳	技术部	差旅费	2500	上海
13	11	2013-4-8	林俊	技术部	招待费	1000	
14	12	2013-4-10	杨培	人事部	培训费	1250	培训费
15	13	2013-4-10	程枫	销售部	差旅费	2500	上海
16	14	2013-4-15	吴天乐	销售部	差旅费	2000	北京
17	15	2013-4-16	邓云凯	生产部	租赁费	8000	厂房、仓库租赁
18	16	2013-4-18	展浩	销售部	招待费	1500	
19	17	2013-4-18	展浩	销售部	差旅费	2000	武汉
20	18	2013-4-20	李霖菲	销售部	差旅费	3000	深圳
21	19	2013-4-22	杜建国	企划部	差旅费	3500	广州

日常费用记录表

	A	B	C	D	E	F	G
1	兴盛公司员工信息						
2	员工编号	员工姓名	性别	部门	职务	身份证号码	学历
3	00101	潘东阳	男	总经办	总经理	14012219740830XXXX	本科
4	00102	孙文彬	男	总经办	助理	36010219800606XXXX	硕士
5	00201	李莉	女	办公室	主任	441201820502XXX	本科
6	00202	何树坤	男	办公室	文员	23010119850930XXXX	大专
7	00203	谢佳怡	女	办公室	文员	231225870518XXX	中专
8	00301	杨培	男	人事部	经理	11010119790925XXXX	大专
9	00302	王海岩	男	人事部	办事员	51010119811220XXXX	本科
10	00303	柳语	女	人事部	办事员	230103860108XXX	本科
11	00401	刘凯廷	男	财务部	经理	11010619770902XXXX	硕士
12	00402	高婷	女	财务部	会计	51010119840409XXXX	本科
13	00403	张鹏	男	财务部	出纳	110105830208XXX	本科
14	00501	萧笑	女	企划部	经理	330301781008XXX	本科
15	00502	杜建国	男	企划部	创意策划	52010119850118XXXX	本科
16	00503	李菲雪	女	企划部	文案策划	33010119790508XXXX	硕士
17	00601	展浩	男	销售部	经理	61010119750216XXXX	本科
18	00602	吴天乐	男	销售部	业务员	11010219790403XXXX	高中

Sheet1 Sheet2 Sheet3

任务一　创建“公司日常费用记录表”

为了达到有效控制费用支出，合理分配资金的目的，制作日常费用记录表可以记录公司各项日常费用的使用时间、金额等相关内容，帮助管理者清楚地了解每笔费用明细，从而严格控制费用开支、杜绝浪费。

一、 任务目标

小白刚来公司不久，老张希望小白能尽快上手，于是安排小白先熟悉Excel 2003的工作环境，然后制作一张“公司日常费用记录表”。该任务要用Excel来完成，首先需启动Excel并将新建的空白工作簿以相应的名称进行保存，然后在其中输入并填充相应的数据，完成后再次保存并退出Excel。本例完成后的最终效果如图1-1所示。

效果所在位置 **光盘:\效果文件\项目一\公司日常费用记录表.xls**

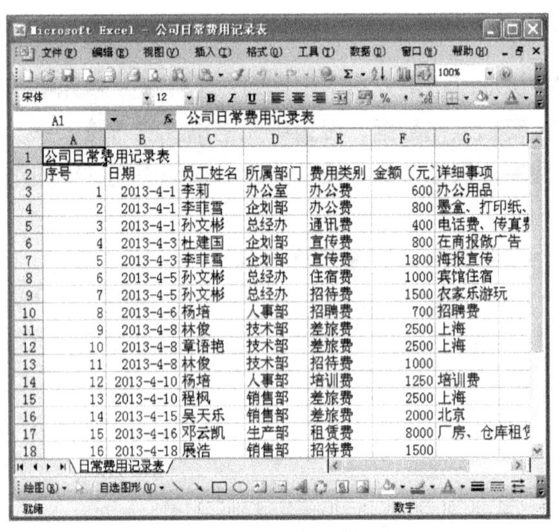

	A	B	C	D	E	F	G
1	公司日常费用记录表						
2	序号	日期	员工姓名	所属部门	费用类别	金额（元	详细事项
3	1	2013-4-1	李莉	办公室	办公费	600	办公用品
4	2	2013-4-1	李菲雪	企划部	办公费	800	墨盒、打印纸、
5	3	2013-4-1	孙文彬	总经办	通讯费	400	电话费、传真费
6	4	2013-4-3	杜建国	企划部	宣传费	800	在商报做广告
7	5	2013-4-3	李菲雪	企划部	宣传费	1800	海报宣传
8	6	2013-4-5	孙文彬	总经办	住宿费	1000	宾馆住宿
9	7	2013-4-5	孙文彬	总经办	招待费	1500	农家乐游玩
10	8	2013-4-6	杨培	人事部	招聘费	700	招聘费
11	9	2013-4-8	林俊	技术部	差旅费	2500	上海
12	10	2013-4-8	章语艳	技术部	差旅费	2500	上海
13	11	2013-4-8	林俊	技术部	招待费	1000	
14	12	2013-4-10	杨培	人事部	培训费	1250	培训费
15	13	2013-4-10	程枫	销售部	差旅费	2500	上海
16	14	2013-4-15	吴天乐	销售部	差旅费	2000	北京
17	15	2013-4-16	邓云凯	生产部	租赁费	8000	厂房、仓库租赁
18	16	2013-4-18	展浩	销售部	招待费	1500	

图1-1　“公司日常费用记录表”最终效果

二、 相关知识

要使用Excel 2003制作电子表格，首先应启动Excel 2003，然后在工作界面中执行相应的操作，完成后保存并退出Excel 2003。下面将先熟悉Excel 2003工作界面，然后认识工作簿、工作表、单元格，以及Excel中的数据类型。

1. 熟悉Excel 2003工作界面

单击桌面左下角的 开始 按钮，选择【所有程序】/【Microsoft Office】/【Microsoft Office Excel 2003】菜单命令，启动Excel 2003后，即可进入Excel 2003的工作界面，如图1-2所示。

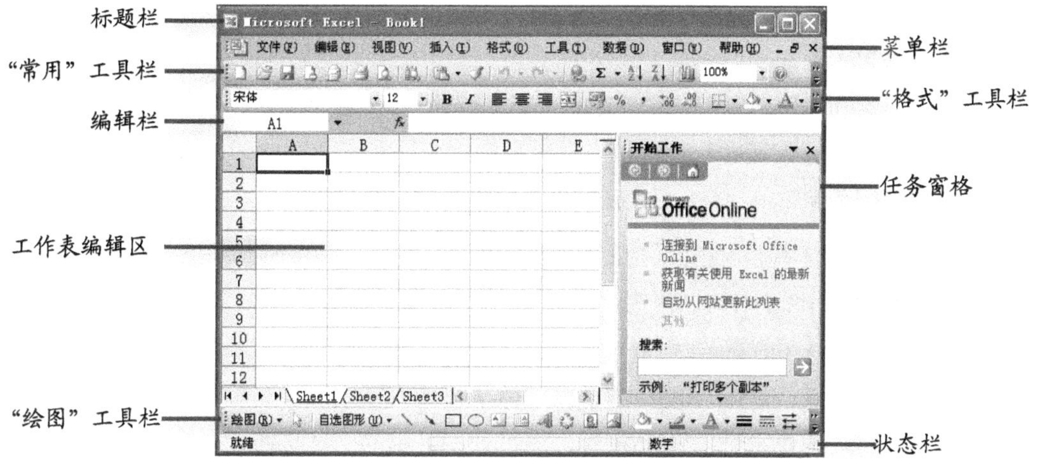

图1-2 Excel 2003的工作界面

Excel 2003的工作界面主要由标题栏、菜单栏、工具栏、编辑栏、工作表编辑区、任务窗格等部分组成。下面依次讲解各组成部分的作用。

- **标题栏**：包括程序控制图标、程序名、当前的文件名和窗口控制按钮。在其中单击程序控制图标，在弹出的菜单中选择相应的命令可实现移动、最小化、最大化或关闭界面等操作；单击"最小化"按钮可将窗口最小化到任务栏中；单击"最大化"按钮可将窗口最大化为整个显示屏幕的大小，且该按钮变为"还原"按钮，单击"还原"按钮可使窗口恢复到用户自定义的尺寸；单击"关闭"按钮可退出Excel 2003。
- **菜单栏**：包括工作簿控制图标、主菜单项、帮助下拉列表框和工作簿控制按钮。在其中单击工作簿控制图标可弹出与单击程序控制图标相同的菜单，但它只对工作簿的编辑窗口进行控制，而不能对Excel窗口进行控制；主菜单项由9个菜单项组成，包括了Excel 2003中的所有操作命令，用户可根据需要在菜单栏中选择命令执行相应的操作。

知识提示

菜单栏右侧有3个控制按钮，单击"窗口最小化"按钮可将工作簿编辑窗口最小化为Excel窗口底端的一个图标；单击"还原窗口"按钮可将工作簿窗口恢复到自定义大小，且Excel窗口变成以当前文件为名的窗口，单击"最大化"按钮可将工作簿编辑窗口最大化；单击"关闭"按钮×可关闭当前工作簿。

- **工具栏**：将Excel中同类的和常用的功能或命令组合在一起，并以按钮或下拉列表框的形式显示出来。默认状态下打开"常用"、"格式"、"绘图"工具栏，单击工具栏中的按钮或设置工具栏中下拉列表框的选项，即可设置相应的功能。

知识提示

"常用"工具栏包括常用命令的按钮和下拉列表框；"格式"工具栏包括设置格式的按钮和下拉列表框；"绘图"工具栏包括绘制和设置图形的按钮。

- **编辑栏**：包括“名称框”下拉列表框、“插入函数”按钮、编辑区，它主要用于输入和编辑当前活动单元格的数据和公式。其中“名称框”下拉列表框中用于显示当前单元格的名称，也可在其中重新定义当前单元格的名称；“插入函数”按钮用于快速打开“插入函数”对话框，在其列表框中选择所需选项即可插入相应的函数；编辑区用于编辑单元格中的数据。

将文本插入点定位到编辑栏的编辑区或单元格中时，“插入函数”按钮前将出现“取消”按钮和“输入”按钮。其中，“取消”按钮用来取消当前单元格的输入状态；“输入”按钮用来完成当前单元格的输入操作。

- **工作表编辑区**：是Excel窗口的主体部分，包括列标、行号、单元格、工作表标签、工作表标签滚动按钮、滚动条等，它是处理数据的主要场所。其中，列标以“A、B、C…”等英文字母表示；行号以“1、2、3…”等阿拉伯数字表示；单元格是Excel中存储数据的最基本元素，通过列标和行号进行标记。

工作表标签显示了工作簿中包含的工作表名称，如“Sheet1”、“Sheet2”、“Sheet3”；工作表标签滚动按钮从左至右依次表示切换到第一个、左移、右移、切换到最后一个工作表标签；滚动条包括水平滚动条和垂直滚动条，拖动它们可查看窗口中超过屏幕显示范围而未显示出来的内容。

- **任务窗格**：用于提供常用的操作任务，用户只需单击其中的超链接，便可以快速地执行多个任务。默认状态下显示“开始工作”任务窗格，然后在任务窗格的右上角单击按钮，在弹出的下拉列表中选择不同的选项即可切换到相应的任务窗格；单击按钮，可关闭任务窗格。
- **状态栏**：用来显示当前操作的状态以及提示信息，且随操作的不同而变化。

2．认识工作簿、工作表与单元格

在Excel 2003中，工作簿、工作表、单元格是构成Excel的支架，也是Excel中的主要操作对象，因此在使用Excel 2003之前，必须先了解其概念及其相互之间的关系。

- **工作簿**：用来保存表格内容，其扩展名为“.xls”，通常所说的Excel文件就是指工作簿。启动Excel 2003后，系统将自动新建一个名为“Book1”的工作簿，以后建立的多个新工作簿将依次以“Book2”、“Book3”……命名。
- **工作表**：是Excel 2003的工作场所，主要用来处理和存储数据。默认状态下，一个工作簿中只包含3张工作表，分别以“Sheet1”、“Sheet2”、“Sheet3”进行命名。
- **单元格**：是Excel中最基本的存储数据单元，它通过对应的列标和行号进行命名和引用。而多个连续的单元格则称为单元格区域，其表现形式为单元格:单元格，如A1单元格与A3单元格之间的单元格区域表示为A1:A3。
- **关系**：工作簿、工作表、单元格之间的关系是包含与被包含的关系，即工作簿中包含了一张或多张工作表，而工作表中又包含多个单元格，因此没有工作簿就没有工作表与单元格。在Excel 2003中一个工作簿最多可包含255张工作表，每张工作表最多又可由65536×256个单元格组成。

3．认识Excel中的数据类型

在单元格中可以输入不同类型的数据，如文本、数值、日期、时间等。下面主要介绍几种Excel中常用的数据类型。

- **字符型数据**：包括汉字、英文字母、空格等，每个单元格最多可容纳32 000个字符。默认情况下，字符型数据沿单元格左边对齐，当输入的字符串超出当前单元格大小时，若右边相邻单元格中无数据，那么字符串会往右延伸；若右边单元格有数据，那么超出的数据就会隐藏起来，直到调整单元格的行高或列宽后才能显示出来。
- **数值型数据**：包括0~9中的数字，以及含有正号、负号、货币符号、百分号等任一种符号的数据。默认情况下，数值自动沿单元格右边对齐。

在输入负数时，可在数值前加一个“－”号或把数值放在括号里；在输入分数时，应先在编辑框中输入“0”和一个空格，然后输入分数，否则Excel会把分数当作日期。

- **日期型和时间型数据**：输入日期时，年、月、日之间要用“/”或“-”符号隔开，如“2013-4-16”或“2013/4/16”。输入时间时，时、分、秒之间要用冒号隔开，如“13:45:54”。在单元格中同时输入日期和时间，日期和时间之间应用空格隔开。

三、任务实施

1．启动Excel并创建工作簿

要创建“公司日常费用记录表”，应先启动Excel并将新建的空白工作簿以相应的名称进行保存，其具体操作如下。

STEP 1 选择【开始】/【所有程序】/【Microsoft Office】/【Microsoft Office Excel 2003】菜单命令，启动Excel 2003，系统将自动新建一个名为“Book1”的空白工作簿，然后选择【文件】/【保存】菜单命令，如图1-3所示。

STEP 2 在打开的“另存为”对话框的“保存位置”下拉列表中选择保存路径，在“文件名”下拉列表框中输入“公司日常费用记录表”，单击保存(S)按钮，如图1-4所示。

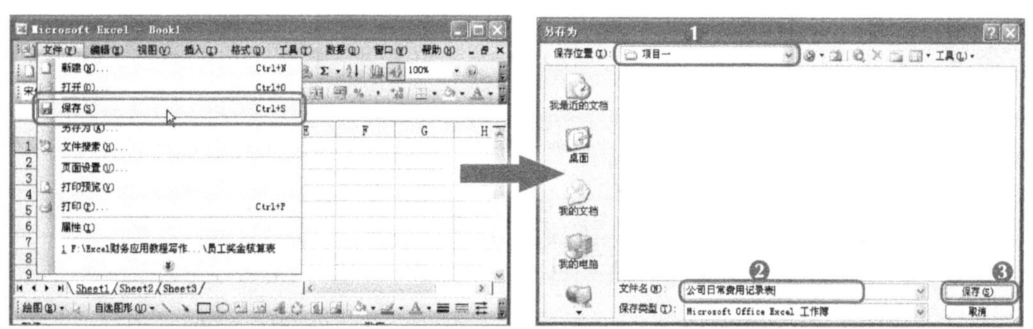

图1-3 选择保存菜单命令　　图1-4 指定保存位置并输入文件名

多学一招

在Excel 2003中选择【文件】/【新建】菜单命令，在打开的“新建工作簿”任务窗格的“新建”栏中单击“空白工作簿”超链接，或单击“常用”工具栏中的按钮，或按【Ctrl+N】组合键都可新建更多的空白工作簿。

STEP 3 完成工作簿的保存后，该工作簿标题栏中的名称变成“公司日常费用记录表”，如图1-5所示。另外，在计算机中的保存位置也可以找到保存的相应工作簿文件。

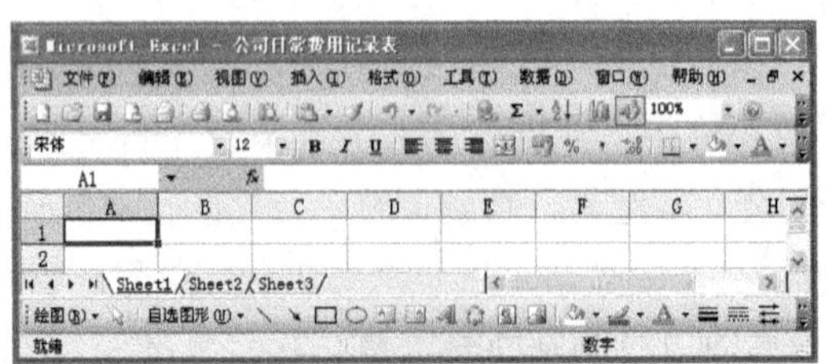

图1-5 保存后的工作簿

多学一招

单击“常用”工具栏中的“保存”按钮或按【Ctrl+S】组合键可快速保存工作簿。对已保存过的工作簿再次进行保存时，将不再打开“另存为”对话框，而是将修改结果直接保存到已保存过的工作簿中。

2．输入并快速填充数据

在Excel中掌握正确快速的数据输入方法是制作表格的基本要求，下面先在单元格中输入各种数据，然后再快速填充序列数据。其具体操作如下。

STEP 1 将鼠标指针移至需选择的单元格上，此时鼠标指针变为形状，单击并选择所需的单元格，这里选择A1单元格，然后输入文本“公司日常费用记录表”，按【Enter】键完成文本的输入，且系统自动选择A2单元格，如图1-6所示。

多学一招

若选择单元格后，按住鼠标左键不放拖动到目标单元格，或选择单元格后，按住【Shift】键的同时选择目标单元格可选择多个连续的单元格；若按住【Ctrl】键的同时选择目标单元格可选择多个不相邻的单元格；若在行标记和列标记的交叉处，单击“全选”按钮，或按【Ctrl+A】组合键可选择工作表中全部的单元格。

STEP 2 依次选择A2、B2、C2、D2、E2、F2、G2单元格，输入如图1-7所示的文本。

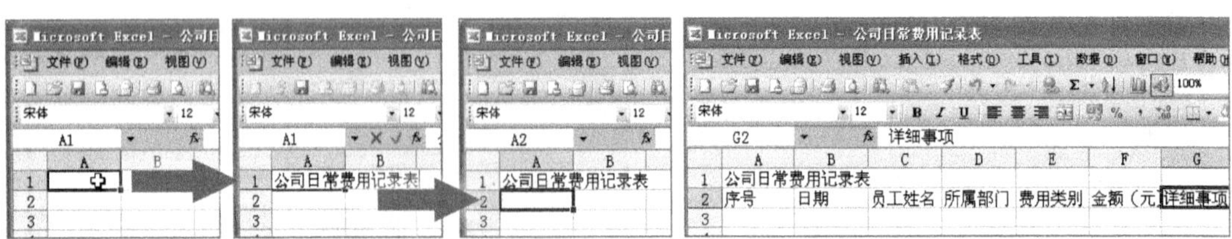

图1-6 选择单元格并输入文本

图1-7 输入更多文本

多学一招

选择需要输入数据的单元格后，将文本插入点定位到编辑框中，然后输入数据，或双击需要输入数据的单元格，将文本插入点定位到其中，然后输入数据，完成后按【Enter】键或单击其他单元格都可输入所需的数据。

STEP 3 在A3单元格中输入起始数据“1”，在A4单元格中输入数据“2”，然后选择A3:A4单元格区域，将鼠标指针移至单元格区域右下角的控制柄上，当鼠标指针变为+形状时，按住鼠标左键不放拖动至目标位置，这里拖动至A26单元格后释放鼠标，完成后可看到A3:A26单元格区域中依顺序自动填充了编号，如图1-8所示。

知识提示

用鼠标左键拖动控制柄填充数据后，将出现“自动填充选项”按钮，单击该按钮，在弹出的菜单中单击选中相应的单选项，也可设置所需的数据填充效果。

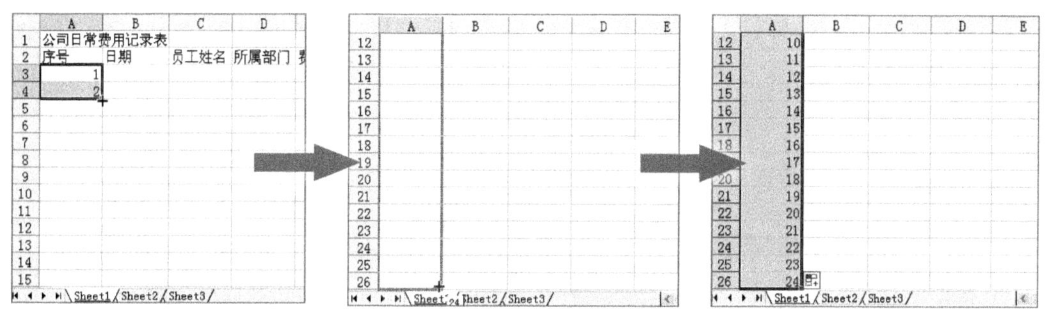

图1-8 快速填充序列数据

多学一招

选择单元格或单元格区域后，将鼠标指针移至该选区的控制柄上，当鼠标指针变为+形状时，按住鼠标右键拖动控制柄，在弹出的快捷菜单中也可选择相应的命令来填充相同或有规律的数据。

STEP 4 选择B3单元格，输入日期“2013/4/1”，然后按【Enter】键，B3单元格中的日期格式自动变成形如“2013-4-1”的日期格式，如图1-9所示。

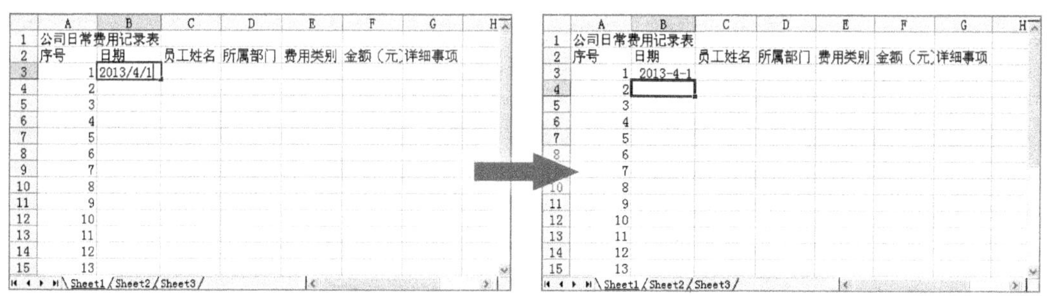

图1-9 输入日期

STEP 5 依次选择C3、D3、E3、F3、G3单元格，输入相应的文本和数值，完成后再用相同的方法在B4:G26单元格区域中输入所需的数据，其效果如图1-10所示。

图1-10　输入其他数据

3．重命名并删除多余的工作表

为了便于记忆和查询，可对默认的工作表名称进行重命名操作，同时为了节省计算机资源并有效地利用工作表，可将多余的工作表删除。下面将重命名相关的工作表，并将多余的工作表删除，其具体操作如下。

STEP 1 双击“Sheet1”工作表标签，该工作表的名称自动呈黑底白字显示，直接在呈可编辑状态的“Sheet1”工作表标签中输入“日常费用记录表”，完成后按【Enter】键，如图1-11所示。

图1-11　重命名工作表

选择需重命名的工作表，选择【格式】/【工作表】/【重命名】菜单命令，或在选择的工作表标签上单击鼠标右键，在弹出的快捷菜单中选择“重命名”命令，此时该工作表的名称呈黑底白字显示，直接在呈可编辑状态的工作表标签中输入相应的名称，完成后按【Enter】键或单击任一单元格即可。另外，在同一工作簿中要重命名的工作表不能与另一个工作表重名。

STEP 2 按住【Ctrl】键同时选择“Sheet2”和“Sheet3”工作表，然后在选择的工作表上单击鼠标右键，在弹出的快捷菜单中选择“删除”命令，删除所选的工作表，如图1-12所示。

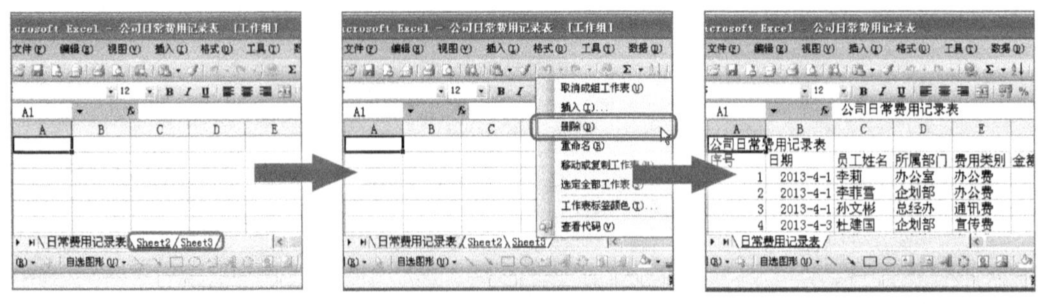

图1-12　删除工作表

多学一招

选择需删除的工作表，然后选择【编辑】/【/删除工作表】菜单命令也可删除工作表。另外，在删除有数据的工作表时，会打开提示对话框，单击 删除 按钮将删除工作表和工作表中的数据，单击 取消 按钮将取消删除工作表操作。

4．保存并退出Excel 2003

完成表格数据的编辑后，需再次执行保存操作将编辑后的数据保存到工作簿中，然后退出Excel 2003。其具体操作如下。

STEP 1 在“常用”工具栏中单击“保存”按钮，将编辑后的数据直接保存到创建的工作簿中，如图1-13所示。

STEP 2 在Excel 2003的工作界面中选择【文件】/【退出】菜单命令，退出Excel 2003，如图1-14所示。

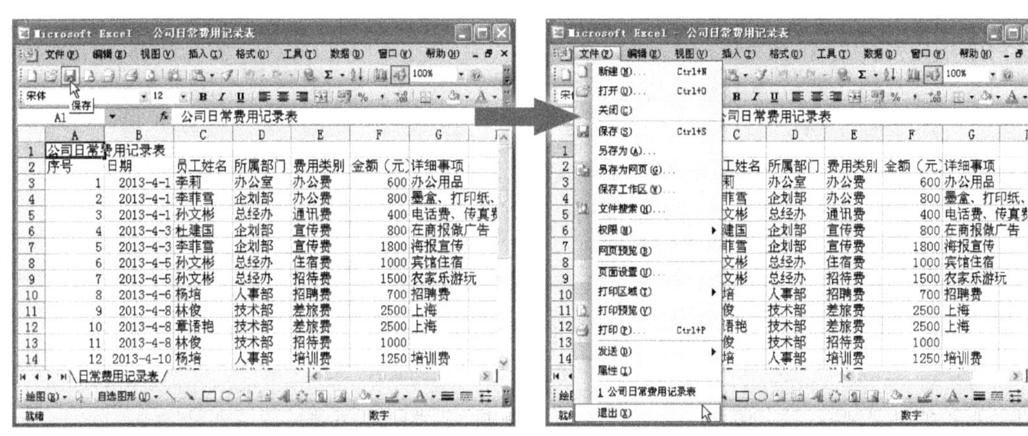

图1-13　再次保存工作簿　　图1-14　退出Excel 2003

多学一招

在Excel 2003工作界面的标题栏右上角单击按钮，或按【Alt+F4】组合键可快速关闭所有打开的工作簿，并退出Excel 2003。

任务二　编辑并美化“员工信息表”

将员工的个人信息准确无误地录入到Excel电子表格中，不仅有利于管理人员调用和管理员工信息，而且可以快速查找某位员工的信息，省去了传统管理中翻查档案袋的步骤，提高了工作效率。

一、任务目标

由于公司最近招聘了一批新人，部分员工在人事上有所变动，于是安排小白重新整理员工信息表。要完成该任务，首先需要打开已有的工作簿，在其中根据实际情况修改数据、重新编号、输入身份证号码，然后为了使表格更美观，可设置单元格格式和调整单元格行高与列宽，完成后再另存并关闭工作簿。本例完成后的最终效果如图1-15所示。

素材所在位置　光盘:\素材文件\项目一\员工信息表.xls
效果所在位置　光盘:\效果文件\项目一\员工信息表.xls

兴盛公司员工信息表

员工编号	员工姓名	性别	部门	职务	身份证号码	学历	入职时间	家庭住址	联系方式
00101	潘东阳	男	总经办	总经理	14012219740830XXXX	本科	2000-7-1	山西省太原市阳曲县	13933691***
00102	孙文彬	男	总经办	助理	36010219800606XXXX	硕士	2008-10-8	江西省南昌市东湖区	15974529***
00201	李莉	女	办公室	主任	441201820502XXX	本科	2005-7-5	广东省肇庆市鼎湖区永安镇	13767830***
00202	何树坤	男	办公室	文员	23010119850930XXXX	大专	2010-6-5	黑龙江省哈尔滨市方正县	15974522***
00203	谢佳怡	女	办公室	文员	231225870518XXX	中专	2013-4-10	黑龙江省绥化市明水县	13767830***
00301	杨培	男	人事部	经理	11010119790925XXXX	大专	2002-7-1	北京东城区	15982101***
00302	王海岩	男	人事部	办事员	51010119811220XXXX	本科	2005-11-4	四川省成都市一环路南四段	15982204***
00303	柳语	女	人事部	办事员	230103860108XXX	本科	2006-7-5	哈尔滨市南岗区哈双路	15982105***
00401	刘凯廷	男	财务部	经理	11010619770902XXXX	硕士	2004-4-6	北京丰台区赵公口小区	15982104***
00402	高婷	女	财务部	会计	51010119840409XXXX	本科	2007-7-7	四川成都市清江东路	15982107***
00403	张鹏	男	财务部	出纳	110105830208XXX	本科	2005-12-8	北京市朝阳区平乐园	13026906***
00501	萧笑	女	企划部	经理	330301781008XXX	本科	2008-7-9	浙江温州工业区	13312587***
00502	杜建国	男	企划部	创意策划	52010119850118XXXX	本科	2005-9-9	贵阳市中华北路	13798898***
00503	李菲雪	女	企划部	文案策划	33010119790508XXXX	硕士	2006-8-5	杭州上城区兴隆路	13682399***
00601	展浩	男	销售部	经理	61010119750216XXXX	本科	2001-3-2	西安市高新区唐延路	13982516***
00602	吴天乐	男	销售部	业务员	11010219790403XXXX	高中	2009-7-4	北京市西城区阜外大街	13951327***
00603	陈一展	男	销售部	业务员	420205771228XXX	中专	2003-7-4	湖北省黄石市铁山区	13099512***
00604	程枫	男	销售部	业务员	51010119780728XXXX	中专	2006-10-5	四川成都市人民南路四段	15833681***
00605	李霖菲	女	销售部	业务员	51190119800918XXXX	中专	2013-4-6	巴中市江北大街	15922330***
00701	林俊	男	技术部	经理	51202219751016XXXX	本科	2000-7-7	资阳市乐至县	15856987***
00702	孙晓宏	男	技术部	工程师	650104780209XXX	硕士	2005-3-8	乌鲁木齐市新市区	13986524***
00703	章语艳	女	技术部	工程师	21010319830115XXXX	本科	2011-7-9	沈阳市沈河区青年大街	15982783***
00704	赵雯	女	技术部	工程师	34010419810920XXXX	大专	2008-6-1	安徽省合肥市蜀山区	13982512***
00801	邓云凯	男	生产部	经理	51072219761101XXXX	本科	2005-10-9	四川省绵阳市三台县	13951328***
00802	李琴	女	生产部	主管	511302790820XXX	大专	2004-7-1	四川省南充市顺庆区	13099519***
00803	胡大志	男	生产部	生产人员	50010519830925XXXX	中专	2007-5-8	重庆市江北区	15833681***
00804	钱有才	男	生产部	生产人员	35010419810909XXXX	中专	2008-3-1	福建省福州市仓山区	15922334***
00805	蒲彩蓉	女	生产部	生产人员	421123820505XXX	中专	2009-4-5	湖北省黄冈市罗田县	15856984***
00806	齐云刚	男	生产部	生产人员	37010319781002XXXX	中专	2013-4-10	山东省济南市市中区	13986526***
00807	郑谦	女	生产部	生产人员	62011119820919XXXX	中专	2013-4-8	甘肃省兰州市红古区	15982785***

图1-15　“员工信息表”最终效果

职业素养

员工信息表是全面考查员工的依据，是公司档案的组成部分，因此及时收集和整理员工信息，登记员工工作变动情况，做好员工信息的安全、保密、保护工作非常重要。

二、相关知识

本例的制作重点是编辑数据和设置单元格格式。下面将先了解编辑数据与编辑单元格的区别，然后掌握设置单元格格式的几种方法。

1．编辑数据与编辑单元格的区别

在Excel表格中不仅可以对已输入好的数据进行如清除、修改、查找、替换数据等编辑操作，还可以对单元格进行编辑操作，如插入单元格、删除单元格、合并与拆分单元格、调整单元格行高与列宽等。

编辑数据与编辑单元格的区别在于数据是表现表格内容的方式，编辑数据可对单元格中的内容进行控制；而单元格是表格数据的存储区域，编辑单元格可对单元格的大小与数量进行调整。

2．通过“格式”工具栏设置单元格格式

在“格式”工具栏中汇集了部分用于设置单元格格式的按钮或下拉列表框，这些按钮按功能排列在一起，以灰色分隔线隔开，如图1-16所示。通过“格式”工具栏可以快速地对字体格式、对齐方式、数据格式等进行设置。

图1-16 “格式”工具栏

“格式”工具栏中相应按钮及下拉列表框的作用如下。

- **“字体”下拉列表框**：用来设置字体。不同的字体，其外观也不同，在“字体”下拉列表框中可以选择计算机中已安装的各种字体等。
- **“字号”下拉列表框**：用来设置字号。在字号下拉列表中可以选择所需的字号。Excel中支持两种字号表示方法：一种为中文，如初号、一号、三号……；另一种为数字，如10、10.5、15…数字越大，文字就越大。
- **按钮**：用来设置字形，指数据的一些特殊外观效果，如单击按钮可加粗显示字符，单击按钮可倾斜显示字符，单击按钮可为字符添加下画线效果。
- **按钮**：用来设置对齐方式。在Excel中数据可以不同的对齐方式进行排列，如单击按钮可使数据靠单元格的左端对齐，单击按钮可使数据在单元格中左右居中对齐，单击按钮可使数据靠单元格的右端对齐。
- **按钮**：用来设置数字格式。在Excel中数据可以不同的数字类型显示，如单击按钮可以货币样式显示数字，单击按钮可以百分比样式显示数字，单击按钮可以千位分隔样式显示数字，单击按钮或按钮可增加或减少小数位数。
- **按钮**：用来设置单元格的边框样式，单击按钮可直接应用当前显示的边框样式，单击该按钮右侧的按钮，可在弹出的下拉列表中选择更多的边框样式。
- **按钮**：用来设置单元格的填充颜色。单击按钮可直接应用当前显示的填充颜色，单击该按钮右侧的按钮，可在弹出的下拉列表中选择更多的填充颜色。
- **按钮**：用来设置字体颜色。单击按钮可直接应用当前显示的字体颜色，单击该按钮右侧的按钮，可在弹出的下拉列表中选择更多的字体颜色。

知识提示

“格式”工具栏中的按钮用来设置段落格式，其中单击按钮可减少缩进量，单击按钮可增加缩进量，每次缩进都减少或增加4个字符。

3．通过“单元格格式”对话框设置单元格格式

要通过“单元格格式”对话框设置单元格格式，应先选择需设置格式的单元格或单元格区域，在其上单击鼠标右键，在弹出的快捷菜单中选择“设置单元格格式”命令，或选择【格式】/【单元格】菜单命令，或按【Ctrl+1】组合键，在打开的“单元格格式”对话框中单击相应的选项卡进行相关设置，如图1-17所示，完成后单击按钮即可。

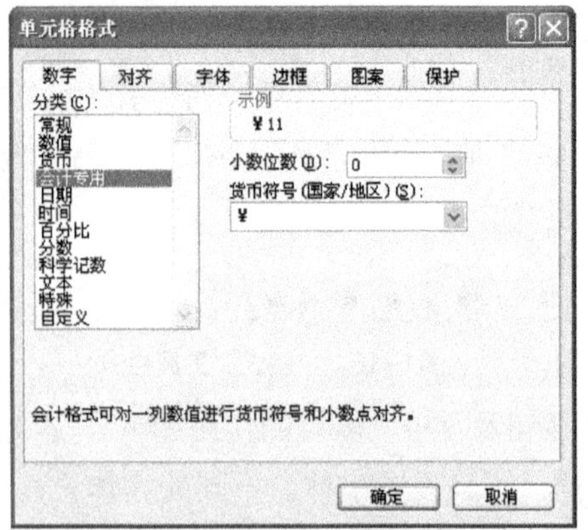

图1-17 打开“单元格格式”对话框

通过“单元格格式”对话框可以更详细地设置单元格的数字、对齐、字体、边框、图案等格式。

- **“数字”选项卡**：用来设置单元格中的数据类型，如数值、货币、会计专用、日期、文本等。在该选项卡的“分类”列表框中选择不同的数据类型，右侧将出现不同的设置参数。例如，在“分类”列表框中选择“会计专用”选项后，在其右侧即可设置数据的小数位数和货币符号。
- **“对齐”选项卡**：用来设置单元格中数据的对齐方式、文本的排列方向、文本控制等。该选项卡中的“文本对齐方式”栏用来设置数据在水平和垂直方向上的对齐方式，以及数据的缩进量；“方向”栏用来设置文本在单元格中的排列方向和角度；“文本控制”栏用来设置单元格中的数据是否根据单元格的大小自动换行，或通过设置字体格式是否根据单元格的大小来显示，以及设置是否合并选择的单元格；“从右到左”栏用来设置文本的排列顺序。
- **“字体”选项卡**：用来设置单元格中数据的字体、字形、字号、下画线、颜色、特殊效果等。该选项卡中的“字体”列表框用来设置数据的字体样式；“字形”列表框用来设置数据的字形；“字号”列表框用来设置数据的字号；“下画线”下拉列表框用来设置是否给数据添加下画线以及选择不同样式的下划线；“颜色”下拉列表框用来设置数据的颜色；“特殊效果”栏用来设置数据的特殊效果。
- **“边框”选项卡**：用来设置单元格的边框，包括外边框和内部边框等。该选项卡中的“预置”栏用来选择需设置单元格边框的架构；“边框”栏用来精确设置各个位置上的单元格边框；“样式”列表框用来设置边框的样式；“颜色”下拉列表框用来设置边框的颜色。
- **“图案”选项卡**：用来设置单元格的背景颜色或背景图案。该选项卡中的“颜色”列表框用来设置所选单元格或单元格区域的背景颜色；“图案”下拉列表框用来设置所选单元格或单元格区域的背景图案；“示例”栏用来显示设置的效果。

三、任务实施

1．在打开的工作簿中插入并删除行

下面首先打开已有的工作簿，然后根据需要修改并整理相关数据。其具体操作如下。

STEP 1 在Excel 2003工作界面中选择【文件】/【打开】菜单命令，在打开的“打开”对话框的“查找范围”下拉列表中选择需打开文件的保存路径，在其下的列表框中选择需打开的文件，然后单击 打开(O) 按钮，如图1-18所示。

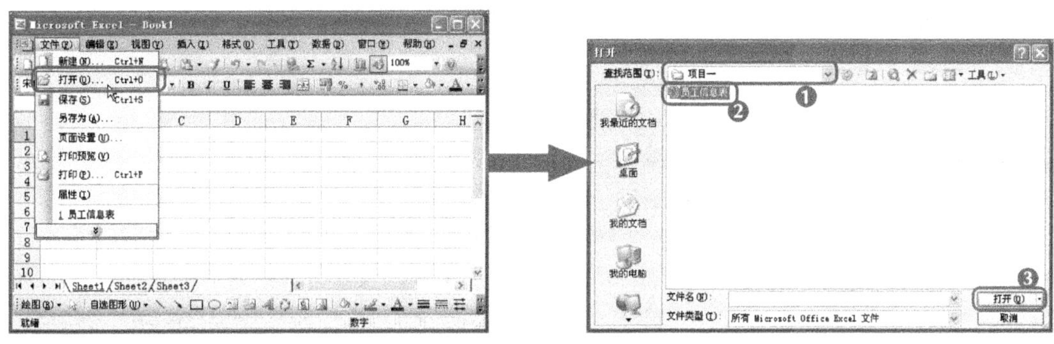

图1-18　打开工作簿

单击“常用”工具栏中的“打开”按钮，或按【Ctrl+O】组合键，也可快速打开“打开”对话框。另外，在计算机中找到Excel文件的保存位置，然后双击该文件可直接打开该文件。

STEP 2 在打开的“员工信息表”工作簿中将鼠标指针移至第5行的行号上，当鼠标指针变为➡形状时单击鼠标即可选择该行，然后选择【编辑】/【删除】菜单命令，删除所选的行，如图1-19所示。

STEP 3 选择E5单元格，直接在其中输入文本“主任”，按【Enter】键，完成后即可将原文本“文员”修改为“主任”，如图1-20所示。

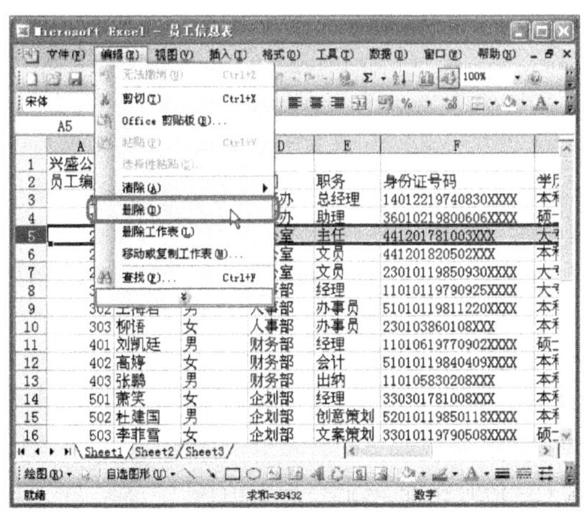

图1-19　删除行

图1-20　修改数据

单击“打开(O)”按钮旁的·按钮，在弹出的菜单中选择不同的命令可以不同的方式打开相应的工作簿，如只读方式、副本方式等。另外，当表格中出现错误时，可在弹出的菜单中选择“打开并修复”命令，修复表格内容并打开该工作簿。

STEP 4 选择第7行，然后选择【插入】/【行】菜单命令，在所选的行之前插入一行，并在其中的相应单元格中输入数据，如图1-21所示。

图1-21　插入行并输入数据

STEP 5 用相同的方法在第21行前插入一行，并在其中输入相应的数据，完成后再删除第31行，并在其下输入相应的数据，如图1-22所示。

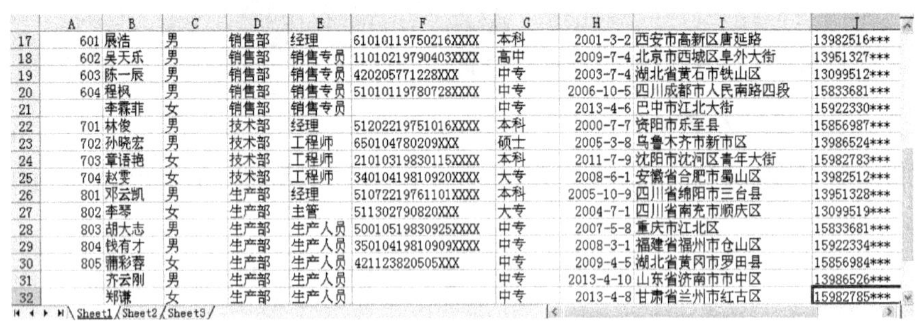

	A	B	C	D	E	F	G	H	I	J
17	601	展浩	男	销售部	经理	61010119750216XXXX	本科	2001-3-2	西安市高新区唐延路	13982516***
18	602	吴天乐	男	销售部	销售专员	11010219790403XXXX	高中	2009-7-4	北京市西城区阜外大街	13951327***
19	603	陈一辰	男	销售部	销售专员	420205771228XXX	中专	2003-7-4	湖北省黄石市铁山区	13099512***
20	604	程枫	男	销售部	销售专员	51010119780728XXXX	中专	2006-10-5	四川成都市人民南路四段	15833681***
21		李霖菲	女	销售部	销售专员		中专	2013-4-6	巴中市江北大街	15922330***
22	701	林俊	男	技术部	经理	51202219751016XXXX	本科	2000-7-7	资阳市乐至县	15856987***
23	702	孙晓宏	男	技术部	工程师	650104780209XXX	硕士	2005-3-8	乌鲁木齐市新市区	13986524***
24	703	章语艳	女	技术部	工程师	21010319830115XXXX	本科	2011-7-9	沈阳市沈河区青年大街	15982783***
25	704	赵雯	女	技术部	工程师	34010419810920XXXX	大专	2008-6-1	安徽省合肥市蜀山区	13982512***
26	801	邓云凯	男	生产部	经理	51072219761101XXXX	本科	2005-10-9	四川省绵阳市三台县	13951328***
27	802	李琴	女	生产部	主管	511302790820XXX	大专	2004-7-1	四川省南充市顺庆区	13099519***
28	803	胡大志	男	生产部	生产人员	50010519830925XXXX	中专	2007-5-8	重庆市江北区	15833681***
29	804	钱有才	男	生产部	生产人员	35010419810909XXXX	中专	2008-3-1	福建省福州市仓山区	15922334***
30	805	蒲彩蓉	女	生产部	生产人员	421123820505XXX	中专	2009-4-5	湖北省黄冈市罗田县	15856984***
31		齐云刚	男	生产部	生产人员		中专	2013-4-10	山东省济南市市中区	13986526***
32		郑谦	女	生产部	生产人员		中专	2013-4-8	甘肃省兰州市红古区	15982785***

图1-22　插入/删除行并输入数据

将鼠标指针移至需选择列的单元格的列标上，当鼠标指针变为↓形状时单击鼠标即可选择该列，若继续选择【编辑】/【删除】菜单命令，可删除所选的列；若选择【插入】/【列】菜单命令，可在所选列之前插入新的一列。

2．查找并替换数据

下面在工作簿中查找“销售专员”，并替换为“业务员”。其具体操作如下。

STEP 1 为了从第一个单元格开始查找，这里选择A1单元格，然后选择【编辑】/【查找】菜单命令，如图1-23所示。

STEP 2 在打开的“查找和替换”对话框的“查找”选项卡的“查找内容”下拉列表框中输入要查找的内容“销售专员”，单击“查找下一个(F)”按钮快速查找到第一个符合条件的单元格数据，并以黑线框选择，如图1-24所示。

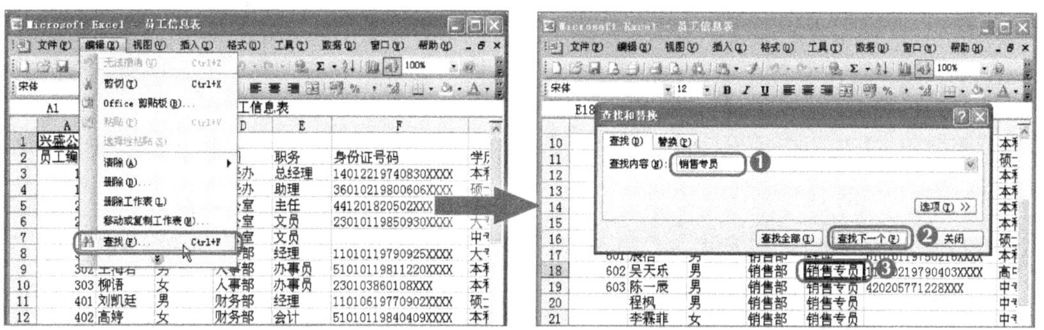

图1-23 选择查找命令　　图1-24 查找第一个符合条件的数据

STEP 3 单击 查找全部(I) 按钮，在“查找和替换”对话框的下方空白区域中将显示具有相应数据的工作簿、工作表、单元格、单元格中的数据内容，且在最下方的状态栏中将显示查找到的单元格的个数，如图1-25所示。

STEP 4 直接在“查找和替换”对话框中单击“替换”选项卡，在“替换为”下拉列表框中输入要替换的内容“业务员”，如图1-26所示。

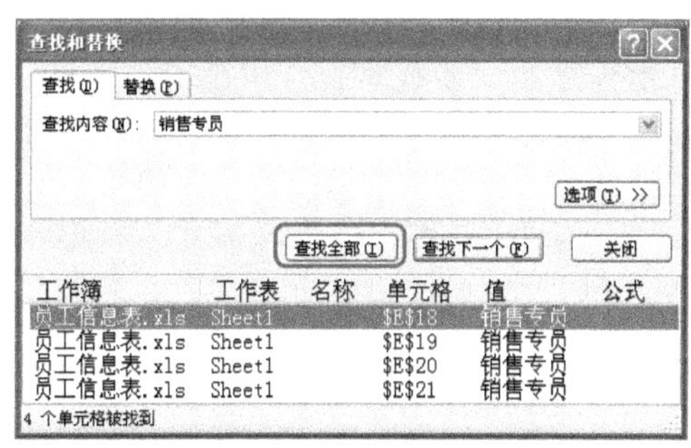

图1-25 查找全部数据

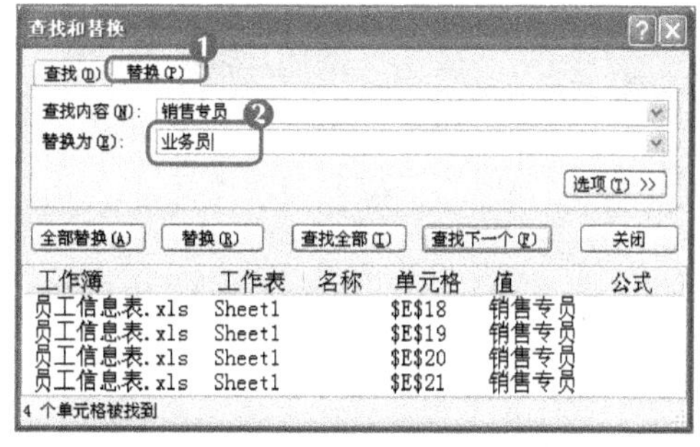

图1-26 输入替换数据

STEP 5 单击 替换(R) 按钮替换选择的第一个符合条件的单元格数据，如图1-27所示。

STEP 6 单击 全部替换(A) 按钮替换所有符合条件的单元格数据，然后在打开的提示对话框中单击 确定 按钮，如图1-28所示。

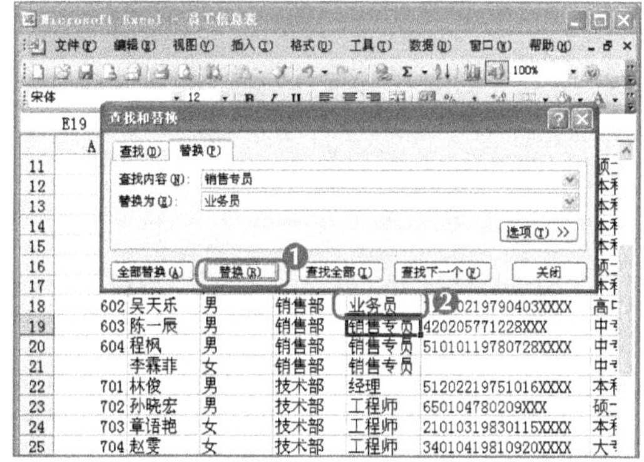

图1-27 替换第一个符合条件的数据

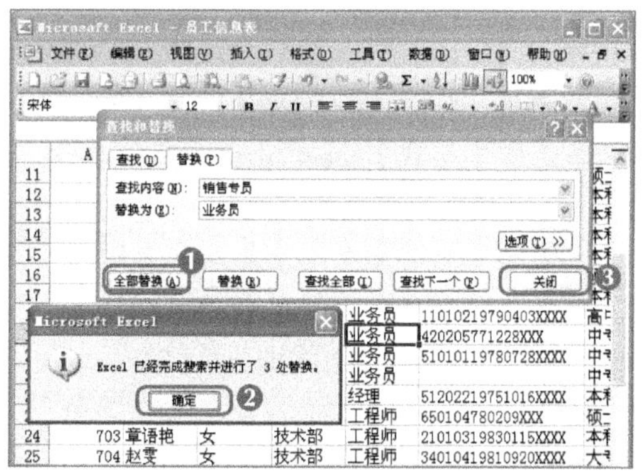

图1-28 替换全部数据

按【Ctrl+F】组合键，可打开“查找和替换”对话框的“查找”选项卡执行相应的操作，另外，选择【编辑】/【替换】菜单命令或按【Ctrl+H】组合键，可打开“查找和替换”对话框的“替换”选项卡执行相应的操作。

STEP 7 单击【关闭】按钮关闭“查找和替换”对话框，返回工作表中可查看到查找并替换数据后的效果如图1-29所示。

	A	B	C	D	E	F	G	H	I	J
11	401	刘凯廷	男	财务部	经理	11010619770902XXXX	硕士	2004-4-6	北京丰台区赵公口小区	15982104***
12	402	高婷	女	财务部	会计	51010119840409XXXX	本科	2007-7-7	四川成都市清江东路	15982107***
13	403	张鹏	男	财务部	出纳	110105830208XXX	本科	2005-12-8	北京市朝阳区平乐园	13026906***
14	501	萧笑	女	企划部	经理	330301781008XXX	本科	2008-7-9	浙江温州工业区	13312587***
15	502	杜建国	男	企划部	创意策划	52010119850118XXXX	本科	2005-9-9	贵阳市中华北路	13798898***
16	503	李菲雪	女	企划部	文案策划	33010119790508XXXX	硕士	2006-8-5	杭州上城区兴隆路	13682399***
17	601	展浩	男	销售部	经理	61010119750216XXXX	本科	2001-3-2	西安市高新区唐延路	13982516***
18	602	吴天乐	男	销售部	业务员	11010219790403XXXX	高中	2009-7-4	北京市西城区阜外大街	13951327***
19	603	陈一辰	男	销售部	业务员	420205771228XXX	中专	2003-7-4	湖北省黄石市铁山区	13099512***
20	604	程枫	男	销售部	业务员	51010119780728XXXX	中专	2006-10-5	四川成都市人民南路四段	15833681***
21		李霖菲	女	销售部	业务员		中专	2013-4-6	巴中市江北大街	15922330***
22	701	林俊	男	技术部	经理	51202219751016XXXX	本科	2000-7-7	资阳市乐至县	15856987***
23	702	孙晓宏	男	技术部	工程师	650104780209XXX	硕士	2005-3-8	乌鲁木齐市新市区	13986524***
24	703	章语艳	女	技术部	工程师	21010319830115XXXX	本科	2011-7-9	沈阳市沈河区青年大街	15982783***
25	704	赵雯	女	技术部	工程师	34010419810920XXXX	大专	2008-6-1	安徽省合肥市蜀山区	13982512***
26	801	邓云凯	男	生产部	经理	51072219761101XXXX	本科	2005-10-9	四川省绵阳市三台县	13951328***

Sheet1 / Sheet2 / Sheet3

图1-29　查找并替换数据后的效果

编辑数据的过程中若将正确的数据修改错了，可在“常用”工作栏中单击“撤销”按钮撤销上一步操作；要恢复上一步撤销操作可单击“恢复”按钮。另外，单击“撤销”按钮和“恢复”按钮右侧的下拉按钮，在弹出的下拉列表中选择某一步操作，可撤销或恢复到该步操作。

3．输入以“0”开头的数据和身份证号码

在本例中为了保护员工隐私，在输入身份证号码后4位时以字母“XXXX”代替，但实际工作中，用户在Excel表格中输入11位以上的数字时，单元格中将显示形如“1.23457E+11”的格式，因此要输入11位以上的数字，如身份证号码，并使其完整显示必须经过相应的设置。

下面首先重新编辑并设置员工编号以形如“00000”的格式显示，然后选择需输入身份证号码的单元格，通过“单元格格式”对话框将数字格式设置为“文本”格式，完成后再输入相应的身份证号码。其具体操作如下。

STEP 1 在A3:A32单元格区域中重新输入并编辑员工编号，然后选择A3:A32单元格区域，并选择【格式】/【单元格】菜单命令，如图1-30所示。

要输入以“0”开头的数字或11位以上的数字时，还可直接在数字前面先输入一个英文符号’将其转换成文本类型的数据，然后再输入相应的数据即可显示出相应的效果。

STEP 2 在打开的“单元格格式”对话框的“数字”选项卡的“分类”列表框中选择“自定义”选项，在右侧的“类型”列表框中选择“0”选项，将该“0”选项设置为

“00000”，然后单击[确定]按钮，如图1-31所示，在A3:A32单元格区域中可看到其编号以“00000”的格式显示。

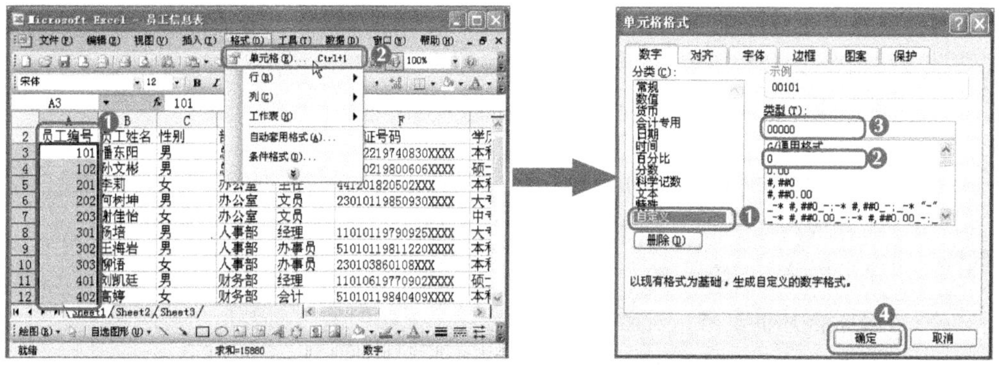

图1-30 输入员工编号并选择菜单命令　　　图1-31 自定义数据格式

STEP 3 选择需输入身份证号码的单元格，这里选择F7、F21、F31、F32单元格，然后选择【格式】/【单元格】菜单命令，如图1-32所示。

STEP 4 在打开的“单元格格式”对话框的“数字”选项卡的“分类”列表框中选择“文本”选项，然后单击[确定]按钮，如图1-33所示。

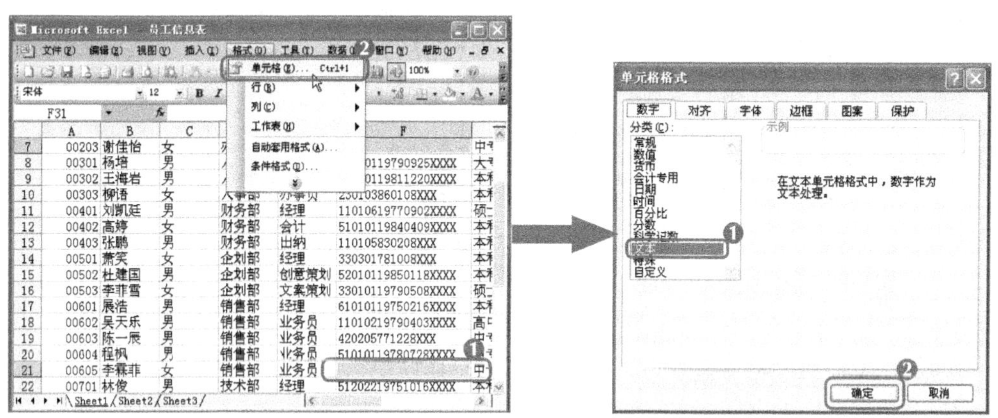

图1-32 选择菜单命令　　　图1-33 设置“文本”格式

STEP 5 依次在设置后的F7、F20、F21、F31、F32单元格中输入相应的身份证号码，然后按【Enter】键即可显示出相应的数字，其效果如图1-34所示。

	A	B	C	D	E	F	G	H	I	J
17	00601	展浩	男	销售部	经理	61010119750216XXXX	本科	2001-3-2	西安市高新区唐延路	13982516***
18	00602	吴天乐	男	销售部	业务员	11010219790403XXXX	高中	2009-7-4	北京市西城区阜外大街	13951327***
19	00603	陈一辰	男	销售部	业务员	420205771228XXX	中专	2003-7-4	湖北省黄石市铁山区	13099512***
20	00604	程枫	男	销售部	业务员	51010119780728XXXX	中专	2006-10-5	四川成都市人民南路四段	15833681***
21	00605	李霖菲	女	销售部	业务员	51190119800918XXXX	中专	2013-4-6	巴中市江北大街	15922330***
22	00701	林俊	男	技术部	经理	51202219751016XXXX	本科	2000-7-7	资阳市乐至县	15856987***
23	00702	孙晓宏	男	技术部	工程师	650104780209XXX	硕士	2005-3-8	乌鲁木齐市新市区	13986524***
24	00703	章语艳	女	技术部	工程师	21010319830115XXXX	本科	2011-7-9	沈阳市沈河区青年大街	15982783***
25	00704	赵雯	女	技术部	工程师	34010419810920XXXX	大专	2008-6-1	安徽省合肥市蜀山区	13982512***
26	00801	邓云凯	男	生产部	经理	51072219761101XXXX	本科	2005-10-9	四川省绵阳市三台县	13951328***
27	00802	李琴	女	生产部	主管	511302790820XXX	大专	2004-7-1	四川省南充市顺庆区	13099519***
28	00803	胡大志	男	生产部	生产人员	50010519830925XXXX	中专	2007-5-8	重庆市江北区	15833681***
29	00804	钱有才	男	生产部	生产人员	35010419810909XXXX	中专	2008-3-1	福建省福州市仓山区	15922334***
30	00805	蒲彩蓉	女	生产部	生产人员	421123820505XXX	中专	2009-4-5	湖北省黄冈市罗田县	15856984***
31	00806	齐云刚	男	生产部	生产人员	37010319781002XXXX	中专	2013-4-10	山东省济南市市中区	13986526***
32	00807	郑谦	女	生产部	生产人员	62011119820919XXXX	中专	2013-4-8	甘肃省兰州市红古区	15982785***

Sheet1 / Sheet2 / Sheet3

图1-34 输入身份证号码

4．设置单元格格式

为了使表格数据更专业、表格格式更美观，用户可根据需要设置单元格格式。下面依次合并单元格、设置字体格式、设置对齐方式、设置边框与底纹等，其具体操作如下。

STEP 1 选择A1:J1单元格区域，然后在“格式”工具栏中单击“全部居中”按钮，合并A1:J1单元格区域并使表题数据居中显示，如图1-35所示。

要拆分合并后的单元格，可选择该单元格，在“格式”工具栏中单击按钮或选择【格式】/【单元格】菜单命令，在打开的“单元格格式”对话框的“对齐”选项卡的“文本控制”栏中，若单击选中“合并单元格”复选框表示合并单元格，若撤销选中“合并单元格”复选框表示拆分合并后的单元格，完成后单击 确定 按钮应用设置。

STEP 2 保持选择合并后的A1单元格（即表题数据），在“字体”下拉列表中选择“黑体”选项，如图1-36所示。

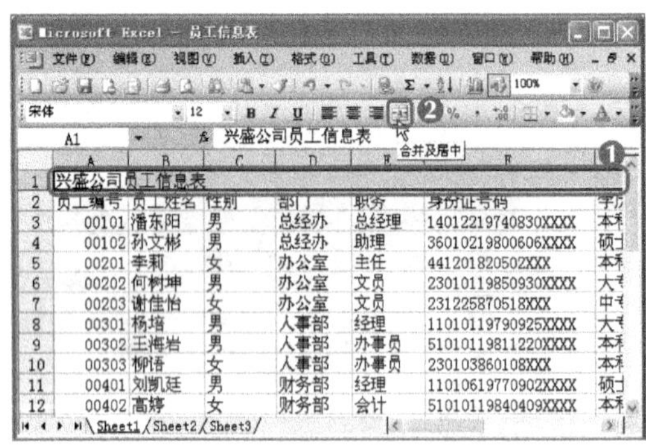

图1-35　合并及居中单元格

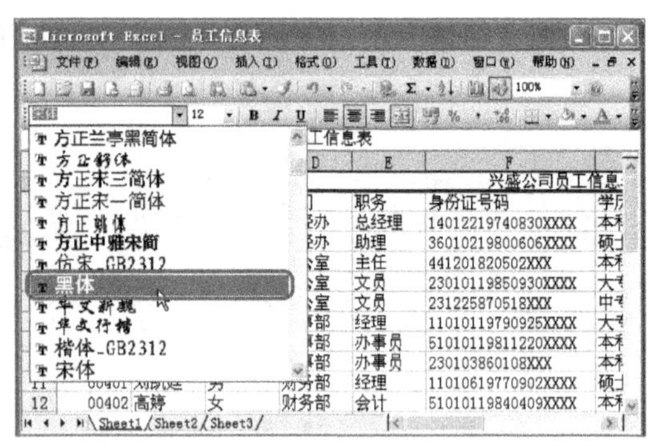

图1-36　设置字体

STEP 3 在“字号”下拉列表中选择“20”选项，如图1-37所示。

STEP 4 选择A2:J2单元格区域，单击“加粗”按钮，然后单击按钮右侧的按钮，在弹出的下拉列表中选择“茶色”选项，为所选单元格区域填充颜色，如图1-38所示。

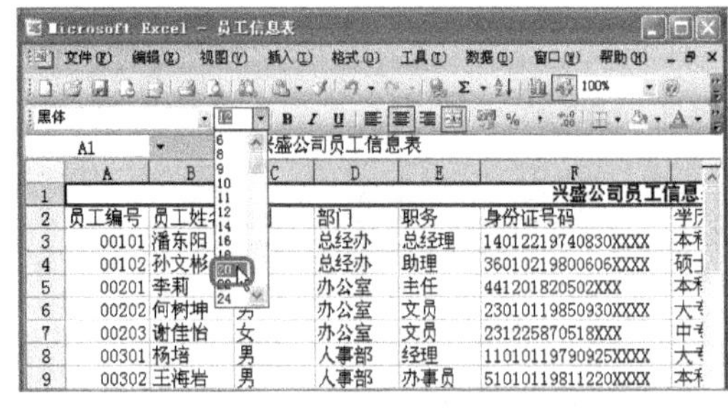

图1-37　设置字号

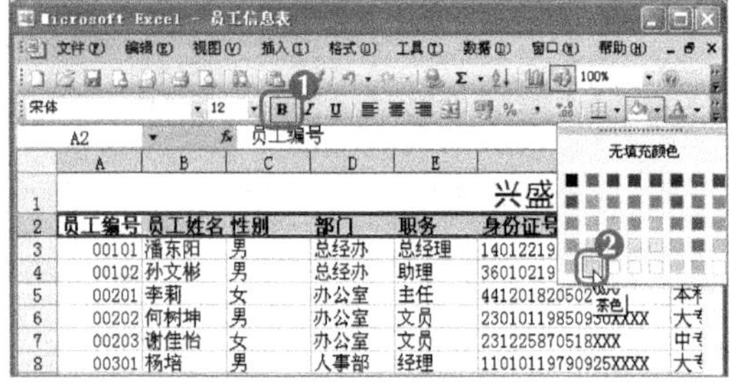

图1-38　设置字形和底纹颜色

STEP 5 选择A3:J32单元格区域，在“字号”下拉列表中选择“11”选项，然后选择A2:J32单元格区域，单击“居中”按钮使所选单元格区域中的数据居中显示，如图1-39所示。

STEP 6 保持选择A2:J32单元格区域，然后选择【格式】/【单元格】菜单命令，如图

1−40所示。

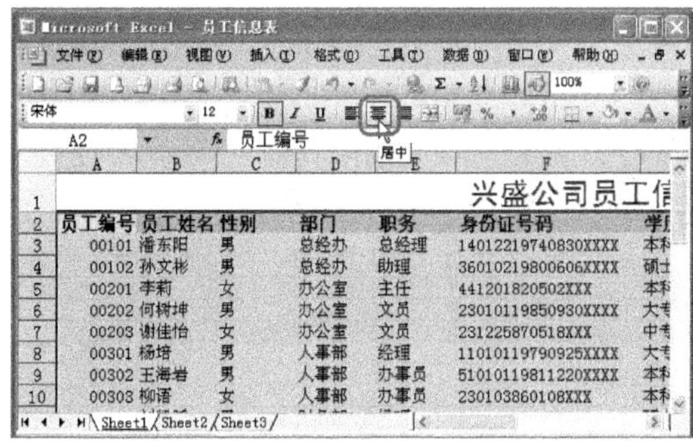

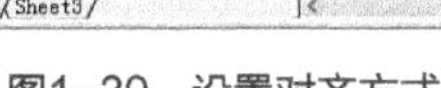

图1−39　设置对齐方式

图1−40　选择菜单命令

STEP 7 在打开的“单元格格式”对话框中单击“边框”选项卡，在“样式”列表框中选择“——”选项，在“预置”栏中单击“内部”按钮田，然后在“样式”列表框中选择“——”选项，在“预置”栏中单击“外边框”按钮□，如图1−41所示。

STEP 8 单击[确定]按钮，返回工作表中，即可看到设置边框后的效果，如图1−42所示。

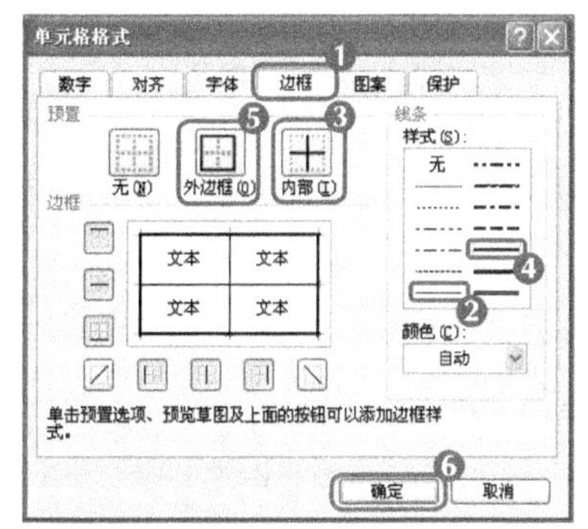

图1−41　设置边框

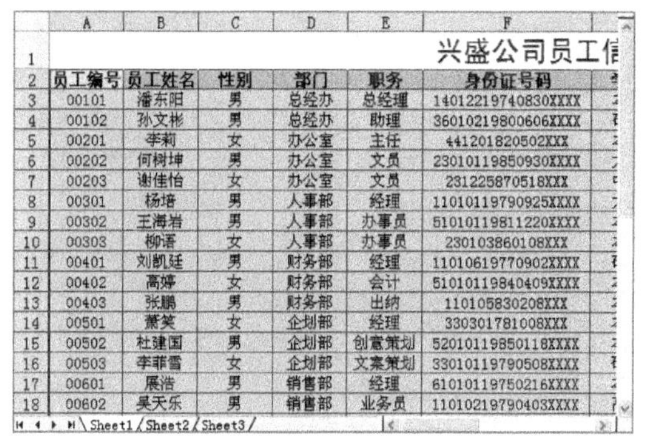

	A	B	C	D	E	F
1						兴盛公司员工信
2	员工编号	员工姓名	性别	部门	职务	身份证号码
3	00101	潘东阳	男	总经办	总经理	14012219740830XXXX
4	00102	孙文彬	男	总经办	助理	36010219800606XXXX
5	00201	李莉	女	办公室	主任	441201820502XXX
6	00202	何树坤	男	办公室	文员	23010119850930XXXX
7	00203	谢佳怡	女	办公室	文员	231225870518XXX
8	00301	杨培	男	人事部	经理	11010119790925XXXX
9	00302	王海岩	男	人事部	办事员	51010119811220XXXX
10	00303	柳谙	女	人事部	办事员	230103860108XXX
11	00401	刘凯廷	男	财务部	经理	11010619770902XXXX
12	00402	高婷	女	财务部	会计	51010119840409XXXX
13	00403	张鹏	男	财务部	出纳	110105830208XXX
14	00501	萧笑	女	企划部	经理	330301781008XXX
15	00502	杜建国	男	企划部	创意策划	52010119850118XXXX
16	00503	李菲雪	女	企划部	文案策划	33010119790508XXXX
17	00601	展浩	男	销售部	经理	61010119750216XXXX
18	00602	吴天乐	男	销售部	业务员	11010219790403XXXX

图1−42　查看效果

多学一招

单击“边框”按钮田右侧的·按钮，在弹出的下拉列表中选择“绘图边框”选项，将打开“边框”工具栏，且鼠标指针变为✎形状。利用它可手动绘制不同线条样式和线条颜色的内外边框，绘制失误还可在“边框”工具栏使用⌫按钮将其擦除。

5．调整单元格行高与列宽

默认状态下，单元格的行高和列宽是固定不变的，但是当单元格中的数据太多而不能完全显示其内容时，则需要调整单元格的行高或列宽使其符合单元格内容的大小显示。下面在工作表中重新调整单元格行高与列宽，其具体操作如下。

STEP 1 选择第2~32行，然后选择【格式】/【行】/【行高】菜单命令，在打开的“行高”对话框的文本框中输入精确的数值“16”，如图1−43所示，完成后单击[确定]按钮。

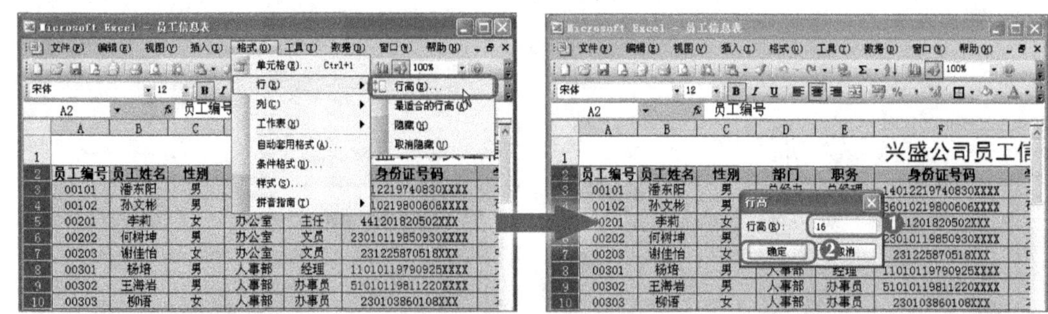

图1-43　调整行高

将鼠标指针移至行号或列标间的间隔线处（指针变为‡或✛形状），单击鼠标后指针右侧会显示具体的数据，然后按住鼠标左键拖动至适合的位置后释放鼠标也可调整单元格行高和列宽。

STEP 2 选择A~J列，然后选择【格式】/【列】/【最适合的列宽】菜单命令，调整A~J列列宽，使其列宽达到最适合单元格数据的显示状态，如图1-44所示。

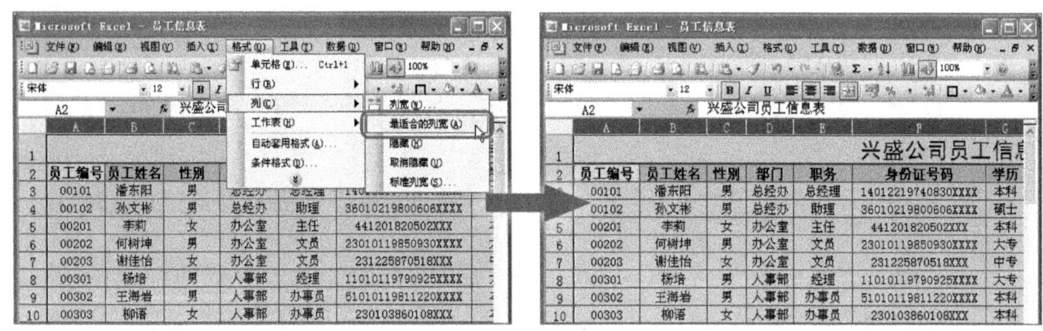

图1-44　调整列宽

选择【格式】/【行】/【行高】菜单命令或【格式】/【列】/【列宽】菜单命令，在打开的“行高”对话框或“列宽”对话框中可精确设置单元格行高和列宽，选择【格式】/【行】/【最适合的行高】菜单命令或【格式】/【列】/【最适合的列宽】菜单命令，可自动将单元格大小调整为刚好完整显示单元格中的内容。

6．另存并关闭工作簿

当对保存过的工作簿进行修改后，若想保留修改前工作簿中的数据，可执行“另存为”命令将修改后的工作簿保存到其他位置，从而不覆盖原文件。下面将工作簿另存到其他位置并保持原名称，然后关闭工作簿。其具体操作如下。

STEP 1 选择【文件】/【另存为】菜单命令，在打开的“另存为”对话框的“保存位置”下拉列表中选择保存路径，这里选择“光盘:\效果文件\项目一”路径，然后在“文件名”下拉列表框中保持原文件名称，单击 保存(S) 按钮，如图1-45所示。

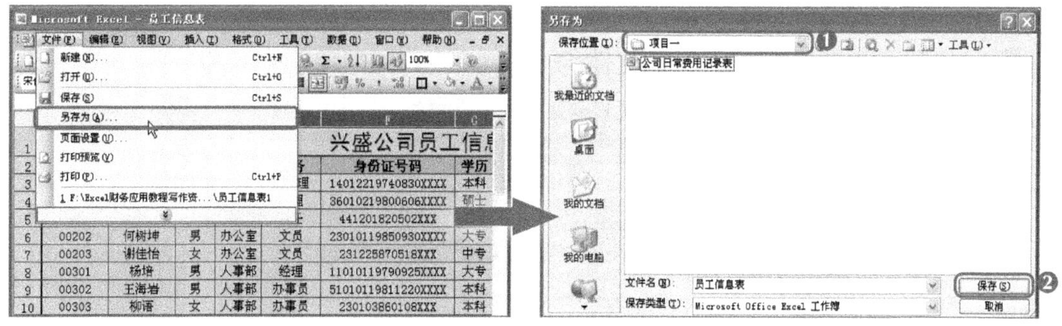

图1-45 另存工作簿

STEP 2 选择【文件】/【关闭】菜单命令，关闭工作簿，此时Excel的工作界面呈灰色显示状态，如图1-46所示。

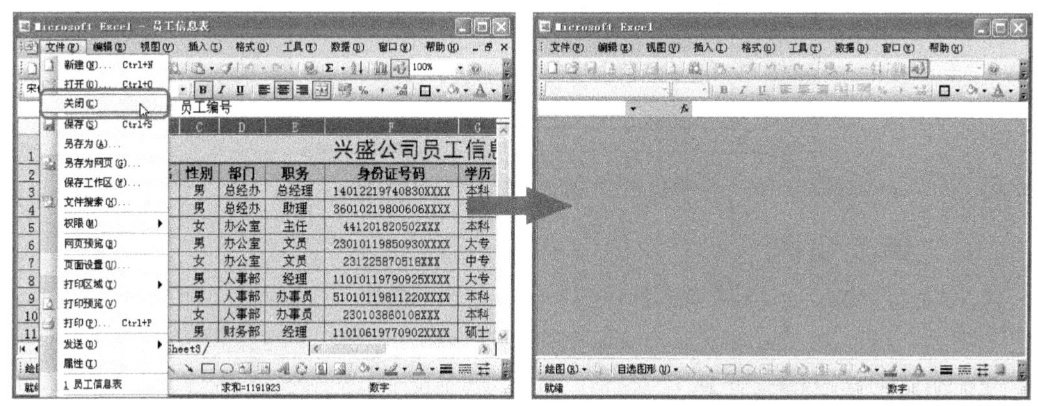

图1-46 关闭工作簿

关闭工作簿即关闭当前打开的工作簿文件，并不退出Excel程序；而退出Excel则是退出Excel程序，当需要在工作簿中进行编辑时，需再次启动。

任务三 保护并打印“差旅费报销单”

由于差旅费报销单是出差人员完成出差任务回来后进行报销的一种专用的固定表格式单据，因此可设置差旅费报销单的保护功能，以防止固定表格样式发生改变，完成后将该表打印到纸张上，以方便出差人员填写相关数据。

一、 任务目标

由于公司最近出差人员较多，需大量填制差旅费报销单，小白决定打印多份“差旅费报销单”以供工作人员使用。该任务可以先在网上下载适合公司使用的差旅费报销单模板，并根据该模板新建工作簿，然后为其设置保护功能，完成后再设置页面，并预览和打印表格数据。本例完成后的最终效果如图1-47所示。

素材所在位置 光盘:\素材文件\项目一\差旅费报销单.xls
效果所在位置 光盘:\效果文件\项目一\差旅费报销单.xls

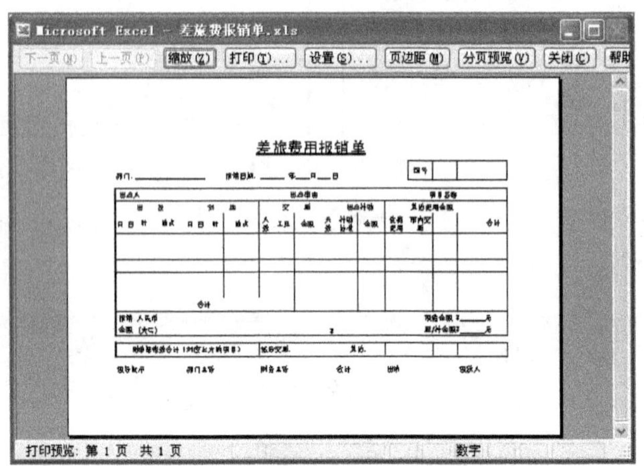

图1-47 “差旅费报销单”最终效果

二、 相关知识

本例中涉及的Excel知识主要有保护表格数据、设置页面、打印表格。下面将先了解保护表格数据的几种方式，然后认识“页面设置”对话框和工作簿打印参数详解。

1．保护表格数据的几种方式

为防止他人随意更改Excel中的表格数据，可设置数据的保护功能。在Excel 2003中提供了保护单元格、保护工作表、保护工作簿等功能对表格数据进行保护。

- **保护单元格：**默认情况下，Excel 2003自动设置了锁定单元格的功能。用户也可自行设置需保护的单元格内容，其方法为：在工作表中选择所有单元格，再选择【格式】/【单元格】菜单命令，在打开的“单元格格式”对话框中单击“保护”选项卡，撤销选中其中的所有复选框，单击确定按钮，然后再选择需锁定的单元格区域，在“单元格格式”对话框中单击选中相应的复选框，如图1-48所示，完成后再单击确定按钮即可。

知识提示

在“单元格格式”对话框的“保护”选项卡中单击选中“锁定”复选框可设置单元格的锁定功能；单击选中“隐藏”复选框可隐藏单元格中的公式。设置了单元格的保护功能后，还需设置工作表保护功能，这样才有效。

- **保护工作表：**设置了工作表的保护功能后，其他用户只能查看表格数据，而不能修改工作表中的数据。要保护工作表，首先应选择需设置保护功能的工作表，然后选择【工具】/【保护】/【保护工作表】菜单命令，在打开的“保护工作表”对话框中设置保护的范围和密码后，单击确定按钮，在打开的“确认密码”对话框的文本框中输入相同的密码后单击确定按钮，如图1-49所示。

- **保护工作簿**：如果不希望工作簿中的重要数据被他人使用或查看，可设置工作簿的保护功能保证工作簿的结构和窗口不被他人修改。要保护工作簿，只需在设置保护功能的工作簿中选择【工具】/【保护】/【保护工作簿】菜单命令，在打开的“保护工作簿”对话框中设置保护的范围和密码后单击确定按钮，在打开的“确认密码”对话框的文本框中输入相同的密码后单击确定按钮，如图1-50所示。

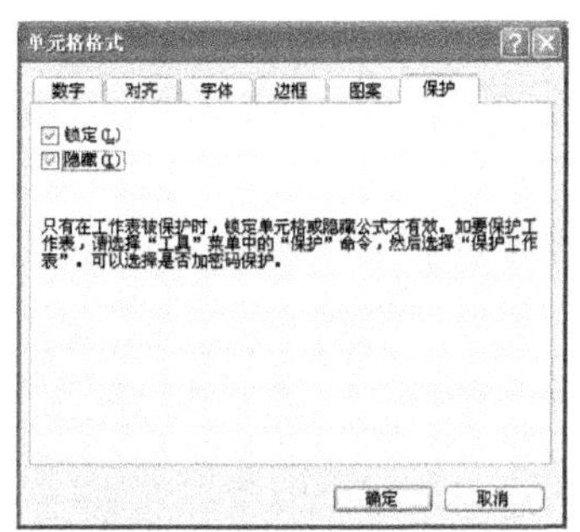
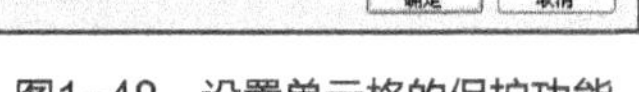

图1-48　设置单元格的保护功能

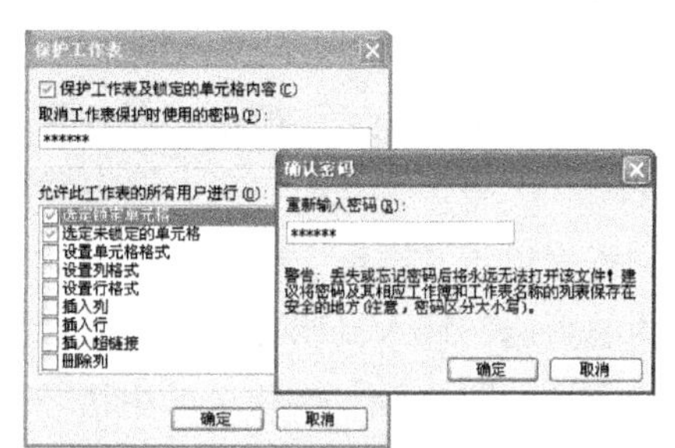

图1-49　设置工作表的保护功能

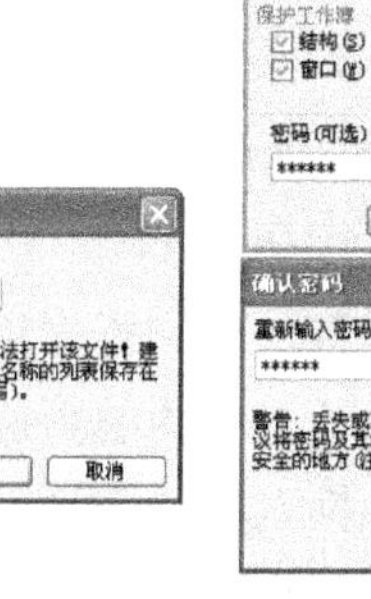

图1-50　设置工作簿的保护功能

知识提示

设置的保护密码不能过于简单，可以将字母、数字、符号组合起来使用，而且一定要牢记设置的保护密码，否则将无法取消保护，不能对工作表进行操作。另外，在输入密码时一定要注意大小写状态，否则以后可能会因为大小写不符而失去修改权限。

2. 认识“页面设置”对话框

页面设置是指对需打印表格的页面进行合理的布局和格式设置，如设置页面、页边距、页眉与页脚等。在工作表中选择【文件】/【页面设置】菜单命令，在打开的“页面设置”对话框中单击相应的选项卡进行相关设置，如图1-51所示，完成后单击确定按钮即可。对话框中各选项的含义如下。

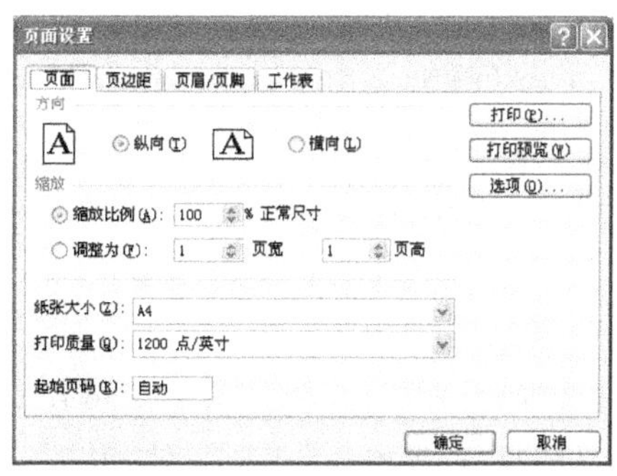

图1-51　打开“页面设置”对话框

- **“页面”选项卡**：用来设置打印表格的纸张方向、纸张比例、纸张大小等。该选项卡中的“方向”栏用来设置纸张的排列方向；“缩放”栏用来设置表格的缩放比例与纸张尺寸；“纸张大小”下拉列表框用来选择打印纸张的规格，如A4、B5等。

- **“页边距”选项卡**：用来设置表格数据距页面上、下、左、右各边的距离，以及表格在页面中的居中方式，如水平、垂直。
- **“页眉/页脚”选项卡**：在Excel中不仅可使用系统自带的页眉与页脚样式，还可自定义页眉与页脚样式。使用系统自带的页眉与页脚样式的方法非常简单，只需在“页眉/页脚”选项卡的“页眉”或“页脚”下拉列表框中选择一种页眉或页脚样式后单击[确定]按钮。

多学一招

若需自定义页眉与页脚样式，则需在“页眉/页脚”选项卡单击[自定义页眉(C)...]或[自定义页脚(U)...]按钮，在打开的“页眉”或“页脚”对话框中首先在“左”、“中”和“右”文本框中确定设置页眉或页脚后的内容存放位置，然后依次单击文本框上相应的按钮设置页眉或页脚的字体格式、插入当前页码和总页码、插入日期与时间、插入文件路径或文件名、插入标签名和插入图片，插入图片后[图]按钮呈可用状态，单击它在打开的对话框中可设置图片格式。

知识提示

在“页面设置”对话框的各选项卡中单击[打印(P)...]按钮可打开“打印内容”对话框，在其中设置具体的打印选项；单击[打印预览(W)]按钮可打开打印预览窗口，在其中预览打印效果；单击[选项(O)...]按钮可打开“属性”对话框，在其中详细设置页面大小和输出格式等。

3. 设置打印预览和打印输出

为了使表格数据具有较强的可读性，并能美观地呈现在纸张上，在打印工作表之前，首先应预览打印效果，满意后方可进行打印。

- **设置打印预览**：在Excel工作界面中选择【文件】/【打印预览】菜单命令，在打开的预览窗口中不仅可预览打印效果，还可进行预览设置，如图1-52所示。单击[缩放(Z)]按钮可放大或缩小打印预览窗口；单击[打印(T)...]按钮可打开“打印内容”对话框，在其中进行设置后即可打印；单击[设置(S)...]按钮可打开“页面设置”对话框，在其中继续对页面进行设置；单击[页边距(M)]按钮将显示出相应的边框线，按住相应的边框线拖动可调整页边距；单击[分页预览(V)]按钮可将表格中的数据以“分页预览”视图的效果显示，在其中用鼠标单击并拖动分页符，可调整分页符的位置。
- **设置打印输出**：选择【文件】/【打印】菜单命令，在打开的“打印内容”对话框中可对打印机、打印范围、打印内容和打印份数进行设置，如图1-53所示。“名称”下拉列表框用来选择合适的打印机；单击[属性(R)...]按钮可设置打印机属性；“打印范围”栏用来设置打印表格的范围；“打印内容”栏用来设置需打印的表格内容，如选定区域、选定工作表等；“份数”栏用来设置打印的份数；单击[预览(W)]按钮可切换至预览窗口。

图1-52　打开预览窗口

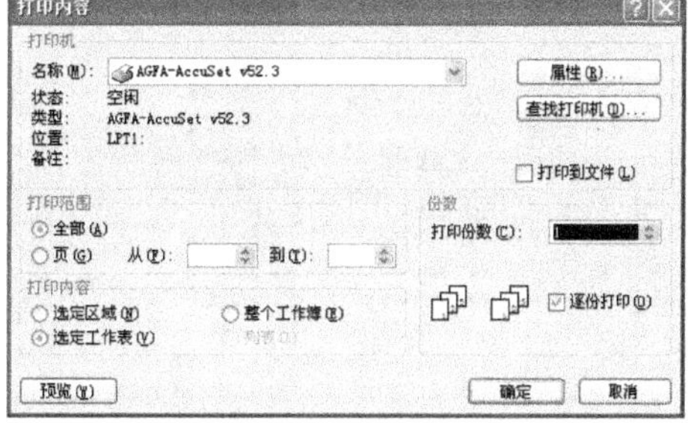
图1-53　打开“页面设置”对话框

三、任务实施

1. 保护表格数据

在打开的“差旅费报销单”工作簿中设置单元格、工作表、工作簿的保护功能，其具体操作如下。

STEP 1 打开“差旅费报销单”工作簿，选择A1:X20单元格区域，然后选择【格式】/【单元格】菜单命令，如图1-54所示。

STEP 2 在打开的“单元格格式”对话框中单击“保护”选项卡，撤销选中“锁定”复选框，完成后单击确定按钮，如图1-55所示。

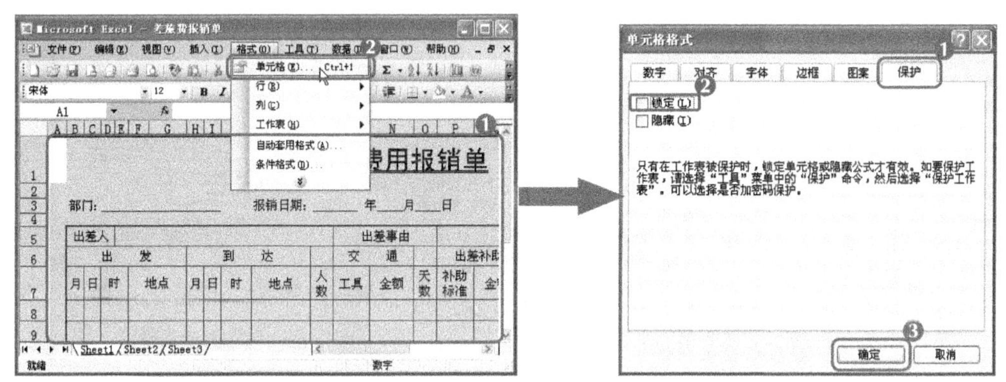
图1-54　选择菜单命令　　图1-55　撤销选中“锁定”复选框

STEP 3 选择【工具】/【保护】/【保护工作表】菜单命令，如图1-56所示。

STEP 4 在打开的“保护工作表”对话框的列表框中只单击选中“选定未锁定的单元格”复选框，然后在“取消工作表保护时使用的密码”文本框中输入“112233”。

STEP 5 单击确定按钮，在打开的“确认密码”对话框的文本框中再次输入密码，如图1-57所示，完成后单击确定按钮，返回工作表中将只能对未锁定的单元格进行编辑，不能选择默认锁定的单元格。

知识提示

要撤销工作表的保护功能，可选择【工具】/【保护】/【撤消工作表保护】菜单命令，在打开的“撤消工作表保护”对话框中输入设置保护时的密码，单击确定按钮即可。

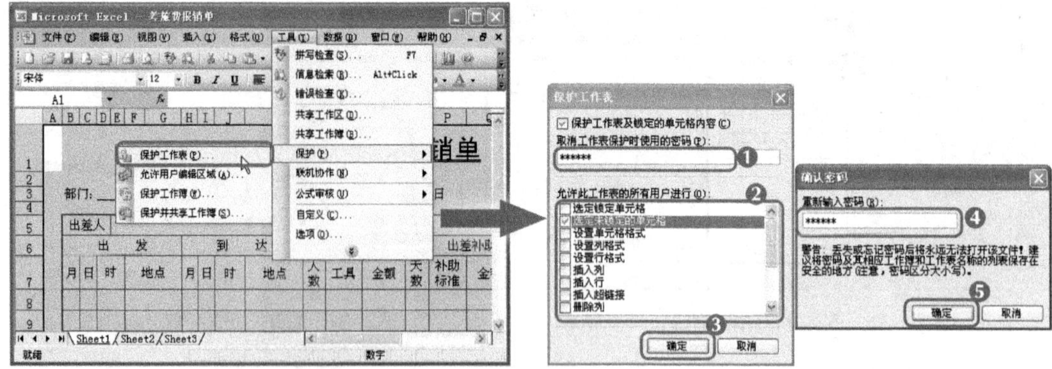

图1-56　选择保护工作表菜单命令　　　图1-57　输入并确认密码

STEP 6 选择【工具】/【保护】/【保护工作簿】菜单命令，如图1-58所示。

STEP 7 在打开的“保护工作簿”对话框中单击选中“结构”和“窗口”复选框，在“密码”文本框中输入“112233”。

STEP 8 单击确定按钮，在打开的“确认密码”对话框的文本框中输入密码，如图1-59所示，完成后单击确定按钮，再保存并退出Excel 2003。当再次打开该工作簿时，其工作表窗口将缩小。

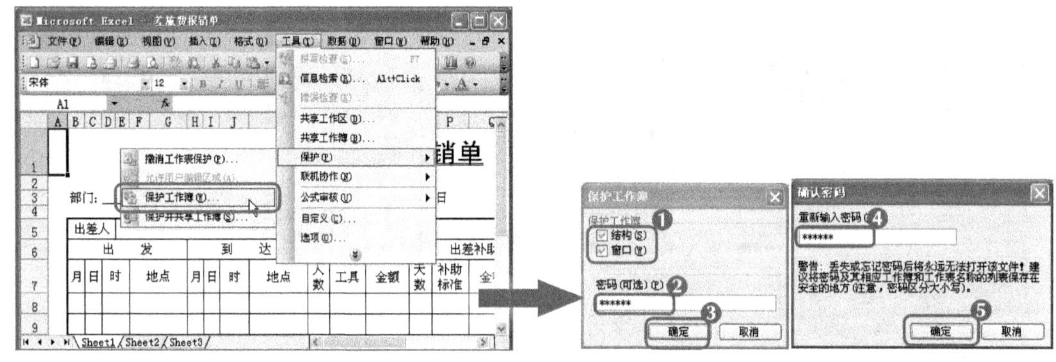

图1-58　选择保护工作表簿菜单命令　　　图1-59　输入并确认密码

知识提示 要撤销工作簿的保护功能，可选择【工具】/【保护】/【撤消工作簿保护】菜单命令，在打开的“撤消工作簿保护”对话框中输入设置保护时的密码，单击确定按钮即可。

2．设置页面并预览打印效果

下面首先设置纸张方向、缩放比例、纸张大小，然后设置表格在页面中的居中方式，完成后再预览打印效果。其具体操作如下。

STEP 1 选择【文件】/【页面设置】菜单命令，如图1-60所示。

STEP 2 打开“页面设置”对话框，在“页面”选项卡的“方向”栏中单击选中“横向”单选项，在“缩放”栏中单击选中“调整为”单选项，并在其后的数值框中输入“1”，然后在“纸张大小”下拉列表框中选择“B5”选项，其他各项保持默认设置，如图

1-61所示。

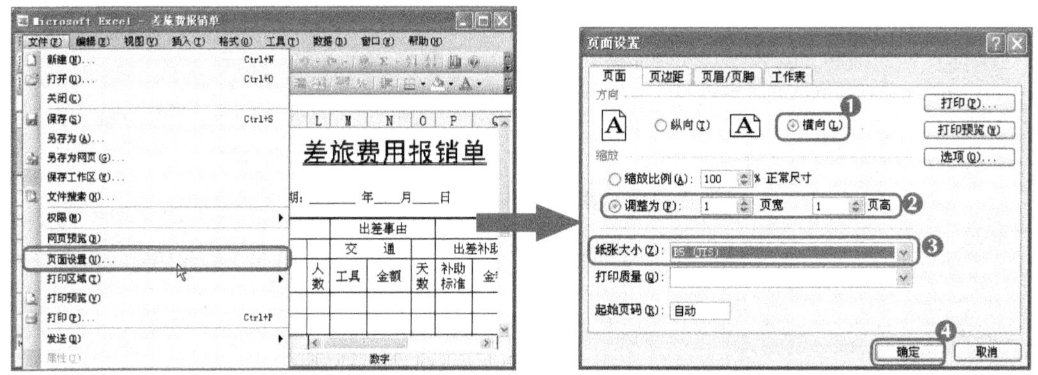

图1-60　选择页面设置菜单命令　　　　图1-61　设置页面

STEP 3　单击“页边距”选项卡，在“居中方式”栏中单击选中“水平”和“垂直”复选框，如图1-62所示。

STEP 4　单击[打印预览(W)]按钮，在打开的打印预览窗口中预览打印效果，对效果满意后可单击[关闭(C)]按钮关闭预览窗口，如图1-63所示。

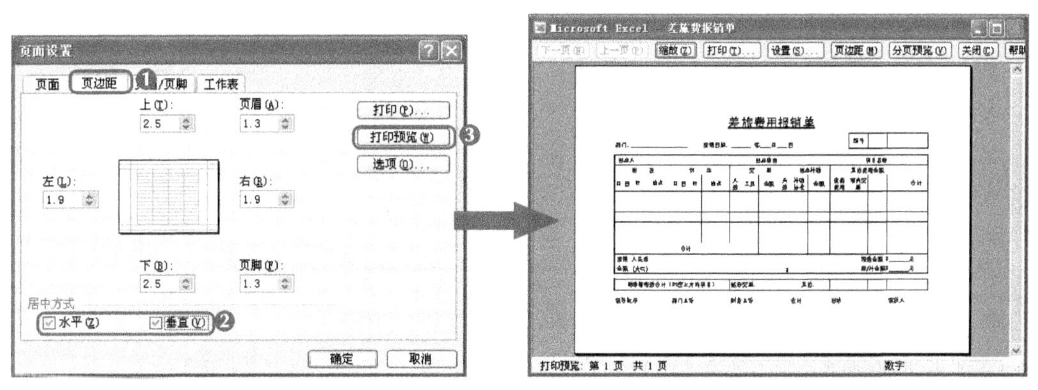

图1-62　设置页边距　　　　图1-63　预览打印效果

知识提示

设置页面后若不想预览打印效果，可直接在“页面设置”对话框中单击[确定]按钮，但为了确保打印效果更美观，建议在设置页面前后都进行打印预览，若表格的打印效果满意即可直接打印。

3．打印表格数据

下面在工作簿中打印10份“差旅费报销单”，其具体操作如下。

STEP 1　选择“Sheet1”工作表，然后选择【文件】/【打印】菜单命令，如图1-64所示。

多学一招

当要打印的工作表有多页时，在“打印内容”对话框的“打印范围”栏中单击选中“全部”单选项表示打印工作表中的所有页面；单击选中“页”单选项，在右侧的“从”和“到”数值框中可设置从起始页打印到结束页。

STEP 2 在打开的“打印内容”对话框的“打印份数”数值框中输入数值“10”，保持其他项为默认设置，然后单击 确定 按钮即可将选择的工作表打印10份，如图1-65所示。

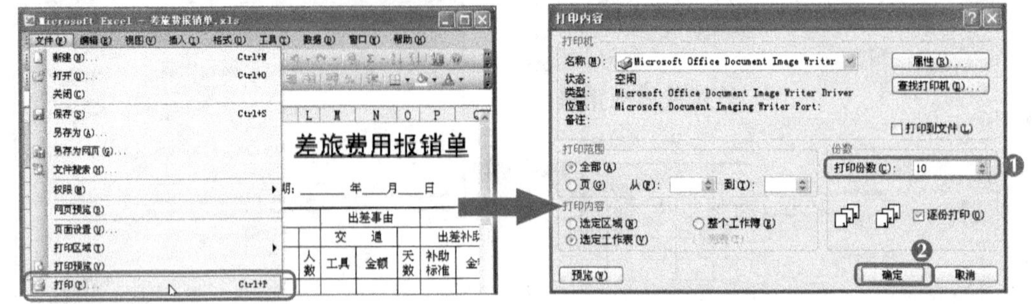

图1-64 选择打印菜单命令　　　图1-65 打开“打印内容”对话框

实训一 制作“收款收据”

【实训目标】

最近公司内部产生的各种业务，如收取员工胸卡押金、归还个人借支、退还多余出差借款，以及各种服务费和货款等，均需填制收款收据。因此老张决定让小白制作并打印多份收款收据，交由相关的会计人员使用并保管。

要完成本实训，首先要在创建的“收款收据”工作簿中输入相应的数据，然后设置单元格格式、设置单元格、工作表的保护功能等，完成后再设置页面并打印表格内容。本实训完成后的最终效果如图1-66所示。

效果所在位置 光盘:\效果文件\项目一\收款收据.xls

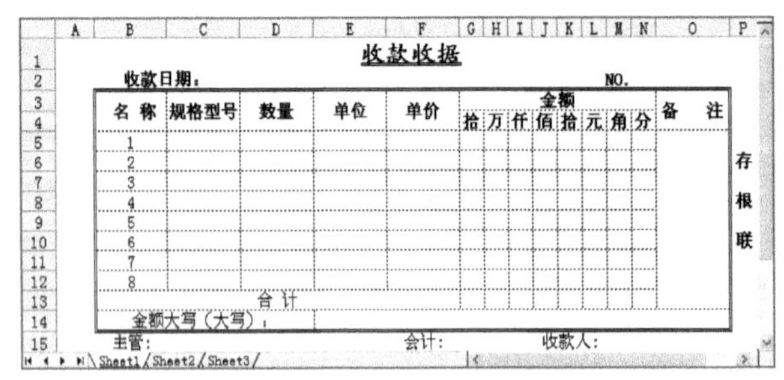

图1-66 “收款收据”最终效果

【专业背景】

收款收据是基于公司内部经营管理和财务管理需要，自制的（三联、四联）或外购用于证明收取款项发生的时间、金额、内容的收款凭证。一般情况下，公司收据应由财务部作为主管部门，空白的收据由指定的会计人员进行保管，并逐本登记在财务部备查登记账上。

职业素养

填写收款收据时，应由会计人员根据收款金额进行填写，出纳接收现金并在收款收据上签名确认。收款收据上不得随意涂改、挖补、撕毁，若有作废，必须加注作废标记，且3联全部保留在收据本上，不得有缺号或缺联；开具收据时必须按号码顺序填写，不得跳号，且所填内容必须完整、真实。

【实训思路】

完成本实训需要先在创建的工作簿中输入相应的数据并合并单元格，然后设置单元格格式、调整单元格行高与列宽、设置单元格和工作表的保护功能、设置页面，完成后再预览打印效果并打印表格内容，其操作思路如图1-67所示。

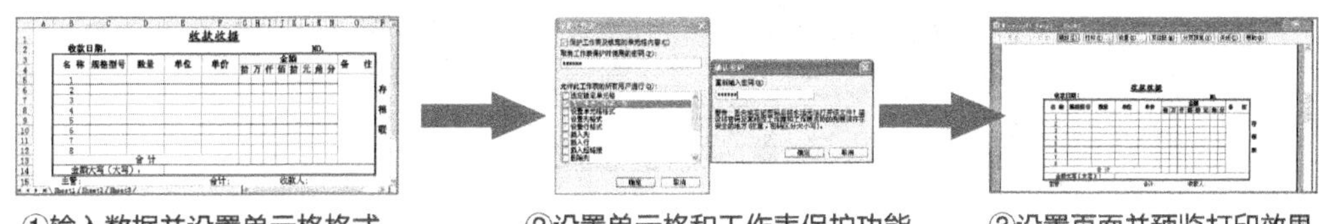

图1-67 制作“收款收据”的思路

【步骤提示】

STEP 1 启动Excel 2003，将新建的工作簿以“收款收据”为名进行保存，然后输入相应内容并合并相应的单元格，为合并后的B1:O1单元格区域设置字体格式为“楷体_GB2312、18、加粗”，并为其文本设置双下画线。

STEP 2 为B2:O4和P6:P10单元格区域设置字体格式为“加粗”，为B2:P15单元格区域设置对齐方式为“居中”，为B3:O14单元格区域设置单元格的内部边框样式为“……”，外部边框样式为“══”，然后设置所有单元格的底纹为“灰色-25%”，再为A1:Q16单元格区域设置底纹为“白色”，完成后调整单元格行高与列宽。

STEP 3 在“单元格格式”对话框的“保护”选项卡中撤销A1:Q16单元格区域的锁定状态，在“保护工作表”对话框中只单击选中“选定未锁定的单元格”复选框，然后输入并确认输入保护密码为“112233”，完成后在工作表中将只能对未锁定的单元格进行编辑。

STEP 4 在“页面设置”对话框中调整表格内容为1页宽和1页高显示，纸张大小为“B5”，页边距的居中方式为“水平”，完成后单击 打印预览(W) 按钮预览打印效果，对其效果满意后单击 打印(T)... 按钮，在打开的“打印内容”对话框中设置打印份数，完成后单击 确定 按钮开始打印表格内容。

STEP 5 单击“保存”按钮再次保存表格内容，然后在菜单栏右上角单击×按钮，关闭工作簿。

实训二 制作“往来客户一览表”

【实训目标】

由于往来客户的相关信息经常发生变化，因此定期对交易往来客户的记录信息进行调查和更正非常重要，于是此项任务就落在了小白的身上。

要完成本实训，需要在已有的工作表中编辑数据，然后再通过设置数字格式输入以“0”开头和11位以上的数字。本实训完成后的最终效果如图1-68所示。

素材所在位置 光盘:\素材文件\项目一\往来客户一览表.xls
效果所在位置 光盘:\效果文件\项目一\往来客户一览表.xls

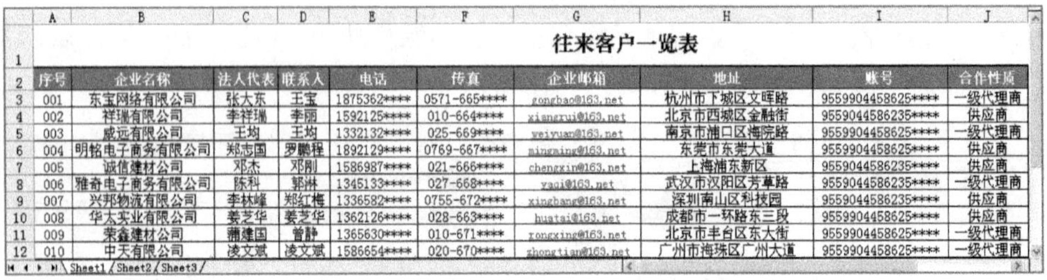

往来客户一览表

序号	企业名称	法人代表	联系人	电话	传真	企业邮箱	地址	账号	合作性质
001	东宝网络有限公司	张大东	王宝	1875362****	0571-665****	gongbao@163.net	杭州市下城区文晖路	9559904458625****	一级代理商
002	祥瑞有限公司	李祥瑞	李丽	1592125****	010-664****	xiangrui@163.net	北京市西城区金融街	9559044586235****	供应商
003	威远有限公司	王均	王均	1332132****	025-669****	weiyuan@163.net	南京市浦口区海院路	9559904458625****	一级代理商
004	明铭电子商务有限公司	郑志国	罗鹏程	1892129****	0769-667****	mingming@163.net	东莞市东莞大道	9559904458625****	供应商
005	诚信建材公司	邓杰	邓刚	1586987****	021-666****	chengxin@163.net	上海浦东新区	9559044586235****	供应商
006	雅奇电子商务有限公司	陈科	郭淋	1345133****	027-668****	yaqi@163.net	武汉市汉阳区芳草路	9559044586235****	一级代理商
007	兴邦物流有限公司	李林峰	郑红梅	1336582****	0755-672****	xingbang@163.net	深圳南山区科技园	9559044586235****	供应商
008	华太实业有限公司	姜芝华	姜芝华	1362126****	028-663****	huatai@163.net	成都市一环路东三段	9559904458625****	供应商
009	荣鑫建材公司	蒲建国	曾静	1365630****	010-671****	rongxing@163.net	北京市丰台区东大街	9559904458625****	一级代理商
010	中天有限公司	凌文斌	凌文斌	1586654****	020-670****	zhongtian@163.net	广州市海珠区广州大道	9559904458625****	一级代理商

Sheet1 / Sheet2 / Sheet3

图1-68 “往来客户一览表”最终效果

【专业背景】

往来客户一览表是公司对于往来客户在交易上的原始资料整理，用来记录往来客户信息，如往来客户的企业名称、联系人、信用、与本公司的合作性质等。在记录和更正往来客户一览表中的信息时，需注意以下几点。

- 无论买或卖，对于开始有交易往来的公司，各负责人应先记入必要事项，取得单位主管的认可并禀报董事长，取得董事长的同意后，记入交易往来客户一览表中。
- 公司应定期对交易往来客户作调查，有关交易往来客户的变化情况应及时更正。
- 交易往来客户如果解散或与本公司的交易关系解除后，公司应尽快将其从交易往来客户一览表中删除，并将其与交易往来客户原始资料分别保管。

【实训思路】

完成本实训可在提供的素材文件中进行编辑，如删除行、修改数据、查找和替换数据等，然后设置数字格式输入以“0”开头和11位以上的数字，其操作思路如图1-69所示。

图1-69 制作“往来客户一览表”的思路

【步骤提示】

STEP 1 打开“往来客户一览表”工作簿，删除第9行，在第12行输入相应数据，然后将D7单元格中的数据修改为“邓刚”，再查找数据“商务”，并将其替换为“商务有限”，完成后再调整单元格行高和列宽，并重新设置单元格边框样式和对齐方式。

STEP 2 在A3:A12单元格区域中重新填充序号，然后在“单元格格式”对话框的“数字”选项卡中自定义序号的显示格式为“000”。

STEP 3 选择I12单元格，在“单元格格式”对话框的“数字”选项卡中设置数字格式为“文本”，完成后在该单元格中输入11位以上的数字将完全显示。

STEP 4 将工作簿另存到其他位置，然后在标题栏右上角单击⊠按钮退出Excel 2003。

常见疑难解析

问：快速为多个工作表输入相同的表名与表头？

答：制作同一类型的表格时，为了避免重复输入相同的数据，可在同一工作簿中选择需输入相同表名与表头的工作表，如同时选择“Sheet1”和“Sheet2”工作表，在相应的单元格输入表名与表头后，取消工作组的选择，即可在相应的工作表中看到相同的表名与表头。

问：如何在大型表格中将工作表拆分为多个窗格进行操作？

答：在Excel中可以使用拆分工作表的方法将工作表拆分为多个窗格，每个窗格中都可进行单独的操作，这样有利于在数据量比较大的工作表中查看数据的前后对照关系。要拆分工作表首先应选择作为拆分中心的单元格，然后选择【窗口】/【拆分】菜单命令，将工作表自动拆分为4个窗格，在每个窗格中可以对数据进行单独地查看。

问：当单元格中的数据较长时，如何将其换行显示？

答：要换行显示单元格中较长的数据，可选择已输入长数据的单元格，将文本插入点定位到需进行换行显示的位置处，然后按【Alt+Enter】组合键，或按【Ctrl+1】组合键，在打开的“单元格格式”对话框中单击“对齐”选项卡，在其中单击选中“自动换行”复选框后，单击 确定 按钮即可。

拓展知识

1. 自定义表格数量

在默认情况下，新建工作簿中有3张工作表，但根据不同用户的需求，还可在工作簿中设置工作表数量，使每次启动Excel 2003后工作簿中都有多张工作表备用。设置工作表数量的方法如下。

STEP 1 在Excel工作界面中选择【工具】/【选项】菜单命令，在打开的“选项”对话框中单击“常规”选项卡，在“新工作簿内的工作表数”数值框中输入所需的工作表数量，这里输入“6”，如图1-70所示。

STEP 2 然后单击 确定 按钮，并关闭当前工作簿，完成后当重新新建工作簿或再次启动Excel 2003后，工作簿中即包含6张工作表。

2. 设置工作簿的自动保存功能

为了防止计算机因死机或断电等系统异常中断时来不及保存数据的情况发生，可以设置自动保存工作簿，它将每隔一段时间（时间间隔由用户设置）自动对所编辑的数据进行保存，以防止数据丢失。设置自动保存的方法如下。

STEP 1 在“选项”对话框中单击“保存”选项卡，在“设置”栏中单击选中“保存自动恢复信息，每隔（s）：”复选框，并在其后的数值框中输入自动保存工作簿的间隔时间。

STEP 2 完成后单击【确定】按钮，如图1-71所示。

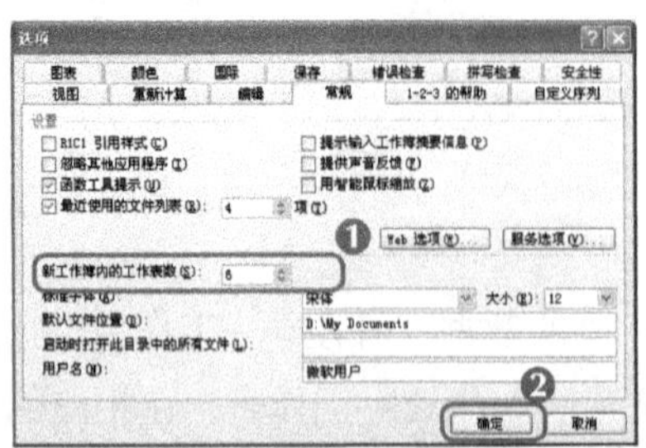

图1-70　设置工作表数量

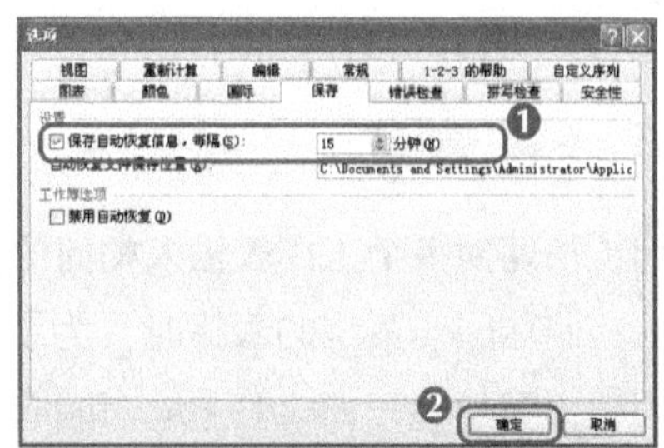

图1-71　设置工作簿的自动保存功能

知识提示

设置工作簿的自动保存时间间隔不宜太长，否则容易因各种原因造成不能及时保存数据；也不宜过短，因为频繁的保存会影响数据的编辑，一般以10～15分钟为宜。

课后练习

效果所在位置　**光盘:\效果文件\项目一\员工加班表.xls、员工考勤表.xls**

（1）在前面制作的“员工信息表”基础上编辑数据，完成后的参考效果如图1-72所示。其相应的操作如下。

- 打开“员工信息表”工作簿，在其中修改表题数据，删除C列和F~J列，添加项目数据，如“基本工资”列、“小时工资”列、“加班工时”列、“加班工资”列。
- 为添加列设置相应的单元格格式，再为E3:F32和H3:H32单元格区域设置数字格式为“会计专用”，完成后重命名工作表。
- 将该工作簿以“员工加班表”为名进行另存，并关闭工作簿。

（2）与制作“员工加班表”的方法相同，在“员工信息表”基础上编辑表格数据，然后调整单元格行高与列宽，并将编辑后的工作簿以“员工考勤表”为名进行另存，完成后退出Excel 2003。其参考效果如图1-73所示。

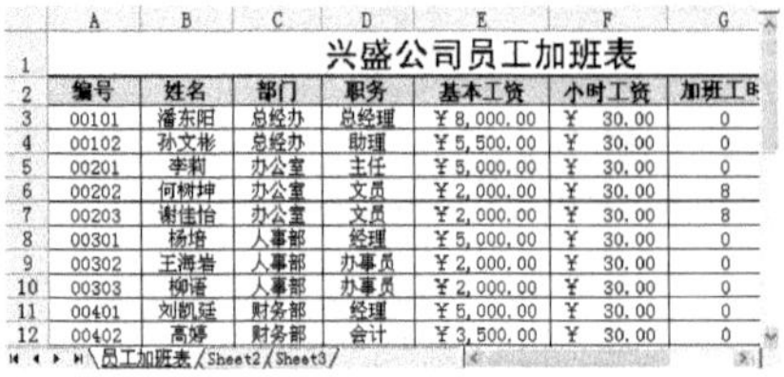

兴盛公司员工加班表

编号	姓名	部门	职务	基本工资	小时工资	加班工时
00101	潘东阳	总经办	总经理	¥8,000.00	¥ 30.00	0
00102	孙文彬	总经办	助理	¥5,500.00	¥ 30.00	0
00201	李莉	办公室	主任	¥5,000.00	¥ 30.00	0
00202	何树坤	办公室	文员	¥2,000.00	¥ 30.00	8
00203	谢佳怡	办公室	文员	¥2,000.00	¥ 30.00	8
00301	杨培	人事部	经理	¥5,000.00	¥ 30.00	0
00302	王海岩	人事部	办事员	¥2,000.00	¥ 30.00	0
00303	柳谙	人事部	办事员	¥2,000.00	¥ 30.00	0
00401	刘凯廷	财务部	经理	¥5,000.00	¥ 30.00	0
00402	高婷	财务部	会计	¥3,500.00	¥ 30.00	0

员工加班表 / Sheet2 / Sheet3

图1-72　“员工加班表”最终效果

兴盛公司员

编号	姓名	部门	职务	基本工资	迟到	病假
00101	潘东阳	总经办	总经理	¥ 8,000.00	0	0
00102	孙文彬	总经办	助理	¥ 5,500.00	0	1
00201	李莉	办公室	主任	¥ 5,000.00	1	0
00202	何树坤	办公室	文员	¥ 2,000.00	0	0
00203	谢佳怡	办公室	文员	¥ 2,000.00	1	0
00301	杨培	人事部	经理	¥ 5,000.00	0	0
00302	王海岩	人事部	办事员	¥ 2,000.00	0	0
00303	柳谙	人事部	办事员	¥ 2,000.00	0	2
00401	刘凯廷	财务部	经理	¥ 5,000.00	1	0

员工考勤表 / Sheet2 / Sheet3

图1-73　“员工考勤表”最终效果

PART 2

项目二 员工薪酬核算

情景导入

快到月底了，小白的心情简直是悲喜交加，在公司实习了大半个月终于可以领到自己的第一份薪水，同时公司的薪资管理非常严格，每一个项目的核算都不能出半点差错，因此必须认真负责地核算每位员工的薪酬。

知识技能目标

- 熟练掌握图片和图示的插入、编辑、美化方法。
- 熟练掌握公式与函数的使用方法，以及单元格的引用方式。
- 熟练掌握打印区域数据的方法。

- 了解工作中员工薪酬核算的基本流程。
- 掌握“薪酬体系图”、“员工工资表”、“个人工资条”等表格的制作。

项目流程对应图

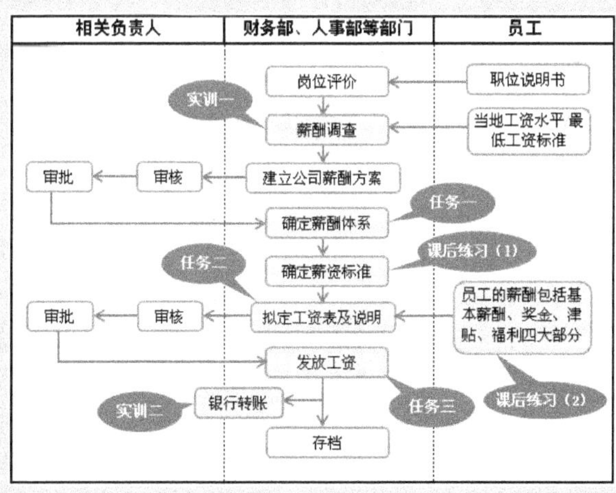

任务一　绘制“薪酬体系图”

薪酬体系是指薪酬的构成，即一个人的工作报酬由哪几部分构成。一般情况下员工的薪酬包括固定工资、浮动工资和福利3部分。为了帮助企业吸引人才、发展人才、激励人才、保护人才，实现公司和员工利益的最大化，公司应建立合理的薪酬结构和薪酬制度。

一、 任务目标

由于小白初来乍到，要准确无误地核算出每位员工的薪酬，必须弄清楚薪酬体系，因此小白打算根据公司提供的薪酬体系绘制一个“薪酬体系图”。该任务将先在Excel 2003中取消Excel网格线的显示以方便绘制，然后通过插入、编辑、美化组织结构图来创建薪酬体系图，同时为了使其效果更美观，将通过插入艺术字和图片来美化表格。本例完成后的最终效果如图2-1所示。

素材所在位置　光盘:\素材文件\项目二\背景图片.jpg

效果所在位置　光盘:\效果文件\项目二\薪酬体系图.xls

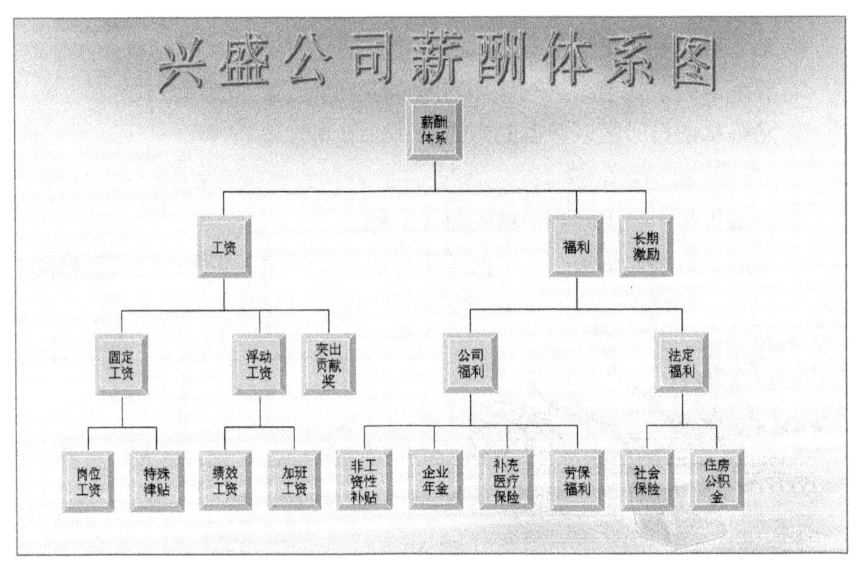

图2-1　“薪酬体系图”最终效果

二、 相关知识

使用Excel 2003绘制“薪酬体系图”的方法非常简单，关键是如何插入并编辑组织结构图、艺术字、图片等对象。下面将介绍各种图片对象的特点，并认识不同类型图示的作用。

1．各种图片对象的特点

为了美化并丰富表格内容，Excel 2003中提供了多种图片对象，如剪贴画、计算机中保存的图片、自选图形、艺术字等。

- **剪贴画**：在Excel 2003中自带了一些卡通图片，称为剪贴画，收集在Excel剪辑库中。剪贴画的类别可分为保健、标志、地点、地图、动物、符号等。用户可根据需要调用一些与表格相符的剪贴画来丰富表格内容。
- **计算机中保存的图片**：用户可通过网络下载、素材光盘、数码相机拍摄，或扫描仪将喜欢的图片扫描并保存到计算机中作为素材，方便以后使用。
- **自选图形**：在Excel中还可绘制不同类别的自选图形更好地表达设计者的意图，如线条、连接符、基本形状、箭头总汇、流程图、星与旗帜等。
- **艺术字**：通过艺术字功能可制作出不同样式的特殊文字效果，在Excel中通常用来制作标题和特殊的文字效果。

2. 认识不同图示类型的作用

在Excel 2003中还提供了多种图示，如组织结构图、循环图、射线图、棱锥图、维恩图、目标图，它们分别用来表示不同类型数据的关系结构。在Excel 2003工作界面中选择【插入】/【图示】菜单命令或在“绘图”工具栏中单击“插入组织结构图或其他图示”按钮，可以打开“图示库”对话框，如图2-2所示。其中各图示的作用介绍如下。

- **组织结构图**：用来显示层次关系，形象地反映组织内各机构，以及相关流程上下左右相互之间的关系。
- **循环图**：用来显示具有连续循环过程的图表。
- **射线图**：用来显示元素与核心元素的关系。
- **棱锥图**：用来显示基于基础的关系。
- **维恩图**：用来显示元素间重迭区域，非常适合阐明多个不同组或概念之间的相似点和不同点。
- **目标图**：用来显示为实现目标而采取的步骤。

图2-2 “图示库”对话框

三、任务实施

1. 取消Excel网格线的显示

制作本例应先启动Excel 2003，然后取消Excel网格线的显示。其具体操作如下。

STEP 1 启动Excel 2003，在“常用”工具栏中单击“保存”按钮，将新建的工作簿以“薪酬体系图”为名进行保存，然后选择【工具】/【选项】菜单命令，如图2-3所示。

STEP 2 打开“选项”对话框，在“视图”选项卡的“窗口选项”栏中撤销选中“网格线”复选框，然后单击 确定 按钮，如图2-4所示。返回工作表中，即可看到取消Excel网格线的效果。

知识提示

在“选项”对话框的“视图”选项卡中单击选中“网格线”复选框，然后在“网格线颜色”下拉列表中选择所需的颜色可设置网格线颜色效果。

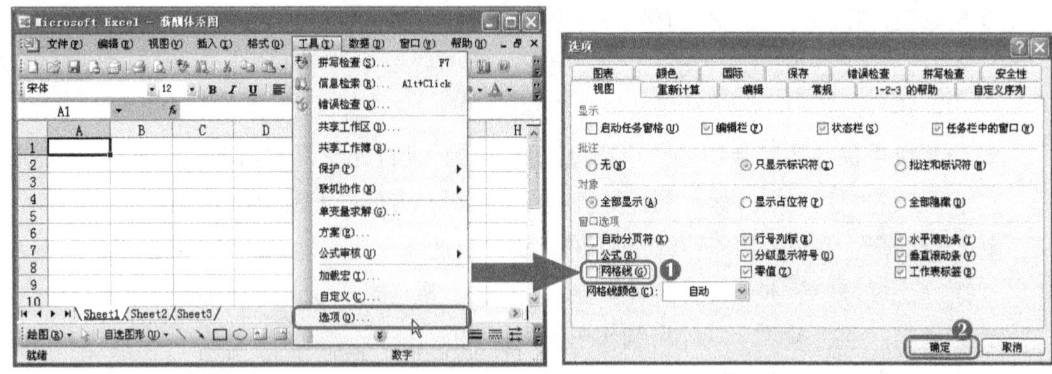

图2-3 选择【工具】/【选项】菜单命令　　　图2-4 撤销选中“网格线”复选框

在工作表中按【Ctrl+A】组合键选择工作表中的所有单元格，然后在“格式”工具栏中单击按钮右侧的按钮，在弹出的下拉列表中选择“白色”选项，将其背景颜色填充为“白色”。设置后的显示效果与取消Excel网格线的显示效果相同。

2．插入、编辑、美化组织结构图

要绘制本例的“薪酬体系图”，需要插入组织结构图，然后根据需要编辑并美化组织结构图。其具体操作如下。

STEP 1 选择【插入】/【图示】菜单命令，如图2-5所示。

STEP 2 在打开的“图示库”对话框中选择“组织结构图”选项，然后单击 确定 按钮，如图2-6所示。在窗口中插入组织结构图且显示出“组织结构图”的工具栏。

在Excel 2003中选择【插入】/【图片】/【组织结构图】菜单命令，可快速插入组织结构图。

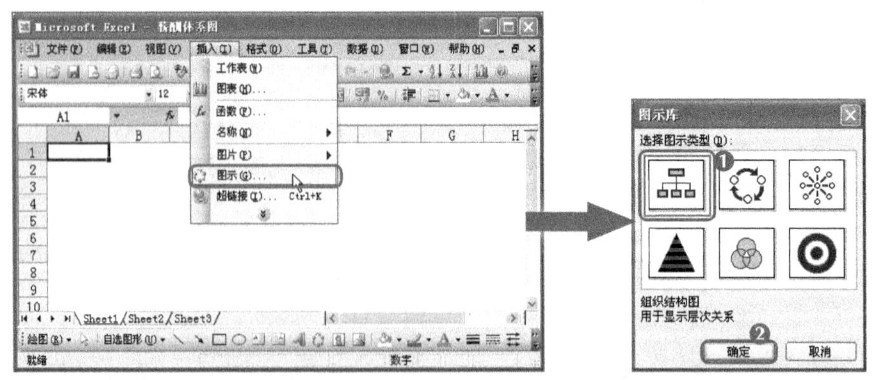

图2-5 选择【插入】/【图示】菜单命令　　　图2-6 选择“组织结构图”选项

STEP 3 在插入的组织结构图图示中选择第一级图示分支，单击定位文本插入点，输入文本“薪酬体系”，然后分别选择第二级图示分支，单击定位文本插入点，输入文本“工资”、“福利”、“长期激励”，如图2-7所示。

STEP 4 选择“工资”分支，然后在“组织结构图”工具栏中单击插入形状(N)按钮右侧的▾按钮，在弹出的下拉列表中选择“下属”选项，如图2-8所示。

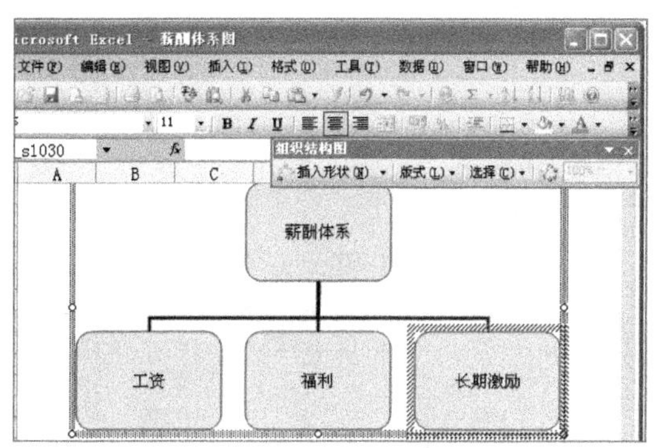

图2-7 在图示分支中输入文本

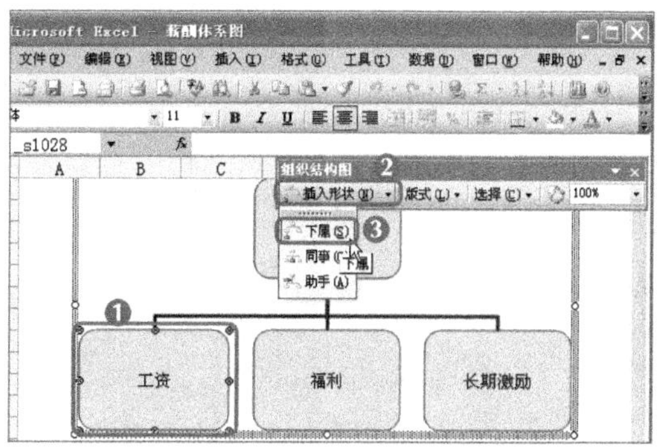

图2-8 添加“下属”图示分支

> **知识提示** 若要删除多个图示分支，可按住【Ctrl】键，同时选择需删除的图示分支后释放鼠标，再按【Delete】键或在其上单击鼠标右键，在弹出的快捷菜单中选择“删除”命令。

STEP 5 用相同的方法为“工资”分支再插入两个“下属”分支，并输入文本“固定工资”、“浮动工资”、“突出贡献奖”，然后继续为“固定工资”和“浮动工资”分支插入两个“下属”分支，并输入文本“岗位工资”、“特殊津贴”、“绩效工资”、“加班工资”。

STEP 6 在“福利”图示分支下插入两个“下属”分支，并输入文本“公司福利”和“法定福利”，然后分别在“公司福利”分支下插入4个“下属”分支并输入相应的文本，在“法定福利”分支下插入两个“下属”分支并输入相应的文本，如图2-9所示。

STEP 7 选择“固定工资”分支，在“组织结构图”工具栏中单击版式(L)按钮右侧的▾按钮，在弹出的下拉列表中选择“标准”选项，如图2-10所示，然后用相同的方法为“浮动工资”、“公司福利”和“法定福利”分支设置图示版式。

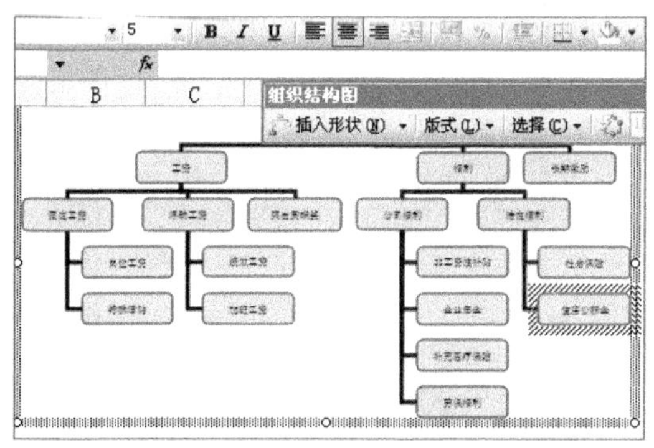

图2-9 添加更多“下属”图示分支

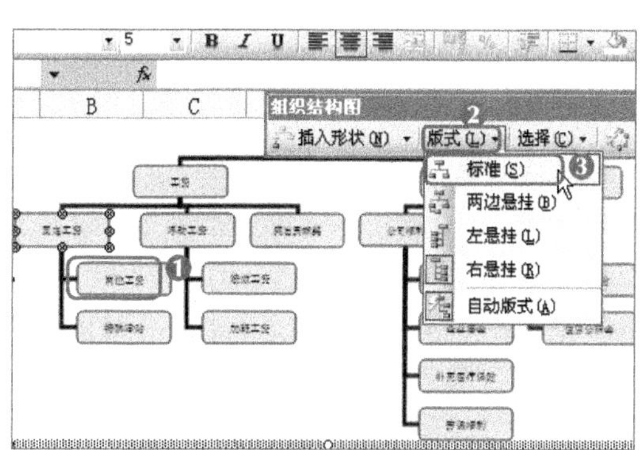

图2-10 设置图示版式

默认情况下不能调整组织结构图中图示级别的大小与形状，但在“组织结构图”工具栏中单击版式(L)按钮右侧的-按钮，在弹出的下拉列表中选择“自动版式”选项，取消自动版式后，则可调整相应图示级别的大小与形状。

STEP 8 选择整个图示边框，在“组织结构图”工具栏中单击“插入组织结构图或其他图示”按钮，如图2-11所示。

STEP 9 在打开的“组织结构图样式库”对话框中选择“斜面”图示样式，然后单击确定按钮，如图2-12所示。

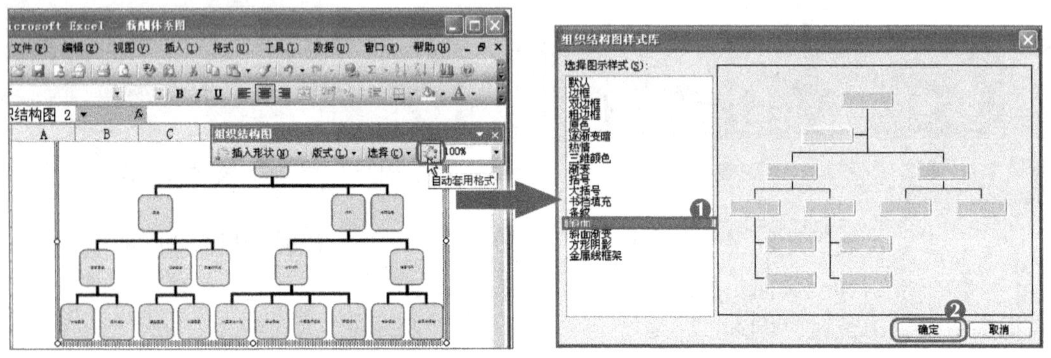

图2-11　自动套用格式　　图2-12　选择图示样式

STEP 10 将鼠标指针移到组织结构图右下角的控制点上，当鼠标指针变成↘形状时拖动鼠标至适当位置释放，如图2-13所示。

STEP 11 选择整个图示边框，在其上单击鼠标右键，在弹出的快捷菜单中选择“设置组织结构图格式”命令，如图2-14所示。

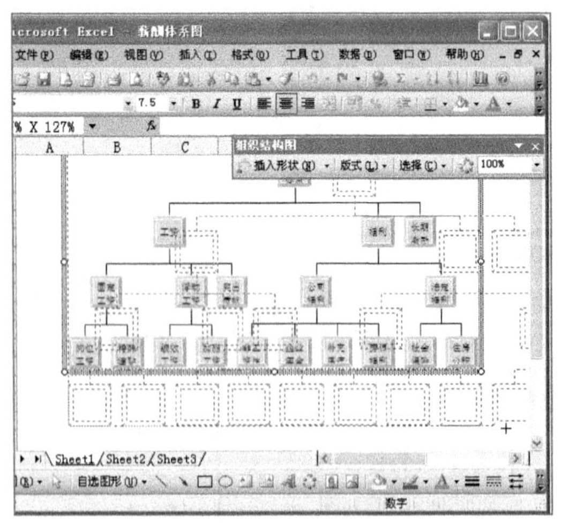

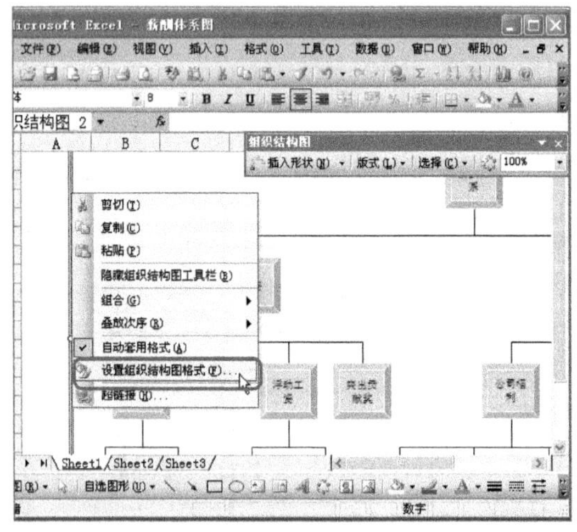

图2-13　调整组织结构图大小　　图2-14　选择“设置组织结构图格式”命令

STEP 12 在打开的“设置组织结构图格式”对话框中单击“字体”选项卡，在“字号”下拉列表中选择“12”选项，单击确定按钮，如图2-15所示。

STEP 13 将鼠标指针移到组织结构图的边框上，按住鼠标左键不放向下移动到适当位置后释放鼠标，即可移动组织结构图位置。完成后查看组织结构图的效果如图2-16所示。

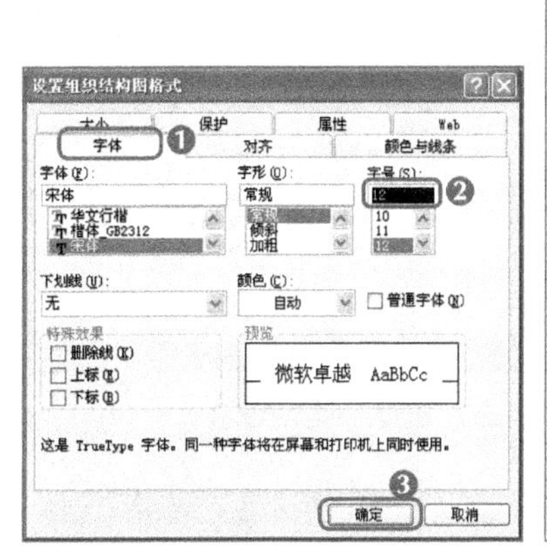

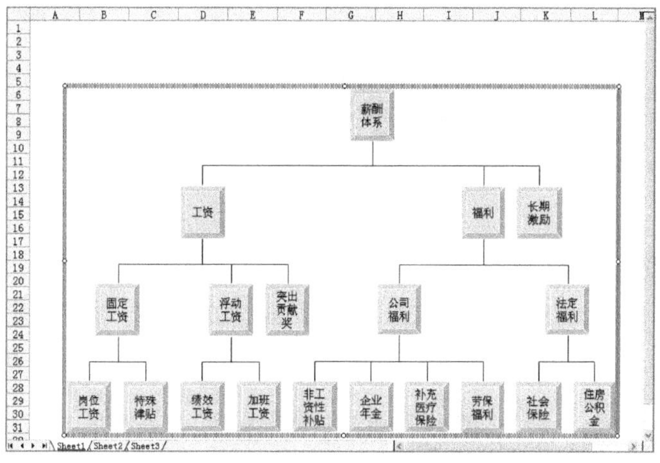

图2-15　设置组织结构图的字体格式

图2-16　移动组织结构图的位置

3．插入并编辑艺术字

下面将插入艺术字效果作为组织结构图的图名，并设置艺术字格式，其具体操作如下。

STEP 1 选择A1单元格，然后选择【插入】/【图片】/【艺术字】菜单命令，如图2-17所示。

在“绘图”工具栏中单击“插入艺术字”按钮，可快速打开“艺术字库”对话框，在其中选择相应的艺术字样式。

STEP 2 在打开的“艺术字库”对话框中选择第2行与第5列交叉处的艺术字样式，然后单击 确定 按钮，如图2-18所示。

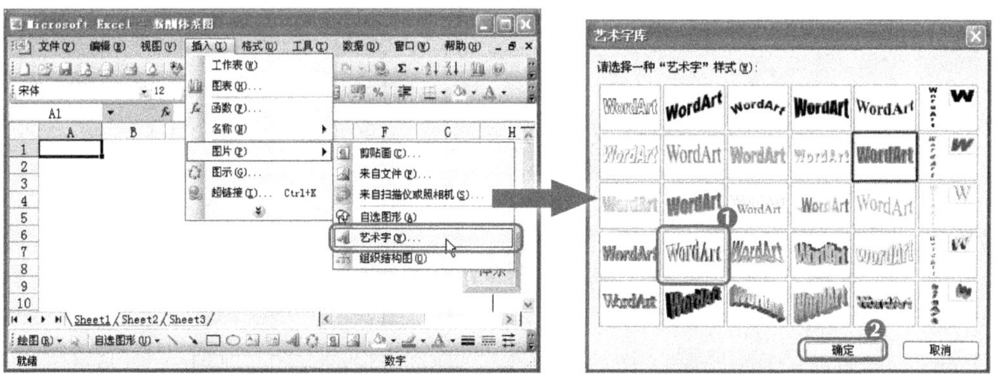

图2-17　选择菜单命令

图2-18　选择艺术字样式

STEP 3 在打开的“编辑‘艺术字’文字”对话框的“文字”文本框中输入文本“兴盛公司薪酬体系图”，其他各项保持默认设置，然后单击 确定 按钮，如图2-19所示。

STEP 4 选择插入的艺术字，然后在“艺术字”工具栏中单击“艺术字形状”按钮，在弹出的列表框中选择“两端近”选项设置艺术字的形状，如图2–20所示。

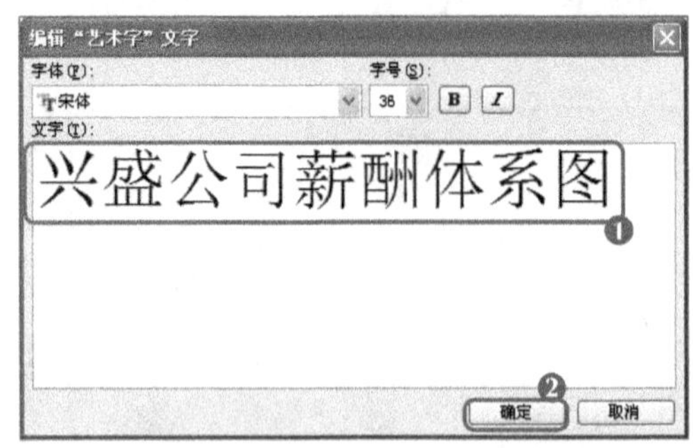

图 2–19 输入艺术字文本

图 2–20 设置艺术字形状样式

知识提示

选择需要修改形状的艺术字，在“艺术字”工具栏中单击“艺术字形状”按钮，在弹出的列表框中选择“纯文本”选项即形状，即可将插入的艺术字形状修改为普通文本样式。

STEP 5 选择插入的艺术字，在“艺术字”工具栏中单击“设置艺术字格式”按钮，如图2–21所示。

STEP 6 在打开的“设置艺术字格式”对话框中单击“大小”选项卡，单击选中“锁定纵横比”复选框，然后在“大小和转角”栏的“高度”数值框中输入“2厘米”，完成后单击 确定 按钮，如图2–22所示。

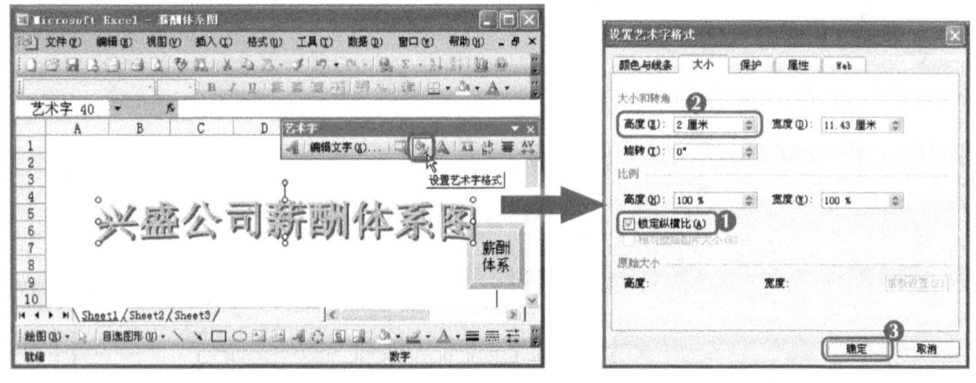

图2–21 设置艺术字格式

图2–22 设置艺术字大小

知识提示

选择插入的艺术字后，其四周将出现8个空心的控制点，一个与空心控制点相连的“鲜绿色”控制点，一个“黄色”的棱形控制点◇。若将鼠标指针移动到控制点上，鼠标指针将变成形状，按住鼠标左键在其控制点上旋转可将艺术字以不同的角度进行旋转；若将鼠标指针移动到◇控制点上，鼠标指针将变成形状，按住鼠标左键在该控制点上下移动可改变艺术字的字形。

STEP 7 选择插入的艺术字，在“艺术字”工具栏中单击“艺术字字符间距”按钮，在弹出的下拉菜单中选择“稀疏”命令，更改艺术字字符间距，如图2-23所示。

STEP 8 将鼠标指针移动到艺术字上方，按住鼠标左键不放向上移动艺术字到组织结构图的正中位置后释放鼠标，完成后艺术字的效果如图2-24所示。

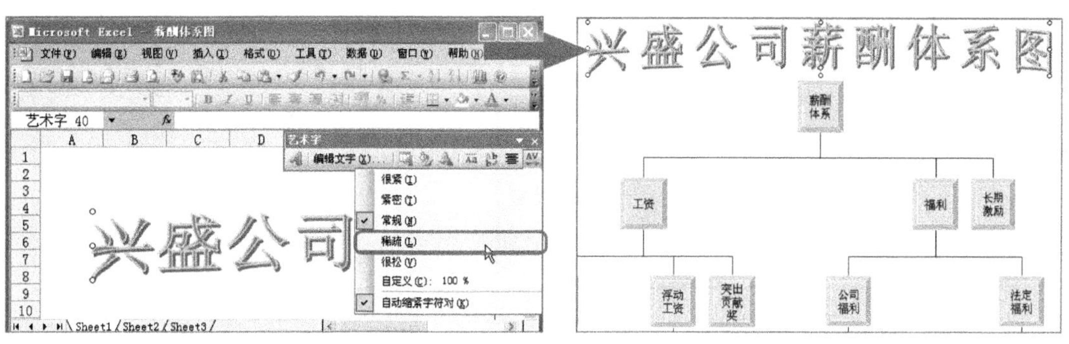

图2-23 更改艺术字字符间距　　　　图2-24 移动艺术字位置

4．插入图片并美化表格

下面将插入图片作为背景，使其表格效果更美观，其具体操作如下。

STEP 1 选择A1单元格，然后选择【插入】/【图片】/【来自文件】菜单命令，如图2-25所示。

STEP 2 在打开的“插入图片”对话框中找到图片存放的位置，并选择需要插入的图片，然后单击 插入(S) 按钮，如图2-26所示。

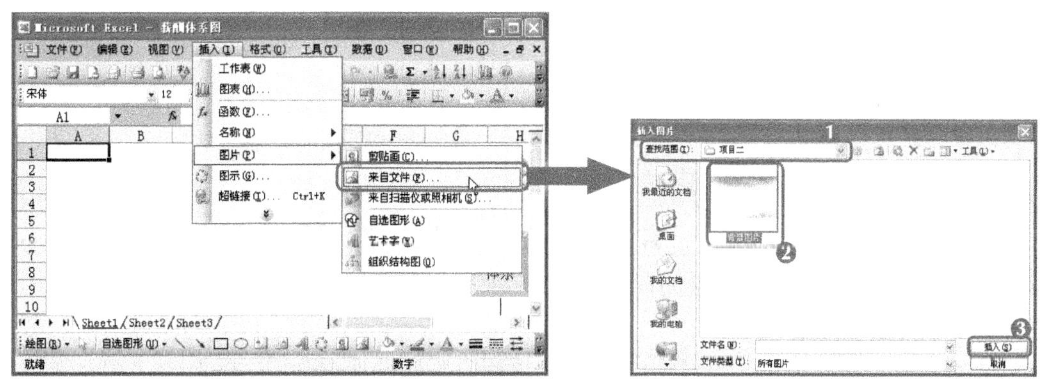

图2-25 选择菜单命令　　　　图2-26 选择插入的图片

多学一招

在工作表中一般一次只能插入一张图片，但如果在“插入图片”对话框中按住【Ctrl】键或【Shift】键，再选择图片，则可同时选择并插入多张图片，插入到工作表中的多张图片将以层叠的方式进行排列。

STEP 3 选择插入的图片，然后在“图片”工具栏中单击“设置图片格式”按钮，如图2-27所示。

STEP 4 在打开的“设置图片格式”对话框中单击“图片”选项卡，在“图像控制”栏的“亮度”数值框中将数值修改为“60%”，在“对比度”数值框中将数值修改为

“30%”，完成后单击[确定]按钮，如图2-28所示。

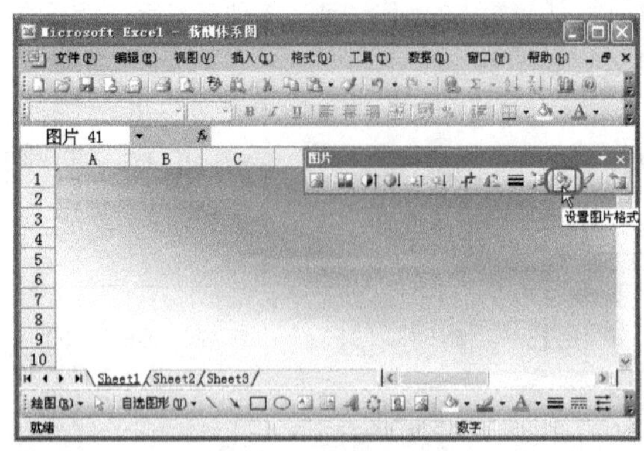

图 2-27　设置图片格式

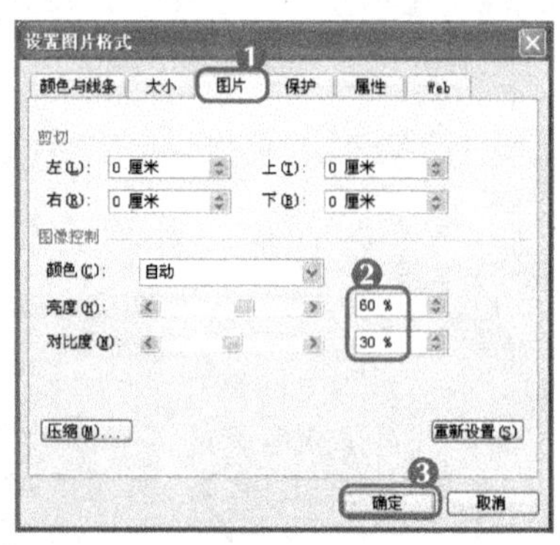

图 2-28　调整图片亮度与对比度

STEP 5 选择插入的艺术字，在其上单击鼠标右键，在弹出的快捷菜单中选择【叠放次序】/【置于底层】菜单命令，如图2-29所示。

STEP 6 返回工作表中可看到艺术字和组织结构图都置于图片上方，如图2-30所示。

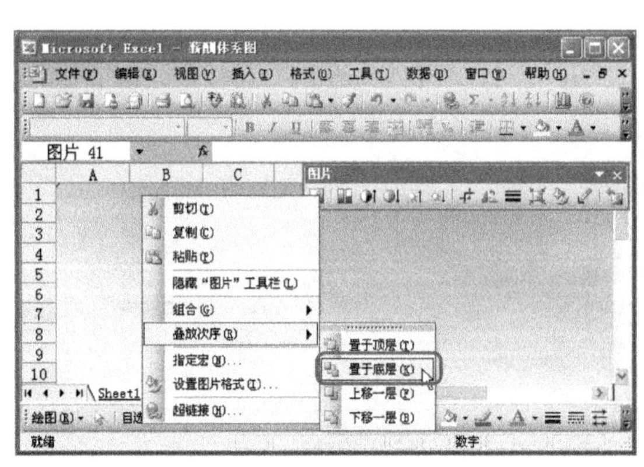

图2-29　调整图片叠放次序

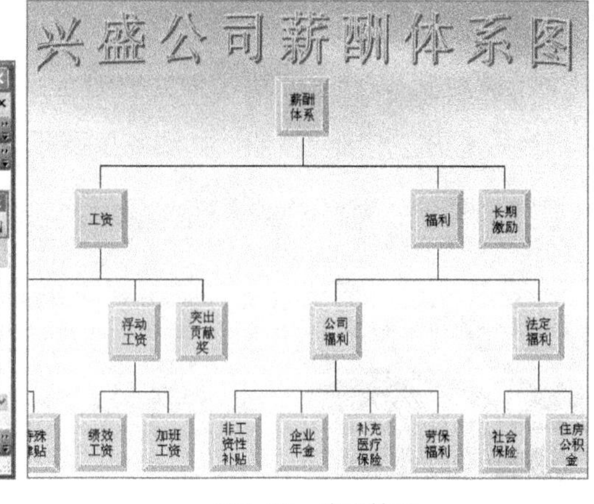

图2-30　查看效果

在“图片”工具栏中单击按钮可重新选择插入新的图片；单击按钮可为图片选择不同的颜色模式；单击和按钮可调整图片对比度；单击和按钮可调整图片亮度；单击按钮可将图片中不需要的内容裁掉；单击按钮可调整图片分辨率、大小；单击按钮可恢复原图片样式。

任务二　计算“员工工资表”

由于员工的薪酬通常分为固定工资、浮动工资和福利3部分，其中固定工资是不变的，而浮动工资和福利会随着时间或员工表现而改变。因此，在企业内部根据员工的职务不同，工资结构不同，需要结合实际情况计算员工工资。

一、 任务目标

熟悉了企业的薪酬体系，小白决定根据实际情况分别计算员工的生日补助、年限工资、提成工资、加班工资、考勤、代扣社保、公积金、应发工资、代扣个人所得税、实发工资，以完成员工工资表的制作。

要完成该任务，重点是用公式和函数计算薪酬项目，除此之外，为了使表格效果更专业、更统一，还可以在不同工作簿之间查看并复制多个工作表，然后再清除并修改单元格中的数据。本例完成后的最终效果如图2-31所示。

素材所在位置 光盘:\素材文件\项目二\员工信息表.xls、员工考勤表.xls、员工加班表.xls

效果所在位置 光盘:\效果文件\项目二\员工工资表.xls

兴盛公司员工工资表

	D	E	F	G	H	I	J	K	L	M	N	O	P	Q	R
3	职务	基本工资	生日补助	年限工资	提成工资	加班工资	全勤奖	迟到扣款	病假扣款	事假扣款	旷工扣款	代扣社保和公积金	应发工资	代扣个税	实发工资
4	总经理	¥ 8,000.00	¥ -	¥ 1,200.00	¥ -	¥ -	¥ 200.00	¥ -	¥ -	¥ -	¥ -	¥ 1,840.00	¥ 7,560.00	¥ 301.00	¥ 7,259.00
5	助理	¥ 5,500.00	¥ -	¥ 400.00	¥ -	¥ -	¥ -	¥ -	¥ 50.00	¥ -	¥ -	¥ 1,265.00	¥ 4,585.00	¥ 32.55	¥ 4,552.45
6	主任	¥ 5,000.00	¥ -	¥ 700.00	¥ -	¥ -	¥ -	¥ 50.00	¥ -	¥ -	¥ -	¥ 1,150.00	¥ 4,500.00	¥ 30.00	¥ 4,470.00
7	文员	¥ 2,000.00	¥ -	¥ 200.00	¥ -	¥ 240.00	¥ -	¥ -	¥ -	¥ 100.00	¥ -	¥ 460.00	¥ 1,880.00	¥ -	¥ 1,880.00
8	文员	¥ 2,000.00	¥ -	¥ 300.00	¥ -	¥ 240.00	¥ -	¥ 50.00	¥ -	¥ -	¥ -	¥ 460.00	¥ 2,030.00	¥ -	¥ 2,030.00
9	经理	¥ 5,000.00	¥ -	¥ 1,000.00	¥ -	¥ -	¥ -	¥ -	¥ -	¥ 50.00	¥ -	¥ 1,150.00	¥ 4,800.00	¥ 39.00	¥ 4,761.00
10	办事员	¥ 2,000.00	¥ -	¥ 700.00	¥ -	¥ -	¥ -	¥ -	¥ -	¥ 50.00	¥ -	¥ 460.00	¥ 2,190.00	¥ -	¥ 2,190.00
11	办事员	¥ 2,000.00	¥ -	¥ 600.00	¥ -	¥ -	¥ -	¥ -	¥ 100.00	¥ -	¥ -	¥ 460.00	¥ 2,040.00	¥ -	¥ 2,040.00
12	经理	¥ 5,000.00	¥ -	¥ 900.00	¥ -	¥ -	¥ -	¥ 50.00	¥ -	¥ -	¥ -	¥ 1,150.00	¥ 4,700.00	¥ 36.00	¥ 4,664.00
13	会计	¥ 3,500.00	¥ 200.00	¥ 500.00	¥ -	¥ -	¥ 200.00	¥ -	¥ -	¥ -	¥ -	¥ 805.00	¥ 3,595.00	¥ 2.85	¥ 3,592.15
14	出纳	¥ 3,500.00	¥ -	¥ 700.00	¥ -	¥ -	¥ -	¥ 50.00	¥ -	¥ -	¥ -	¥ 805.00	¥ 3,345.00	¥ -	¥ 3,345.00
15	经理	¥ 5,000.00	¥ -	¥ 400.00	¥ -	¥ -	¥ -	¥ -	¥ 50.00	¥ -	¥ -	¥ 1,150.00	¥ 4,200.00	¥ 21.00	¥ 4,179.00
16	创意策划	¥ 3,000.00	¥ -	¥ 700.00	¥ -	¥ 240.00	¥ -	¥ -	¥ -	¥ 50.00	¥ -	¥ 690.00	¥ 3,200.00	¥ -	¥ 3,200.00
17	文案策划	¥ 3,000.00	¥ -	¥ 600.00	¥ -	¥ 240.00	¥ 200.00	¥ -	¥ -	¥ -	¥ -	¥ 690.00	¥ 3,350.00	¥ -	¥ 3,350.00
18	经理	¥ 5,000.00	¥ -	¥ 1,200.00	¥ 5,250.00	¥ -	¥ 200.00	¥ -	¥ -	¥ -	¥ -	¥ 1,150.00	¥ 10,500.00	¥ 845.00	¥ 9,655.00
19	业务员	¥ 1,800.00	¥ 200.00	¥ 300.00	¥ 1,635.00	¥ -	¥ -	¥ 50.00	¥ 50.00	¥ -	¥ -	¥ 414.00	¥ 3,421.00	¥ -	¥ 3,421.00
20	业务员	¥ 1,800.00	¥ -	¥ 900.00	¥ 2,586.00	¥ -	¥ 200.00	¥ -	¥ -	¥ -	¥ -	¥ 414.00	¥ 5,072.00	¥ 52.20	¥ 5,019.80
21	业务员	¥ 1,800.00	¥ -	¥ 600.00	¥ 972.00	¥ -	¥ -	¥ -	¥ 50.00	¥ -	¥ -	¥ 414.00	¥ 2,908.00	¥ -	¥ 2,908.00
22	业务员	¥ 1,800.00	¥ -	¥ 300.00	¥ 660.00	¥ -	¥ 200.00	¥ -	¥ -	¥ -	¥ -	¥ 414.00	¥ 2,546.00	¥ -	¥ 2,546.00
23	经理	¥ 5,000.00	¥ -	¥ 1,200.00	¥ -	¥ 300.00	¥ -	¥ -	¥ -	¥ 50.00	¥ -	¥ 1,150.00	¥ 5,300.00	¥ 75.00	¥ 5,225.00
24	工程师	¥ 3,000.00	¥ -	¥ 800.00	¥ -	¥ 600.00	¥ 200.00	¥ -	¥ -	¥ -	¥ -	¥ 690.00	¥ 3,910.00	¥ 12.30	¥ 3,897.70
25	工程师	¥ 3,000.00	¥ -	¥ 100.00	¥ -	¥ 900.00	¥ -	¥ -	¥ 50.00	¥ -	¥ -	¥ 690.00	¥ 3,260.00	¥ -	¥ 3,260.00
26	工程师	¥ 3,000.00	¥ -	¥ 400.00	¥ -	¥ 600.00	¥ -	¥ 100.00	¥ -	¥ -	¥ -	¥ 690.00	¥ 3,210.00	¥ -	¥ 3,210.00
27	经理	¥ 5,000.00	¥ -	¥ 700.00	¥ -	¥ 300.00	¥ -	¥ -	¥ -	¥ -	¥ 100.00	¥ 1,150.00	¥ 4,750.00	¥ 37.50	¥ 4,712.50
28	主管	¥ 4,000.00	¥ -	¥ 800.00	¥ -	¥ 450.00	¥ 200.00	¥ -	¥ -	¥ -	¥ -	¥ 920.00	¥ 4,530.00	¥ 30.90	¥ 4,499.10
29	生产人员	¥ 1,800.00	¥ -	¥ 500.00	¥ -	¥ 900.00	¥ 200.00	¥ -	¥ -	¥ -	¥ -	¥ 414.00	¥ 2,986.00	¥ -	¥ 2,986.00
30	生产人员	¥ 1,800.00	¥ -	¥ 500.00	¥ -	¥ 1,050.00	¥ -	¥ -	¥ 50.00	¥ -	¥ -	¥ 414.00	¥ 2,886.00	¥ -	¥ 2,886.00
31	生产人员	¥ 1,800.00	¥ -	¥ 400.00	¥ -	¥ 900.00	¥ -	¥ 50.00	¥ -	¥ -	¥ -	¥ 414.00	¥ 2,636.00	¥ -	¥ 2,636.00
32	生产人员	¥ 1,800.00	¥ -	¥ 700.00	¥ -	¥ 1,050.00	¥ -	¥ 100.00	¥ -	¥ -	¥ -	¥ 414.00	¥ 3,036.00	¥ -	¥ 3,036.00
33	生产人员	¥ 1,800.00	¥ -	¥ 600.00	¥ -	¥ 900.00	¥ -	¥ -	¥ -	¥ -	¥ 100.00	¥ 414.00	¥ 2,786.00	¥ -	¥ 2,786.00

员工信息表 / 员工考勤表 / 员工加班表 / 员工提成表 / 员工社保信息表 / 员工工资表

图2-31 “员工工资表”最终效果

二、 相关知识

本例的制作重点和难点是熟练使用公式和函数计算相关数据，下面将首先认识公式与函数，然后了解单元格的引用方式，以及个人所得税税率和个人所得税的计算方法。

1. 认识公式与函数

Excel具有强大的数据计算功能，在其中利用公式可以计算一些简单的数据，利用函数则可以很轻松地完成各种复杂数据的处理工作，并简化公式的使用。因此，要熟练使用公式与函数计算数据，必须先认识公式与函数。

- **公式：**公式是对工作表中的数据进行计算和操作的等式，以等号“=”开始，其后是公式的表达式，如“=A1+A2*A3”。公式表达式中包含运算符（如“+”、“/”、“&”和“，”等）、数值或任意字符串，以及单元格引用等元素，其中运算符是公式中的基本元素，它是指对公式中的元素进行特定类型的运算。

知识提示

在Excel公式中，运算符从高到低的优先级为负号（–）、百分比（%）、求幂（^）、乘和除(*和/)、加和减（+和–）、文本连接（&）、比较运算（=，<,>,<=,>=,<>）。

- **函数**：函数是一种在需要时直接调用的表达式，通过使用一些称为参数的特定数值来按特定的顺序或结构进行计算。函数的结构为：=函数名(参数1,参数2,…)，如“=SUM(H4:H24)”，其中函数名是指函数的名称，每个函数都有唯一的函数名，如SUM等；参数则是指函数中用来执行操作或计算的值，参数的类型与函数有关。

知识提示

Excel中函数的参数可以是常量、逻辑值、数组、错误值、单元格引用或嵌套函数（将函数作为另一个函数的参数使用，Excel 2003中的公式最多可以包括7级嵌套函数）等，但指定的参数都必须为有效参数值。

2．单元格的引用方式

单元格和单元格区域引用的作用在于标识工作表上的单元格或单元格区域，并指明公式中所使用的数据地址。一般情况下，单元格的引用分为相对引用、绝对引用和混合引用。

- **相对引用**：相对引用是相对于公式单元格位于某一位置处的单元格引用。在相对引用中，当复制相对引用的公式时，被粘贴公式中的引用将被更新，并指向与当前公式位置相对应的其他单元格。默认情况下，Excel 2003使用的是相对引用，如图2-32所示。
- **绝对引用**：绝对引用是指将公式复制或移动到新位置后，公式中的单元格地址保持不变。利用绝对引用时引用单元格的列标和行号之前分别加入了符号“$”。如果在复制公式时不希望引用的地址发生改变，则应使用绝对引用，如图2-33所示。
- **混合引用**：混合引用是指在一个单元格地址引用中，既有绝对引用，又有相对引用。如果公式所在单元格的位置改变，则绝对引用不变相对引用改变，如图2-34所示。

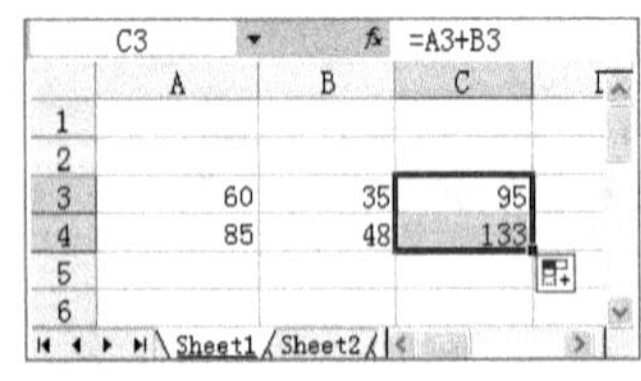

图2-32　相对引用

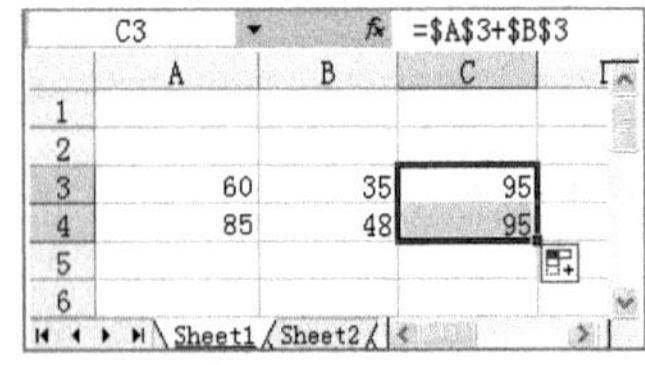

图2-33　绝对引用

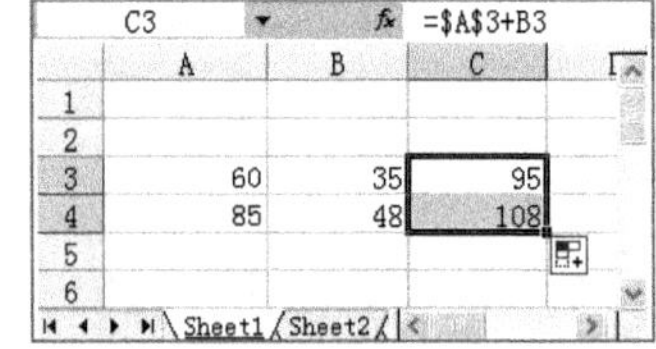

图2-34　混合引用

多学一招

按【F4】键可以在相对引用与绝对引用之间切换，如“=A1”，第1次按【F4】键变为“$A$1”；第2次按【F4】键变为“A$1”；第3次按【F4】键变为“$A1”；第4次按【F4】键变为“A1”。

3．了解社保缴费标准和个人所得税税率

为了保障劳动者的利益，按照国家规定，用人单位和个人需承担一定比例的社会劳动保障金和住房公积金。同时，个人月收入超出规定的金额后，还应依法缴纳一定数量的个人所得税。

- **社保缴费标准：**社会劳动保障金和住房公积金通常指养老保险、医疗保险、失业保险、工伤保险、生育保险、住房公积金。按照国家规定，用人单位和个人各承担一定比例的费用，单位职工参加社会保险和住房公积金月缴费标准是职工月缴费工资与现行缴费比例的乘积。表2-1所示为各项缴费标准占缴费工资的百分比。

表 2-1　各项缴费标准占缴费工资的百分比

	养老保险	生育保险	医疗保险	工伤保险	失业保险	住房公积金
单位缴费比例	20%	0.6%	7.5%	0.6% 或 1.2% 或 2%	2%	6% ~ 15%
个人缴费比例	8%		2%		1%	6% ~ 15%
合计	28%	10．1%		不同行业缴费比例不同	3%	个人与单位所缴比例相同

知识提示

社保缴纳基数一般是指当月的工资，计算社会保险和住房公积金时，一般以上一年度本人工资收入为缴费基数，且月缴费工资最低不低于社会月平均工资的60%，最高不高于社会月平均工资的300%。如社会平均工资是1000元，缴纳的基数可以是600~3000元。

- **个人所得税税率：**按照国家规定，个人月收入超出规定的金额后，应依法缴纳一定数量的个人收入所得税。但不同的城市根据人均收入水平的不同，个人缴纳的收入所得税也不相同。本例假设以3500元作为个人收入所得税的起征点，超过3500元的则根据超出额的多少按表2-2所示的现行工资、薪金所得适用的个税税率进行计算。

表 2-2　7 级超额累进税率表

级数	全月应纳税所得额	税率	速算扣除数（元）
1	全月应纳税额不超过 1500 元部分	3%	0
2	全月应纳税额超过 1500~4500 元部分	10%	105
3	全月应纳税额超过 4500~9000 元部分	20%	555
4	全月应纳税额超过 9000~35000 元部分	25%	1005
5	全月应纳税额超过 35000~55000 元部分	30%	2755
6	全月应纳税额超过 55000~80000 元部分	35%	5505
7	全月应纳税额超过 80000 元	45%	13505

个人所得税的计算并不是按照一个固定的金额进行扣除，而是根据不同的应税所得额、不同的税率、速算扣除数进行超额累进税率。在本例中计算个人所得税将依据公式：个人所得税=（（总工资）–（五险一金）–（免征额））×税率–速算扣除数。

4．计算薪酬项目需了解的相关规定和函数

由于不同的公司制订的员工薪资管理制度不同，员工薪酬项目也不相同，因此计算薪酬项目之前还必须了解公司制定的相关员工薪酬管理制度。

在本例中假设企业制定的相关规定和计算公式如下。

- **计算考勤情况**：假设员工全勤奖为200元，迟到、事假、病假、旷工的扣款基数分别为50元、50元、50元和100元，则计算公式为“考勤情况＝相关假勤次数*对应扣款基数”。
- **计算加班工资**：假设公司制定的加班小时工资为30元，则计算公式为“加班工资＝小时工资*加班工时”。
- **计算提成工资**：假设销售人员的提成工资需根据销售额的提成比率进行计算，这里将提成比率分为3种情况，销售额小于50 000，提成比率为2%；若销售额大于50 000小于100 000，提成比率为3%；若销售额大于100 000，提成比率为5%；则计算公式为“提成工资＝月销售额*提成比率”。
- **计算参保情况**：假设以员工的基本工资作为社保缴费基数，则养老保险缴费工资将以社保缴费基数的8%进行计算，医疗保险缴费工资将以社保缴费基数的2%进行计算，失业保险缴费工资将以社保缴费基数的1%进行计算，公积金缴费工资将以社保缴费基数的12%进行计算。
- **计算生日补助**：假设公司将对当月过生日的员工发放生日补助200元，则计算员工生日补助时可从员工信息表的员工身份证号码列中提取出生日期进行计算。
- **计算年限工资**：要计算年限工资，首先需要计算工作年限（即用当前的时间减去员工入职时间）。在本例中将用当前的工资结算时间的年数减去入职时间的年数，如果入职时间的月份和日期大于当前时间的月份和日期，则再减去1，然后再用计算出的工作年限乘以每满一年的年限奖金100即可。
- **计算应发工资、代扣个人所得税\实发工资**：根据应发工资＝基本工资+生日补助+年限工资+提成工资+加班工资+全勤奖–迟到扣款–事假扣款–病假扣款–旷工扣款–社保和公积金扣款；个人所得税=（（总工资）–（五险一金）–（免征额））*税率–速算扣除数；实发工资＝应发工资–代扣个税分别计算出相应结果。

在本例中将用到的相关函数介绍如下。

- **IF函数**：它能根据执行真假值判断，并根据逻辑计算的真假值返回不同结果。其语法结构为：IF（logical_test,value_if_true,value_if_false）。其中，“logical_test”表示计算结果为True或False的任意值或表达式；“value_if_true”表示当logical_test为True时返回的值；“value_if_false”表示当logical_test为False时返回的值。通常，IF函数可理

解为“IF（条件，真值，假值）”，表示当“条件”成立时，返回“真值”，否则返回“假值”。

IF函数可以进行多重嵌套，即logical_test（条件）参数可以是另一个IF函数，从而实现多种情况的判断与选择。在本例中将用AND函数作为IF函数的logical_test参数，用来检验多个不同的条件。

- **AND函数：**它可以对多个逻辑值进行交集计算，表示当所有参数的逻辑值为真时，返回True；只要一个参数的逻辑值为假时，则返回False。其语法结构为：AND(logical1,logical2,…)。其中，logical1，logical2，…表示待检测的1~30个条件值，各条件值可为True或False。
- **LEN函数：**用来返回文本字符串中的字符个数，其语法结构为：LEN(text)。其中，text表示要查找长度的文本，空格将作为字符进行计数。
- **MID函数：**用来从文本字符串中指定的起始位置起返回指定长度的字符，其语法结构为：MID(text,start_ num,num_chars)。其中，text表示要提取字符的文本字符串；start_num表示要从文本中提取的第一个字符的位置；num_chars表示要返回字符的个数。

在Excel中日期和时间是以数值方式存储的，且日期具有连续性，因此日期就是一个“系列编号”。Excel支持两种日期系统：1900年日期系统（即支持1900年1月1日到9999年12月31日范围的日期，其中1900年1月1日的日期系列编号为1，9999年12月31日的日期系列编号为2958465）和1904年日期系统（即支持1904年1月1日到9999年12月31日范围的日期，其中1904年1月1日的日期系列编号为0，9999年12月31日的日期系列编号为2957003）。因此，在涉及与日期有关的计算时，必须先确定使用的是哪种日期系统，默认状态下，系统使用的是1900年日期系统。

- **YEAR函数：**用来返回一个序列数所代表的日期的年份数，其语法结构为：YEAR(serial_number)。其中，serial_number表示将要计算其年份数的日期。
- **MONTH函数：**用来返回一个序列数所代表的日期的月份数，其语法结构为：MONTH(serial_number)。其中，serial_number表示将要计算其月份数的日期。
- **DAY函数：**用来返回一个序列数所代表的日期在当月的天数，其语法结构为：DAY(serial_number)。其中，serial_number表示要计算所在当月天数的日期。
- **DATE函数：**用来返回特定日期的系列数，其语法结构为：DATE（year,month,day）。其中，year表示年份，在1900年日期系统中，如果year参数值位于0和1899年之间时，则Excel将自动在年份上加上1900再进行计算，如果year参数值小于0或大于等于10000，则函数将返回错误值#NUM！；month表示月份，如果month大于12，系统将从指定年份的一月份开始往上加，推算出确切的月份，如果month等于或小于0，则系统会从指定年份的上一年的12月开始往下减，推算出确切的月份；day表示天，如果day大于该月份的最大天数，将从指定月份的第一天开始往上累加，推算出确切的月份和日，如果day等于或小于0，则系统将从指定月份的前一月的最后一天开始往下减，推算出确切的月份和日期。

三、任务实施

1．查看并复制多个工作表

下面先打开多个素材表格文件，然后将不同工作簿中的相关工作表复制到同一个工作簿中，以方便后面数据的引用与查阅。其具体操作如下。

STEP 1 打开“员工信息表”、“员工考勤表”、“员工加班表”工作簿，选择“员工信息表”工作簿，在其中选择【文件】/【另存为】菜单命令，然后在打开的对话框中选择文件的保存路径，并输入文件名“员工工资表”，完成后单击 保存(S) 按钮即可将“员工信息表”工作簿以“员工工资表”为名进行另存。

STEP 2 选择【窗口】/【重排窗口】菜单命令，在打开的“重排窗口”对话框中单击选中“层叠”单选项，然后单击 确定 按钮，在Excel工作界面中可看到打开的多个工作簿效果，如图2-35所示。

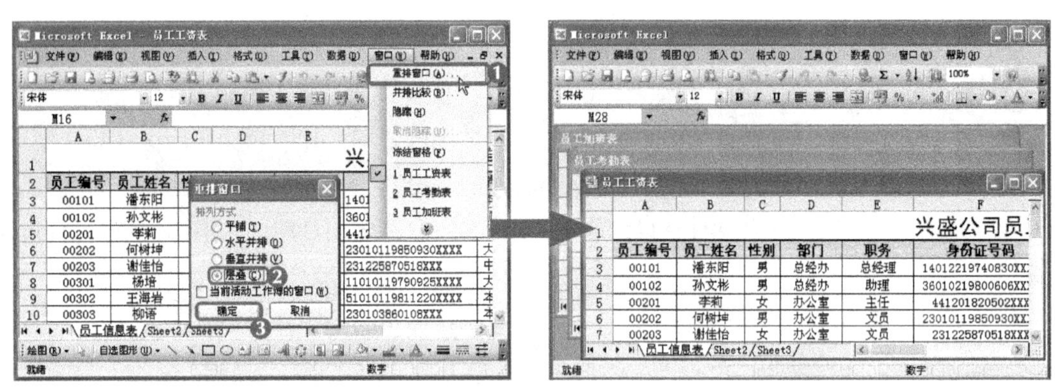

图2-35　查看打开的多个工作簿

默认情况下，在Excel工作界面中只能看到一个工作簿窗口，当有两个或两个以上工作簿时，可以使用“重排窗口”或“并排比较”的方式同时查看多个工作簿。

STEP 3 选择“员工考勤表”工作簿，在“员工考勤表”工作表上单击鼠标右键，在弹出的快捷菜单中选择“移动或复制工作表”菜单命令，如图2-36所示。

STEP 4 在打开的“移动或复制工作表”对话框的“将选定工作表移至工作簿：”下拉列表中选择“员工工资表.xls”选项，在“下列选定工作表之前：”列表框中选择“Sheet2”选项，并单击选中“建立副本”复选框，然后单击 确定 按钮，如图2-37所示。

STEP 5 完成后在“员工工资表”工作簿的“员工信息表”工作表后可看到“员工考勤表”工作表。

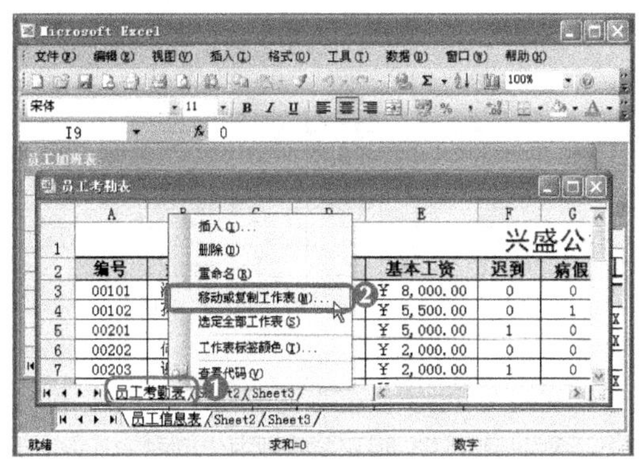

图2-36　选择菜单命令

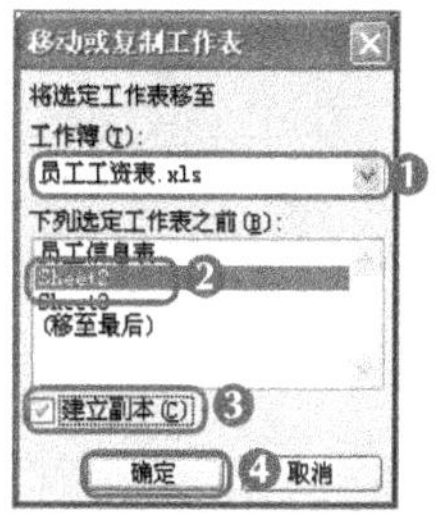

图2-37　复制工作表

多学一招

在“移动或复制工作表”对话框中选择目标工作簿以及移动或复制后的工作表位置后，若撤销选中“建立副本”复选框，将只移动工作表，即将目标工作表移动到其他位置。

STEP 6 用相同的方法将“员工加班表”工作簿中的“员工加班表”工作表复制到“员工工资表”工作簿的“员工考勤表”工作表后，完成后关闭“员工考勤表”和“员工加班表”工作簿，并在“员工工资表”窗口右上角单击□按钮最大化窗口，如图2-38所示。

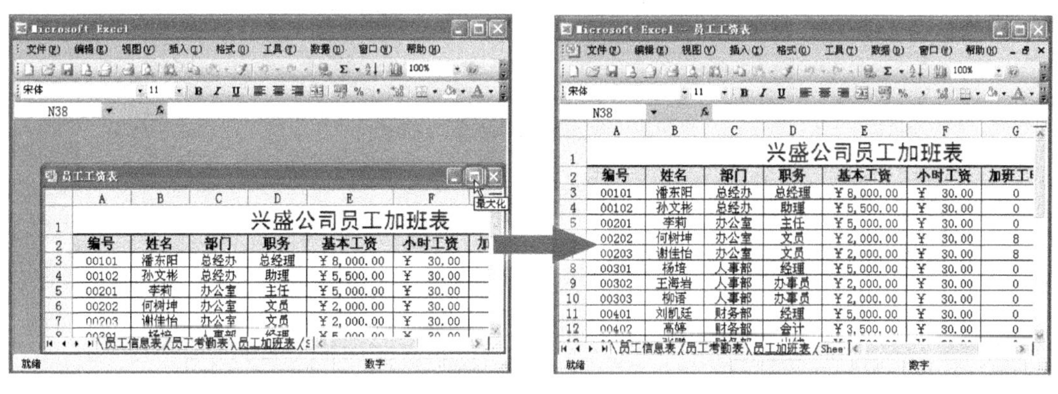

图 2-38　关闭并最大化窗口

STEP 7 在“员工工资表”工作簿中选择“员工加班表”工作表，按住【Ctrl】键的同时，按住鼠标左键不放，当鼠标指针变成形状时，向后拖动工作表到目标位置，此时工作表标签上有一个符号随鼠标移动，释放鼠标后即可将选择的工作表复制到目标位置。

STEP 8 用相同的方法再复制两张“员工加班表”工作表，此时工作表名称默认为“员工加班表（2）”、“员工加班表（3）”、“员工加班表（4）”，如图2-39所示。

知识提示

选择需要移动或复制的工作表标签，然后按住鼠标左键不放，当鼠标指针变成形状时，将其拖动到目标工作表之后，此时工作表标签上有一个符号随鼠标移动，释放鼠标后即可将选择的工作表移动到目标位置。

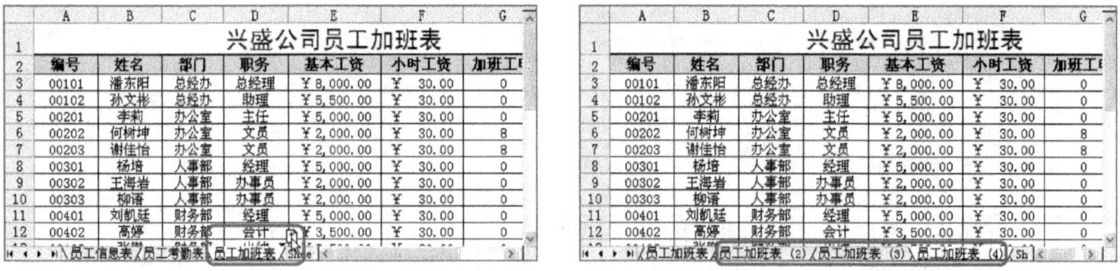

图 2-39　在同一工作簿中复制工作表

STEP 9 双击“员工加班表（2）”工作表标签，此时该工作表标签呈可编辑状态，在其中直接输入“员工提成表”，然后按【Enter】键或单击工作表标签以外的任何位置完成重命名。

STEP 10 用相同的方法将“员工加班表（3）”、“员工加班表（2）”工作表标签重命名为“员工参保信息表”、“员工工资表”，完成后再删除“Sheet2”、“Sheet3”工作表，如图2-40所示。

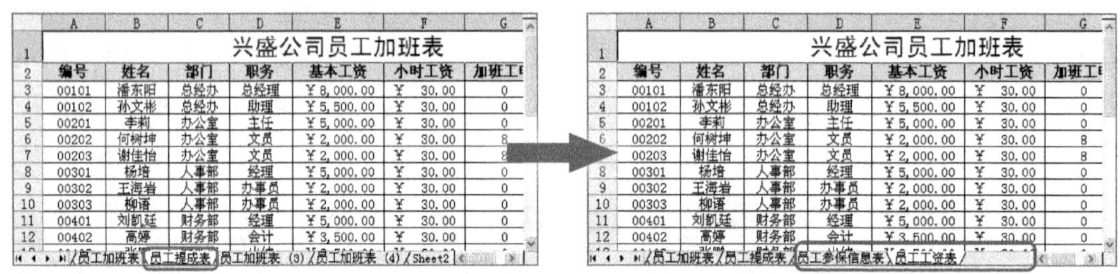

图 2-40　重命名并删除工作表

2．清除并修改单元格中的数据

下面将在复制的“员工提成表”、“员工参保信息表”、“员工工资表”工作表中清除并修改单元格数据，其具体操作如下。

STEP 1 选择“员工提成表”工作表，然后选择F2:H32单元格区域，再选择【编辑】/【清除】/【内容】菜单命令，返回工作表中可看到F2:H32单元格区域中的数据已被清除，如图2-41所示。

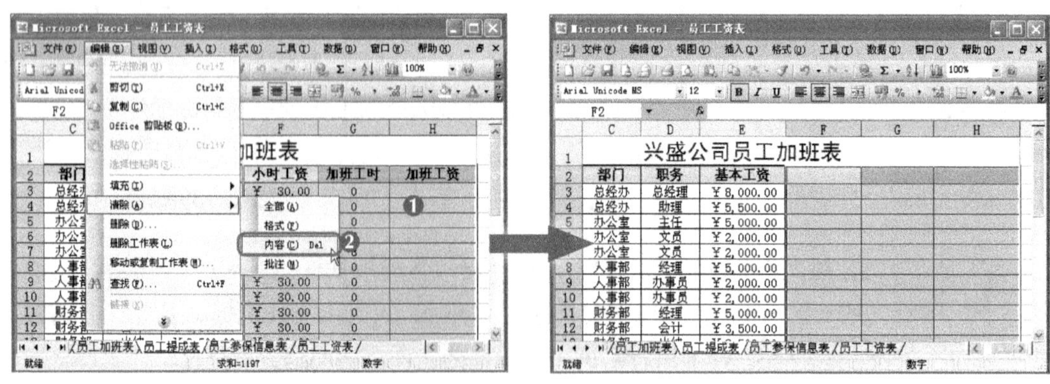

图2-41　清除单元格数据

知识提示

选择【编辑】/【清除】菜单命令，在弹出的子菜单中选择“全部”菜单命令表示清除单元格的所有内容和格式；选择“格式”菜单命令表示只清除单元格中的数据格式；选择“内容”菜单命令表示只清除单元格中的内容；选择“批注”菜单命令表示清除单元格中的批注。另外，按【Delete】键可快速清除所选单元格或单元格区域中的数据。

STEP 2 选择合并后的A1单元格，在编辑栏中选择文本“加班”，并输入文本“提成”，然后分别选择F2和G2单元格，输入文本“月销售额”和“业绩提成”，如图2-42所示。

STEP 3 选择H列，在其上单击鼠标右键，在弹出的快捷菜单中选择“删除”命令，如图2-43所示。

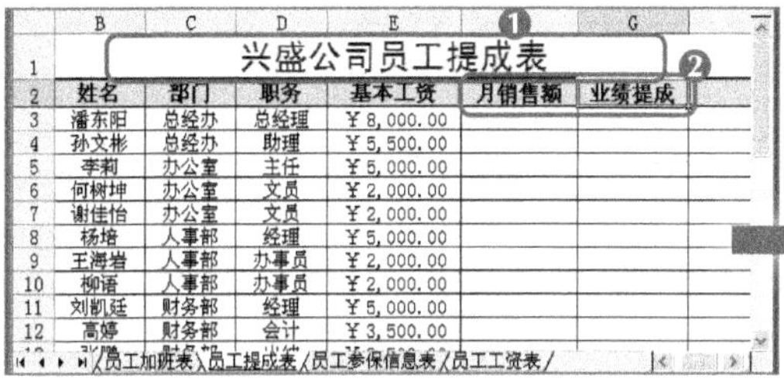

图2-42 修改并输入文本

图2-43 删除列

STEP 4 用相同的方法在“员工参保信息表”工作表中清除F2:H32单元格区域中的数据，然后根据需要修改表题和表头数据，如图2-44所示。

STEP 5 在“员工参保信息表”工作表中选择F2单元格，在“常用”工具栏中单击“格式刷”按钮，然后选择I2:J2单元格区域，将F2单元格中的格式应用到I2:J2单元格区域中，完成后再选择A2:J32单元格区域，将其边框样式设置为“所有框线”和“粗匣框线”，如图2-45所示。

图2-44 清除并修改数据

图2-45 复制格式并设置边框

STEP 6 用相同的方法在“员工工资表”工作表中清除F2:H32单元格区域中的数据，然后根据需要修改表题和表头数据，完成后再复制格式并设置边框，效果如图2-46所示。

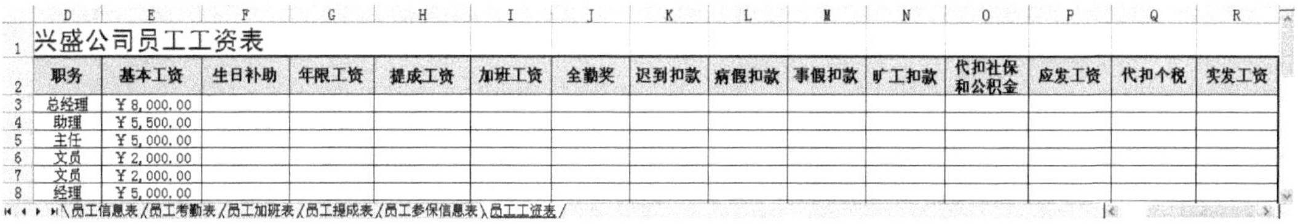

图2-46 清除并修改数据

3．用公式和函数计算薪酬项目

计算员工薪酬项目的具体操作如下。

STEP 1 选择“员工考勤表”工作表，选择J3:J32单元格区域，在编辑栏中输入公式“=F3*50”，完成后按【Ctrl+Enter】组合键计算出每个员工的迟到扣款，如图2-47所示。

STEP 2 用相同的方法分别选择K3:K32、L3:L32和M3:M32单元格区域，并在编辑栏中输入公式“=G3*50”、“=H3*50”和“=I3*100”，完成后按【Ctrl+Enter】组合键计算出每个员工的事假扣款、病假扣款和旷工扣款，如图2-48所示。

J3 =F3*50

	E	F	G	H	I	J	K
1	兴盛公司员工考勤表						
2	基本工资	迟到	病假	事假	旷工	迟到扣款	病假扣款
3	¥ 8,000.00	0	0	0	0	¥ -	
4	¥ 5,500.00	0	1	0	0	¥ -	
5	¥ 5,000.00	1	0	0	0	¥ 50.00	
6	¥ 2,000.00	0	0	2	0	¥ -	
7	¥ 2,000.00	1	0	0	0	¥ 50.00	
8	¥ 5,000.00	0	0	1	0	¥ -	
9	¥ 2,000.00	0	0	1	0	¥ -	
10	¥ 2,000.00	0	2	0	0	¥ -	
11	¥ 5,000.00	1	0	0	0	¥ 50.00	
12	¥ 3,500.00	0	0	0	0	¥ -	
13	¥ 3,500.00	1	0	0	0	¥ 50.00	
14	¥ 5,000.00	0	1	0	0	¥ -	
15	¥ 3,000.00	0	0	1	0	¥ -	

员工信息表 员工考勤表 员工加班表 员工提成表 员工参保信息表

图2-47　计算迟到扣款

M3 =I3*100

	G	H	I	J	K	L	M
2	病假	事假	旷工	迟到扣款	病假扣款	事假扣款	旷工扣款
3	0	0	0	¥ -	¥ -	¥ -	¥ -
4	1	0	0	¥ -	¥ 50.00	¥ -	¥ -
5	0	0	0	¥ 50.00	¥ -	¥ -	¥ -
6	0	2	0	¥ -	¥ -	¥100.00	¥ -
7	0	0	0	¥ 50.00	¥ -	¥ -	¥ -
8	0	1	0	¥ -	¥ -	¥ 50.00	¥ -
9	0	1	0	¥ -	¥ -	¥ 50.00	¥ -
10	2	0	0	¥ -	¥100.00	¥ -	¥ -
11	0	0	0	¥ 50.00	¥ -	¥ -	¥ -
12	0	0	0	¥ -	¥ -	¥ -	¥ -
13	0	0	0	¥ 50.00	¥ -	¥ -	¥ -
14	1	0	0	¥ -	¥ 50.00	¥ -	¥ -
15	0	1	0	¥ -	¥ -	¥ 50.00	¥ -
16	0	0	0	¥ -	¥ -	¥ -	¥ -
17	0	0	0	¥ -	¥ -	¥ -	¥ -

员工信息表 员工考勤表 员工加班表 员工提成表 员工参保信息表

图2-48　计算其他考勤情况

STEP 3 选择N3:N32单元格区域，在编辑栏中输入公式“=IF(AND(F3=0,G3=0,H3=0,I3=0),200,0)”，完成后按【Ctrl+Enter】组合键计算出每个员工的全勤奖，如图2-49所示。

STEP 4 选择“员工加班表”工作表，选择H3:H32单元格区域，然后根据员工的加班工资＝小时工资*加班工时，在编辑栏中输入公式“=F3*G3”，完成后按【Ctrl+Enter】组合键计算出每个员工的加班工资，如图2-50所示。

N3 =IF(AND(F3=0,G3=0,H3=0,I3=0),200,0)

	I	J	K	L	M	N
1	考勤表					
2	旷工	迟到扣款	病假扣款	事假扣款	旷工扣款	全勤奖
3	0	¥ -	¥ -	¥ -	¥ -	¥ 200.00
4	0	¥ -	¥ 50.00	¥ -	¥ -	¥ -
5	0	¥ 50.00	¥ -	¥ -	¥ -	¥ -
6	0	¥ -	¥ -	¥100.00	¥ -	¥ -
7	0	¥ 50.00	¥ -	¥ -	¥ -	¥ -
8	0	¥ -	¥ -	¥ 50.00	¥ -	¥ -
9	0	¥ -	¥ -	¥ 50.00	¥ -	¥ -
10	0	¥ -	¥100.00	¥ -	¥ -	¥ -
11	0	¥ 50.00	¥ -	¥ -	¥ -	¥ -
12	0	¥ -	¥ -	¥ -	¥ -	¥ 200.00
13	0	¥ 50.00	¥ -	¥ -	¥ -	¥ -
14	0	¥ -	¥ 50.00	¥ -	¥ -	¥ -
15	0	¥ -	¥ -	¥ 50.00	¥ -	¥ -

员工信息表 员工考勤表 员工加班表 员工提成表 员工参保信息表

图2-49　计算全勤奖

H3 =F3*G3

	C	D	E	F	G	H
2	部门	职务	基本工资	小时工资	加班工时	加班工资
3	总经办	总经理	¥8,000.00	¥ 30.00	0	¥ -
4	总经办	助理	¥5,500.00	¥ 30.00	0	¥ -
5	办公室	主任	¥5,000.00	¥ 30.00	0	¥ -
6	办公室	文员	¥2,000.00	¥ 30.00	8	¥ 240.00
7	办公室	文员	¥2,000.00	¥ 30.00	8	¥ 240.00
8	人事部	经理	¥5,000.00	¥ 30.00	0	¥ -
9	人事部	办事员	¥2,000.00	¥ 30.00	0	¥ -
10	人事部	办事员	¥2,000.00	¥ 30.00	0	¥ -
11	财务部	经理	¥5,000.00	¥ 30.00	0	¥ -
12	财务部	会计	¥3,500.00	¥ 30.00	0	¥ -
13	财务部	出纳	¥3,500.00	¥ 30.00	0	¥ -
14	企划部	经理	¥5,000.00	¥ 30.00	0	¥ -
15	企划部	创意策划	¥3,000.00	¥ 30.00	8	¥ 240.00
16	企划部	文案策划	¥3,000.00	¥ 30.00	8	¥ 240.00
17	销售部	经理	¥5,000.00	¥ 30.00	0	¥ -
18	销售部	业务员	¥1,800.00	¥ 30.00	0	¥ -

员工信息表 员工考勤表 员工加班表 员工提成表 员工参保信息表

图2-50　计算加班工资

这里将IF和AND函数嵌套使用，嵌套公式“=IF(AND(F3=0,G3=0,H3=0,I3=0),200,0)”表示当F3、G3、H3、I3单元格中的数值同时为“0”时，则返回数值“200”，否则返回数值“0”。

STEP 5 选择“员工提成表”工作表，在F3:F32单元格区域中输入月销售额，然后选择G3:G32单元格区域，在编辑栏中输入公式“=F3*IF(F3>100000,5%,IF(100000>F3>50000,3%

,IF(50000>F3,2%,0)))"，按【Ctrl+Enter】组合键计算出每个员工的提成工资，如图2-51所示，完成后再调整F列的列宽，使其数据完全显示。

STEP 6 选择“员工参保信息表”工作表，选择F3:F32单元格区域，在编辑栏中输入公式“=E3*8%”，完成后按【Ctrl+Enter】组合键计算出每个员工的养老保险，如图2-52所示。

G3 =F3*IF(F3>100000,5%,IF(100000>F3>50000,3%,IF(50000>F3,2%,0)))

	C	D			
15	企划部	创意策划	¥3,000.00	¥ -	¥ -
16	企划部	文案策划	¥3,000.00	¥ -	¥ -
17	销售部	经理	¥5,000.00	############	¥5,250.00
18	销售部	业务员	¥1,800.00	###########	¥1,635.00
19	销售部	业务员	¥1,800.00	###########	¥2,586.00
20	销售部	业务员	¥1,800.00	###########	¥ 972.00
21	销售部	业务员	¥1,800.00	###########	¥ 660.00
22	技术部	经理	¥5,000.00	¥ -	¥ -
23	技术部	工程师	¥3,000.00	¥ -	¥ -
24	技术部	工程师	¥3,000.00	¥ -	¥ -
25	技术部	工程师	¥3,000.00	¥ -	¥ -
26	生产部	经理	¥5,000.00	¥ -	¥ -

员工信息表 / 员工考勤表 / 员工加班表 / 员工提成表 / 员工参保信息表

图2-51 计算提成工资

F3 =E3*8%

司员工参保信息表

	E	F	G	H	I	J
2	基本工资	养老保险	医疗保险	失业保险	住房公积金	代扣保险总额
3	¥8,000.00	¥ 640.00				
4	¥5,500.00	¥ 440.00				
5	¥5,000.00	¥ 400.00				
6	¥2,000.00	¥ 160.00				
7	¥2,000.00	¥ 160.00				
8	¥5,000.00	¥ 400.00				
9	¥2,000.00	¥ 160.00				
10	¥2,000.00	¥ 160.00				

员工考勤表 / 员工加班表 / 员工提成表 / 员工参保信息表 / 员工工资表

图2-52 计算养老保险

知识提示

公式“=F3*IF(F3>100000,5%,IF(100000>F3>50000,3%,IF(50000>F3,2%,0)))”表示当F3单元格的销售额大于100000，则业绩提成为销售额*5%；若销售额大于50000小于100000，则业绩提成为销售额*3%；若销售额小于50000，则业绩提成为销售额*2%；否则返回数值“0”。

STEP 7 用相同的方法分别选择G3:G32、H3:H32和I3:I32单元格区域，在编辑栏中输入公式“=E3*2%”、“=E3*1%”和“=E3*12%”，完成后按【Ctrl+Enter】组合键计算出每个员工的医疗保险、失业保险、住房公积金，如图2-53所示。

STEP 8 选择J3:J32单元格区域，在编辑栏中输入公式“=F3+G3+H3+I3”，按【Ctrl+Enter】组合键计算出员工的社保和住房公积金总额，如图2-54所示。

I3 =E3*12%

	E	F	G	H	I	J
2	基本工资	养老保险	医疗保险	失业保险	住房公积金	代扣保险总额
3	¥8,000.00	¥ 640.00	¥160.00	¥ 80.00	¥ 960.00	
4	¥5,500.00	¥ 440.00	¥110.00	¥ 55.00	¥ 660.00	
5	¥5,000.00	¥ 400.00	¥100.00	¥ 50.00	¥ 600.00	
6	¥2,000.00	¥ 160.00	¥ 40.00	¥ 20.00	¥ 240.00	
7	¥2,000.00	¥ 160.00	¥ 40.00	¥ 20.00	¥ 240.00	
8	¥5,000.00	¥ 400.00	¥100.00	¥ 50.00	¥ 600.00	
9	¥2,000.00	¥ 160.00	¥ 40.00	¥ 20.00	¥ 240.00	
10	¥2,000.00	¥ 160.00	¥ 40.00	¥ 20.00	¥ 240.00	
11	¥5,000.00	¥ 400.00	¥100.00	¥ 50.00	¥ 600.00	
12	¥3,500.00	¥ 280.00	¥ 70.00	¥ 35.00	¥ 420.00	
13	¥3,500.00	¥ 280.00	¥ 70.00	¥ 35.00	¥ 420.00	
14	¥5,000.00	¥ 400.00	¥100.00	¥ 50.00	¥ 600.00	
15	¥3,000.00	¥ 240.00	¥ 60.00	¥ 30.00	¥ 360.00	

员工考勤表 / 员工加班表 / 员工提成表 / 员工参保信息表 / 员工工资表

图2-53 计算其他保险项目

J3 =F3+G3+H3+I3

保信息表

	F	G	H	I	J
2	养老保险	医疗保险	失业保险	住房公积金	代扣保险总额
3	¥ 640.00	¥160.00	¥ 80.00	¥ 960.00	¥ 1,840.00
4	¥ 440.00	¥110.00	¥ 55.00	¥ 660.00	¥ 1,265.00
5	¥ 400.00	¥100.00	¥ 50.00	¥ 600.00	¥ 1,150.00
6	¥ 160.00	¥ 40.00	¥ 20.00	¥ 240.00	¥ 460.00
7	¥ 160.00	¥ 40.00	¥ 20.00	¥ 240.00	¥ 460.00
8	¥ 400.00	¥100.00	¥ 50.00	¥ 600.00	¥ 1,150.00
9	¥ 160.00	¥ 40.00	¥ 20.00	¥ 240.00	¥ 460.00
10	¥ 160.00	¥ 40.00	¥ 20.00	¥ 240.00	¥ 460.00
11	¥ 400.00	¥100.00	¥ 50.00	¥ 600.00	¥ 1,150.00
12	¥ 280.00	¥ 70.00	¥ 35.00	¥ 420.00	¥ 805.00
13	¥ 280.00	¥ 70.00	¥ 35.00	¥ 420.00	¥ 805.00

员工考勤表 / 员工加班表 / 员工提成表 / 员工参保信息表 / 员工工资表

图2-54 计算代扣保险总额

STEP 9 选择“员工工资表”工作表，选择第2列，在其上单击鼠标右键，在弹出的快捷菜单中选择“插入”菜单命令，如图2-55所示，然后在插入列的相应单元格中输入工资结算日期，并设置单元格格式。

STEP 10 选择F4:F33单元格区域，在编辑栏中输入公式“=IF(IF(LEN(员工信息表!F3)=15,MID(员工信息表!F3,9,2),MID(员工信息表!F3,11,2))="04",200,0)”，完成后按【Ctrl+Enter】组合键计算出当月员工的生日补助，如图2-56所示。

知识提示

公式“=IF(IF(LEN(员工信息表!F3)=15,MID(员工信息表!F3,9,2),MID(员工信息表!F3,11,2))="04",200,0)”表示当“员工信息表”工作表的F3单元格中的字符数为“15”时，将返回F3单元格的字符串中的第9个字符开始后的两个字符串，否则返回F3单元格的字符串中的第11个字符开始后的两个字符串，且若返回的字符串等于“04”，则返回数值“200”，否则返回“0”。

图2-55 选择“插入”菜单命令

图2-56 输入数据并计算员工生日补助

STEP 11 选择G4:G33单元格区域，在编辑栏中输入公式“=(YEAR($C$2)-YEAR(员工信息表!H3)-IF(员工信息表!H3>=DATE(YEAR(员工信息表!H3),MONTH($C$2),DAY($C$2)),1,0))*100”，按【Ctrl+Enter】组合键计算出员工的年限工资，如图2-57所示，然后保持选择G4:G33单元格区域，并设置其数字格式为“会计专用”格式，小数位数为“2”。

知识提示

公式“=(YEAR($C$2)-YEAR(员工信息表!H3)-IF(员工信息表!H3>=DATE(YEAR(员工信息表!H3),MONTH($C$2),DAY($C$2)),1,0))*100”表示用当前的工资结算日期的年份数减去“员工信息表”工作表的H3单元格中的年份数，如果“员工信息表”工作表的H3单元格中的月份和日期大于等于工资结算时间的月份和日期，则再减去1，完成后再用计算出的工作年限乘以每满一年的年限奖金100。

STEP 12 选择H4:H33单元格区域，在编辑栏中输入等号“=”，然后切换到“员工提成表”工作表中选择G3:G32单元格区域，完成后按【Ctrl+Shift+Enter】组合键输入数组公式引用员工的提成工资，如图2-58所示。

图2-57 计算年限工资

图2-58 引用提成工资

STEP 13 用相同的方法引用员工的加班工资、全勤奖、迟到扣款、事假扣款、病假扣款、旷工扣款、社保、公积金扣款，然后选择I4:O33单元格区域，并设置其数字格式为“会计专用”格式，小数位数为“2”，如图2-59所示。

> **知识提示** 数组公式是指可以在数组的一项或多项上执行多个计算的公式。数组公式可返回多个结果，也可返回一个结果。要输入数组公式应先选择用来存放结果的单元格或单元格区域，在编辑栏输入公式后按【Ctrl+Shift+Enter】组合键锁定数组公式，完成后Excel将在公式两边自动加上花括号“{}”。使用数组公式后可移动或删除整个数组公式，但无法移动或删除部分内容，如果要编辑数组公式，需先删除整个数组公式后再重新输入。

STEP 14 选择P4:P33单元格区域，输入公式“=E4+F4+G4+H4+I4+J4-K4-L4-M4-N4-O4”，按【Ctrl+Enter】组合键计算员工的应发工资，如图2-60所示，完成后调整G~R列的列宽，使其中的数据正常显示。

I4 {=员工加班表!H3:H32}

	I	J	K	L	M	N	O
3	加班工资	全勤奖	迟到扣款	病假扣款	事假扣款	旷工扣款	代扣社和公积
4	¥ -	#######	¥ -	¥ -	¥ -	¥ -	#####
5	¥ -	¥ -	¥ -	¥ 50.00	¥ -	¥ -	#####
6	¥ -	¥ -	¥ 50.00	¥ -	¥ -	¥ -	#####
7	¥ 240.00	¥ -	¥ -	¥ -	#######	¥ -	¥ 460
8	¥ 240.00	¥ -	¥ 50.00	¥ -	¥ -	¥ -	¥ 460
9	¥ -	¥ -	¥ -	¥ -	¥ 50.00	¥ -	#####
10	¥ -	¥ -	¥ -	¥ -	¥ 50.00	¥ -	¥ 460
11	¥ -	¥ -	¥ -	#######	¥ -	¥ -	¥ 460
12	¥ -	¥ -	¥ 50.00	¥ -	¥ -	¥ -	#####
13	¥ -	#######	¥ -	¥ -	¥ -	¥ -	¥ 805
14	¥ -	¥ -	¥ 50.00	¥ -	¥ -	¥ -	¥ 805
15	¥ -	¥ -	¥ -	¥ 50.00	¥ -	¥ -	#####
16	¥ 240.00	¥ -	¥ -	¥ -	¥ 50.00	¥ -	¥ 690
17	¥ 240.00	#######	¥ -	¥ -	¥ -	¥ -	¥ 690

员工信息表 / 员工考勤表 / 员工加班表 / 员工提成表 / 员工参保信息表

图2-59 引用相关数据

P4 =E4+F4+G4+H4+I4+J4-K4-L4-M4-N4-O4

	M	N	O	P	Q
3	事假扣款	旷工扣款	代扣社保和公积金	应发工资	代扣个税
4	¥ -	¥ -	¥ 1,840.00	¥ 7,560.00	
5	¥ -	¥ -	¥ 1,265.00	¥ 4,585.00	
6	¥ -	¥ -	¥ 1,150.00	¥ 4,500.00	
7	¥ 100.00	¥ -	¥ 460.00	¥ 1,880.00	
8	¥ -	¥ -	¥ 460.00	¥ 2,030.00	
9	¥ 50.00	¥ -	¥ 1,150.00	¥ 4,800.00	
10	¥ 50.00	¥ -	¥ 460.00	¥ 2,190.00	
11	¥ -	¥ -	¥ 460.00	¥ 2,040.00	
12	¥ -	¥ -	¥ 1,150.00	¥ 4,700.00	
13	¥ -	¥ -	¥ 805.00	¥ 3,595.00	
14	¥ -	¥ -	¥ 805.00	¥ 3,345.00	
15	¥ -	¥ -	¥ 1,150.00	¥ 4,200.00	
16	¥ 50.00	¥ -	¥ 690.00	¥ 3,200.00	
17	¥ -	¥ -	¥ 690.00	¥ 3,350.00	

员工信息表 / 员工考勤表 / 员工加班表 / 员工提成表 / 员工参保信息表

图2-60 计算应发工资

STEP 15 选择Q4:Q33单元格区域，输入公式“=IF(P4-3500<0,0,IF(P4-3500<1500,0.03*(P4-3500)-0,IF(P4-3500<4500,0.1*(P4-3500)-105, IF(P4-3500<9000,0.2*(P4-3500)-555,IF(P4-3500<35000,0.25*(P4-3500)-1005)))))”，按【Ctrl+Enter】组合键计算出员工的个人所得税，完成后保持选择Q4:Q32单元格区域，并设置其数字格式为“会计专用”格式，小数位数为“2”，如图2-61所示。

STEP 16 选择R4:R33单元格区域，输入公式“=P4-Q4”，按【Ctrl+Enter】组合键计算出员工的实发工资，如图2-62所示，完成后再调整列宽，并重新合并A1:R1单元格区域。

Q4 =IF(P4-3500<0,0,IF(P4-3500<1500,0.03*(P4-3500)-0,IF(P4-3500<4500,0.1*(P4-3500)-105, IF(P4-3500<9000,0.2*(P4-3500)-555,IF(P4-3500<35000,0.25*(P4-3500)-1005)))))

	N	O			
3	旷工扣款	代扣社保和公积金			
4	¥ -	¥ 1,840.00	¥ 7,560.00	¥ 301.00	
5	¥ -	¥ 1,265.00	¥ 4,585.00	¥ 32.55	
6	¥ -	¥ 1,150.00	¥ 4,500.00	¥ 30.00	
7	¥ -	¥ 460.00	¥ 1,880.00	¥ -	
8	¥ -	¥ 460.00	¥ 2,030.00	¥ -	
9	¥ -	¥ 1,150.00	¥ 4,800.00	¥ 39.00	
10	¥ -	¥ 460.00	¥ 2,190.00	¥ -	
11	¥ -	¥ 460.00	¥ 2,040.00	¥ -	
12	¥ -	¥ 1,150.00	¥ 4,700.00	¥ 36.00	
13	¥ -	¥ 805.00	¥ 3,595.00	¥ 2.85	
14	¥ -	¥ 805.00	¥ 3,345.00	¥ -	
15	¥ -	¥ 1,150.00	¥ 4,200.00	¥ 21.00	

员工加班表 / 员工提成表 / 员工参保信息表 \ 员工工资表 /

图2-61 计算个人所得税

R4 =P4-Q4

	N	O	P	Q	R	S
3	旷工扣款	代扣社保和公积金	应发工资	代扣个税	实发工资	
4	¥ -	¥ 1,840.00	¥ 7,560.00	¥ 301.00	¥ 7,259.00	
5	¥ -	¥ 1,265.00	¥ 4,585.00	¥ 32.55	¥ 4,552.45	
6	¥ -	¥ 1,150.00	¥ 4,500.00	¥ 30.00	¥ 4,470.00	
7	¥ -	¥ 460.00	¥ 1,880.00	¥ -	¥ 1,880.00	
8	¥ -	¥ 460.00	¥ 2,030.00	¥ -	¥ 2,030.00	
9	¥ -	¥ 1,150.00	¥ 4,800.00	¥ 39.00	¥ 4,761.00	
10	¥ -	¥ 460.00	¥ 2,190.00	¥ -	¥ 2,190.00	
11	¥ -	¥ 460.00	¥ 2,040.00	¥ -	¥ 2,040.00	
12	¥ -	¥ 1,150.00	¥ 4,700.00	¥ 36.00	¥ 4,664.00	
13	¥ -	¥ 805.00	¥ 3,595.00	¥ 2.85	¥ 3,592.15	
14	¥ -	¥ 805.00	¥ 3,345.00	¥ -	¥ 3,345.00	
15	¥ -	¥ 1,150.00	¥ 4,200.00	¥ 21.00	¥ 4,179.00	

员工加班表 / 员工提成表 / 员工参保信息表 \ 员工工资表 /

图2-62 计算实发工资

任务三 制作“个人工资条”

月底对于员工来说，不仅迫切地想领到工资，还需要知道当月的具体工资明细，如果将员工工资表直接打印后发放给每位员工，所有员工的工资数据将全部暴露，员工的隐私将无法保障，因此可制作“个人工资条”，将每位员工的具体工资项目打印出来，以方便员工查看。

一、 任务目标

为了让每位员工都清楚自己的工资明细，小白准备再制作一张“个人工资条”工作表。该任务将先编制工资条框架并套用表格格式，再用VLOOKUP函数查找并引用数据，然后预览打印效果并复制数据，完成后将工资条打印到纸张上。本例完成后的最终效果如图2-63所示。

素材所在位置 光盘:\素材文件\项目二\员工工资表.xls
效果所在位置 光盘:\效果文件\项目二\个人工资条.xls

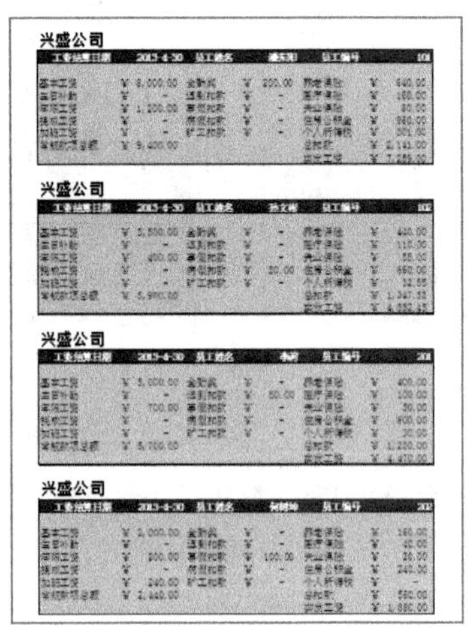

图2-63 “个人工资条”最终效果

二、 相关知识

制作“个人工资条”的重点是在“员工工资表”中引用每位员工的工资明细和打印工资条，因此下面介绍查找与引用函数的使用，以及打印区域数据的多种方法。

1．查找与引用函数的使用

查找与引用函数是在工作表或数据清单中查找某个特定的数值，或者需要查找某一个单元格引用的函数。在本例中将使用VLOOKUP函数在表格或数值数组的首列查找指定的数值，并返回表格或数组当前行中指定列处的数值。VLOOKUP函数的语法结构为：VLOOKUP(lookup_value,table_array,col_index_num,range_lookup)。其中，lookup_value表示需要在数组第一列中查找的数值；table_array表示需要在其中查找数据的数据表；col_index_ num表示table_array中待返回的匹配值的列序号；range_lookup：指定VLOOKUP函数在查找时是精确匹配，还是近似匹配。

2．打印区域数据的多种方法

在Excel表格中，当只需要打印表格中的部分数据时（如个人工资条），可通过设置工作表的打印区域或以报表的形式打印工作表。

- **设置工作表的打印区域**：在工作表中选择打印区域所在的单元格或单元格区域后，选择【文件】/【打印区域】/【设置打印区域】菜单命令即可设置表格打印区域。
- **以报表的形式打印工作表**：选择【文件】/【页面设置】菜单命令，在打开的“页面设置”对话框的“工作表”选项卡的“打印区域”文本框中可设置工作表的打印区域；在“顶端标题行”文本框中可设置固定打印的顶端标题；在“左端标题行”文本框中可设置固定打印的左端标题，完成设置后即可以报表的形式开始打印。

三、任务实施

1．自动套用表格格式

为了使工资条数据更直观，效果更美观，下面将先编制工资条框架结构，然后为其套用表格格式。其具体操作如下。

STEP 1 打开“员工工资表”工作簿，将其以“个人工资条”为名进行另存，然后选择“员工工资表”工作表，再选择【插入】/【工作表】菜单命令，如图2-64所示。

STEP 2 将插入的“Sheet1”工作表重命名为“个人工资条”，并将其移动到“员工工资表”工作表后，然后在其中输入相应的数据，并设置A1单元格的字体格式，完成后调整列宽，如图2-65所示。

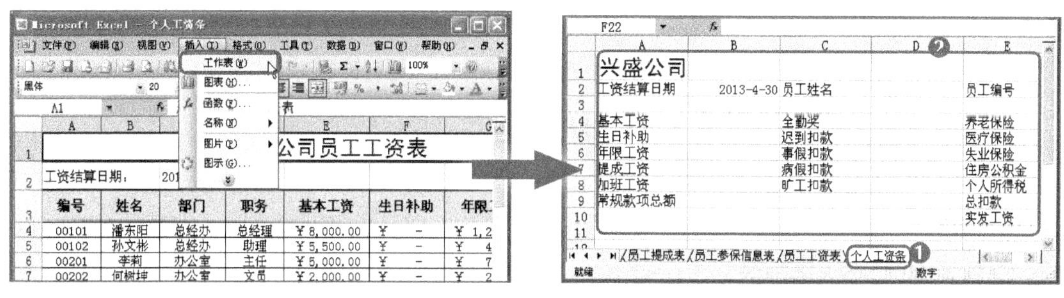

图2-64 选择【插入】/【工作表】菜单命令

图2-65 创建工资条框架结构

在选择的工作表标签上单击鼠标右键，在弹出的快捷菜单中选择“插入”命令，在打开的“插入”对话框的“常用”选项卡中选择“工作表”选项，单击【确定】按钮可插入空白工作表。在“电子方案表格”选项卡中选择一种表格模板，单击【确定】按钮可插入基于模板的新工作表。

STEP 3 在“个人工资条”工作表中选择A2:F10单元格区域，然后选择【格式】/【自动套用格式】菜单命令，如图2-66所示。

STEP 4 在打开的“自动套用格式”对话框中选择“古典3”样式，然后单击确定按钮，如图2-67所示。

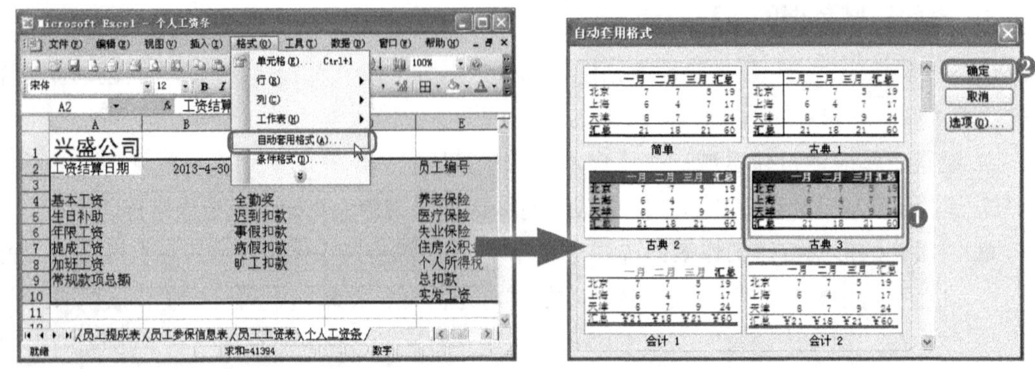

图2-66 选择“自动套用格式”菜单命令　　图2-67 选择“古典3”样式

STEP 5 返回工作表中可查看自动套用格式后的效果如图2-68所示。

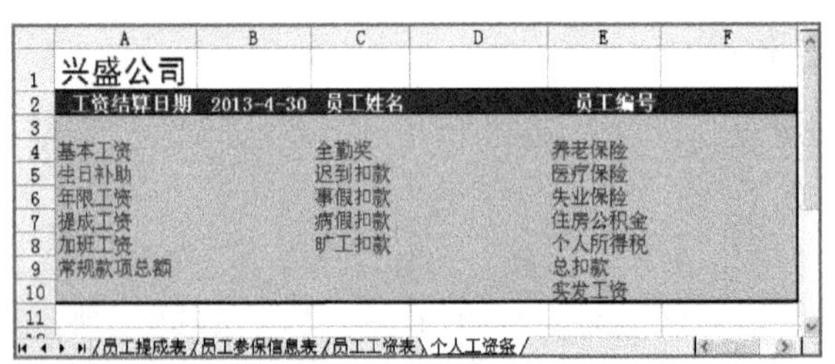

图2-68 查看自动套用格式后的效果

知识提示

在“自动套用格式”对话框中单击选项(O)...按钮，可将“自动套用格式”对话框中的“要应用的格式”栏显示出来，在其中若撤销选中相应的复选框，则工作表中将不应用该格式。另外，在该对话框的列表框中选择最下方的“无”选项，单击确定按钮可取消套用的表格格式。

2．使用VLOOKUP函数查找并引用数据

下面将使用VLOOKUP函数查找并引用相关的工资明细到“个人工资条”工作表的相应单元格中，其具体操作如下。

STEP 1 在“个人工资条”工作表中选择F2单元格，并输入数据“101”，然后选择D2单元格，在编辑栏中单击“插入函数”按钮fx，如图2-69所示。

STEP 2 在打开的“插入函数”对话框的“或选择类别”下拉列表中选择“查找与引用”选项，在“选择函数”列表框中选择“VLOOKUP”选项，单击确定按钮，如图2-70所示。

多学一招

选择【插入】/【函数】菜单命令，也可打开“插入函数”对话框，在“或选择类别”下拉列表中选择函数类别，在“选择函数”列表框中选择相应的函数。

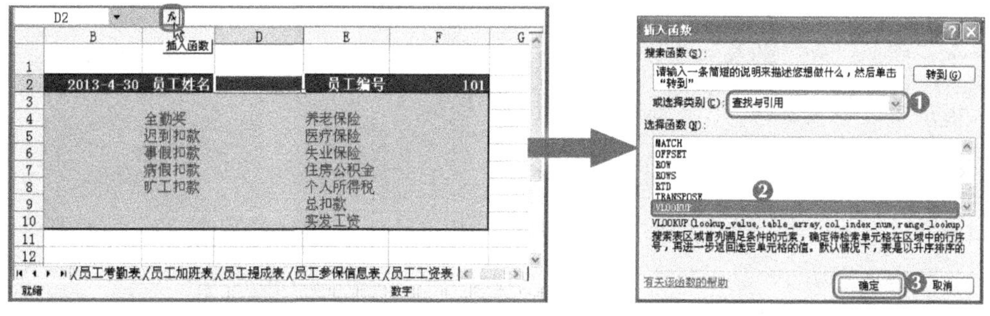

图2-69 单击“插入函数”按钮　　　　图2-70 选择函数

STEP 3 在打开的“函数参数”对话框的“Lookup_value”参数框后单击按钮缩小“函数参数”对话框，如图2-71所示。

STEP 4 在“个人工资条”工作表中选择F2单元格，然后单击按钮，如图2-72所示。

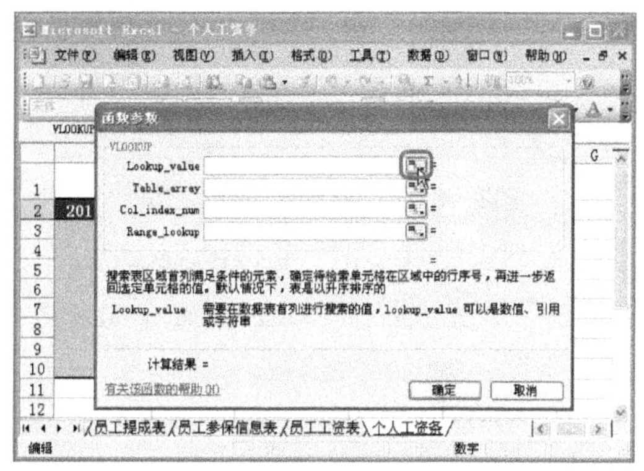

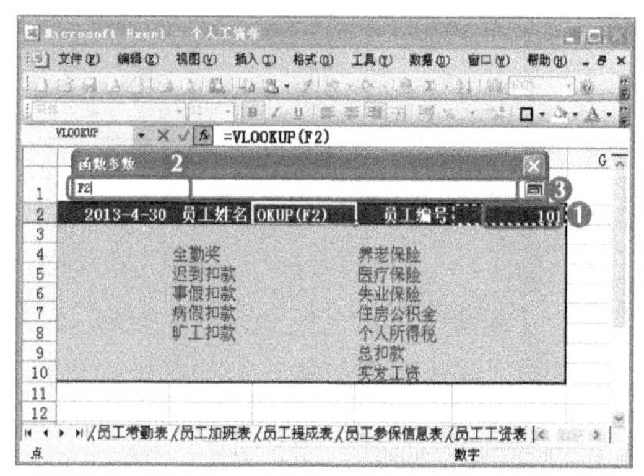

图2-71 缩小函数参数对话框　　　　图2-72 设置Lookup_value参数值

STEP 5 在展开的“函数参数”对话框的“Table_array”的参数框后单击按钮，然后在“员工工资表”工作表中选择A4:R33单元格区域，并将鼠标指针定位到对话框的文本框的A4和R33后，按【F4】键将相对引用转换成绝对引用，然后单击按钮，如图2-73所示。

STEP 6 在展开的“函数参数”对话框的“Col_index_num”的参数框中输入参数值“2”，然后单击确定按钮，系统将自动计算出该函数的值，如图2-74所示。

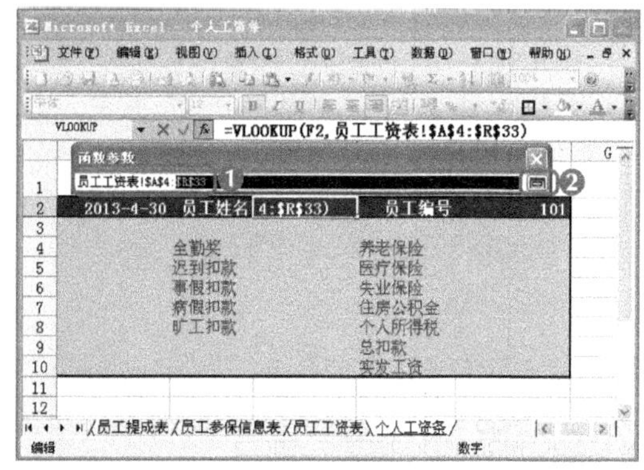

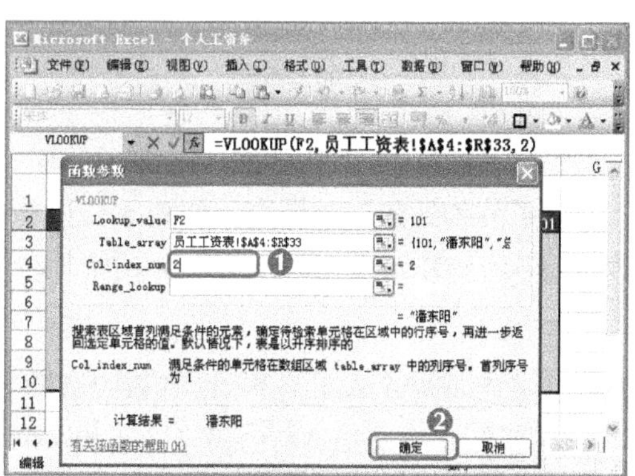

图2-73 设置Table_array参数值　　　　图2-74 设置Col_index_num参数值

在“插入函数”对话框和“函数参数”对话框的左下角单击有关该函数的帮助(H)链接，可查看相应函数的作用及操作方法。

STEP 7 选择D2单元格中的公式，按【Ctrl+C】组合键复制公式，然后选择B4单元格，按【Ctrl+V】组合键粘贴公式，完成后在B4单元格的公式中选择参数值“2”，将其修改为“5”，如图2-75所示。

STEP 8 用相同的方法在相应的单元格中输入并复制所需的公式，完成后再修改相应的参数值，计算出所需的值，如图2-76所示。

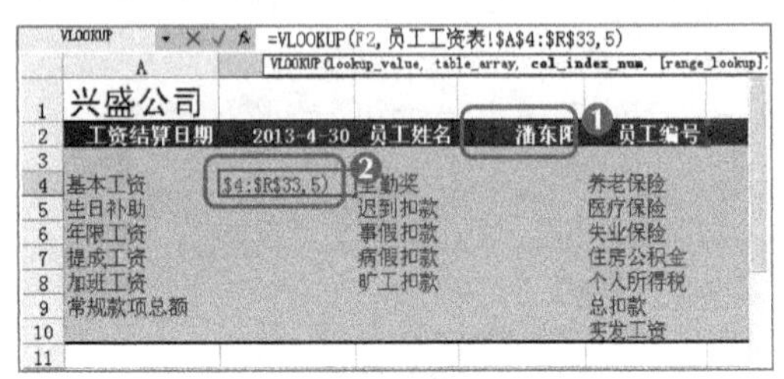

图2-75　复制公式并修改参数值

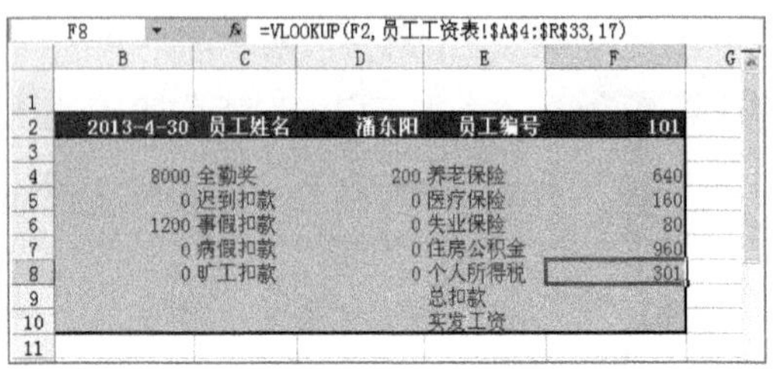

图2-76　输入并复制更多的公式

STEP 9 分别选择B9、F9、F10单元格，分别输入公式“=B4+B5+B6+B7+B8+D4”、“=D5+D6+D7+D8+F4+F5+F6+F7+F8”、“=B9-F9”，完成后按【Ctrl+Enter】组合键计算员工的“常规款项总额”、“总扣款”和“实发工资”，如图2-77所示。

STEP 10 选择B4:B9、D4:D8、F4:F10单元格区域，设置其数字格式为“会计专用”格式，小数位数为“2”，然后调整其列宽，如图2-78所示。

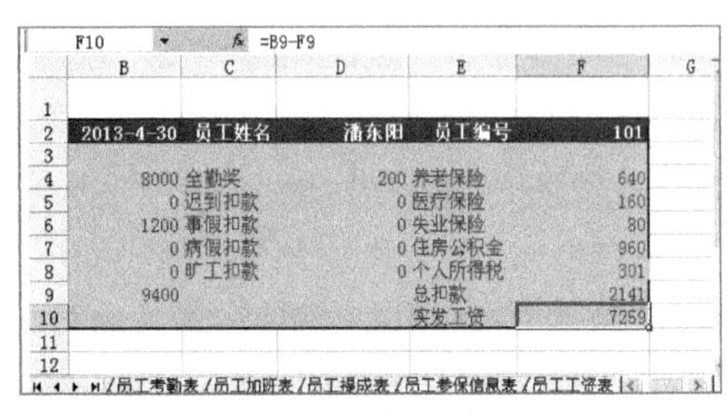

图2-77　计算数据

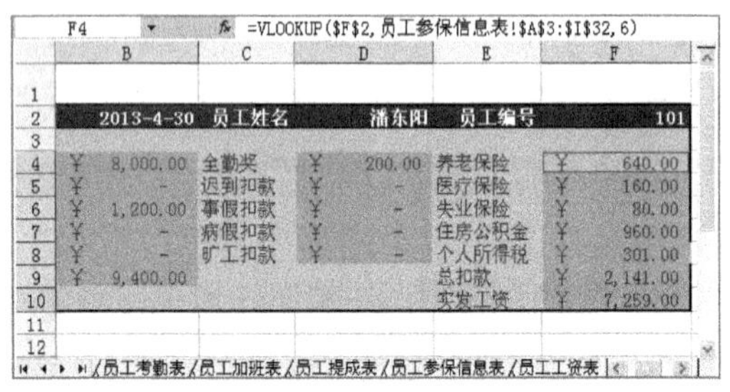

图2-78　设置格式并调整列宽

3．预览打印效果并复制数据

为了节约纸张，并提高工作效率，可在一页纸张上打印多个员工的工资条，完成后通过剪裁再发放给相关员工。下面将先预览其打印效果，然后再复制并修改工资条数据，其具体操作如下。

STEP 1 在“个人工资条”工作表中选择【文件】/【打印预览】菜单命令，如图2-79所示。

STEP 2 切换至预览窗口显示出表格的打印效果，如图2-80所示，然后单击关闭(C)按钮。

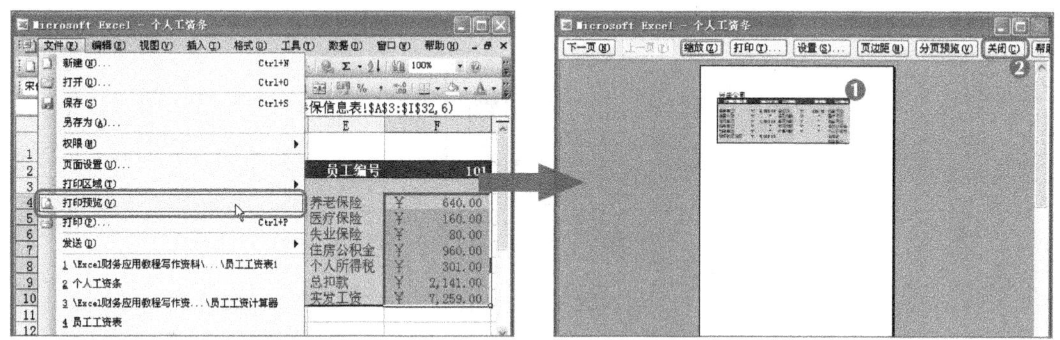

图2-79 选择打印预览菜单命令　　图2-80 预览打印效果

STEP 3 返回工作表中可看到打印预览的虚线框，先调整列宽使数据显示在一页纸张内，然后选择A1:F10单元格区域，再选择【编辑】/【复制】菜单命令，如图2-81所示。

STEP 4 选择A12单元格，然后选择【编辑】/【粘贴】菜单命令，如图2-82所示。

多学一招

在Excel 2003中单击“常用”工具栏中的“复制”按钮或按【Ctrl+C】组合键可复制数据，单击“常用”工具栏中的“粘贴”按钮或按【Ctrl+V】组合键可粘贴数据。

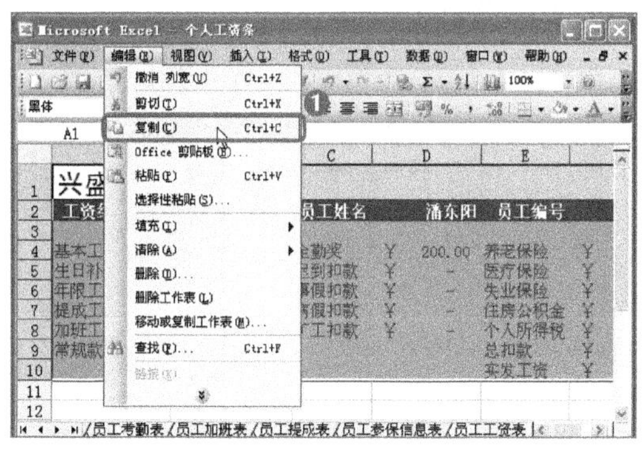

图2-81 复制数据

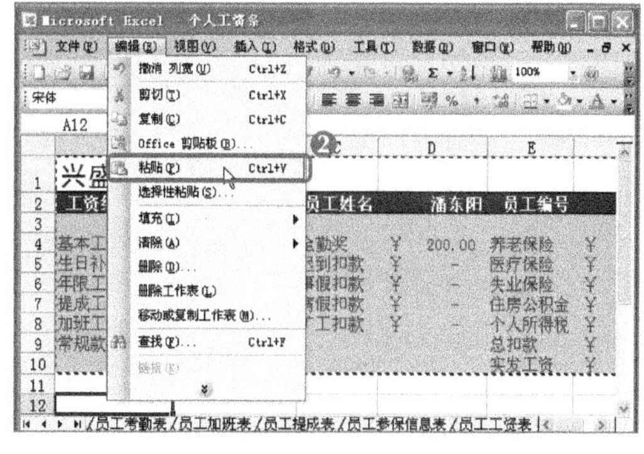

图2-82 粘贴数据

知识提示

完成数据的复制后，目标单元格的右下角将出现“粘贴选项”按钮，单击该按钮，在弹出的下拉列表中选择相应的选项可对复制的数据进行相应的设置，如粘贴仅格式、值和数字格式、链接单元格等。

STEP 5 用相同的方法继续复制数据，满一页数据后，并依次修改员工编号，然后再选择【文件】/【打印预览】菜单命令预览其打印效果，如图2-83所示，完成后单击关闭(C)按钮。

知识提示

移动数据是将原位置的数据粘贴到新位置的同时不保留原位置的数据。在工作表中选择需移动数据的单元格，选择【编辑】/【剪切】菜单命令，或单击“常用”工具栏中的“剪切”按钮，或按【Ctrl+X】组合键，然后将鼠标指针移至目标单元格，选择【编辑】/【粘贴】菜单命令，或单击“常用”工具栏中的“粘贴”按钮，或按【Ctrl+V】组合键都可移动数据。

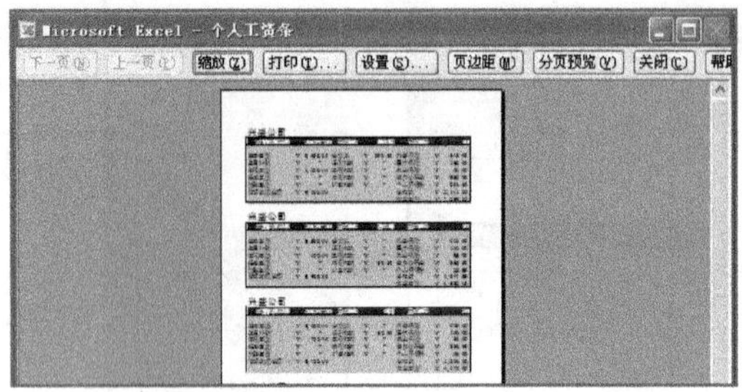

图2-83 预览打印效果

4．打印工资条

在工作表中可根据需要一次打印某个员工的工资条，也可打印多个员工的工资条。其具体操作如下。

STEP 1 要打印第一个员工的工资条，可选择A1:F10单元格区域，然后选择【文件】/【打印区域】/【设置打印区域】菜单命令，如图2-84所示。

STEP 2 所选区域四周将出现虚线框表示该区域将被打印，然后选择【文件】/【打印预览】菜单命令，在打开的打印预览窗口中只显示被设置成打印区域的单元格区域，若对预览的打印效果满意后可直接单击打印(T)...按钮打印，如图2-85所示。

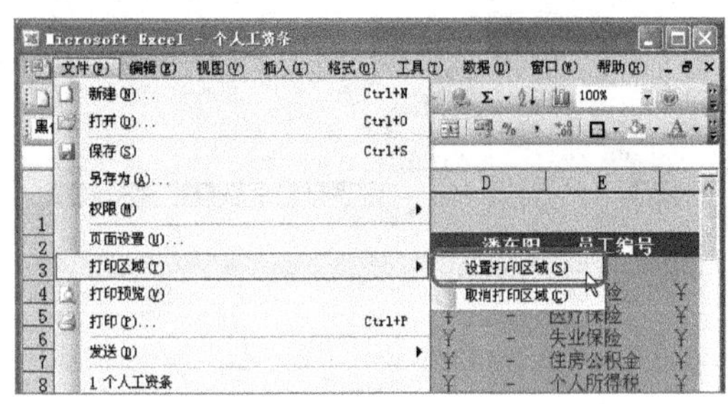

图2-84 选择设置打印区域菜单命令

图2-85 单击"打印"按钮

STEP 3 在打开的"打印内容"对话框中保持默认设置，然后单击确定按钮即可打印设置区域中的数据，如图2-86所示。

STEP 4 返回工作表中选择【文件】/【打印区域】/【取消打印区域】菜单命令，如图2-87所示，工作表中已设置了打印区域的单元格区域四周的虚线框将消失。

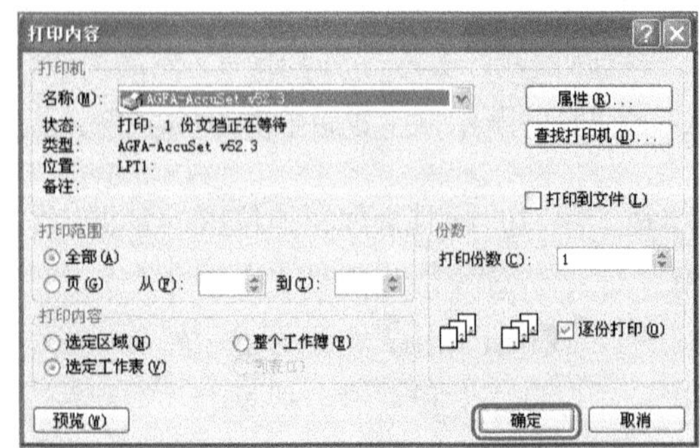

图2-86 打印设置区域

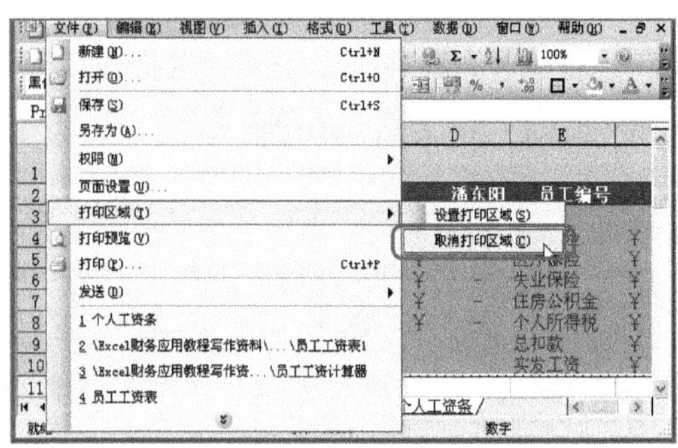

图2-87 取消打印区域

STEP 5 要继续在一页纸张中打印多个员工的工资条，可选择【文件】/【打印预览】菜单命令，在打印预览窗口中对预览的打印效果满意后单击打印(T)...按钮，如图2-88所示。

STEP 6 在打开的“打印内容”对话框中保持默认设置，然后单击确定按钮即可开始打印表格数据，如图2-89所示。

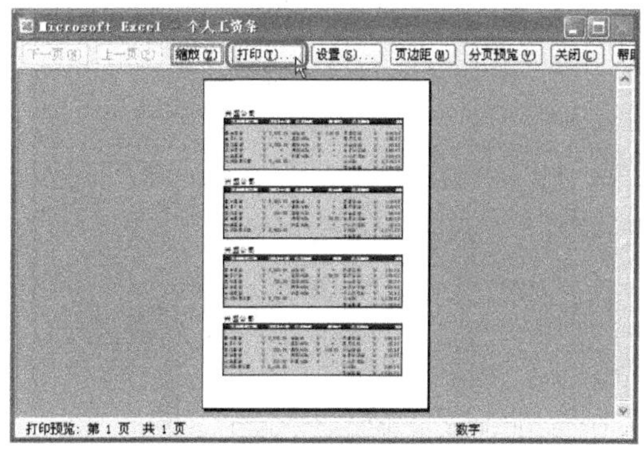

图2-88 预览打印效果

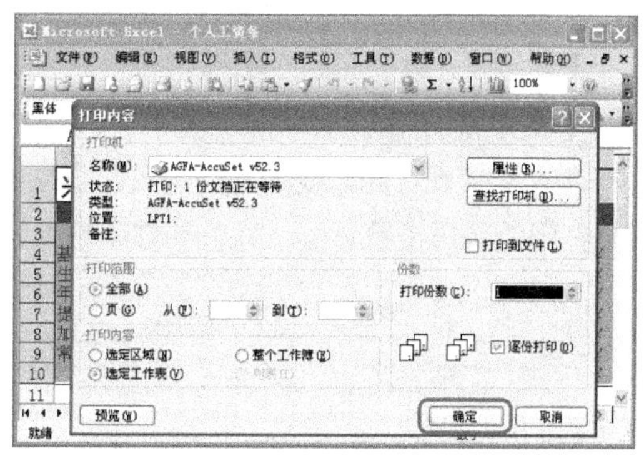

图2-89 打印表格数据

实训一 制作“企业内部薪酬满意度调查表”

【实训目标】

由于公司将实行薪酬改革，为了了解员工在薪酬方面的真实想法和建议，老张决定安排小白制作一份企业内部薪酬满意度调查表，并打印到纸张上发放给员工进行填写。

要完成本实训，首先要输入并设置数据格式，然后插入特殊符号“□”和矩形框，再预览打印效果和设置页面，并打印该表格到纸张上。本实训完成后的最终效果如图2-90所示。

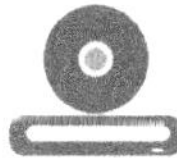

效果所在位置 光盘:\效果文件\项目二\企业内部薪酬满意度调查表.xls

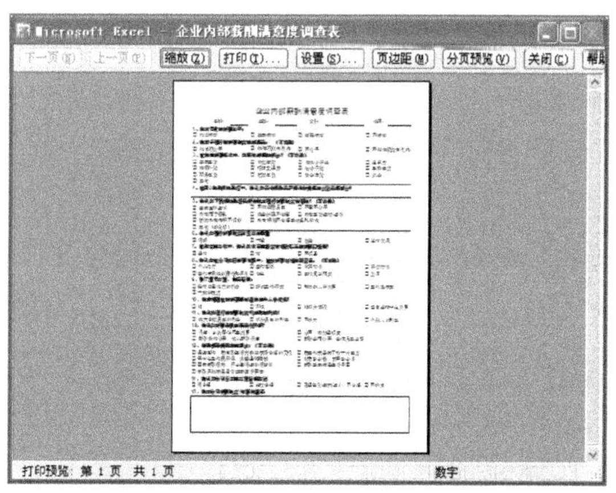

图2-90 “企业内部薪酬满意度调查表”最终效果

【专业背景】

所谓薪酬调查是指运用科学的方法，通过一定的调查途径，搜集所调查的企业的基本薪资、奖金、福利等信息，经过加工汇总后进行科学分析处理的过程。

为了促进公司的管理升级，配合公司的薪酬改革，了解员工在薪酬方面的真实想法和建议，每个企业都需要定时搜集并调查企业的薪资问题，关注员工的薪资环境，以便帮助企业设计薪酬结构，以满足员工的需求和企业人力成本控制的需求。

【实训思路】

完成本实训首先需要输入并设置数据格式，然后插入特殊符号“□”和矩形框，完成后预览打印效果再设置页面，并将其打印到纸张上。其操作思路如图2-91所示。

①输入并设置数据格式　②插入特殊符号“□”和矩形框　③预览打印效果并打印表格

图2-91　制作“企业内部薪酬满意度调查表”的操作思路

【步骤提示】

STEP 1 将新建的工作簿以“企业内部薪酬满意度调查表”为名保存，然后输入相应的数据，并设置字体格式、填充单元格区域颜色、设置相应单元格的边框。

STEP 2 将文本插入点定位到A4单元格中的文本前，插入符号“□”，然后选择插入的符号，将其复制到每个答案文本前，完成后在A44:H49单元格区域位置插入矩形框，并调整其大小。

STEP 3 预览打印效果，在打开的预览窗口中调整页边距使其表格数据完整显示在一页纸张上，完成后打印表格数据。

实训二　制作“银行代发工资表”

【实训目标】

近期公司决定将传统的财务人员发放现金工资方式，转换成银行按月将工资发放到员工的银行卡上的方式，于是安排小白制作一张“银行代发工资表”交付银行，银行将根据该表发放工资。

由于“银行代发工资表”中必须包含员工姓名、当月工资、银行卡号、电话号码，因此要完成本实训，首先应将相应工作表中的数据引用到“银行代发工资表”中，然后计算合计金额，完成后再套用表格格式。本实训完成后的最终效果如图2-92所示。

素材所在位置　光盘:\素材文件\项目二\员工工资表.xls

效果所在位置　光盘:\效果文件\项目二\银行代发工资表.xls

	A	B	C	D
1	兴盛公司4月工资发放表			
2			发放时间:	2013-4-30
3	员工姓名	银行账号	当月工资	电话号码
4	潘东阳	6222 0202 0008 **** 001	¥ 7,259.00	13933691***
5	孙文彬	6222 0202 0008 **** 002	¥ 4,552.45	15974529***
6	李莉	6222 0202 0008 **** 003	¥ 4,470.00	13767830***
7	何树坤	6222 0202 0008 **** 004	¥ 1,880.00	15974522***
8	谢佳怡	6222 0202 0008 **** 005	¥ 2,030.00	13767830***
9	杨培	6222 0202 0008 **** 006	¥ 4,761.00	15982101***
10	王海岩	6222 0202 0008 **** 007	¥ 2,190.00	15982204***
11	柳语	6222 0202 0008 **** 008	¥ 2,040.00	15982105***
12	刘凯廷	6222 0202 0008 **** 009	¥ 4,664.00	15982104***
13	高婷	6222 0202 0008 **** 010	¥ 3,592.15	15982107***
14	张鹏	6222 0202 0008 **** 011	¥ 3,345.00	13026906***
15	萧笑	6222 0202 0008 **** 012	¥ 4,179.00	13312587***
16	杜建国	6222 0202 0008 **** 013	¥ 3,200.00	13798898***
17	李菲雪	6222 0202 0008 **** 014	¥ 3,350.00	13682399***
18	展浩	6222 0202 0008 **** 015	¥ 9,655.00	13982516***

员工信息表 / 员工工资表 / 银行代发工资表

图2-92 “银行代发工资表”最终效果

【专业背景】

为了方便员工储蓄、简化企事业单位发放工资手续，经银行与企事业单位协商，企事业单位委托银行代发其单位员工工资。为了保证该项工作的顺利进行，首先银行负责为本单位参加代发工资的员工开立个人银行结算账户，然后企事业单位应按照银行提供的相关数据和要求，制作代发工资数据，银行将企事业单位提供的代发工资数据入账后，即打印代发工资明细清单，企事业单位可在代发工资日后到银行指定的网点进行核对。

【实训思路】

完成本实训可以在“员工工资表”工作簿中隐藏不需要的工作表，并插入新工作表将其重命名为“银行代发工资表”，然后在“银行代发工资表”工作表中输入并引用相关数据，再计算数据，完成后再套用表格格式。其操作思路如图2-93所示。

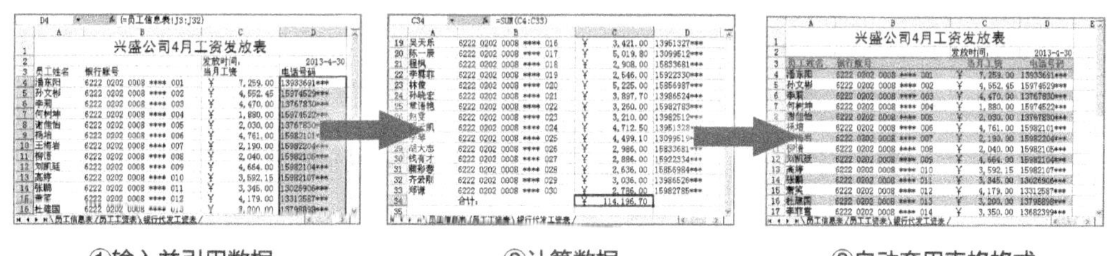

①输入并引用数据　②计算数据　③自动套用表格格式

图2-93 制作“银行代发工资表”的思路

【步骤提示】

STEP 1 打开“员工工资表”工作簿，将其重命名为“银行代发工资表”，然后按住【Ctrl】键的同时选择“员工考勤表”、“员工加班表”、“员工提成表”、“员工参保信息表”工作表。

STEP 2 选择【格式】/【工作表】/【隐藏】菜单命令隐藏所选工作表，完成后再插入工作表，将其重命名“银行代发工资表”，并在其中输入相应的数据，再引用相关工作表中的数据。

STEP 3 选择C34单元格，输入公式“=SUM(C4:C33)”，完成后按【Ctrl+Enter】组合键计算当月工资的合计金额。

STEP 4 选择A3:D34单元格区域，为其自动套用“序列1”的表格格式。

常见疑难解析

问：清除数据与删除单元格有什么区别？

答：在Excel中清除单元格数据和删除单元格是两个完全不同的概念，清除数据是指将单元格中的数据清除但保留单元格，而删除单元格是指将单元格和单元格中的数据一并删除。

问：如何在单元格中显示/隐藏公式？

答：默认情况下，在单元格中将只显示公式计算的结果。为了方便用户检查公式的正确性，可选择【工具】/【选项】菜单命令，在打开的"选项"对话框中单击"视图"选项卡，在"窗口选项"栏中单击选中"显示公式"复选框，完成后单击确定按钮，返回工作表中可查看相应单元格中只显示公式而不显示计算结果。若在"选项"对话框中撤销选中"显示公式"复选框，可在含有公式的单元格中显示计算结果。

问：要将公式转换为数值，该怎么办？

答：要使单元格中引用的公式结果不发生改变，可使用选择性粘贴功能将公式结果转化为数值，这样即使改变单元格中引用公式的数据，其结果也不会发生变化。要将公式转换为数值，首先应选择包含公式的单元格，然后选择【编辑】/【复制】菜单命令或按【Ctrl+C】组合键执行复制操作，最后选择【编辑】/【选择性粘贴】菜单命令，在打开的"选择性粘贴"对话框的"粘贴"栏中单击选中"数值"单选项，完成后单击确定按钮即可。

问：如何快速搜索所需函数？

答：在使用函数计算数据时，若对所使用的函数及其参数类型非常熟悉时，可直接手动输入，否则可单击编辑栏中的按钮或选择【插入】/【函数】菜单命令，在打开的"插入函数"对话框的"搜索函数"文本框中输入需要的计算目标，然后单击其右侧的转到(G)按钮，Excel会自动推荐相应的函数供用户使用。

问：在同一工作簿中和不同工作簿中引用单元格数据的格式有何不同？

答：在同一工作簿的不同工作表中引用单元格数据时，只需在单元格地址前加上工作表的名称和感叹号(!)，其格式为：工作表名称！单元格地址，如=Sheet1!A2:A5表示引用Sheet1工作表的A2:A5单元格区域中的值。在不同的工作簿中引用单元格数据时，且需引用数据的工作簿已打开，则输入公式后单元格的引用格式为：=[工作簿名称]工作表名称！单元格地址；若需引用数据的工作簿已关闭，则公式将自动变为"'工作簿存储地址[工作簿名称]工作表名称'！单元格地址"格式。

拓展知识

1．设置错误检查规则

在Excel中选择【工具】/【选项】菜单命令，在打开的"选项"对话框中单击"错误检查"选项卡，在"规则"栏中可设置错误检查规则检查公式中出现的错误，如图2-94所示。当在工作表中检查出错误时，Excel将在单元格的左上角出现一个三角形状，若选择该单元格，则该单元格的右边将变为感叹号提示按钮，单击可显示错误选项，如图2-95所示。

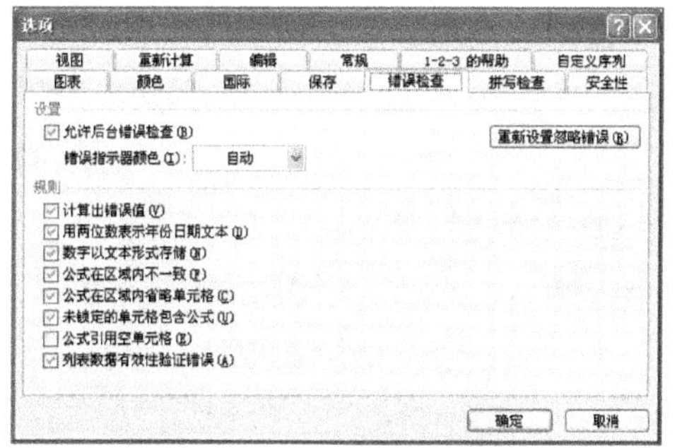

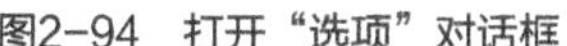
图2-94 打开“选项”对话框

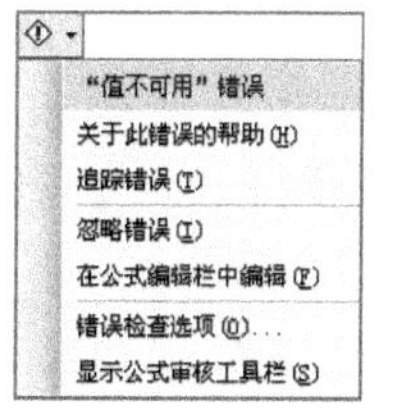

图2-95 显示错误选项

2. 公式的出错解决方案

在单元格中常见错误值有：####、#NUM!、#REF!、#NULL!、#N/A、#NAME?、#VALUE!、#DIV/0!等。下面分别解析显示各错误值的原因，并提出解决方案。

- **####错误**：当单元格中所含的数字、日期、时间超过单元格宽度或单元格的日期时间产生了一个负值，就会出现错误值####。解决方法是增加单元格列宽、应用不同的数字格式、保证日期与时间公式的正确性。
- **#NUM!错误**：通常公式或函数中使用无效数字值时，将出现错误值#NUM!，出错原因是在需要数字参数的函数中使用了无法接受的参数。解决方法是确保函数中使用的参数是数字，如需要输入的值是$2,000，在公式中也应输入2000。
- **#REF!错误**：当单元格的引用无效时将出现错误值#REF!，出错原因是删除了其他公式所引用的单元格，或将已移动的单元格粘贴到其他公式所引用的单元格中。解决方法是更改公式，在删除或粘贴单元格之后恢复工作表中的单元格。
- **#NULL!错误——可能有空交点**：当指定并不相交的两个区域的交点时，将出现错误值#NULL!，出错原因是使用了不正确的区域运算符。解决方法是若引用连续的单元格区域，一定使用冒号“:”分隔引用区域中的第一个单元格和最后一个单元格；若引用不相交的两个区域，则一定使用联合运算符，即逗号“,”。
- **#N/A错误**：当公式中没有可用数值时，将出现错误值#N/A。解决方法是在工作表中某些单元格暂没有数值，可以在单元格中输入#N/A，公式在引用这些单元格时，将不进行数值计算，而是返回#N/A。
- **#NAME?错误**：在公式中使用了Excel不能识别的文本时将出现错误值#NAME?。解决方法是当公式中使用的名称不存在时，可选择【插入】/【名称】/【定义】菜单命令，在打开的对话框中确认使用的名称是否存在，如果所需名称没有被列出，可使用“定义”命令添加相应的名称。

知识提示

在公式中输入文本时没有使用双引号，Excel将其解释为名称，并将公式中的文本放置在双引号中。另外，如果公式中引用了其他工作表或工作簿中的值或单元格，且工作簿或工作表的名称中包含非字母字符或空格，则该字符必须放置在单引号“ ‘ ”中。

- **#VALUE!错误**：当使用的参数或操作数类型错误，或当公式自动更正功能不能更正公式时，将出现#VALUE!。解决方法是确认公式或函数所需的运算符或参数是否正确，公式引用的单元格中是否包含有效的数值，如A1单元格包含一个数字，A2单元格包含文本“单位”，则公式=A1+A2将出现#VALUE!错误。
- **#DIV/0!错误——是否使用了0作除数？**：当公式中使用了0作除数时，将出现错误值#DIV/0!。解决方法是将除数更改为非零值；如果参数是一个空白单元格，则Excel会认为其值为0；修改单元格引用，或在用作除数的单元格中输入不为零的值；确认公式或函数中的除数不为零或不为空。

课后练习

效果所在位置 **光盘:\效果文件\项目二\薪资标准表.xls、员工奖金核算表.xls**

（1）制作“薪资标准表”，首先要在工作表中输入相关数据，并设置表格格式，然后根据公式计算“浮动工资”，完成后再为相应的工资数据设置其格式为“会计专用”格式，小数位数为“2”。其参考效果如图2-96所示。

（2）制作“员工奖金核算表”，首先要在工作表中输入相关数据，然后根据公式计算数据，完成后自动套用表格格式。其参考效果如图2-97所示。

本例中的相关计算公式如下。

- 绩效奖金＝绩效基数（假设从基本工资中提取20%）×绩效评价汇总系数（假设该值为1.2）。
- 个人当月奖金基数＝以考评的绩效分数作为系数×绩效基数。
- 基数占总奖金比重＝个人当月奖金基数÷当月总的奖金基数。
- 实得奖金＝基数占总奖金比重×绩效奖金。

岗位级别工资标准

岗位/职务	级别	试用期工资	转正工资	
				基本工资
总经理				
总经理助理	S	¥ 4,800.00	¥ 6,500.00	¥ 5,500.00
	A	¥ 3,800.00	¥ 6,000.00	¥ 5,000.00
	B	¥ 3,500.00	¥ 5,500.00	¥ 4,500.00
	C	¥ 3,200.00	¥ 4,800.00	¥ 4,000.00
副总经理	S	¥ 4,200.00	¥ 6,000.00	¥ 5,000.00
	A	¥ 3,800.00	¥ 5,400.00	¥ 4,500.00
	B	¥ 3,500.00	¥ 4,600.00	¥ 3,800.00
	C	¥ 3,000.00	¥ 4,200.00	¥ 3,500.00
市场总监	S	¥ 4,200.00	¥ 6,000.00	¥ 5,000.00
	A	¥ 3,800.00	¥ 5,400.00	¥ 4,500.00
	B	¥ 3,500.00	¥ 4,600.00	¥ 3,800.00
	C	¥ 3,000.00	¥ 4,200.00	¥ 3,500.00
总办主任	S	¥ 4,200.00	¥ 6,000.00	¥ 5,000.00
	A	¥ 3,800.00	¥ 5,400.00	¥ 4,500.00
	B	¥ 3,500.00	¥ 4,600.00	¥ 3,800.00

图2-96 “薪资标准表”最终效果

绩效奖金计算表

姓名	职务	基本工资	绩效基数	假勤考评	工作能力
潘东阳	总经理	¥ 8,000.00	¥ 1,600.00	28.5	35.5
孙文彬	助理	¥ 5,500.00	¥ 1,100.00	28	34.6
李莉	主任	¥ 5,000.00	¥ 1,000.00	30.5	34.5
何树坤	文员	¥ 2,000.00	¥ 400.00	29.5	34.3
谢佳怡	文员	¥ 2,000.00	¥ 400.00	29.1	31.3
杨培	经理	¥ 5,000.00	¥ 1,000.00	29.7	34.4
王海岩	办事员	¥ 2,000.00	¥ 400.00	29	35
柳语	办事员	¥ 2,000.00	¥ 400.00	29.3	32.9
刘凯廷	经理	¥ 5,000.00	¥ 1,000.00	29.1	32
高婷	会计	¥ 3,500.00	¥ 700.00	30.8	33.1
张鹏	出纳	¥ 3,500.00	¥ 700.00	29.5	35
萧笑	经理	¥ 5,000.00	¥ 1,000.00	28.9	34.9
杜建国	创意策划	¥ 3,000.00	¥ 600.00	30	32.4
李菲雪	文案策划	¥ 3,000.00	¥ 600.00	30	32.4
展浩	经理	¥ 5,000.00	¥ 1,000.00	29.5	35.7
吴天乐	业务员	¥ 1,800.00	¥ 360.00	29.5	34.8
陈一辰	业务员	¥ 1,800.00	¥ 360.00	29.9	31.7
程枫	业务员	¥ 1,800.00	¥ 360.00	29.1	31.3

图2-97 “员工奖金核算表”最终效果

PART 3

项目三 填制并处理会计凭证

情景导入

随着公司业务量的不断增长，发生的经济业务也越来越多，同时，小白经过不懈努力终于赢得了公司的信任和认可，通过了实习期，于是公司决定让小白填制并处理会计凭证。

知识技能目标

- 熟练掌握设置数据有效性和使用记录单的方法。
- 熟练掌握定义单元格名称和设置自动筛选功能的方法。
- 熟练掌握条件格式的使用和相关函数的使用方法。

- 了解工作中填制并处理会计凭证的基本流程。
- 掌握“科目代码表”、“凭证明细表”、“凭证汇总表”等表格的制作。

项目流程对应图

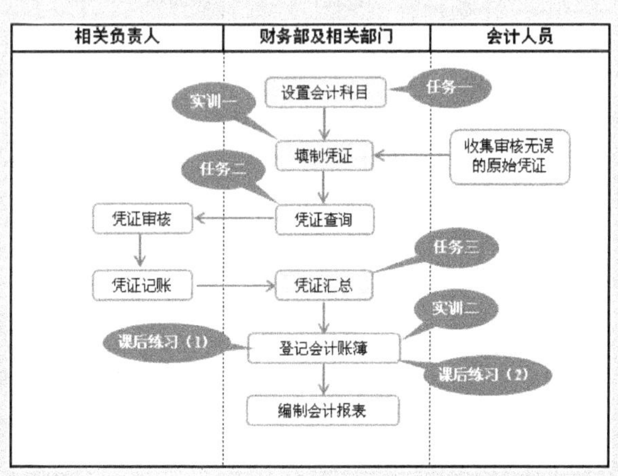

任务一　制作“科目代码表”

会计科目是进行各项会计记录和提供各项会计信息的基础，在会计核算中具有重要意义。它反映了会计要素的构成及其变化情况，是为投资者、债权人、企业经营管理者提供会计信息的重要手段。

一、 任务目标

由于在填制会计凭证时常常涉及会计科目的录入，因此为了提高工作效率，小白决定先制作一张会计科目代码表，以便填制凭证时只需要输入科目编号即可录入会计科目。该任务将先在Excel 2003中设置数据有效性限制重复值录入，然后利用记录单输入数据并冻结窗格。本例完成后的最终效果如图3-1所示。

效果所在位置 **光盘:\效果文件\项目三\科目代码表.xls**

	A	B	C	D	E
1	科目代码	科目名称	明细科目		
2	1001	库存现金			
3	1002	银行存款			
4	100201	银行存款	工行		
5	100202	银行存款	建行		
6	100203	银行存款	农行		
7	1012	其他货币资金			
8	1122	应收账款			
9	112201	应收账款	供货商1		
10	112202	应收账款	供货商2		
11	112203	应收账款	供货商3		
12	112204	应收账款	供货商4		
13	112205	应收账款	供货商5		
14	112206	应收账款	供货商6		
15	112207	应收账款	供货商7		
16	112208	应收账款	供货商8		
17	112209	应收账款	供货商9		
18	112210	应收账款	供货商10		
19	112211	应收账款	供货商11		
20	112212	应收账款	供货商12		
21	112213	应收账款	供货商13		
22	112214	应收账款	供货商14		
23	112215	应收账款	供货商15		

Sheet1 / Sheet2 / Sheet3

图3-1　“科目代码表”最终效果

二、 相关知识

会计科目表的制作非常简单，只需在其中输入相应的会计科目编号和科目名称。这里为了避免重复输入相同的记录，并方便查阅和编辑会计科目，可先设置数据有效性限制输入范围，再使用记录单输入相应的数据。

1. 了解数据有效性的作用

通过设置数据的有效性可以保证输入数据的正确性。例如，在单元格中可以限制用户只能输入规定的数字、文本长度、日期等内容，若输入的信息不在预先设置范围内时，可以按照预先设置的出错警告自动提醒用户。

在本例中输入大量数据时，将设置数据有效性并结合COUNTIF函数对单个关键字限制重复值的录入，即在某个区域内，任何数值都必须是唯一存在的。COUNTIF函数是用来计算区域中满足给定条件的单元格的个数，其语法结构为：COUNTIF(range,criteria)。其中，range表示需要计算其中满足条件的单元格数目的单元格区域；criteria表示确定哪些单元格将被计算在内的条件，其形式可以为数字、表达式或文本。

2. 认识记录单

当需要在一个数据量较大的表格中插入一行新记录时，使用逐行逐列地输入数据的方法将会花费很多时间在来回切换行和列的位置上，此时可使用“记录单”在一个小窗口中完成输入数据的工作。在工作表中选择任一单元格，然后选择【数据】/【记录单】菜单命令，在打开的对话框中将包含表单中所有列的名称，如图3-2所示。

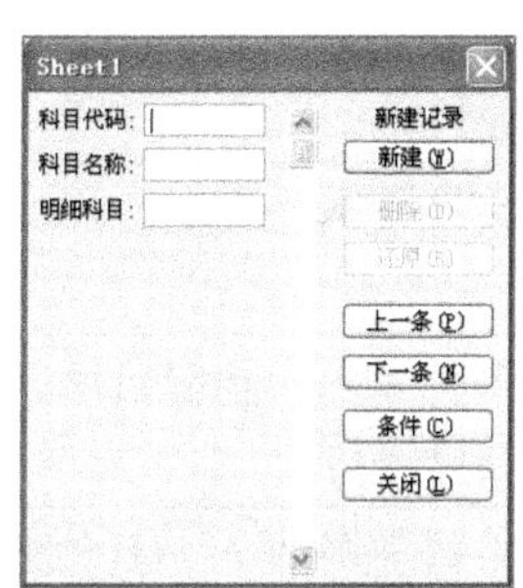

图3-2 打开相应的“记录单”对话框

其中各按钮的作用如下。

- 新建(W)**按钮**：在数据列后的文本框中输入新记录中各列对应的值，单击该按钮，可在工作表中添加一个新的数据行。
- 条件(C)**按钮**：记录单对话框中所有列数据将被清空，此时在相应的列名下输入需要查询的条件，然后按【Enter】键，记录单对话框将自动查找符合条件的记录并将其显示出来。
- 删除(D)**按钮**：查找到某条记录后，单击该按钮可删除查找到的记录。
- 还原(R)**按钮**：在记录单对话框中对某条记录进行修改后，将激活还原(R)按钮，单击该按钮可还原修改错误的数据。
- 下一条(N)**和**上一条(P)**按钮**：分别单击下一条(N)或上一条(P)按钮可查询记录单对话框中当前记录的下一条或上一条记录。

3. 如何建立会计科目表

会计科目根据公司经营性质不同，其科目代码和科目名称也会有所不同，因此不同的企业可以根据国家财政部颁布的企业会计制度，在会计科目列表基础上结合各自的实际情况设置会计科目。

从会计要素出发，会计科目由资产、负债、共同、所有者权益、成本和损益6大类组成，国家最新颁布的6大类会计科目的编号分别以1~6数字开头。每个会计科目都有固定的编号，会计科目的编号一般采用4位数编号法，首位数是大类，第2位数是小类，第3位和第4位数就是具体的会计科目名称。很多企业为了更加细化会计科目，在其后还添加了两位数作为明细分类，如100201和100202是1002的下一级会计科目。下面参照我国《企业会计制度》，了解企业会计科目6大类别包含的具体会计科目，如表3-1所示。

表 3-1　会计科目参照表

科目代码	科目总类	包含的会计科目
1	资产类	包括库存现金、银行存款、其他货币资金、应收账款、预付账款、原材料、库存商品、固定资产、累计折旧和无形资产等科目
2	负债类	包括短期借款、应付账款、预收账款、应付职工薪酬、应交税费、应付利息、长期借款、预计负债和递延所得税负债等科目
3	共同类	包括清算资金往来、货币兑换、衍生工具、套期工具和被套期项目等科目
4	所有者权益类	包括实收资本、资本公积、盈余公积、本年利润和利润分配等科目
5	成本类	包括生产成本、制造费用、劳务成本、研发支出、工程施工和工程结算等科目
6	损益类	包括主营业务收入、其他业务收入、投资收益、营业外收入、主营业务成本、营业税金及附加、销售费用、财务费用等科目

三、任务实施

1. 设置数据有效性限制重复值录入

下面先在工作簿中输入表头数据，然后为单元格区域数据设置数据有效性限制重复值的输入。其具体操作如下。

STEP 1 启动Excel 2003，将新建的工作簿以“科目代码表”为名进行保存，在A1:C1单元格区域中输入表头数据，然后选择A2单元格，再选择【数据】/【有效性】菜单命令，如图3-3所示。

STEP 2 在打开的“数据有效性”对话框的“设置”选项卡的“允许”下拉列表中选择“自定义”选项，然后在“公式”文本框中输入公式“=(countif(A:A,A2)=1)”，如图3-4所示，完成后单击 确定 按钮。

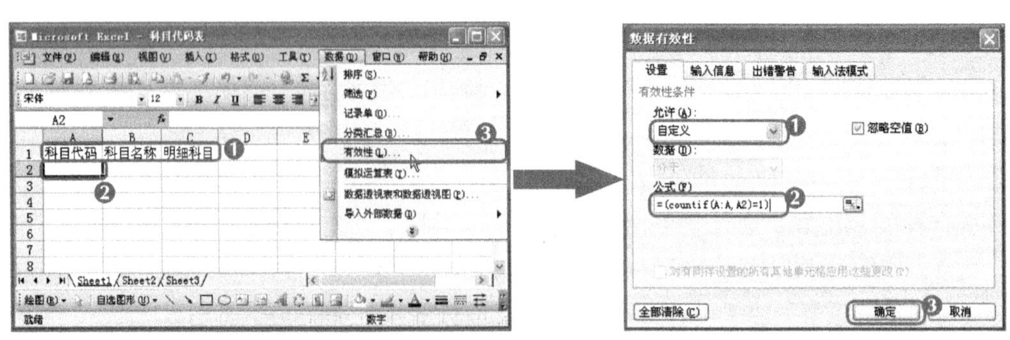

图3-3　输入表头数据　　　　图3-4　设置数据有效性

STEP 3 选择A2单元格，按【Ctrl+C】组合键复制数据，然后选择A3:A183单元格区域，在其上单击鼠标右键，在弹出的快捷菜单中选择“选择性粘贴”命令，如图3-5所示。

STEP 4 在打开的“选择性粘贴”对话框中单击选中“有效性验证”单选项，然后单击 确定 按钮将A2单元格中设置的数据有效性复制到A3:A183单元格区域中，如图3-6所示。

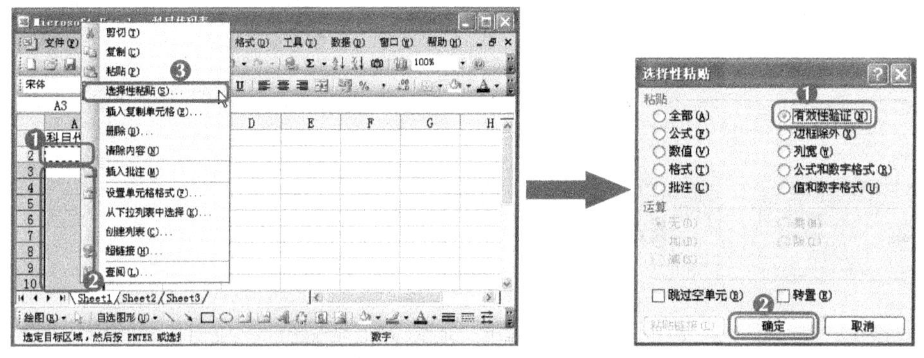

图3-5 复制数据有效性设置　　图3-6 选择性粘贴数据

公式“countif(A:A,A2)=1”表示在A列中查找与A2单元格中数值相同的单元格个数为1，即在A列中A2单元格中的数值只出现过一次，如在A2单元格中输入“1001”，当再次在A3单元格中输入“1001”后将打开如图3-7所示的提示对话框。

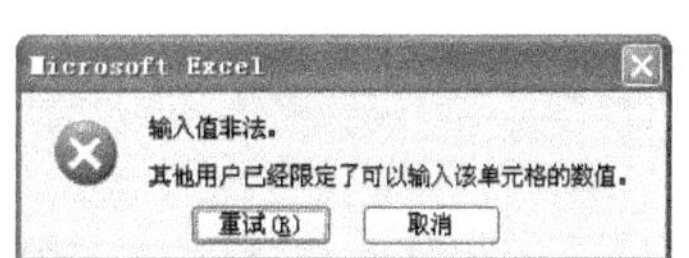

图3-7 打开输入错误提示对话框

2．利用记录单输入数据

下面将使用记录单输入会计科目数据，其具体操作如下。

STEP 1 在工作表中选择表头数据，即选择A1:C1单元格区域，然后选择【数据】/【记录单】菜单命令，如图3-8所示。

STEP 2 在打开的提示对话框中单击 确定 按钮确定所选区域用作标签，如图3-9所示。

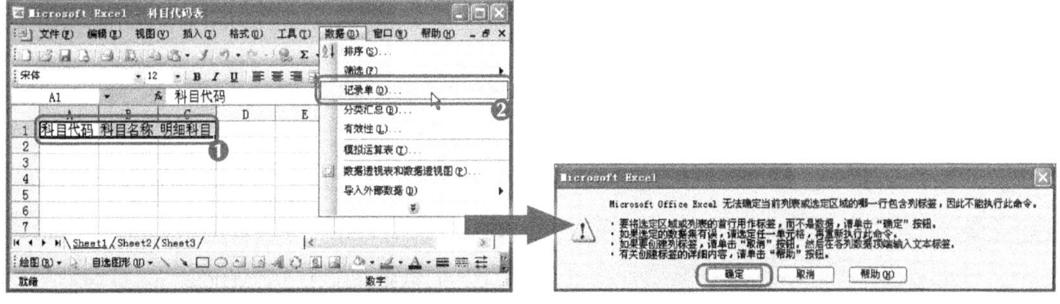

图3-8 选择“记录单”菜单命令　　图3-9 确定所选区域用作标签

STEP 3 在打开的对话框的“科目代码”文本框中输入科目代码“1001”，在“科目名称”文本框中输入科目名称“库存现金”，单击新建(W)按钮，如图3-10所示；输入第二项会计科目的科目代码和科目名称，再单击新建(W)按钮。

STEP 4 用相同的方法输入其他科目代码和科目名称，完成会计科目输入后在记录单对话框中单击关闭(L)按钮，如图3-11所示。关闭该对话框，返回工作表中可看到输入的会计科目记录，如图3-12所示。

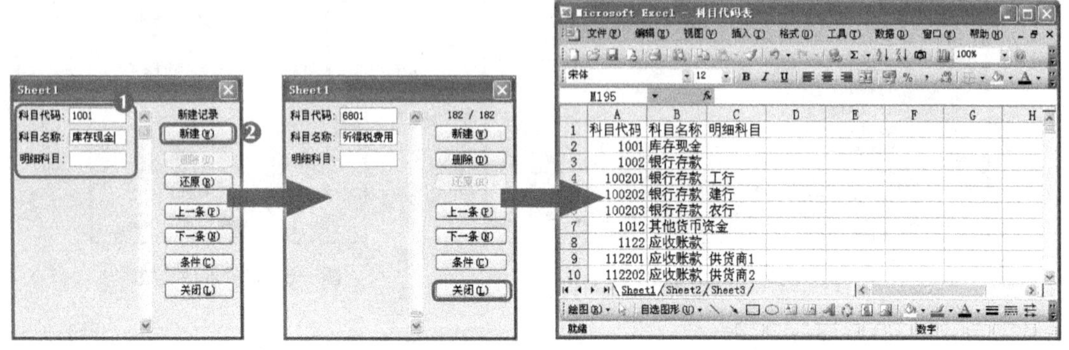

图3-10 新建第一条记录　　图3-11 新建更多记录　　图3-12 完成会计科目输入

3. 冻结窗格

为了方便查看表头与数据的对应关系，可通过冻结窗格查看工作表的其他部分而不移动表头所在的行或列。下面在工作表中先设置单元格格式，然后冻结窗格，其具体操作如下。

STEP 1 选择A~C列，然后选择【格式】/【列】/【最适合的列宽】菜单命令调整单元格列宽，如图3-13所示。

STEP 2 选择A1:C1单元格区域，设置字体格式为“加粗”，选择A1:C183单元格区域，设置对齐方式为“居中”，然后选择B2单元格，并选择【窗口】/【冻结窗格】菜单命令，如图3-14所示。

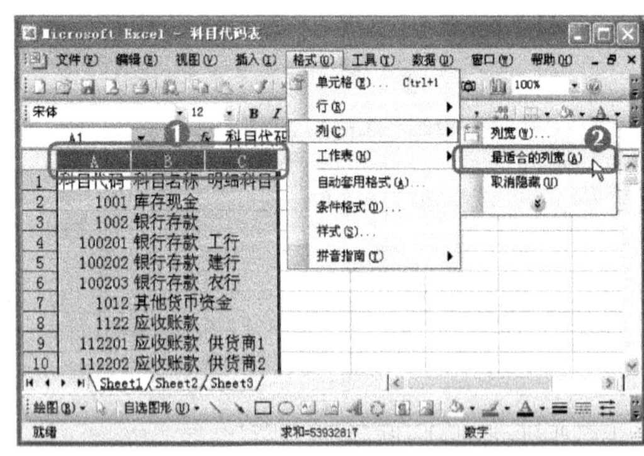

图3-13 调整单元格列宽

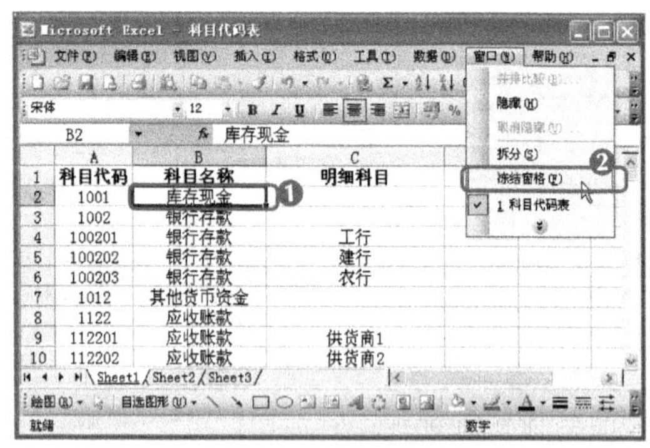

图3-14 设置单元格格式并选择命令

STEP 3 返回工作表中将保持B2单元格以上或左侧的行和列的位置不变，如图3-15所示，然后拖动水平滚动条或垂直滚动条，可查看工作表的其他部分而不移动设置的表头所在的行或列。

	A	B	C	D	E
1	科目代码	科目名称	明细科目		
171	660217	管理费用	房产税		
172	660218	管理费用	车船税		
173	660219	管理费用	土地使用税		
174	660220	管理费用	印花税		
175	660221	管理费用	技术转让费		
176	660222	管理费用	研究费用		
177	660223	管理费用	折旧费		
178	6603	财务费用			
179	660301	财务费用	利息		
180	660302	财务费用	手续费		
181	660303	财务费用	其他		
182	6711	营业外支出			
183	6801	所得税费用			

Sheet1 / Sheet2 / Sheet3

图3-15 冻结窗格后的效果

任务二 制作“凭证明细查询表”

会计凭证是记录经济业务发生和完成情况的书面证明，也是登记账簿的依据。在财务工作中经常会进行查账、对账的工作，而查询历史数据则是一件非常烦琐的事。因此，制作“凭证明细查询表”不仅可以记录相应的凭证信息，而且可以方便财务人员进行凭证的查询。

一、任务目标

完成会计科目代码表的制作后，老张希望小白再制作一张“凭证明细查询表”建立所需的凭证信息。要完成该任务，首先需要定义单元格名称，并设置数据有效性序列实现下拉列表选择输入，然后输入凭证记录，使用函数查找并引用明细科目，完成后再利用自动筛选功能实现数据的查询。本例完成后的最终效果如图3-16所示。

素材所在位置 光盘:\素材文件\项目三\科目代码表.xls

效果所在位置 光盘:\效果文件\项目三\凭证明细查询表.xls

	A	B	C	D	E	F	G
1	序号	所属月份	科目代码	一级科目	二级科目	借方金额	贷方金额
2	1	5	1001	库存现金		￥ 5,000.00	
3	1	5	1002	银行存款			￥ 5,000.00
4	2	5	1001	库存现金			￥ -3,800.00
5	2	5	220212	应付账款	材料商12		￥ 3,800.00
6	3	5	660207	管理费用	差旅费	￥ 1,550.00	
7	3	5	1001	库存现金			￥ 1,550.00
8	4	5	660107	销售费用	差旅费	￥ 1,925.00	
9	4	5	660108	销售费用	电话费	￥ 1,050.00	
10	4	5	660302	财务费用	手续费	￥ 15.00	
11	4	5	1001	库存现金			￥ 2,990.00
12	5	5	1403	原材料		￥ 50,500.00	
13	5	5	222102	应交税费	应交增值税-进项税额	￥ 8,585.00	
14	5	5	1001	库存现金			￥ 59,085.00
15	6	5	1001	库存现金		￥ 25,000.00	
16	6	5	112205	应收账款	供货商5		￥ 25,000.00
17	7	5	1002	银行存款			￥ -20,400.00
18	7	5	220204	应付账款	材料商4		￥ 20,400.00
19	8	5	1002	银行存款		￥ 44,000.00	
20	8	5	112209	应收账款	供货商9		￥ 44,000.00
21	9	5	1002	银行存款		￥ 50,000.00	
22	9	5	112201	应收账款	供货商1		￥ 50,000.00
23	10	5	1403	原材料		￥ 12,777.00	
24	10	5	1001	库存现金			￥ 12,777.00
25	11	5	1403	原材料		￥ 264,957.27	
26	11	5	222102	应交税费	应交增值税-进项税额	￥ 45,042.73	
27	11	5	220203	应付账款	材料商3		￥ 310,000.00

科目代码 / 凭证明细 / Sheet3

图3-16 “凭证明细查询表”最终效果

在账务处理中，常使用借贷记账法处理财务，根据“有借必有贷，借贷必相等”的记账规则，每笔交易或事项都必须按其内容一方面记入借方，另一方面记入贷方，借贷双方金额必须相等。因此，凭证明细查询表中需包括的主要内容有科目代码、借方金额、贷方金额、明细科目等项目。

二、 相关知识

本例的制作重点是定义单元格名称和设置数据有效性序列，下面将首先了解定义名称的方法与规则，以及什么是序列数据，然后认识会计凭证的作用与类别。

1．定义名称的方法与规则

在Excel中除了用行号与列标来表示单元格的名称外，还可为单元格和单元格区域定义容易记忆的名称，利用定义的名称可以导航和代替公式中的单元格地址，还可快速定位到需查找的数据行，这样不仅有利于用户理解和使用公式，而且减少了工作量的输入。

定义单元格名称的方法有以下两种。

- **使用“名称框”定义：**选择需自定义的单元格或单元格区域，在编辑栏的“名称框”中输入定义的名称，按【Enter】键后可快速完成单元格的命名。
- **使用“定义名称”对话框定义：**选择需自定义的单元格或单元格区域，再选择【插入】/【名称】/【定义】菜单命令，在打开的“定义名称”对话框的“在当前工作簿中的名称”文本框中输入定义的单元格或单元格区域名称，完成后单击[确定]按钮即可。

定义单元格名称后，所定义的名称将出现在“名称框”中，当定义多个单元格名称后，单击“名称框”右侧的▾按钮，在弹出的下拉列表中将显示所定义的单元格名称列表。

定义单元格名称时还必须遵循以下规则。

- 名称可以是任意字符与数字组合在一起，但不能以数字开头，不能以数字作为名称，若要以数字开头，需在数字前面加上下画线，如_2ABC。
- 名称中不能包含空格，分割字符可以使用下画线（_）或点号（.）代替。
- 名称中不能使用除下画线、点号和反斜线（/）以外的其他符号，允许用问号（?），但不能作为名称的开头，如name?可以，但?name就不可以。
- 名称中的字母没有大小写之分，名称不能与单元格地址相同。
- 名称字符不能超过255个字符。建议使用简单易记的名称，遇到无效的名称，系统会提示出错信息。

2．如何设置数据有效性序列

要在单元格中输入固定的几个数据，可以通过设置数据的有效性序列实现数据以下拉列表选择输入，这样不仅避免了手动重复输入，而且还提高了工作效率。

下面以输入员工等级“优秀,良好,合格,不合格”为例，介绍设置数据有效性序列的3种方法。

- **直接定义序列**：选择要设置数据有效性的单元格或单元格区域，选择【数据】/【有效性】菜单命令，在打开的“数据有效性”对话框的“设置”选项卡的“允许”下拉列表中选择“序列”选项，然后在“来源”文本框中直接输入序列数据，如“优秀,良好,合格,不合格”（序列数据之间应用英文输入状态下的逗号分隔），如图3-17所示，完成后单击 确定 按钮应用设置。
- **利用表内数据作为序列源**：首先在同一工作表内的单元格区域中输入定义好的序列数据，然后选择要设置数据有效性的单元格或单元格区域，选择【数据】/【有效性】菜单命令，在打开的“数据有效性”对话框的“设置”选项卡的“允许”下拉列表中选择“序列”选项，在“来源”文本框右侧单击按钮，在工作表中选择序列数据所在的F2:F5单元格区域（也可直接输入=$F$2:$F$5），如图3-18所示，完成后单击 确定 按钮应用设置。

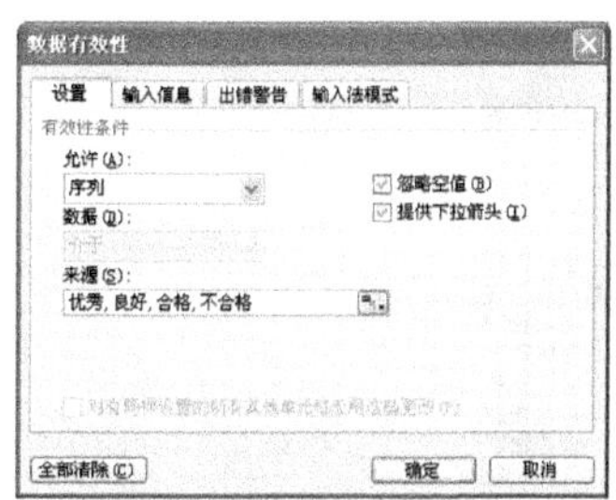

图3-17 直接定义序列

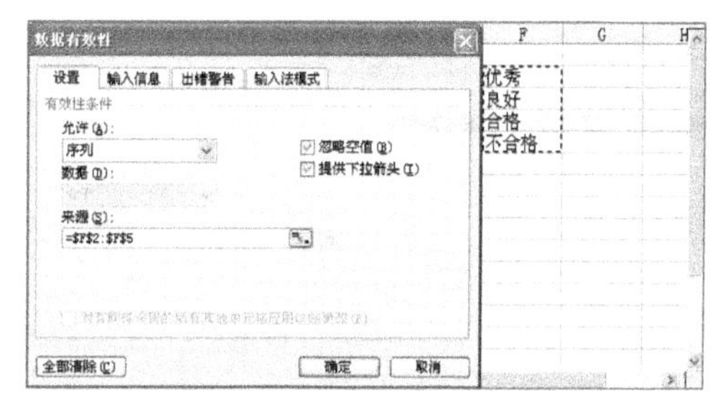

图3-18 利用表内数据作为序列源

- **引用不同工作表中的数据作为序列源**：首先为另一工作表内作为序列源的数据重新定义名称，假设定义名称为“等级”，然后选择要设置数据有效性的单元格或单元格区域，选择【数据】/【有效性】菜单命令，在打开的“数据有效性”对话框的“设置”选项卡的“允许”下拉列表中选择“序列”选项，在“来源”文本框中输入“=等级”，即可实现横跨两个工作表来制作下拉菜单。

三、任务实施

1. 定义单元格名称

下面将“科目代码表”工作簿以“凭证明细查询表”为名进行另存，并为“科目代码”列的数据定义相应的名称。其具体操作如下。

STEP 1 打开“科目代码表”工作簿，将其以“凭证明细查询表”为名进行另存，然后将Sheet1工作表重命名为“科目代码”，将Sheet2工作表重命名为“凭证明细”，并在“凭证明细”工作表的A1:G1单元格区域中输入表头数据，如图3-19所示。

STEP 2 选择“科目代码”工作表，然后选择A2:A183单元格区域，再选择【插入】/【名称】/【定义】菜单命令，如图3-20所示。

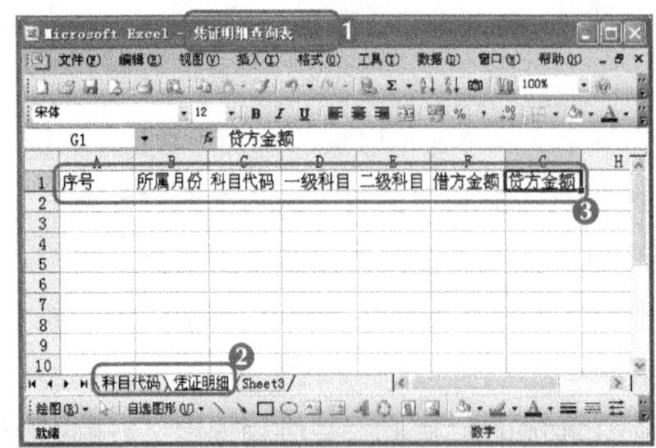

图3-19 重命名工作表并输入数据

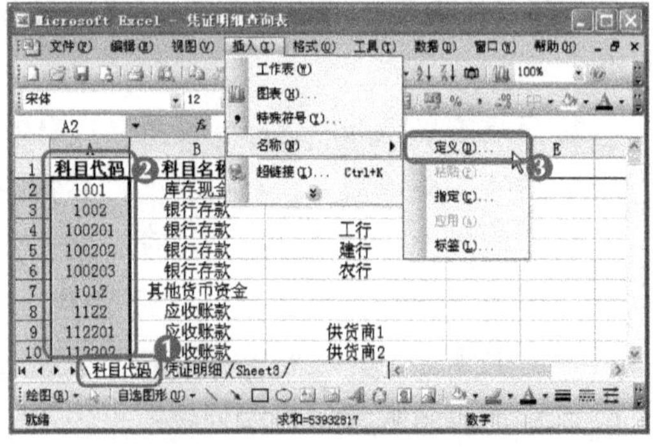

图3-20 选择菜单命令

STEP 3 在打开的“定义名称”对话框的“在当前工作簿中的名称”文本框中输入定义后的名称，这里默认为“科目代码”，完成后单击确定按钮，如图3-21所示。

STEP 4 返回工作表中保持选择A2:A183单元格区域，在编辑栏的“名称框”中即可看到定义的名称，如图3-22所示。

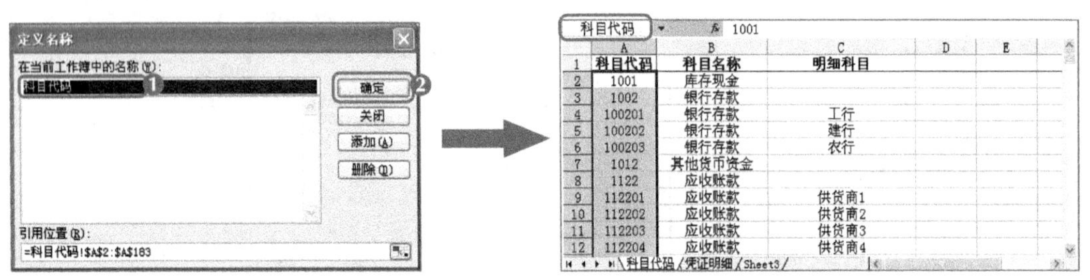

图3-21 定义名称

图3-22 查看定义后的名称

2. 设置数据有效性序列

下面在“科目代码”和“凭证明细”工作表之间为“科目代码”列设置数据有效性序列实现横跨两个工作表来制作下拉菜单，其具体操作如下。

STEP 1 选择“凭证明细”工作表，然后选择C2:C300单元格区域，再选择【数据】/【有效性】菜单命令，如图3-23所示。

STEP 2 在打开的“数据有效性”对话框的“设置”选项卡的“允许”下拉列表中选择“序列”选项，在“来源”文本框中输入“=科目代码”，完成后单击确定按钮，如图3-24所示。

在两个工作表间还可用INDIRECT函数设置数据有效性序列，如在第2步中在“来源”文本框中输入“=INDIRECT("科目代码!$A$2:$A$183")”也可创建相应的下拉菜单。INDIRECT函数用来返回由文本字符串指定的引用，其语法结构为：INDIRECT(ref_text,a1)。其中，ref_text为对单元格的引用，此单元格可包含A1-样式的引用、R1C1-样式的引用、定义为引用的名称或对文本字符串单元格的引用；A1为逻辑值，指明包含在单元格ref_text中的引用类型。

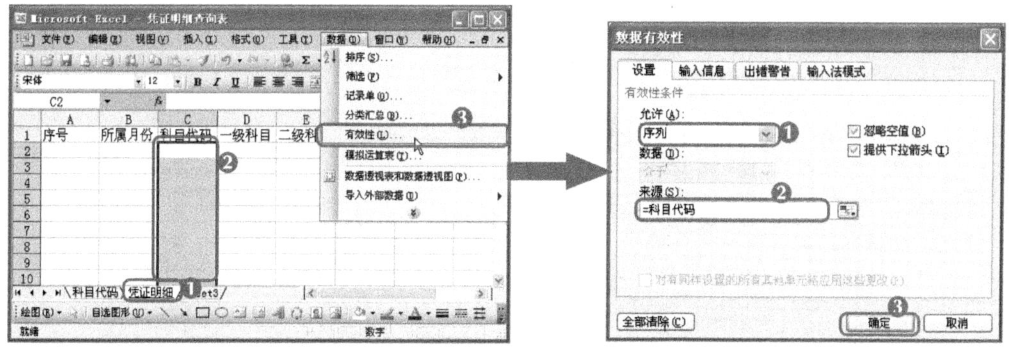

图3-23 选择菜单命令

图3-24 设置数据有效性

STEP 3 返回工作表中，在设置了数据有效性序列后的单元格中，右侧将多出一个下拉按钮，单击该按钮，在弹出的下拉列表中可选择设置的序列数据，这里在C2单元格的下拉菜单中选择“1001”选项，如图3-25所示。

图3-25 在设置的序列数据下拉菜单中选择相应的选项

3. 使用函数引用数据

使用VLOOKUP函数查找并引用相应的数据，其具体操作如下。

STEP 1 选择“凭证明细”工作表，在A2:B2单元格区域中输入相应的数据，然后选择D2:D300单元格区域，在编辑栏中输入公式“=IF(VLOOKUP(C2,科目代码!$A$2:$C$183,2,0)=0,"",VLOOKUP(C2,科目代码!$A$2:$C$183,2,0))”，完成后按【Ctrl+Enter】组合键在“科目代码”工作表中查找与“凭证明细”工作表中科目代码对应的一级科目，如图3-26所示。

STEP 2 选择E2:E300单元格区域，在编辑栏中输入公式“=IF(VLOOKUP(C2,科目代码!$A$2:$C$183,3,0)=0,"",VLOOKUP(C2,科目代码!$A$2:$C$183,3,0))”，按【Ctrl+Enter】组合键在“科目代码”工作表中查找与“凭证明细”工作表中的科目代码对应的二级科目，如图3-27所示，由于这里引用的单元格中未输入数据，因此公式会出现错误值。

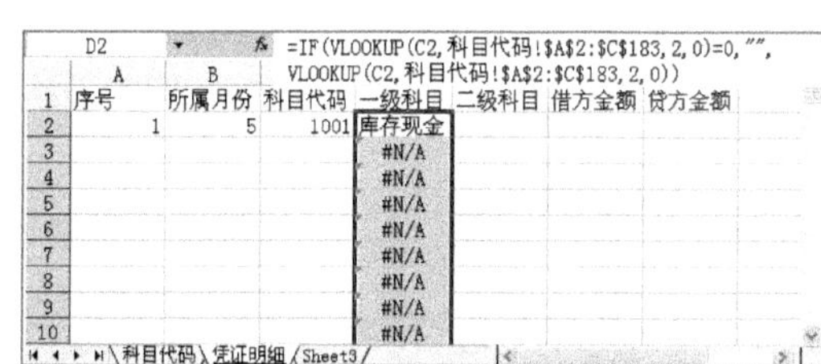

图3-26 查找并引用一级科目

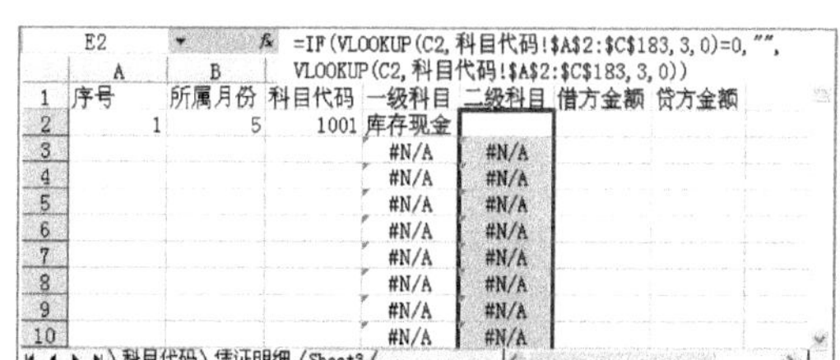

图3-27 查找并引用二级科目

STEP 3 在相应的单元格区域中输入数据，并调整单元格列宽，然后选择F2:G300单元格区域，在“格式”工具栏中单击按钮设置其数字格式为“货币样式”，如图3-28所示。

	A	B	C	D	E	F	G
1	序号	所属月份	科目代码	一级科目	二级科目	借方金额	贷方金额
2	1	5	1001	库存现金		￥ 5,000.00	
3	1	5	1002	银行存款			￥ 5,000.00
4	2	5	1001	库存现金			￥ -3,800.00
5	2	5	220212	应付账款	材料商12		￥ 3,800.00
6	3	5	660207	管理费用	差旅费	￥ 1,550.00	
7	3	5	1001	库存现金			￥ 1,550.00
8	4	5	660107	销售费用	差旅费	￥ 1,925.00	
9	4	5	660108	销售费用	电话费	￥ 1,050.00	
10	4	5	660302	财务费用	手续费	￥ 15.00	
11	4	5	1001	库存现金			￥ 2,990.00
12	5	5	1403	原材料		￥ 50,500.00	
13	5	5	222102	应交税费	应交增值税-进项税额	￥ 8,585.00	
14	5	5	1001	库存现金			￥ 59,085.00
15	6	5	1001	库存现金		￥ 25,000.00	

科目代码 \ 凭证明细 / Sheet3

图3-28 输入数据

4. 设置自动筛选功能

为了方便查询相关凭证，下面将在工作表中设置自动筛选功能，其具体操作如下。

STEP 1 选择A1:G1单元格区域，再选择【数据】/【筛选】/【自动筛选】菜单命令，如图3-29所示。

STEP 2 设置自动筛选后，在表头的各字段名右侧将显示出下拉按钮，这里单击“科目代码”字段名右侧的按钮，在弹出的下拉列表框中选择“1001”选项，如图3-30所示。

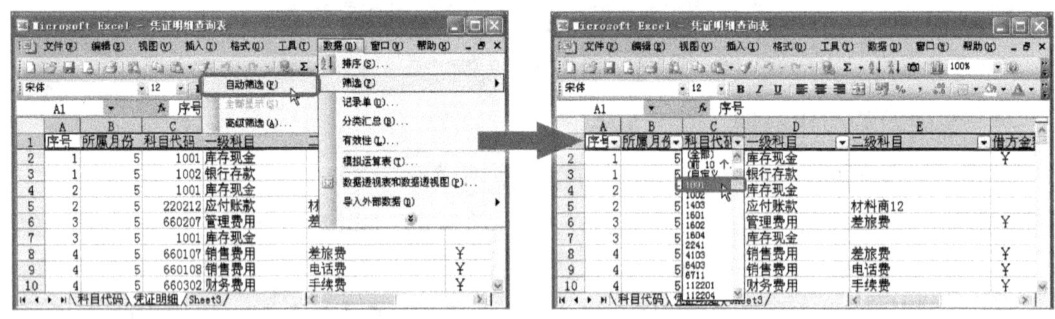

图3-29 选择自动筛选菜单命令　　图3-30 按科目代码筛选数据

STEP 3 返回工作表中将显示出“科目代码”为“1001”的相关信息，如图3-31所示。

STEP 4 若需以其他表头字段名查询数据，可先取消相应的筛选结果，这里单击“科目代码”字段右侧的按钮，在弹出的下拉列表中选择“全部”选项，如图3-32所示，这样所有的记录将全部显示出来。再次在相应的表头字段名右侧单击按钮，在弹出的下拉列表中选择查询条件选项即可以其他表头字段名查询数据。

	A	B	C	D	E	F
1	序号	所属月份	科目代码	一级科目	二级科目	借方金额
2	1	5	1001	库存现金		￥
4	2	5	1001	库存现金		
7	3	5	1001	库存现金		
11	4	5	1001	库存现金		
14	5	5	1001	库存现金		
15	6	5	1001	库存现金		￥
24	10	5	1001	库存现金		
29	12	5	1001	库存现金		
37	15	5	1001	库存现金		

科目代码 \ 凭证明细 / Sheet3

图3-31 筛选符合条件的记录

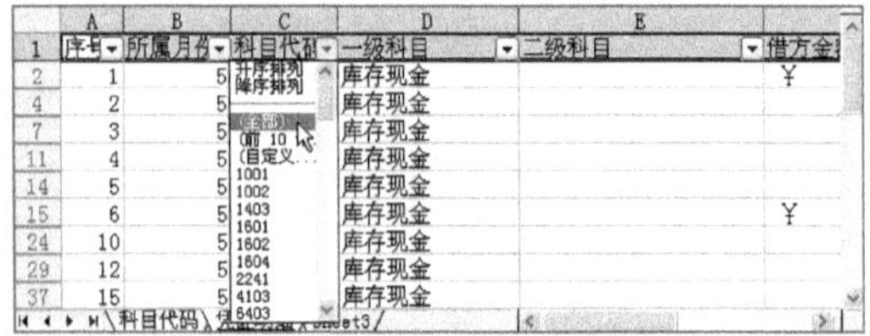

图3-32 取消筛选结果

若要撤销自动筛选功能，去除表头字段名后的▾按钮，可再次选择【数据】/【筛选】/【自动筛选】菜单命令。

任务三 制作“科目汇总表”

科目汇总表是定期对一定时期内的全部记账凭证进行汇总，并按每个会计科目列示其借方发生额和贷方发生额。根据借贷记账法的基本原理，科目汇总表中每个会计科目的借方发生额合计与贷方发生额合计应该相等。

一、任务目标

为了方便财务人员在“凭证明细查询表”的基础上对每一会计科目进行科目汇总查询，小白准备再制作一张“科目汇总表”。该任务将在创建的“科目汇总表”工作簿中输入并自定义数字格式，然后计算借方和贷方金额，并使用条件格式判断借贷是否相等，完成后取消网格线、水平滚动条与工作表标签的显示，使表格效果更美观。本例完成后的最终效果如图3-33所示。

素材所在位置 光盘:\素材文件\项目三\凭证明细查询表.xls
效果所在位置 光盘:\效果文件\项目三\科目汇总表.xls

科目汇总表		
2013年5月	编号:(1#-119#)	
科目名称	借方金额	贷方金额
库存现金	¥ 461,486.96	¥ 222,295.45
银行存款	¥ 1,297,328.81	¥ 584,376.97
应收账款	¥ 904,295.50	¥ 1,441,942.40
预付账款	¥ 152,200.00	¥ 100,000.00
其他应收款	¥ 20,000.00	¥ -
原材料	¥ 1,055,263.31	¥ 824,239.21
库存商品	¥ 900,557.28	¥ 687,602.29

图3-33 “科目汇总表”最终效果

二、相关知识

制作“科目汇总表”将用到的Excel的条件格式和自动求和功能，下面分别介绍条件格式和自动求和功能的使用方法。

1．条件格式的使用

Excel 2003中的条件格式功能是指当指定条件为真时，Excel自动应用于单元格的格式，如单元格底纹或字体颜色等。使用条件格式可以在工作表中突出显示所关注的单元格或单元格区域，强调异常值，如大于某个值的数据、小于某个值的数据或等于某个值的数据等。设置条件格式的具体操作如下。

STEP 1 选择所需的单元格，选择【格式】/【条件格式】菜单命令，在打开的“条件格式”对话框的文本框中设置相应的条件，如图3-34所示。

STEP 2 单击[格式(F)...]按钮，在打开的“单元格格式”对话框中设置相应的格式，完成后依次单击[确定]按钮返回工作表中。

STEP 3 若单元格中的数据符合所设置的条件，则该单元格将显示设置的格式；若不符合其条件，将保持原来的格式。

图3-34 打开“条件格式”对话框

2. 自动求和功能的使用

由于求和计算的使用非常广泛，因此使用Excel提供的自动求和功能，可以方便、快速地对所需的数值进行求和。在单元格中使用自动求和功能后，系统将自动对上方或左侧包含数值的连续单元格区域进行引用，如果中间间隔了包含非数值的单元格，则从该单元格的下一个或后一个单元格进行引用。

在工作表中选择要进行求和计算的单元格区域，在“常用”工具栏中单击“自动求和”按钮Σ，可快速计算出所选区域的数据总和并显示在所选数据后的下一个空白单元格中。另外，单击Σ按钮旁的▾按钮，在弹出的下拉菜单中还列出了求和、平均值、计数、最大值与最小值等函数，根据需要选择其中的某个函数可快速插入函数并计算结果。

三、任务实施

1. 输入并自定义数字格式

下面首先在工作表中输入表题和表头数据，然后自定义数字格式并计算编号列的最大值。其具体操作如下。

STEP 1 打开“凭证明细查询表”工作簿，将其以“科目汇总表”为名进行另存，然后将Sheet3工作表重命名为“科目汇总表”，并在“科目汇总表”工作表的相应单元格区域中输入表题和表头数据，再调整单元格列宽，如图3-35所示。

STEP 2 分别合并A1:C1和B2:C2单元格区域，然后为A2单元格设置对齐方式为“左对齐”，再选择合并后的B2单元格，选择【格式】/【单元格】菜单命令，如图3-36所示。

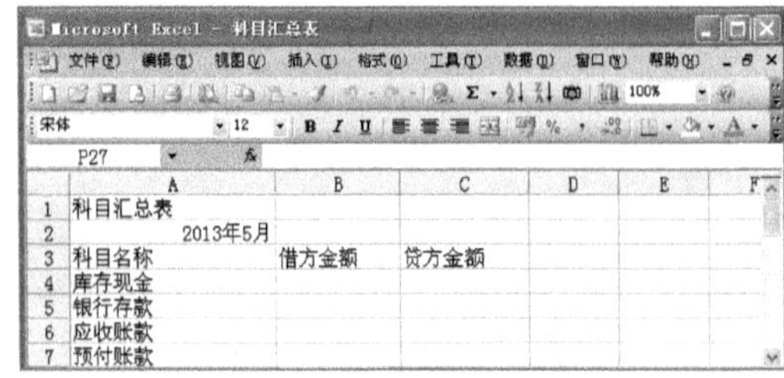

图3-35 输入表题和表头数据

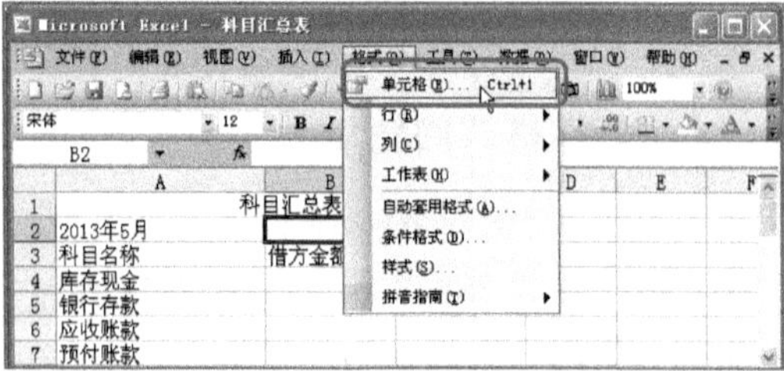

图3-36 选择菜单命令

STEP 3 在打开的“单元格格式”对话框的“数字”选项卡左侧的“分类”列表框中选择“自定义”选项，在右侧的“类型”文本框中输入“"编号:(1# - "00"#)"”，完成后单击 确定 按钮，如图3-37所示。

STEP 4 保持选择B2单元格，输入公式“=MAX(凭证明细!A:A)”，完成后按【Ctrl+Enter】组合键在B2单元格中将显示“编号:(1# - 119#)”效果，如图3-38所示。

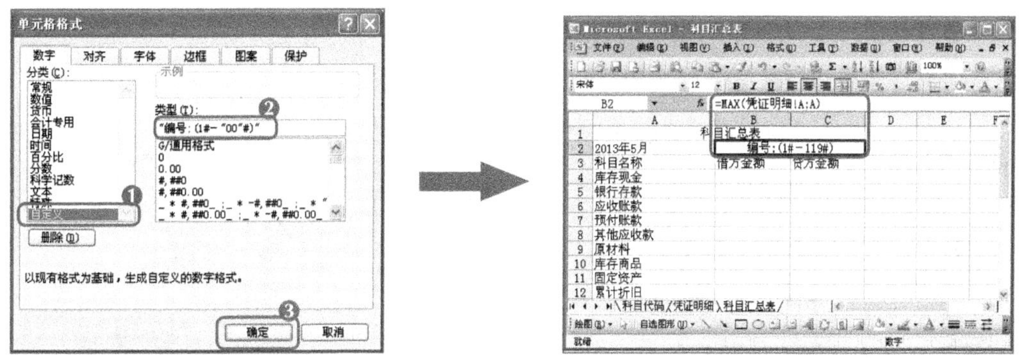

图3-37 自定义数字格式　　图3-38 显示编号效果

在“单元格格式”对话框的“类型”文本框中输入数据时，需在英文状态下输入。

2．计算借方和贷方金额

下面首先利用公式计算借方和贷方金额，然后再利用自动求和功能计算借方和贷方合计金额。其具体操作如下。

STEP 1 在“科目汇总表”工作表中选择B4:B27单元格区域，在编辑栏中输入公式“=SUMIF(凭证明细!$D$2:$D$300,A4,凭证明细!$F$2:$F$300)”，完成后按【Ctrl+Enter】组合键汇总出每个科目的借方金额，如图3-39所示。

STEP 2 选择C4:C27单元格区域，在编辑栏中输入公式“=SUMIF(凭证明细!$D$2:$D$300,A4,凭证明细!$G$2:$G$300)”，完成后按【Ctrl+Enter】组合键汇总出每个科目的贷方金额，如图3-40所示。

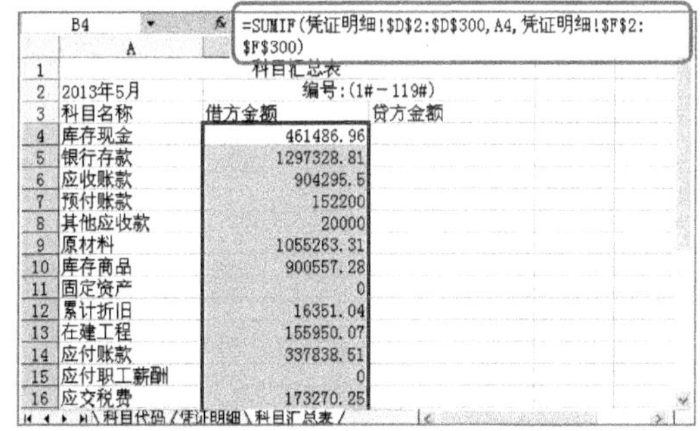

图3-39 汇总每个科目的借方金额

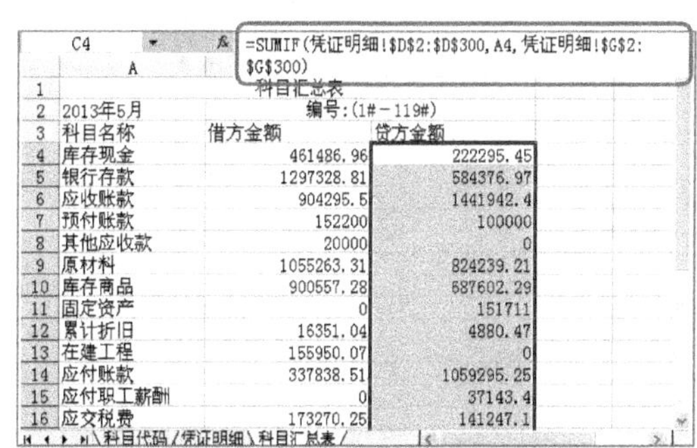

图3-40 汇总每个科目的贷方金额

SUMIF函数可根据指定条件对若干单元格进行求和。它与SUM函数相比，除了具有SUM函的求和功能之外，还可按条件求和。其语法结构为：SUMIF(range,criteria,sum_range)。其中，range表示要用条件判断的单元格区域；criteria表示要进行求和的条件，其形式可以为数字、表达式或文本；sum_range表示需要求和的实际单元格。

STEP 3 选择B28:C28单元格区域，在“常用”工具栏中单击Σ按钮，系统将自动对上方包含数值的连续单元格区域进行求和，如图3-41所示。

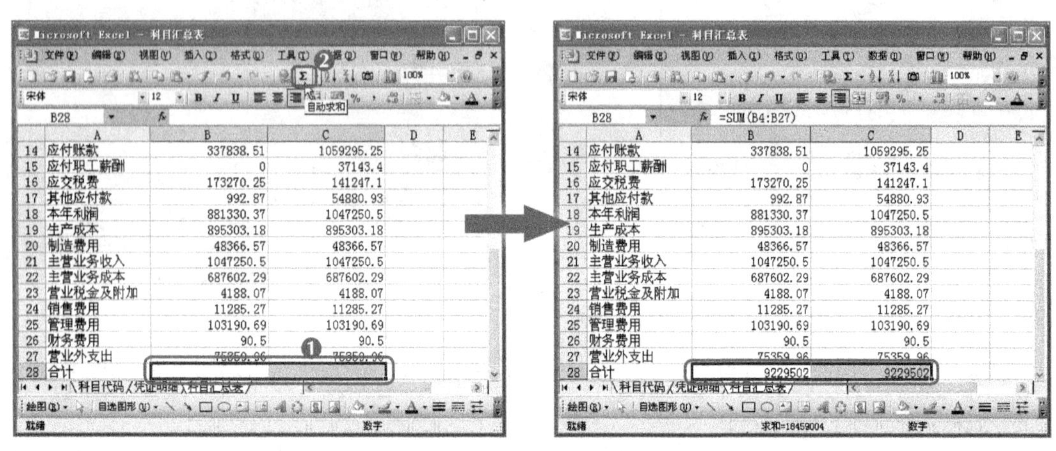

图3-41 自动求和计算借方和贷方合计金额

STEP 4 选择B4:C28单元格区域，在“格式”工具栏中单击按钮，设置数字格式为“货币样式”，如图3-42所示。

STEP 5 选择A3:C28单元格区域，设置其对齐方式为“居中”，边框样式为“所有框线”和“粗匣框线”，如图3-43所示。

图3-42 设置货币样式

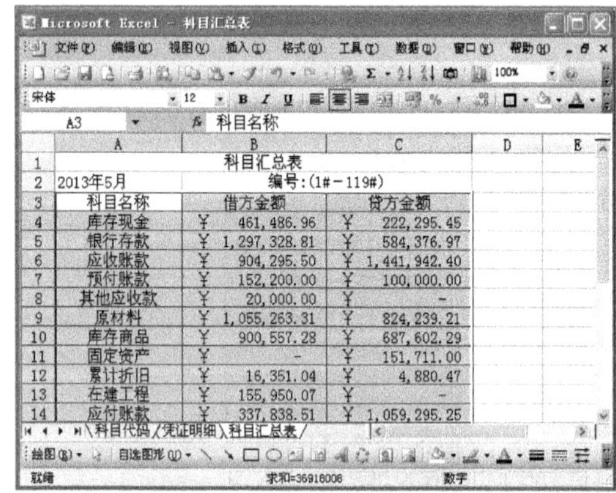

图3-43 设置对齐方式和边框样式

3．使用条件格式判断借贷是否相等

下面通过设置条件格式使会计科目的借方发生额合计与贷方发生额合计相等时突出显示

其单元格格式，其具体操作如下。

STEP 1 选择B28:C28单元格区域，然后选择【格式】/【条件格式】菜单命令，如图3-44所示。

STEP 2 在打开的“条件格式” 对话框左侧的下拉列表中选择“公式”选项，在右侧的文本框中输入条件“=$B$28=$C$28”，然后单击 格式(F)... 按钮，如图3-45所示。

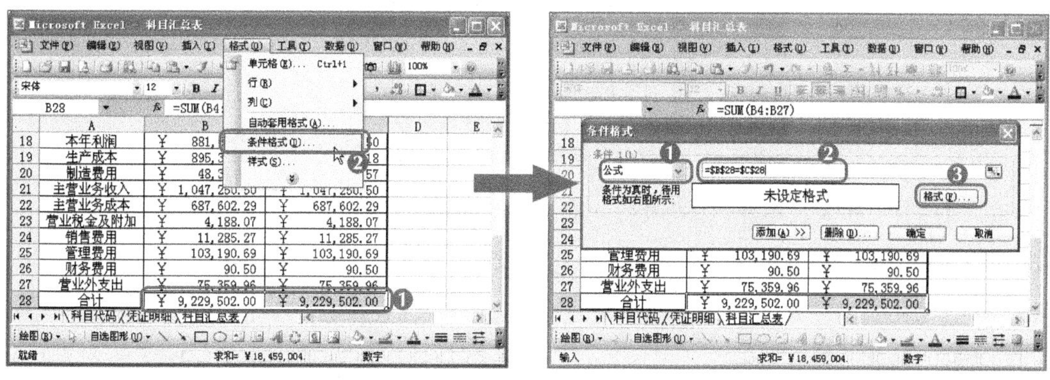

图3-44　选择条件格式菜单命令　　图3-45　设置条件

多学一招

要选择单元格中的值作为设置格式的条件，可在“条件格式”对话框左侧的下拉列表中选择“单元格数值”选项，然后在中间的下拉列表框中设置选择当单元格值满足的条件，在其后的文本框中输入或选择具体的数值，如介于某两个值之间的值、大于某个值、小于某个值或等于某个值。另外，在“条件格式”对话框中单击 添加(A) >> 按钮，可添加更多条件和格式，添加的条件最多为3个；单击 删除(D)... 按钮，可删除添加的条件和格式。

STEP 3 打开“单元格格式”对话框，在“字体”选项卡的“字形”列表框中选择“加粗”选项，在“颜色”下拉列表中选择“红色”色块，如图3-46所示。

STEP 4 单击“图案”选项卡，在“单元格底纹”栏中选择“浅黄色”色块，如图3-47所示，完成后单击 确定 按钮。

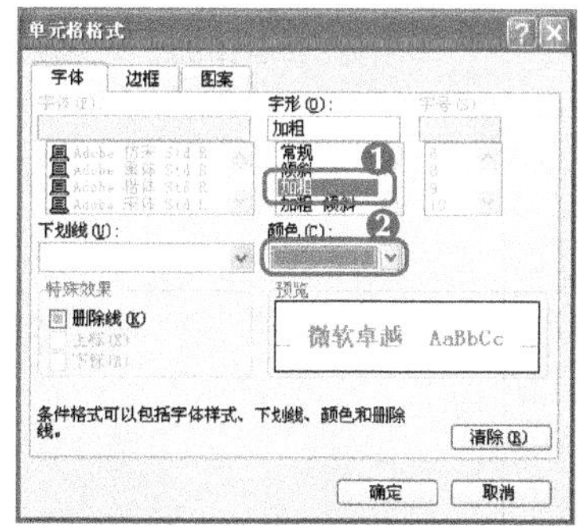

图3-46　设置字体格式

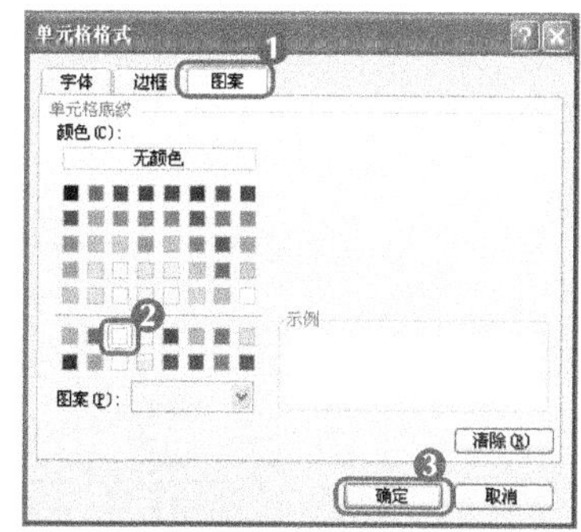

图3-47　设置底纹

STEP 5 返回“条件格式” 对话框，单击 确定 按钮，此时在工作表中当B28单元格和

C28单元格的数值相等时，则该单元格中的字体将加粗并呈红色显示，单元格的底纹则呈浅黄色显示，效果如图3-48所示。

B28 =SUM(B4:B27)

	A	B	C	D	E
17	其他应付款	¥ 992.87	¥ 54,880.93		
18	本年利润	¥ 881,330.37	¥ 1,047,250.50		
19	生产成本	¥ 895,303.18	¥ 895,303.18		
20	制造费用	¥ 48,366.57	¥ 48,366.57		
21	主营业务收入	¥ 1,047,250.50	¥ 1,047,250.50		
22	主营业务成本	¥ 687,602.29	¥ 687,602.29		
23	营业税金及附加	¥ 4,188.07	¥ 4,188.07		
24	销售费用	¥ 11,285.27	¥ 11,285.27		
25	管理费用	¥ 103,190.69	¥ 103,190.69		
26	财务费用	¥ 90.50	¥ 90.50		
27	营业外支出	¥ 75,359.96	¥ 75,359.96		
28	合计	¥9,229,502.00	¥9,229,502.00		

科目代码 / 凭证明细 / 科目汇总表

图3-48　设置条件格式后的效果

4. 取消网格线、水平滚动条与工作表标签显示

为了使表格效果更美观，可以在工作表中取消网格线、水平滚动条、工作表标签的显示，其具体操作如下。

STEP 1 选择“科目汇总表”工作表，然后选择【工具】/【选项】菜单命令，如图3-49所示。

STEP 2 打开“选项”对话框，在“视图”选项卡的“窗口选项”栏中撤销选中“网格线”、“水平滚动条”、“工作表标签”复选框，如图3-50所示，然后单击[确定]按钮。

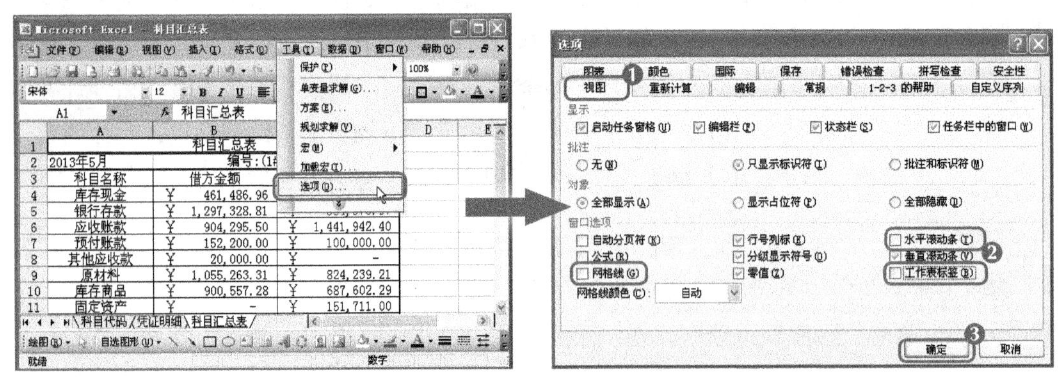

图3-49　选择选项菜单命令　　图3-50　取消窗口显示选项

STEP 3 返回工作表中可看到取消网格线、水平滚动条、工作表标签的显示状态后的效果，如图3-51所示。

	A	B	C	D	E
1	科目汇总表				
2	2013年5月	编号:(1#-119#)			
3	科目名称	借方金额	贷方金额		
4	库存现金	¥ 461,486.96	¥ 222,295.45		
5	银行存款	¥ 1,297,328.81	¥ 584,376.97		
6	应收账款	¥ 904,295.50	¥ 1,441,942.40		
7	预付账款	¥ 152,200.00	¥ 100,000.00		
8	其他应收款	¥ 20,000.00	¥ -		
9	原材料	¥ 1,055,263.31	¥ 824,239.21		
10	库存商品	¥ 900,557.28	¥ 687,602.29		
11	固定资产	¥ -	¥ 151,711.00		
12	累计折旧	¥ 16,351.04	¥ 4,880.47		
13	在建工程	¥ 155,950.07	¥ -		
14	应付账款	¥ 337,838.51	¥ 1,059,295.25		
15	应付职工薪酬	¥ -	¥ 37,143.40		

图3-51　取消窗口显示选项后的效果

实训一 填制“记账凭证”

【实训目标】

由于公司购买原材料需花费50 500元，应交增值税进项税额为8 585元，该款项由库存现金支付，材料已验收入库，现需要填制一张“记账凭证”。为了考验小白是否能正确填制凭证，老张决定让小白来完成该任务。

要完成本实训，首先要输入并复制相应的数据，然后插入直线形状和货币符号。本实训完成后的最终效果如图3-52所示。

素材所在位置 光盘:\素材文件\项目三\记账凭证.xls

效果所在位置 光盘:\效果文件\项目三\记账凭证.xls

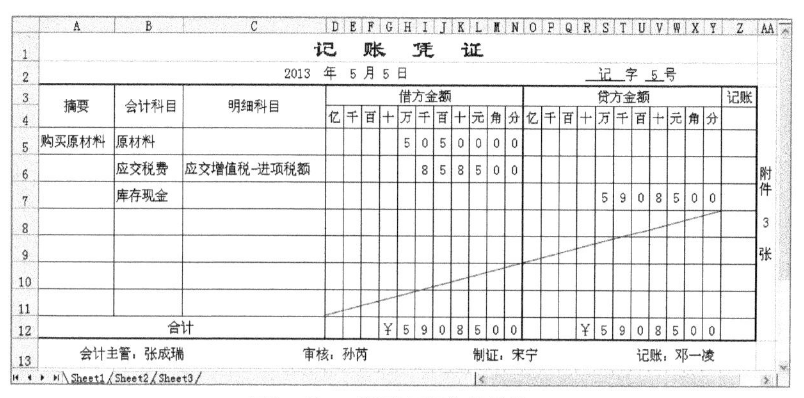

记 账 凭 证

2013 年 5 月 5 日　　记 字 5 号

摘要	会计科目	明细科目	借方金额											贷方金额											记账
			亿	千	百	十	万	千	百	十	元	角	分	亿	千	百	十	万	千	百	十	元	角	分	
购买原材料	原材料						5	0	5	0	0	0	0												
	应交税费	应交增值税-进项税额						8	5	8	5	0	0												附件
	库存现金																	5	9	0	8	5	0	0	
																									3
																									张
合计						¥	5	9	0	8	5	0	0				¥	5	9	0	8	5	0	0	

会计主管：张成瑞　　审核：孙芮　　制证：宋宁　　记账：邓一凌

图3-52 “记账凭证”最终效果

职业素养

填制记账凭证时的相关要求如下。

①应以财会部门受理经济业务事项的日期为准。

②应当对记账凭证连续编号，摘要简明扼要。

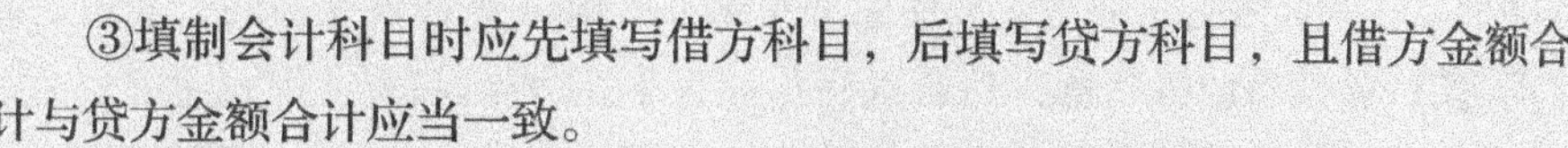

③填制会计科目时应先填写借方科目，后填写贷方科目，且借方金额合计与贷方金额合计应当一致。

④记账凭证合计行金额数字前必须填写人民币符号。

⑤记账凭证填制完经济业务数据后，如有空行，应当自金额最后一笔金额数字下的右上角处至最底一行的左下角处画一条对角斜线注销。

⑥记账凭证所填金额要和所附原始凭证或原始凭证汇总表的金额一致。

【专业背景】

记账凭证是由会计人员根据审核无误的原始凭证编制的，标注有会计分录，可作为登记账簿依据的一种会计凭证。记账凭证按其适用的经济业务分为通用记账凭证和专用记账凭证。在经济业务比较简单的公司，可使用通用记账凭证记录所发生的所有经济业务；专用记账凭证则是用来专门记录某一类经济业务的记账凭证，专用记账凭证按其记录的经济业务内容不同，一般又可以分为收款凭证、付款凭证、转账凭证。

- **收款凭证**：是根据货币资金收款业务的原始凭证填制，是登记现金日记账、银行存款日记账、有关明细账、总账等账簿的依据，也是出纳人员收讫款项的依据。
- **付款凭证**：是根据货币资金付款业务的原始凭证填制，是登记现金日记账、银行存款日记账以及有关明细账、总账等账簿的依据，也是出纳人员付讫款项的依据。
- **转账凭证**：是根据不涉及货币资金收付的转账业务的原始凭证填制。转账凭证是登记总分类账及有关明细分类账的依据。

【实训思路】

完成本实训首先要将发生的经济业务数据登记到记账凭证的相应项目中，然后插入直线形状和货币符号。其操作思路如图3-53所示。

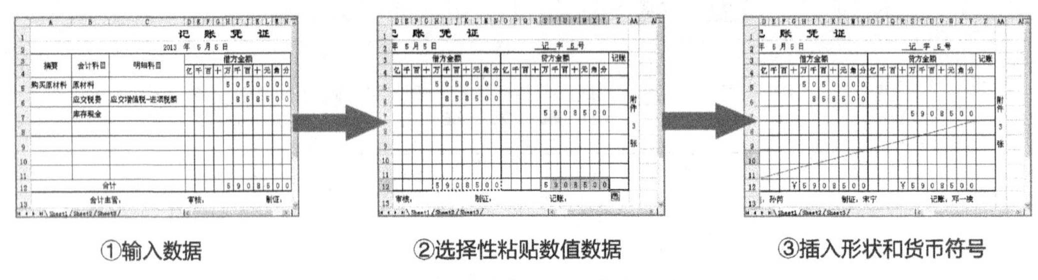

①输入数据　②选择性粘贴数值数据　③插入形状和货币符号

图3-53　制作“记账凭证”的思路

【步骤提示】

STEP 1 打开“记账凭证”工作簿，在相应的单元格中根据发生的经济业务输入相应的数据。

STEP 2 选择H12:N12单元格区域，按【Ctrl+C】组合键，然后在所选的单元格区域上单击鼠标右键，在弹出的快捷菜单中选择“选择性粘贴”命令，在打开的对话框中单击选中“数值”单选项，完成后单击确定按钮。

STEP 3 在“绘图”工具栏中单击“直线”按钮，此时鼠标指针变成+形状，将鼠标指针移动到D11单元格的左下角，按住鼠标左键不放拖动到Y8单元格的右上角，释放鼠标。

STEP 4 选择G12单元格，然后选择【插入】/【特殊符号】菜单命令，在打开的对话框中单击“单位符号”选项卡，在其中选择“￥”符号，完成后单击确定按钮即可在所选的单元格中插入符号，返回工作表中将插入的符号复制到R12单元格中。

STEP 5 填写完成后将其交由相关人员签字后，再交会计部门审核。

实训二　登记“总分类账”

【实训目标】

一般情况下，结账工作按月、季度、年度进行，结算总分类账和明细分类账中各有关账户的本期发生额和期末余额，并将期末余额结转下期，作为下期的期初余额。小白准备根据“科目汇总表”工作表先制作一张“库存现金”的总分类账户。

要完成本实训，首先应创建“库存现金总账”工作表，在其中输入并设置数据格式，然后引用“科目汇总表”工作表中的数据，完成后确定“借或贷”和计算本期发生额及余额。本实训完成后的最终效果如图3-54所示。

素材所在位置 光盘:\素材文件\项目三\科目汇总表.xls
效果所在位置 光盘:\效果文件\项目三\总分类账.xls

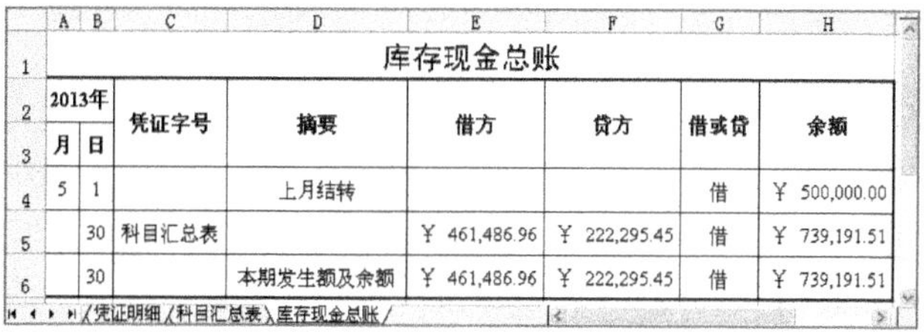

库存现金总账							
2013年		凭证字号	摘要	借方	贷方	借或贷	余额
月	日						
5	1		上月结转			借	￥ 500,000.00
	30	科目汇总表		￥ 461,486.96	￥ 222,295.45	借	￥ 739,191.51
	30		本期发生额及余额	￥ 461,486.96	￥ 222,295.45	借	￥ 739,191.51

图3-54 “总分类账”最终效果

职业素养

登记总账时“借或贷”栏是依据登记余额的方向，如余额在借方，则写“借”字；如余额在贷方，则写“贷”字。如果期末余额为零，则在“借或贷”栏写“平”字，并在“余额”栏的中间划“/”符号。

【专业背景】

总账是根据总分类科目开设账户，用来登记全部经济业务，进行总分类核算，提供总括核算资料的分类账簿。登记总账的方法有两种：一是直接根据各种记账凭证逐日逐笔进行登记，即直接根据记账凭证定期（3天、5天或10天）登记，使用该方法应当尽可能地根据原始凭证编制原始凭证汇总表，根据原始凭证汇总表和原始凭证填制记账凭证，再根据记账凭证登记总账；二是把各种记账凭证先行汇总，编制成汇总记账凭证或科目汇总表后再登记总账。

【实训思路】

完成本实训首先应创建“库存现金总账”工作表，然后引用“科目汇总表”工作表中的数据，并确定“借或贷”，完成后再利用公式计算数据。其操作思路如图3-55所示。

①输入并设置数据格式　②引用数据　③计算数据

图3-55 制作“总分类账”的思路

【步骤提示】

STEP 1 打开“科目汇总表”工作簿，将其以“总分类账”为名进行另存，然后插入并移动空白工作表到“科目汇总表”工作表后，再将其重命名为“库存现金总账”，完成后输入并设置数据格式。

STEP 2 在B5:C6单元格区域中输入相应的数据，然后在E5单元格中输入公式“=科目汇总表!B4”，在F5单元格中输入公式“=科目汇总表!C4”，完成后按【Ctrl+Enter】组合键引用科目汇总表中相应的库存现金数据，再在G5单元格中判断余额是借或贷。

STEP 3 选择H5单元格，输入公式“=H4+E5−F5”，按【Ctrl+Enter】组合键计算余额，然后选择E6:F6单元格区域，在“常用”工具栏中单击“自动求和”按钮Σ进行求和，完成后在G6单元格中判断余额是借或贷，并在H6单元格中输入期末余额。

常见疑难解析

问：如何删除设置的数据有效性？

答：要删除设置的数据有效性，首先应选择设置了数据有效性的单元格区域，然后选择【数据】/【有效性】菜单命令，在打开的“数据有效性”对话框的左下角单击[全部清除(C)]按钮，再单击[确定]按钮即可。

问：要取消冻结窗格，该怎么办？

答：在设置了冻结窗格的工作表中选择【窗口】/【取消冻结窗格】菜单命令即可取消冻结窗格。

问：怎样定位查找定义的名称数据？

答：在Excel中选择【编辑】/【定位】菜单命令或按【Ctrl+G】组合键，在打开的“定位”对话框中选择相应的定义名称选项，然后单击[确定]按钮，在工作表中将自动选择对应的单元格区域；如果定义了多个名称，在查找时还可以单击[定位条件(S)...]按钮，打开“定位条件”对话框设置过滤条件，设置后在“定位”列表框中将只显示符合条件的名称。

拓展知识

1．设置自动更正功能

在工作表中若输入了多处错误，手动查找更正将非常麻烦，此时可用Excel的自动更正功能来解决。“自动更正”功能是Excel内置的校对工具，可以自动纠正常见的输入错误、拼写错误、语法错误、大小写错误。设置自动更正功能的方法为：选择【工具】/【自动更正选项】菜单命令，在打开的“自动更正”对话框的“自动更正”选项卡中单击选中需要作更正类型的复选框，如图3−56所示，若不想选中某项也可单击[例外项(E)...]按钮，在打开的“‘自动更正’例外项”对话框中指定所作选择的例外情况，如图3−57所示。

在“自动更正”对话框的“替换”文本框中输入经常输入错误或拼错的单词，然后在“替换为”文本框中输入拼写正确的单词，完成后单击[添加(A)]按钮可手动创建自动更正项。若要关闭自动更正项，可在“自动更正”对话框中撤销选中相应的复选项，或在“键入时自动替换”栏选择相应的项目，然后单击[删除(D)]按钮即可。

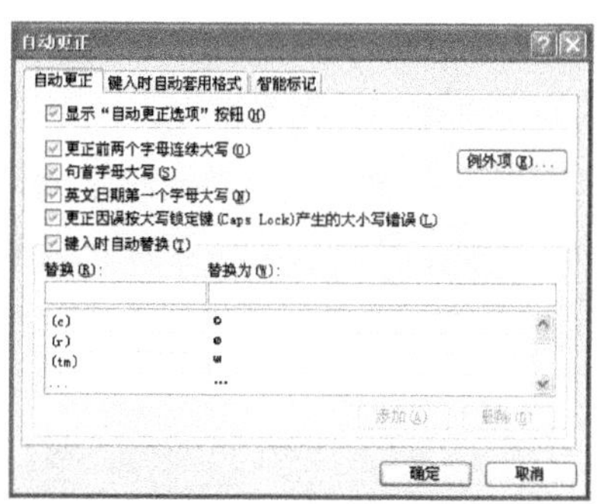

图3-56 设置自动更正项

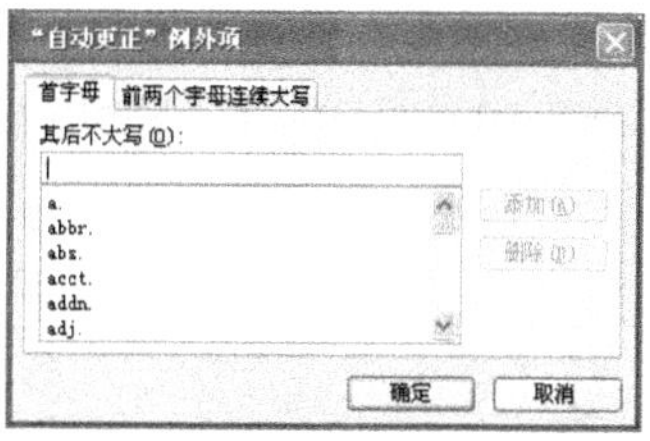

图3-57 设置"自动更正"例外项

2. 设置提示信息和出错警告

为单元格设置了数据有效性后若输入了无效的数据，可设置提示信息和出错警告。

STEP 1 在工作表中选择需设置提示信息和出错警告的单元格或单元格区域，然后选择【数据】/【有效性】菜单命令。

STEP 2 在打开的"数据有效性"对话框中单击"输入信息"选项卡，在"标题"文本框中输入提示信息的标题，在"输入信息"列表框中输入提示信息的内容，如图3-58所示。

STEP 3 单击"出错警告"选项卡，在"样式"下拉列表中选择"警告"选项，在"标题"文本框中输入提示标题，在"输入信息"列表框中输入提示内容，如图3-59所示。

STEP 4 单击确定按钮，返回工作表中选择任意一个设置了数据有效性功能的单元格，在其中将显示设置输入单元格数据时的提示信息，且在其中若输入了错误的数据，将打开出错警告对话框，如图3-60所示，此时可单击取消按钮取消输入的错误数据。

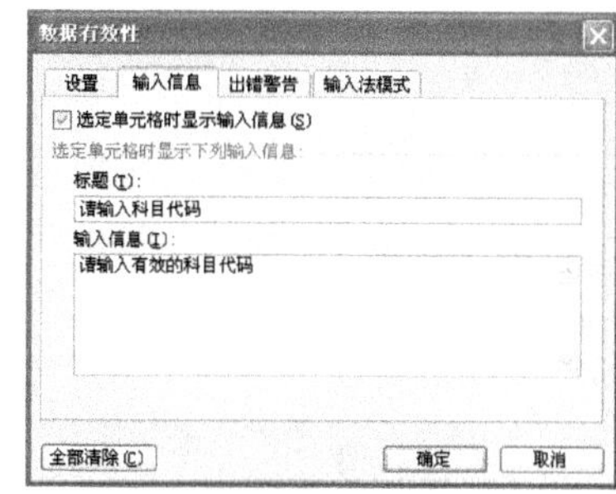

图3-58 设置提示信息

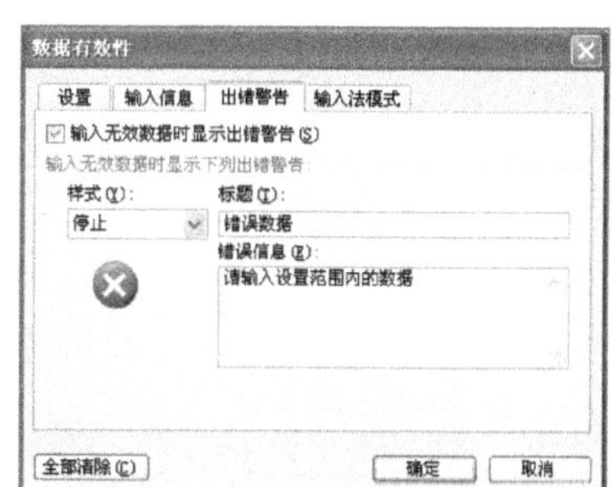

图3-59 设置出错警告

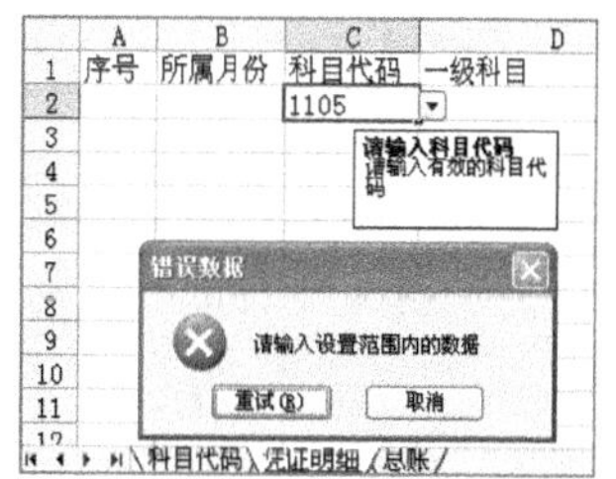

图3-60 打开出错警告对话框

3. 自定义序列数据

在实际应用中，有时需要输入序列数据，如规则变化的数字、文字或日期等。默认情况下，Excel预先设置了部分常用的序列，如星期、月份、季度、天干（甲、乙、丙、丁……）、地支（子、丑、寅、卯……）等，但这些常用序列并不能满足用户的特殊需求，此时用户可以根据实际需要自定义序列数据。其具体操作如下。

STEP 1 选择【工具】/【选项】菜单命令，在打开的"选项"对话框中单击"自定义序列"选项卡。

STEP 2 在"自定义序列"列表框中选择"新序列"选项，在"输入序列"输入框中逐个输入序列中的数据（每输入一个数据按一次回车键），输入所有数据后单击[添加(A)]按钮，“输入序列”输入框中的新序列将添加到“自定义序列”列表框中。

STEP 3 单击[确定]按钮即可创建数据序列，以后只要在起始单元格中输入序列的第一个数据，然后沿着要填充序列的单元格区域（向下或向右）拖动填充柄就可以应用整个数据序列。

课后练习

效果所在位置 **光盘:\效果文件\项目三\试算平衡表.xls、现金日记账簿.xls**

（1）要制作“试算平衡表”，首先在“科目汇总表”工作表的基础上修改并输入相应数据，然后假设期初借方和贷方余额并输入相关数据，完成后再根据公式计算期末借方和贷方余额，并设置单元格格式。其参考效果如图3-61所示。

- **期末借方余额：**若期初余额在借方，则使用公式“＝期初借方余额+本期借方发生额-本期贷方发生额”，且其计算结果大于0就在期末借方余额，小于0就在期末贷方余额。
- **期末贷方余额：**若期初余额在贷方，则使用公式“＝期初贷方余额+本期贷方发生额-本期借方发生额”，且其计算结果大于0就在期末贷方余额，小于0就在期末借方余额。

（2）登记“现金日记账簿”，假设××公司2013年4月末现金日记账余额为1589元，现将对2013年5月发生的现金收支业务登记现金日记账并计算结存。其参考效果如图3-62所示，具体要求如下。

- 首先要在创建的工作簿中将发生的经济业务逐日逐笔地登记到现金日记账簿中。
- 然后计算出当日的结存余额、本月发生额及余额，并设置单元格格式。
- 现金结存数的计算公式为：本日结存＝上日结存+本日收入合计-本日付出合计。

	D	E	F	G
1	试算平衡表			
2				2013年5月30日
3	本期发生额		期末余额	
4	借方	贷方	借方	贷方
5	￥ 461,486.96	￥ 222,295.45	￥ 739,191.51	
6	￥ 1,297,328.81	￥ 584,376.97	￥ 971,901.84	
7	￥ 904,295.50	￥ 1,441,942.40	￥ 130,693.10	
8	￥ 152,200.00	￥ 100,000.00	￥ 52,200.00	
9	￥ 20,000.00	￥ -	￥ 20,000.00	
10	￥ 1,055,263.31	￥ 824,239.21	￥ 581,024.10	
11	￥ 900,557.28	￥ 687,602.29	￥ 212,954.99	
12	￥ -	￥ 151,711.00	￥ 466,289.00	
13	￥ 16,351.04	￥ 4,880.47		￥ 299,029.43
14	￥ 155,950.07	￥ -	￥ 405,950.07	
15	￥ 337,838.51	￥ 1,059,295.25		￥ 1,118,776.74
16	￥ -	￥ 37,143.40		￥ 72,143.40
17	￥ 173,270.25	￥ 141,247.10		￥ 85,976.85
18	￥ 992.87	￥ 54,880.93		￥ 110,558.06
19	￥ -	￥ -		￥ 652,680.00
20	￥ -	￥ -		￥ 229,620.00
21	￥ 881,330.37	￥ 1,047,250.50		￥ 1,011,420.13

科目代码 / 凭证明细 / 试算平衡表

图3-61 “试算平衡表”最终效果

	C	D	E	F	G
1	现金日记账				
2–3	凭证号	摘要	对应账户	收入	付出
4		上月结转			
5	银付1	提取现金备用	银行存款	￥ 12,000.00	
6	现付1	贺杰借差旅费	其他应收款		￥ 3,200.00
7	现付2	购办公用品	管理费用		￥ 560.00
8	现收1	贺杰出差返回退交现金	其他应收款	￥ 855.00	
9	现付3	职工出差补助费	应付职工薪酬		￥ 360.00
10	银付2	提取现金备用	银行存款	￥ 50,000.00	
11	现付4	支付总经办备用金	其他应收款		￥ 30,000.00
12	现付5	支付办公室维修费	管理费用		￥ 4,850.00
13	银付3	提取现金备发工资	银行存款	￥ 95,260.00	
14	现付6	发放本月工资	应付职工薪酬		￥ 95,260.00
15		本月发生额及余额		￥158,115.00	￥134,230.00

Sheet1 / Sheet2 / Sheet3

图3-62 “现金日记账簿”最终效果

PART 4

项目四 编制会计报表

情景导入

为了能详细地反映企业某时期内的资产、负债、所有者权益状况，以及某一特定时期的经营成果和现金流量情况，小白开始琢磨如何利用Excel方便、迅速地编制会计报表。

知识技能目标

- 熟练掌握使用不同的方式创建工作簿、数据的引用和计算等方法。
- 熟练掌握导入数据、创建并应用样式的方法。
- 熟练掌握自选图形和超链接的使用方法。

- 了解工作中编制会计报表的基本流程。
- 掌握“资产负债表”、“利润表”、“杜邦分析表”等表格的制作。

项目流程对应图

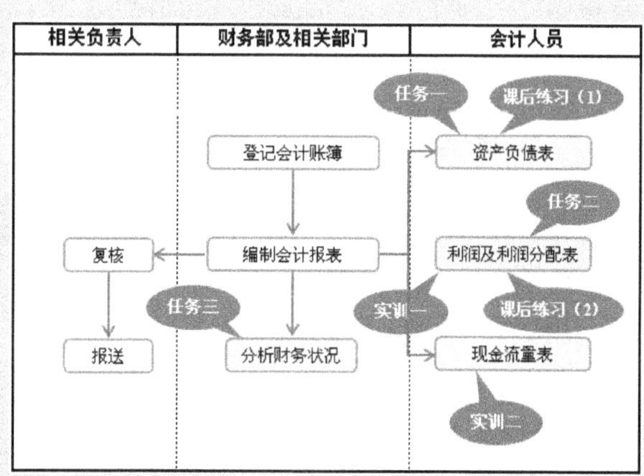

任务一　编制“资产负债表”

资产负债表是反映企业在某一特定日期内（如月末、季末、年末）财务状况的会计报表。它将企业在一定日期内的全部资产、负债、所有者权益等项目中的会计科目下发生的经济业务进行分类、汇总、排列。

一、 任务目标

学会了会计凭证的填制和处理后，为了反映同一日期内的资产、负债、所有者权益等项目的财务状况，老张希望小白编制一张“资产负债表”。该任务将先根据现有工作簿创建“资产负债表”，然后将相关项目的数据引用到其中，完成后再根据需要计算资产负债类的相关数据。本例完成后的最终效果如图4-1所示。

素材所在位置　光盘:\素材文件\项目四\试算平衡表.xls、资产负债表.xls
效果所在位置　光盘:\效果文件\项目四\资产负债表.xls

	A	B	C	D	E	F	G	H
1	资产负债表							
2	编制单位：兴盛公司			2013 年 5 月				单位：元
3								
4	资 产	行次	期末余额	期初余额	负债和所有者权益	行次	期末余额	期初余额
5	流动资产：				流动负债：			
6	货币资金	1	1711093.35	758950.00	短期借款	31		
7	短期投资	2			应付票据	32		
8	应收票据	3			应付账款	33	1118776.74	397320.00
9	应收账款	4	130693.10	668340.00	预收账款	34		
10	预付账款	5	52200.00		应付职工薪酬	35	72143.40	35000.00
11	应收股利	6			应交税费	36	85976.85	118000.00
12	应收利息	7			应付利息	37		
13	其他应收款	8	20000.00		应付利润	38		
14	存货	9	793979.09	350000.00	其他应付款	39	110558.06	56670.00
15	其中：原材料	10	581024.10	350000.00	其他流动负债	40		
16	在产品	11			**流动负债合计**	**41**	**1387455.05**	**606990.00**
17	库存商品	12	212954.99		非流动负债：			
18	周转材料	13			长期借款	42		
19	其他流动资产	14			长期应付款	43		
20	**流动资产合计**	**15**	**2707965.54**	**1777290.00**	递延收益	44		

资产负债表 / Sheet2 / Sheet3

图4-1　“资产负债表”最终效果

职业素养

资产负债表是根据“资产=负债+所有者权益”会计恒等式所反映的经济内容编制的，因此资产负债表编制完成后，还需检查资产合计与负债和所有者权益（或股东权益）合计是否相等。

二、 相关知识

为了能制作出具有专业样式的资产负债表，可在网络中下载“资产负债表”的模板表格，然后根据模板创建所需的工作簿，完成后根据资产负债表的内容和编制方法编制所需的表格即可。

1. 使用不同的方式创建工作簿

Excel 2003中提供了多种新建工作簿的方法，下面主要介绍根据现有工作簿和模板创建工作簿的方法。在Excel 2003中提供了许多具有专业表格样式的模板，也可在网络中搜索一些具有特色表格样式的模板，如日历、简历、演示文稿等，通过这些模板，用户可以快速新建带有一定结构与格式的工作簿。

启动Excel 2003后选择【文件】/【新建】菜单命令，在打开的“新建工作簿”任务窗格中单击相应的超链接即可使用相应的方法创建所需的工作簿，如图4-2所示。

- 单击“根据现有工作簿”超链接，打开“根据现有工作簿新建”对话框，如图4-3所示，在“查找范围”下拉列表中选择现有工作簿的路径，然后在中间区域选择所需的工作簿，完成后单击[创建(C)]按钮可根据现有工作簿创建所需的工作簿。

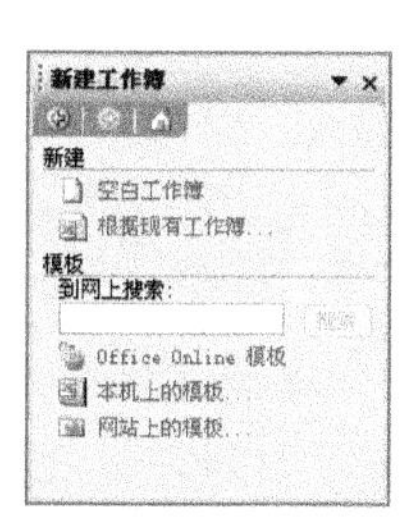

图4-2 “新建工作簿”任务窗格

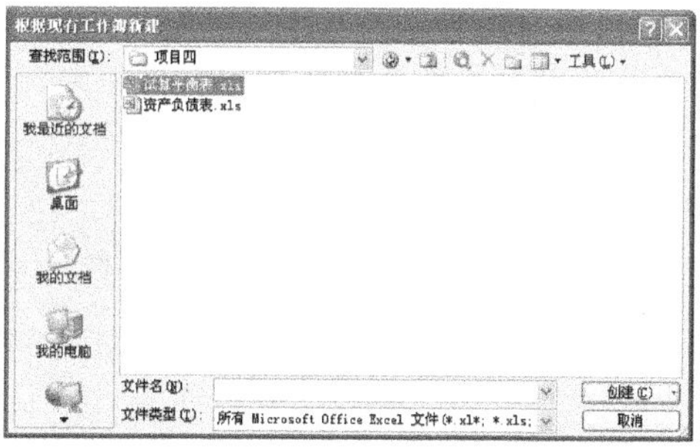

图4-3 根据现有工作簿创建所需的工作簿

- 单击“本机上的模板”超链接，在打开的“模板”对话框的“常用”选项卡中选择“工作簿”选项可创建一个空白工作簿，单击“电子方案表格”选项卡，在列表框中选择所需的模板文件，如图4-4所示，然后单击[确定]按钮可根据本机上的模板创建工作簿。
- 单击“Office Online模板”超链接或在“模板”对话框的左下角单击[Office Online 模板(O)]按钮，可链接到Office.com网站，在其中根据需要找到并下载所需的模板文件，完成后打开模板文件并创建工作簿，如图4-5所示。

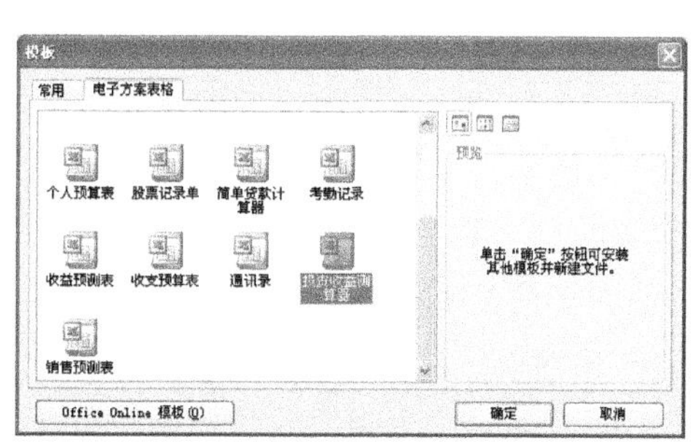

图4-4 根据本机上的模板创建工作簿

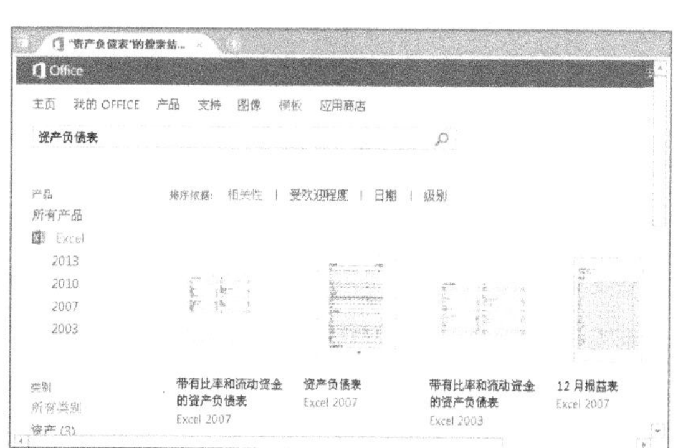

图4-5 根据Office Online模板创建工作簿

2. 资产负债表的内容

资产负债表根据资产、负债、所有者权益（或股东权益）之间的勾稽关系，按照一定的分类标准和顺序，把企业一定日期的资产、负债、所有者权益各项目予以适当排列。它反映的是企业资产、负债、所有者权益的总体规模和结构。表4-1所示为资产负债表构成的大类项目和具体内容。

表 4-1　资产负债表的内容

<table>
<tr><th></th><th>项目大类</th><th>具体内容</th></tr>
<tr><td rowspan="2">资产类</td><td>流动资产</td><td>流动资产是预计在一个正常营业周期中变现、出售、耗用，或主要为交易目的而持有，或预计资产负债表日起一年内（含一年）变现的资产，或自资产负债表日起一年内交换其他资产或清偿负债的能力不受限制的现金等价物。流动资产项目主要包括货币资金、交易性金融资产、应收票据、应收账款、预付款项、应收利息、应收股利、其他应收款、存货、一年内到期的非流动资产等</td></tr>
<tr><td>非流动资产</td><td>非流动资产是流动资产以外的资产。非流动资产项目主要包括长期股权投资、固定资产、在建工程、工程物资、固定资产清理、无形资产、开发支出、长期待摊费用、其他非流动资产等</td></tr>
<tr><td rowspan="2">负债类</td><td>流动负债</td><td>流动负债是预计在一个正常营业周期中清偿，或主要为交易目的而持有，或自资产负债表日起一年内（含一年）到期应予以清偿，或企业无权自主地将清偿推迟至资产负债表日后一年以上的负债。流动负债项目主要包括短期借款、应付票据、应付账款、预收款项、应付职工薪酬、应交税费、应付利息、应付股利、其他应付款、一年内到期的非流动负债等</td></tr>
<tr><td>非流动负债</td><td>非流动负债是流动负债以外的负债。非流动负债项目主要包括长期借款、应付债券、其他非流动负债等</td></tr>
<tr><td>所有者权益类</td><td>所有者权益</td><td>所有者权益是企业资产扣除负债后的剩余权益，反映企业在某一特定日期股东（投资者）拥有的净资产总额，一般按照实收资本、资本公积、盈余公积、未分配利润分项列示</td></tr>
</table>

3. 资产负债表的编制方法

在编制资产负债表前，首先应填列编制单位名称及日期，然后根据试算平衡表中相关科目的期末余额直接填列或计算填列，完成后再根据表内相关项目计算流动资产、非流动资产、资产、流动负债、非流动负债、负债、所有者权益、负债及所有者权益等项目合计数。

在本例中除“货币资金”、“存货”、“固定资产账面价值”、“未分配利润”、“流动资产”、“非流动资产”、“资产”、“流动负债”、“非流动负债”、“负债”、“所有者权益”、“负债及所有者权益”等项目合计数需根据若干个试算平衡表中相关科目的期初余额和期末余额计算填列外，其他各项目，如“期初数”和“期末数”栏内的数字将根据各项目有关试算平衡表中的科目的期初余额和期末余额直接填列。

- “货币资金”项目将根据“库存现金”和“银行存款”科目的期末余额合计填列。
- “存货”项目将根据“原材料”和“库存商品”等科目的期末余额合计填列。
- “固定资产账面价值”项目将根据“固定资产原价”科目的期末余额减去“累计折旧”科目期末余额后的金额填列。
- “未分配利润”项目将根据“本年利润”和“利润分配”科目的余额计算填列。

三、任务实施

1．根据现有工作簿创建资产负债表

下面将从网络中下载并修改后的“资产负债表”工作簿，以“根据现有工作簿新建”的方式创建所需的工作簿，其具体操作如下。

STEP 1 启动Excel 2003，选择【文件】/【新建】菜单命令，如图4-6所示。

STEP 2 在打开的“新建工作簿”任务窗格中单击“根据现有工作簿”超链接，如图4-7所示。

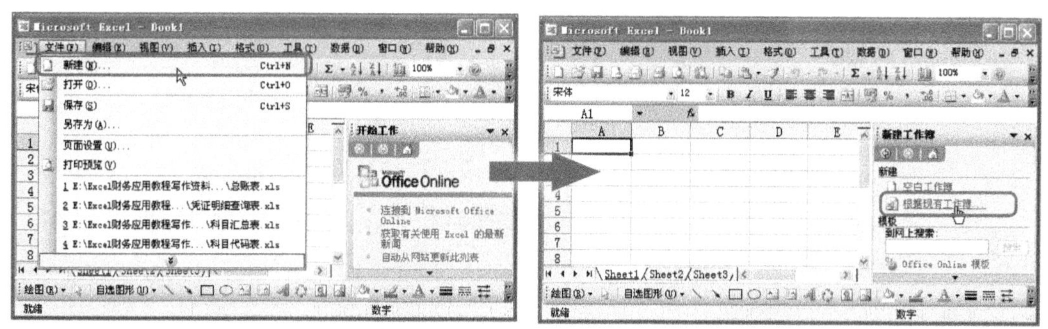

图4-6　选择【文件】/【新建】菜单命令

图4-7　单击超链接

STEP 3 在打开的“根据现有工作簿新建”对话框的“查找范围”下拉列表中选择所需的工作簿路径，然后在中间区域选择所需的工作簿，这里选择“资产负债表”，完成后单击 创建(C) 按钮，如图4-8所示。

STEP 4 返回工作簿中将根据现有工作簿创建出所需的工作簿，且工作簿的名称以“资产负债表1”为名，如图4-9所示。

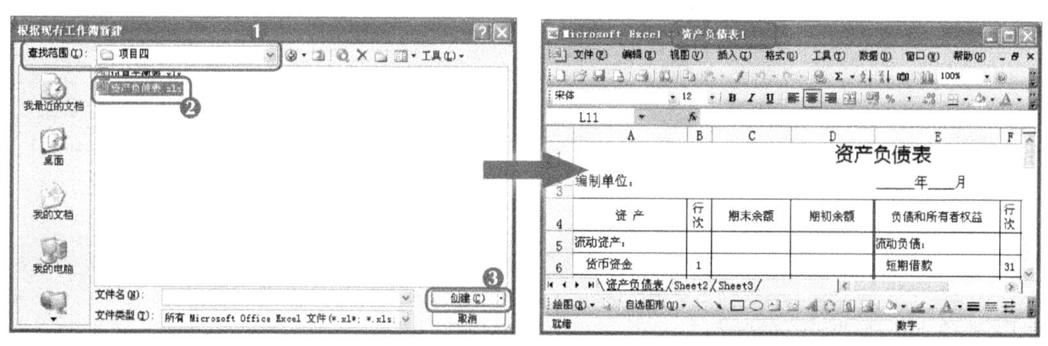

图4-8　选择模板文件

图4-9　根据现有工作簿创建工作簿

2．引用资产负债类的相关项目

下面将“试算平衡表”工作簿中的相关数据分别引用到资产负债类的相关项目中，其具体操作如下。

STEP 1 打开“试算平衡表”工作簿，选择创建的“资产负债表1”工作簿，在相应的单元格中输入单位名称及编制日期，然后在C6单元格中输入等号“＝”，如图4-10所示。

STEP 2 切换到“试算平衡表”工作簿，在“试算平衡表”工作表中选择F5单元格，继续在单元格的公式后输入运算符号“+”，再在“试算平衡表”工作表中选择F6单元格，如图4-11所示。

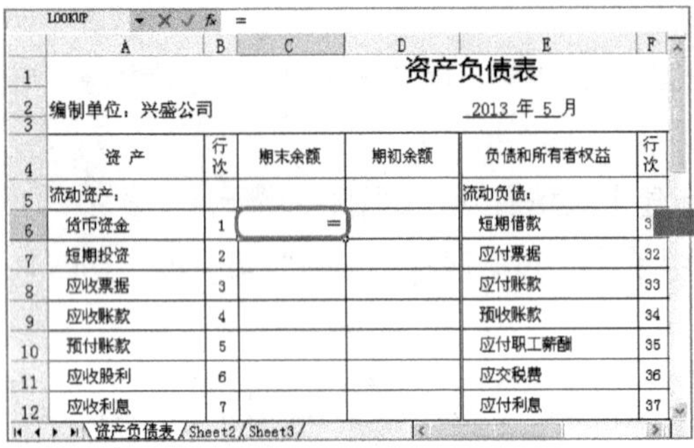

图4-10 输入等号

图4-11 编辑引用公式

知识提示

引用其他工作簿中的数据时，必须先打开其源文件和目标文件，引用完成并关闭源文件后，其单元格的引用格式将变为：'工作簿存储地址[工作簿名称]工作表名称'！单元格地址。

STEP 3 按【Ctrl+Enter】组合键将“试算平衡表”工作表中F5和F6单元格的数据之和引用到“资产负债表”工作表的C6单元格中计算填列“货币资金”科目，如图4-12所示。

STEP 4 在“资产负债表1”工作簿的C9单元格中输入等号“＝”，然后切换到“试算平衡表”工作簿的“试算平衡表”工作表中选择F7单元格，然后按【Ctrl+Enter】组合键完成“应收账款”科目的数据引用，如图4-13所示。

图4-12 计算填列“货币资金”科目

图4-13 引用数据

STEP 5 用相同的方法引用其他资产、负债、所有者权益类的相关项目的期末数，如图

4–14所示。

STEP 6 用相同的方法引用其他资产、负债、所有者权益类的相关项目的期初数，如图4–15所示。

	B	C	D	E	F	G	
1	资产负债表						
2				2013 年 5 月			
3							
4	行次	期末余额	期初余额	负债和所有者权益	行次	期末余额	期
5				流动负债：			
6	1	1711093.35		短期借款	31		
7	2			应付票据	32		
8	3			应付账款	33	1118776.74	
9	4	130693.10		预收账款	34		
10	5	52200.00		应付职工薪酬	35	72143.40	
11	6			应交税费	36	85976.85	
12	7			应付利息	37		

资产负债表 / Sheet2 / Sheet3

图4–14 引用相关项目的期末数

	D	E	F	G	H	I
3						
4	期初余额	负债和所有者权益	行次	期末余额	期初余额	
5		流动负债：				
6	758950.00	短期借款	31			
7		应付票据	32			
8		应付账款	33	1118776.74	397320.00	
9	668340.00	预收账款	34			
10		应付职工薪酬	35	72143.40	35000.00	
11		应交税费	36	85976.85	118000.00	
12		应付利息	37			
13		应付利润	38			
14		其他应付款	39	110558.06	56670.00	

资产负债表 / Sheet2 / Sheet3

图4–15 引用相关项目的期初数

3. 计算资产负债类的相关数据

下面利用公式分别计算“存货”、“固定资产账面价值”、“流动资产”、“非流动资产”、“资产”、“流动负债”、“非流动负债”、“负债”、“所有者权益”、“负债及所有者权益”等项目合计数，其具体操作如下。

STEP 1 在“资产负债表”工作表中选择C14:D14单元格区域，在编辑栏中输入公式“=SUM(C15:C18)”，按【Ctrl+Enter】组合键计算存货合计数；然后选择C20:D20单元格区域，在编辑栏中输入公式“=SUM(C6:C14)+C19”，按【Ctrl+Enter】组合键计算流动资产合计数，如图4–16所示。

STEP 2 选择C26:D26单元格区域，在编辑栏中输入公式“=C24–C25”，按【Ctrl+Enter】组合键计算固定资产账面价值；然后选择C35:D35单元格区域，在编辑栏中输入公式“=SUM(C22:C23)+SUM(C26:C34)”，按【Ctrl+Enter】组合键计算非流动资产合计数，如图4–17所示。

C20 =SUM(C6:C14)+C19

	A	B	C	D	E	F
9	应收账款	4	130693.10	668340.00	预收账款	34
10	预付账款	5	52200.00		应付职工薪酬	35
11	应收股利	6			应交税费	36
12	应收利息	7			应付利息	37
13	其他应收款	8	20000.00	❶	应付利润	38
14	存货	9	793979.09	350000.00	其他应付款	39
15	其中：原材料	10	581024.10	350000.00	其他流动负债	40
16	在产品	11			**流动负债合计**	**41**
17	库存商品	12	212954.99		非流动负债：	
18	周转材料	13			长期借款	42
19	其他流动资产	14		❷	长期应付款	43
20	**流动资产合计**	**15**	**2707965.54**	**1777290.00**	递延收益	44

资产负债表 / Sheet2 / Sheet3

图4–16 计算存货和流动资产的合计数

C35 =SUM(C22:C23)+SUM(C26:C34)

	A	B	C	D	E	F
24	固定资产原价	18	466289.00	618000.00		
25	减：累计折旧	19	299029.43	310500.00		
26	固定资产账面价值	20	167259.57	307500.00	❶	
27	在建工程	21	405950.07	250000.00		
28	工程物资	22				
29	固定资产清理	23				
30	生产性生物资产	24			所有者权益：	
31	无形资产	25			实收资本（或股本）	48
32	开发支出	26			资本公积	49
33	长期待摊费用	27			盈余公积	50
34	其他非流动资产	28			未分配利润	51
35	**非流动资产合计**	**29**	**573209.64**	**557500.00**	❷ **所有者权益合计**	**52**

资产负债表 / Sheet2 / Sheet3

图4–17 计算固定资产账面价值和非流动资产合计数

STEP 3 选择C36:D36单元格区域，在编辑栏中输入公式“=C20+C35”，完成后按【Ctrl+Enter】组合键计算资产合计数，如图4–18所示。

STEP 4 选择G16:H16单元格区域，在编辑栏中输入公式“=SUM(G6:G15)”，按

【Ctrl+Enter】组合键计算流动负债的合计数，如图4-19所示。

当在不同工作簿之间进行了单元格引用，若关闭源文件和目标文件后，再次打开源文件和目标文件将打开提示对话框，提示此工作簿包含到其他数据源的链接，若源文件中的数据发生了改变，可单击【更新(U)】按钮更新链接，否则单击【不更新(N)】按钮保持源文件和目标文件中的数据不变。

C36 =C20+C35

	A	B	C	D	E	F
25	减：累计折旧	19	299029.43	310500.00		
26	固定资产账面价值	20	167259.57	307500.00		
27	在建工程	21	405950.07	250000.00		
28	工程物资	22				
29	固定资产清理	23				
30	生产性生物资产	24			所有者权益：	
31	无形资产	25			实收资本（或股本）	48
32	开发支出	26			资本公积	49
33	长期待摊费用	27			盈余公积	50
34	其他非流动资产	28			未分配利润	51
35	非流动资产合计	29	573209.64	557500.00	所有者权益合计	52
36	期初数不相等	30	3281175.18	2334790.00	期末数不相等	53

资产负债表 / Sheet2 / Sheet3

图4-18 计算资产合计数

G16 =SUM(G6:G15)

	D	E	F	G	H	I
5		流动负债：				
6	758950.00	短期借款	31			
7		应付票据	32			
8		应付账款	33	1118776.74	397320.00	
9	668340.00	预收账款	34			
10		应付职工薪酬	35	72143.40	35000.00	
11		应交税费	36	85976.85	118000.00	
12		应付利息	37			
13		应付利润	38			
14	350000.00	其他应付款	39	110558.06	56670.00	
15	350000.00	其他流动负债	40			
16		流动负债合计	41	1387455.05	606990.00	

资产负债表 / Sheet2 / Sheet3

图4-19 计算流动负债的合计数

STEP 5 选择G22:H22单元格区域，在编辑栏中输入公式“=SUM(G18:G21)”，按【Ctrl+Enter】组合键计算非流动负债的合计数；然后选择G23:H23单元格区域，在编辑栏中输入公式“=G16+G22”，按【Ctrl+Enter】组合键计算负债合计数，如图4-20所示。

STEP 6 选择G35:H35单元格区域，在编辑栏中输入公式“=SUM(G31:G34)”，按【Ctrl+Enter】组合键计算所有者权益的合计数；然后选择G36:H36单元格区域，在编辑栏中输入公式“=G23+G35”，按【Ctrl+Enter】组合键计算负债及所有者权益合计数，如图4-21所示。完成后将工作簿以“资产负债表”为名另存到效果文件路径下。

G23 =G16+G22

	D	E	F	G	H	I
12		应付利息	37			
13		应付利润	38			
14	350000.00	其他应付款	39	110558.06	56670.00	
15	350000.00	其他流动负债	40			
16		流动负债合计	41	1387455.05	606990.00	
17		非流动负债：				
18		长期借款	42			
19		长期应付款	43			
20	1777290.00	递延收益	44			
21		其他非流动负债	45			
22		非流动负债合计	46	0.00	0.00	
23		负债合计	47	1387455.05	606990.00	

资产负债表 / Sheet2 / Sheet3

图4-20 计算非流动负债、负债合计数

G36 =G23+G35

	D	E	F	G	H	I
25	310500.00					
26	307500.00					
27	250000.00					
28						
29						
30		所有者权益：				
31		实收资本（或股本）	48	652680.00	652680.00	
32		资本公积	49			
33		盈余公积	50	229620.00	229620.00	
34		未分配利润	51	1011420.13	845500.00	
35	557500.00	所有者权益合计	52	1893720.13	1727800.00	
36	2334790.00	负债和所有者权益总计	53	3281175.18	2334790.00	

资产负债表 / Sheet2 / Sheet3

图4-21 计算所有者权益、负债及所有者权益合计数

任务二 编制“利润表”

利润表是反映企业一定会计期间生产经营成果的会计报表。它从企业经营活动情况和财务成果形成两个方面，反映企业的综合管理水平以及取得的经营成果，企业在一定会计期间

的经营成果既可表现为盈利，也可表现为亏损，因此，利润表也称损益表。它全面揭示了企业在某一特定时期实现的各种收入、发生的各种费用、成本或支出，以及企业实现的利润或发生的亏损情况。

一、 任务目标

为了反映企业生产经营成果，老张希望小白编制一张“利润表”。要完成该任务，首先可以导入编制利润表将用到的相关资料，并创建和使用样式快速设置单元格格式，然后根据利润表的编制方法编制利润表，完成后再在空白单元格中填充零值。本例完成后的最终效果如图4-22所示。

素材所在位置 **光盘:\素材文件\项目四\利润表的相关资料.xls、利润表.xls**
效果所在位置 **光盘:\效果文件\项目四\利润表.xls**

利润表

编制单位：兴盛公司　　2013 年 5 月　　单位：元

项　　目	行次	本月金额	本年累计金额
一、营业收入	1	￥1,047,250.50	￥7,634,250.50
减：营业成本	2	￥687,602.29	￥2,290,102.29
营业税金及附加	3	￥4,188.07	￥155,108.07
销售费用	11	￥11,285.27	￥470,435.27
管理费用	14	￥103,190.69	￥724,000.69
财务费用	18	￥90.50	￥3,545.50
加：投资收益（损失以“-”号填列）	20	￥-	￥-
二、营业利润（亏损以“-”号填列）	21	￥240,893.68	￥3,991,058.68
加：营业外收入	22	￥-	￥205,650.00
减：营业外支出	24	￥75,359.96	￥432,209.96
三、利润总额（亏损总额以“-”号填列）	30	￥165,533.72	￥3,764,498.72
减：所得税费用	31	￥-	￥468,200.00
四、净利润（净亏损以“-”号填列）	32	￥165,533.72	￥3,296,298.72

利润表 / 相关资料 / Sheet3

图4-22 “利润表”最终效果

二、 相关知识

制作本例将涉及的Excel新知识点有导入数据和样式的使用，下面将首先了解导入数据和样式的使用方法，然后根据利润表的编制方法编制利润表。

1．导入数据

Excel支持导入外部文件中的文本内容。通过导入数据的方法可以很方便地使用外部数据，避免重新手动输入文本的麻烦。导入外部数据的具体操作如下。

STEP 1 选择用来放置文本文件数据的单元格，然后选择【数据】/【导入外部数据】/【导入数据】菜单命令。

STEP 2 打开“选取数据源”对话框，在其中找到并选择要导入的文本文件，如图4-23所示。

STEP 3 单击[打开(O)]按钮，此时在打开的“选择表格”对话框中选择需导入数据的所在工作表，单击[确定]按钮，在打开的“导入数据”对话框中选择是将文本数据导入到现有工作表，还是新建工作表，如图4-24所示。如果选择现在工作表，还可重新设置目标单元格，完成后单击[确定]按钮即可完成文本导入。

图4-23　查找并选择要导入的文本文件

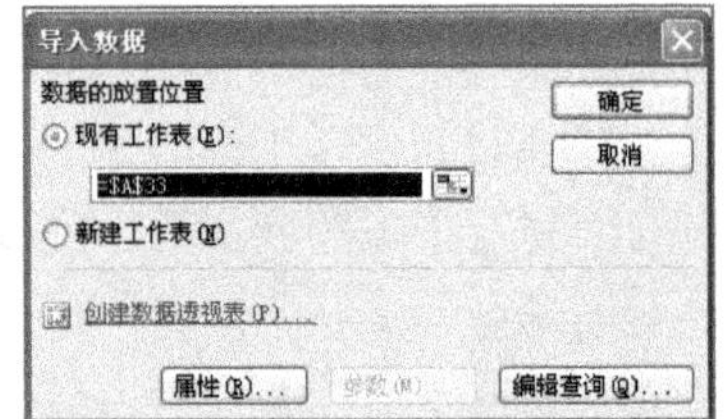

图4-24　选择导入数据的放置位置

知识提示

在“导入数据”对话框的左下方单击[属性(R)...]按钮，在打开的“外部数据区域属性”对话框中可以对外部数据区域属性进行详细设置。

2. 认识样式

在Excel中当需要对不同的单元格或单元格区域设置相同的样式时，可使用创建样式的方法快速设置单元格格式。分级建样式的方法如下。

STEP 1 在工作簿中选择需设置样式的单元格或单元格区域，然后选择【格式】/【样式】菜单命令，在打开的“样式”对话框的“样式名”下拉列表中输入要建立的样式名，如图4-25所示，单击[修改(M)...]按钮。

STEP 2 在打开的“单元格格式”对话框中进行相应的设置，单击[确定]按钮返回“样式”对话框。

STEP 3 单击[添加(A)]按钮，将创建的样式添加到“样式名”下拉列表中，完成后单击[确定]按钮创建新样式。

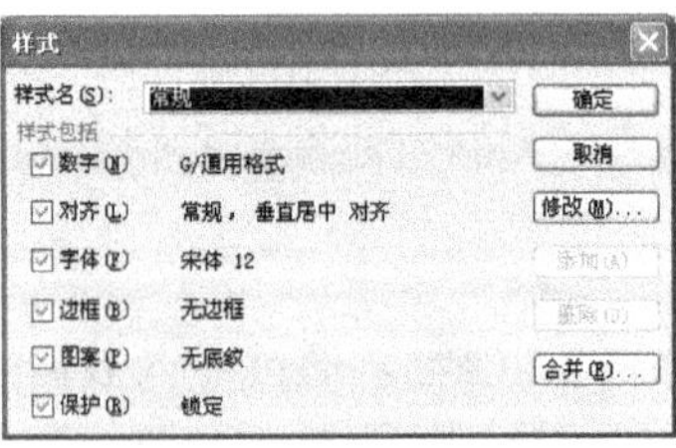

图4-25　“样式”对话框

知识提示

当创建了新样式后，在“样式”对话框的“样式名”下拉列表中将列出新样式的名称，在“样式包括”栏中将显示对应样式设置的单元格格式。另外，单击[删除(D)]按钮，可删除选择的“样式名”下拉列表中的某个样式；单击[合并(E)...]按钮，可在打开的“合并样式”对话框中选择需进行合并的样式来源进行样式合并。

以后当需要使用新样式时，只需在工作表中选择需应用样式的单元格或单元格区域，然后选择【格式】/【样式】菜单命令，在打开的“样式”对话框的“样式名”下拉列表中选择需应用的样式选项，单击[确定]按钮即可。

3．利润表的编制方法

利润表是根据“收入−费用=利润”的基本关系来编制的，其具体内容取决于收入、费用、利润等会计要素及其内容，利润表项目是收入、费用、利润要素内容的具体体现。

通常收入按其重要性进行列示，主要包括营业收入、投资收益、营业外收入；费用按其性质进行列示，主要包括营业成本、营业税金及附加、销售费用、管理费用、财务费用、营业外支出、所得税费用等；利润按营业利润、利润总额和净利润等利润的构成分类分项列示。

利润表中的各项目都列有“本月金额”和“本年累计金额”两栏，利润表中的“本月金额”栏反映各项目的本月实际发生金额，“本年累计金额”栏反映各项目自年初起至本月末止的累计实际发生金额，“本年累计金额”相应项目内的数据应根据上月利润表的“本年累计金额”栏各项目数额加上本月利润表的“本月金额”栏各项目数额。

在本例中除“营业利润”、“利润总额”、“净利润”等项目需根据有关项目计算填列外，其他各项目可根据账户的本期发生额直接填列，相关公式如下：

- 营业利润=营业收入−营业成本−营业税金及附加−销售费用−管理费用−财务费用+投资收益（−投资损失）−资产减值损失+公允价值变动收益（−公允价值变动损失）
- 利润总额=营业利润+营业外收入−营业外支出
- 净利润=利润总额−所得税费用

三、任务实施

1．导入相关资料

下面将直接在网络中下载的“利润表”模板中编制利润表的相关项目，然后将编制利润表所用到的相关资料导入到同一工作簿中。其具体操作如下。

STEP 1 打开“利润表”工作簿，将“Sheet2”工作表重命名为“相关资料”，然后在“相关资料”工作表中选择用来放置文本文件数据的单元格，这里选择A1单元格，再选择【数据】/【导入外部数据】/【导入数据】菜单命令，如图4-26所示。

STEP 2 在打开的“选取数据源”对话框中找到并选择要导入的文件，然后单击[打开(O)]按钮，如图4-27所示。

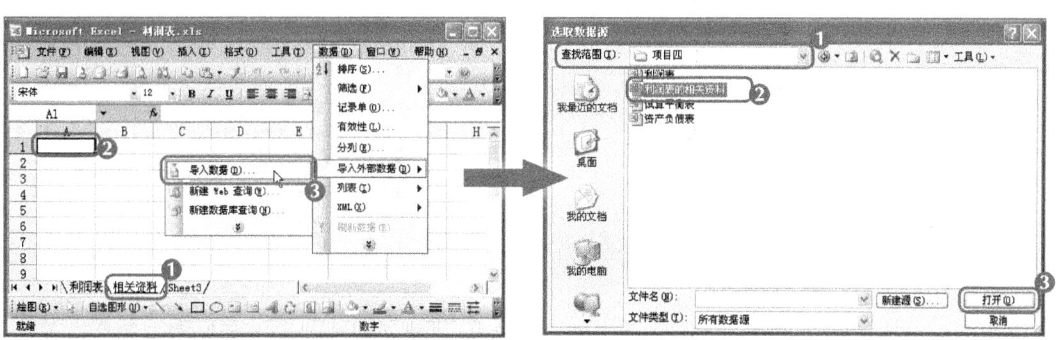

图4-26　选择导入数据菜单命令　　　图4-27　选择要导入的文件

STEP 3 在打开的“选择表格”对话框中选择需导入数据的所在工作表，这里选择“相关资料”工作表，然后单击[确定]按钮，如图4-28所示。

STEP 4 在打开的“导入数据”对话框中确定文本数据的放置位置，这里保持默认设置，即单击选中“现有工作表”单选项，然后在文本框中确定A1单元格为目标单元格，完成后单击[确定]按钮，如图4-29所示。

图4-28 选择需导入数据的工作表　　图4-29 确定导入数据的放置位置

STEP 5 返回“相关资料”工作表中即可查看导入的文本数据，如图4-30所示。

	A	B	C	D	E
1	账户名称	5月份净发生额	1~5月份累计发生额		
2	营业收入	1047250.5	6587000		
3	营业成本	687602.29	1602500		
4	营业税金及附加	4188.07	150920		
5	销售费用	11285.27	459150		
6	管理费用	103190.69	620810		
7	财务费用	90.5	3455		
8	营业外收入	0	205650		
9	营业外支出	75359.96	356850		
10	所得税费用	0	468200		

利润表 / 相关资料 / Sheet3

图4-30 查看导入的文本数据

2. 创建并使用样式

下面在“相关资料”工作表中创建样式，然后将创建的样式应用到“利润表”工作表的相应单元格区域中。其具体操作如下。

STEP 1 选择“相关资料”工作表，选择B2:C10单元格区域，然后选择【格式】/【样式】菜单命令，如图4-31所示。

STEP 2 在打开的“样式”对话框的“样式名”下拉列表框中输入要建立的样式名“样式1”，然后单击[修改(M)...]按钮，如图4-32所示。

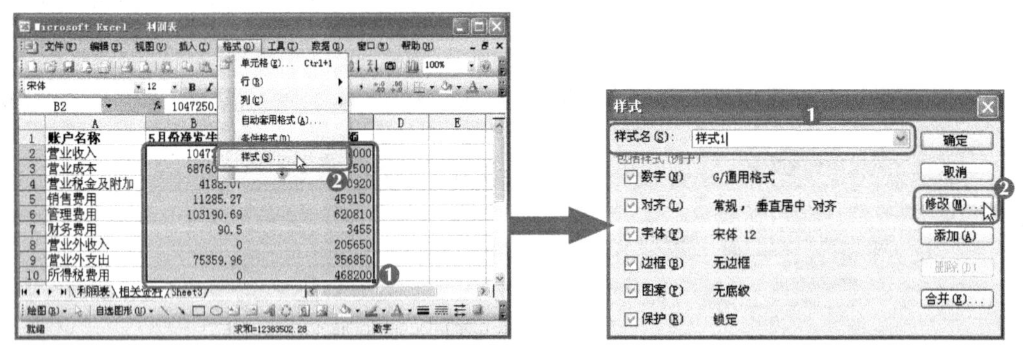

图4-31 选择样式菜单命令　　图4-32 输入样式名

STEP 3 在打开的“单元格格式”对话框的“数字”选项卡的“分类”列表框中选择“会

计专用”选项，然后单击“对齐”选项卡，在“水平对齐”下拉列表中选择“居中”选项，单击“边框”选项卡，在“样式”列表框中选择“——”选项，再单击“外边框”按钮，完成后单击确定按钮，如图4-33所示。

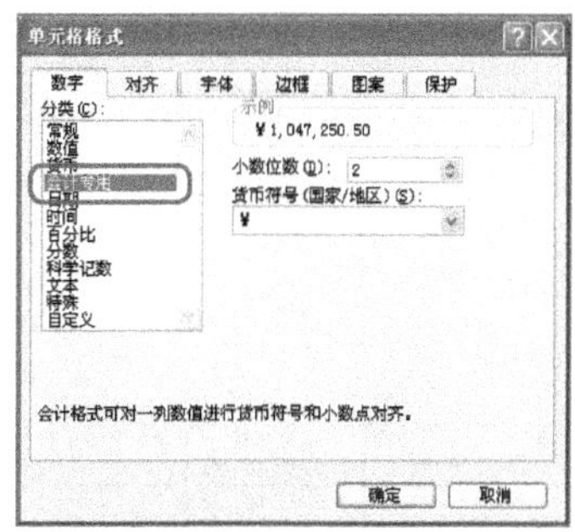

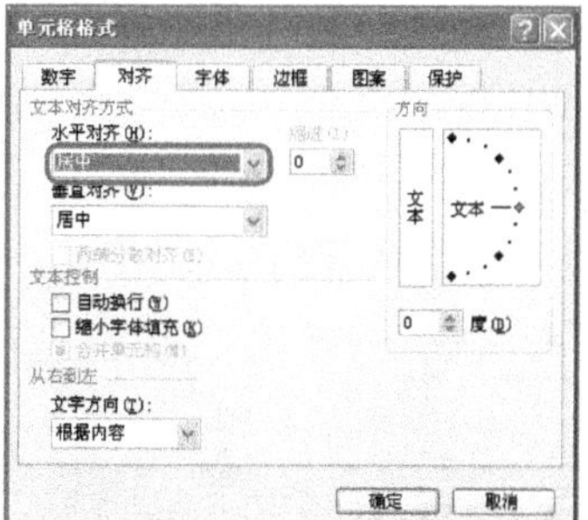

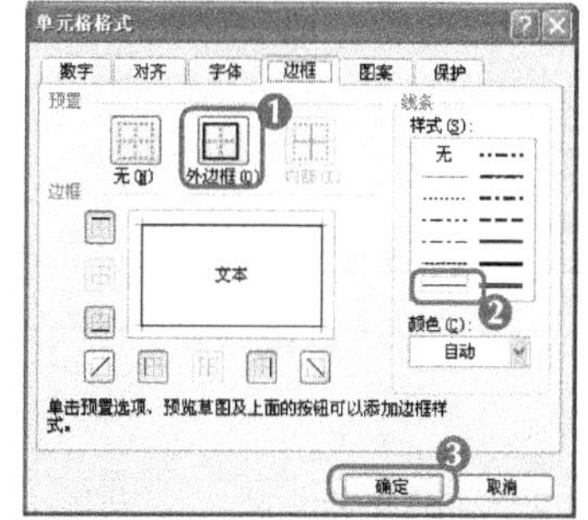

图4-33 为创建的样式设置单元格格式

STEP 4 返回“样式”对话框，单击添加(A)按钮，如图4-34所示，将创建的样式添加到“样式名”下拉列表中。

STEP 5 单击确定按钮，在“相关资料”工作表中可看到创建的“样式1”样式的效果，如图4-35所示。

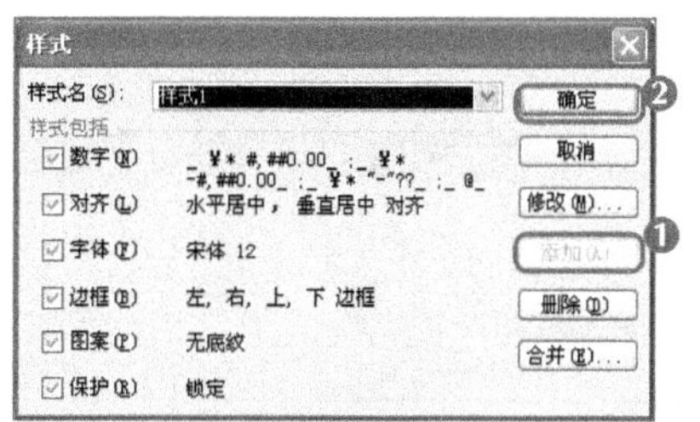

图4-34 添加样式

	A	B	C	D	E
1	账户名称	5月份净发生额	1~5月份累计发生额		
2	营业收入	￥ 1,047,250.50	￥ 6,587,000.00		
3	营业成本	￥ 687,602.29	￥ 1,602,500.00		
4	营业税金及附加	￥ 4,188.07	￥ 150,920.00		
5	销售费用	￥ 11,285.27	￥ 459,150.00		
6	管理费用	￥ 103,190.69	￥ 620,810.00		
7	财务费用	￥ 90.50	￥ 3,455.00		
8	营业外收入	￥ -	￥ 205,650.00		
9	营业外支出	￥ 75,359.96	￥ 356,850.00		
10	所得税费用	￥ -	￥ 468,200.00		

图4-35 查看创建的样式

STEP 6 选择“利润表”工作表，选择C5:D17单元格区域，然后选择【格式】/【样式】菜单命令，如图4-36所示。

STEP 7 在打开的“样式”对话框的“样式名”下拉列表中选择要应用的样式“样式1”选项，然后单击确定按钮应用样式，如图4-37所示。

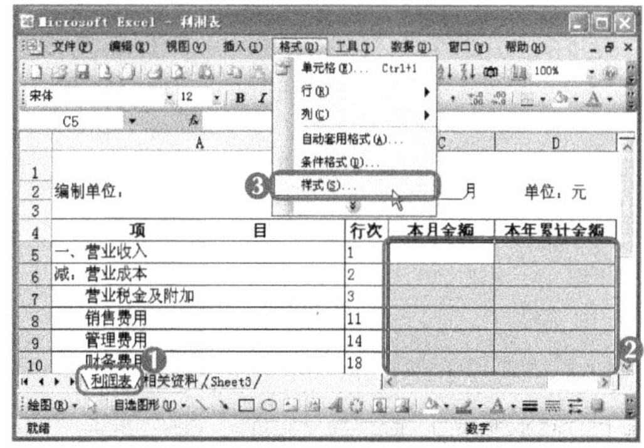

图4-36 选择应用样式的单元格区域

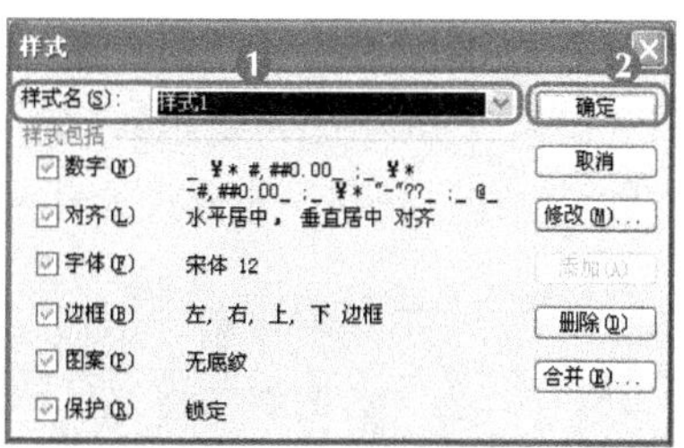

图4-37 应用样式

3．计算损益类的相关数据

下面首先将本月的发生额引用到相应的单元格中，然后计算“本月金额”和“本年累计金额”。其具体操作如下。

STEP 1 在“利润表”工作表的相应单元格中输入单位名称及编制日期，然后选择C5单元格，输入等号“=”，再切换到“相关资料”工作表中选择B2单元格，完成后按【Ctrl+Enter】组合键，如图4-38所示。

STEP 2 用相同的方法为其他项目引用相应的本月金额，如图4-39所示。

C5 =相关资料!B2

	A	B	C	D
1	利润表			
2	编制单位，兴盛公司	2013 年 5 月		单位，元
3				
4	项　目	行次	本月金额	本年累计金额
5	一、营业收入	1	¥1,047,250.50	
6	减：营业成本	2		
7	营业税金及附加	3		
8	销售费用	11		
9	管理费用	14		
10	财务费用	18		
11	加：投资收益（损失以“-”号填列）	20		
12	二、营业利润（亏损以“-”号填列）	21		
13	加：营业外收入	22		

利润表 / 相关资料 / Sheet3

图4-38　直接引用数据

C14 =相关资料!B9

	A	B	C	D
3				
4	项　目	行次	本月金额	本年累计金额
5	一、营业收入	1	¥1,047,250.50	
6	减：营业成本	2	¥ 687,602.29	
7	营业税金及附加	3	¥ 4,188.07	
8	销售费用	11	¥ 11,285.27	
9	管理费用	14	¥ 103,190.69	
10	财务费用	18	¥ 90.50	
11	加：投资收益（损失以“-”号填列）	20		
12	二、营业利润（亏损以“-”号填列）	21		
13	加：营业外收入	22		
14	减：营业外支出	24	¥ 75,359.96	
15	三、利润总额（亏损总额以“-”号填列）	30		

利润表 / 相关资料 / Sheet3

图4-39　引用更多数据

STEP 3 选择C12单元格，输入公式“=C5-C6-C7-C8-C9-C10+C11”，然后按【Ctrl+Enter】组合键计算出营业利润，如图4-40所示。

STEP 4 选择C15单元格，输入公式“=C12+C13-C14”，然后按【Ctrl+Enter】组合键计算出利润总额，如图4-41所示。

C12 =C5-C6-C7-C8-C9-C10+C11

	A	B	C	D
5	一、营业收入	1	¥1,047,250.50	
6	减：营业成本	2	¥ 687,602.29	
7	营业税金及附加	3	¥ 4,188.07	
8	销售费用	11	¥ 11,285.27	
9	管理费用	14	¥ 103,190.69	
10	财务费用	18	¥ 90.50	
11	加：投资收益（损失以“-”号填列）	20		
12	二、营业利润（亏损以“-”号填列）	21	¥ 240,893.68	
13	加：营业外收入	22		
14	减：营业外支出	24	¥ 75,359.96	
15	三、利润总额（亏损总额以“-”号填列）	30		
16	减：所得税费用	31		
17	四、净利润（净亏损以“-”号填列）	32		

利润表 / 相关资料 / Sheet3

图4-40　计算营业利润

C15 =C12+C13-C14

	A	B	C	D
5	一、营业收入	1	¥1,047,250.50	
6	减：营业成本	2	¥ 687,602.29	
7	营业税金及附加	3	¥ 4,188.07	
8	销售费用	11	¥ 11,285.27	
9	管理费用	14	¥ 103,190.69	
10	财务费用	18	¥ 90.50	
11	加：投资收益（损失以“-”号填列）	20		
12	二、营业利润（亏损以“-”号填列）	21	¥ 240,893.68	
13	加：营业外收入	22		
14	减：营业外支出	24	¥ 75,359.96	
15	三、利润总额（亏损总额以“-”号填列）	30	¥ 165,533.72	
16	减：所得税费用	31		
17	四、净利润（净亏损以“-”号填列）	32		

利润表 / 相关资料 / Sheet3

图4-41　计算利润总额

STEP 5 选择C17单元格，输入公式“=C15-C16”，然后按【Ctrl+Enter】组合键计算出计算净利润，如图4-42所示。

STEP 6 在“利润表”工作表的“本年累计金额”列的相应单元格中可用“本月金额”加上“相关资料”工作表中的“1~5月份累计发生额”的项目数据，完成后根据计算营业利润、利润总额、净利润的公式计算相应的数据，如图4-43所示。

知识提示

“本年累计金额”栏反映各项目自年初起至本月末止的累计实际金额，即“本年累计金额”等于上月利润表“本年累计金额”栏的金额，加上本月利润表的“本月金额”栏的金额。

C17 =C15-C16

	A	B	C	D
1	利润表			
2	编制单位：兴盛公司		2013 年 5 月	单位：元
3				
4	项目	行次	本月金额	本年累计金额
5	一、营业收入	1	￥1,047,250.50	
6	减：营业成本	2	￥ 687,602.29	
7	营业税金及附加	3	￥ 4,188.07	
8	销售费用	11	￥ 11,285.27	
9	管理费用	14	￥ 103,190.69	
10	财务费用	18	￥ 90.50	
11	加：投资收益（损失以“-”号填列）	20		
12	二、营业利润（亏损以“-”号填列）	21	￥ 240,893.68	
13	加：营业外收入	22		
14	减：营业外支出	24	￥ 75,359.96	
15	三、利润总额（亏损总额以“-”号填列）	30	￥ 165,533.72	
16	减：所得税费用	31		
17	四、净利润（净亏损以“-”号填列）	32	￥ 165,533.72	

图4-42 计算净利润

D17 =D15-D16

	A	B	C	D
1	利润表			
2	编制单位：兴盛公司		2013 年 5 月	单位：元
3				
4	项目	行次	本月金额	本年累计金额
5	一、营业收入	1	￥1,047,250.50	￥7,634,250.50
6	减：营业成本	2	￥ 687,602.29	￥2,290,102.29
7	营业税金及附加	3	￥ 4,188.07	￥ 155,108.07
8	销售费用	11	￥ 11,285.27	￥ 470,435.27
9	管理费用	14	￥ 103,190.69	￥ 724,000.69
10	财务费用	18	￥ 90.50	￥ 3,545.50
11	加：投资收益（损失以“-”号填列）	20		
12	二、营业利润（亏损以“-”号填列）	21	￥ 240,893.68	￥3,991,058.68
13	加：营业外收入	22		￥ 205,650.00
14	减：营业外支出	24	￥ 75,359.96	￥ 432,209.96
15	三、利润总额（亏损总额以“-”号填列）	30	￥ 165,533.72	￥3,764,498.72
16	减：所得税费用	31		￥ 468,200.00
17	四、净利润（净亏损以“-”号填列）	32	￥ 165,533.72	￥3,296,298.72

图4-43 计算“本年累计金额”

4. 填充零值到空白单元格

下面首先定位查找并选择多个空白单元格，然后输入零值。其具体操作如下。

STEP 1 在“利润表”工作表中选择C5:D17单元格区域，然后选择【编辑】/【定位】菜单命令，如图4-44所示。

STEP 2 在打开的“定位”对话框中单击 定位条件(S)... 按钮，如图4-45所示。

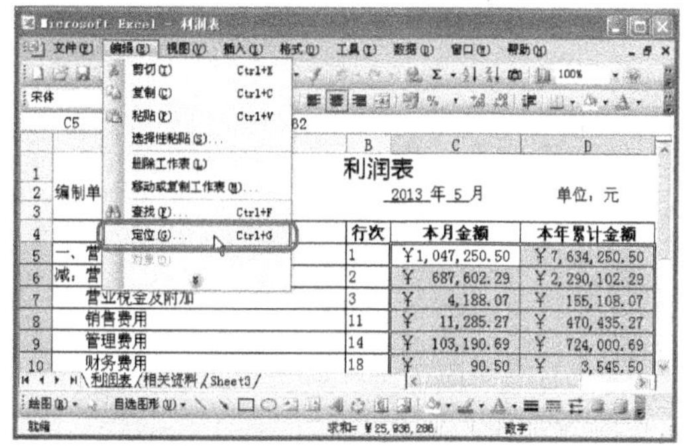

图4-44 选择定位菜单命令

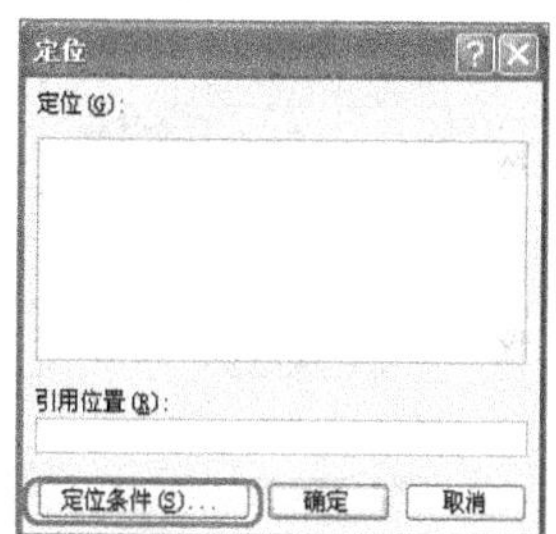

图4-45 单击“定位条件”按钮

STEP 3 在打开的“定位条件”对话框中单击选中“空值”单选项，然后单击 确定 按钮，如图4-46所示。

STEP 4 返回工作表中将同时选择所选区域内的空白单元格，然后输入数据“0”，完成后按【Ctrl+Enter】组合键即可在多个空白单元格中输入零值，如图4-47所示。

定位条件
选择
批注(C) 行内容差异单元格(W)
常量(O) 列内容差异单元格(M)
公式(F) 引用单元格(P)
从属单元格(D)
最后一个单元格(S)
空值(K) ❶ 可见单元格(Y)
当前区域(R) 条件格式(T)
当前数组(A) 数据有效性(V)
对象(B)
确定 ❷ 取消

图4-46 单击选中单选项

C11 0

	A	B	C	D
9	管理费用	14	￥ 103,190.69	￥ 724,000.69
10	财务费用	18	￥ 90.50	￥ 3,545.50
11	加：投资收益（损失以“-”号填列）	20	￥ -	￥ -
12	二、营业利润（亏损以“-”号填列）	21	￥ 240,893.68	￥3,991,058.68
13	加：营业外收入	22	￥ -	￥ 205,650.00
14	减：营业外支出	24	￥ 75,359.96	￥ 432,209.96
15	三、利润总额（亏损总额以“-”号填列）	30	￥ 165,533.72	￥3,764,498.72
16	减：所得税费用	31	￥ -	￥ 468,200.00
17	四、净利润（净亏损以“-”号填列）	32	￥ 165,533.72	￥3,296,298.72
18				

图4-47 在所选的空白单元格中输入零值

任务三 制作“杜邦分析表”

杜邦分析法是利用几种主要的财务比率之间的关系综合地分析企业的财务状况，它是一种用来评价公司赢利能力和所有者权益回报水平，从财务角度评价企业绩效的一种方法。

一、 任务目标

为了使报表分析者能全面仔细地了解企业的经营和盈利状况，小白准备采用杜邦分析法制作一张“杜邦分析表”，使财务比率分析的层次更清晰、条理更突出。该任务将先创建杜邦分析体系，然后根据会计资料（主要是资产负债表和利润表）计算出各指标并填入杜邦分析体系，完成后创建超链接在工作表之间进行切换。本例完成后的最终效果如图4-48所示。

素材所在位置 光盘:\素材文件\项目四\会计资料.xls
效果所在位置 光盘:\效果文件\项目四\杜邦分析表.xls

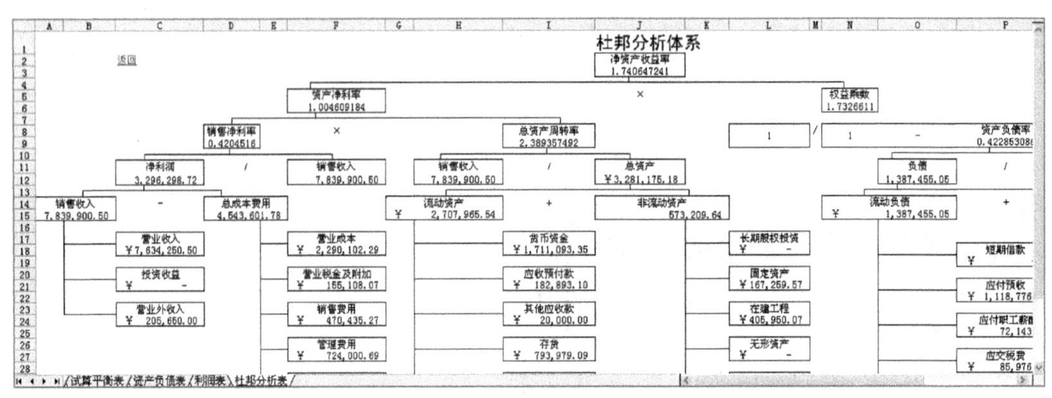

图4-48 “杜邦分析表”最终效果

二、 相关知识

要制作“杜邦分析表”，首先应了解杜邦分析法的作用，以及杜邦体系中主要的指标关系，然后将计算出的指标填入杜邦分析表中。另外，由于“杜邦分析表”工作簿中将涉及多个工作表，因此可使用超链接在多个工作表之间进行切换。

1．杜邦分析法的作用

杜邦分析法有助于企业管理层更清晰地查看权益资本收益率的决定因素，以及销售净利润率与总资产周转率、债务比率之间的相互关联关系，给管理层提供一张明晰的考察公司资产管理效率和是否最大化股东投资回报的路线图。

在杜邦体系中，包括以下几种主要的指标关系。

- **净资产收益率：**由销售报酬率、总资产周转率、权益乘数决定，它是整个分析系统的起点和核心。该指标的高低反映了投资者的净资产获利能力的大小。
- **权益系数：**用来表示企业的负债程度。该指标越大，企业的负债程度越高，它是资产权益率的倒数。

- **总资产收益率**：综合反映企业销售成果和资产运营，它是销售利润率和总资产周转率的乘积。要提高总资产收益率，必须增加销售收入，降低资金占用额。
- **总资产周转率**：反映企业资产实现销售收入的综合能力。分析时，必须综合销售收入分析企业资产结构是否合理，即流动资产和长期资产的结构比率关系。同时还要分析流动资产周转率、存货周转率、应收账款周转率等有关资产使用效率指标，找出总资产周转率高低变化的确切原因。

杜邦分析法中几种主要的财务指标关系为：净资产收益率=资产净利率(净利润/总资产)×权益乘数(总资产/总权益资本)，其中资产净利率(净利润/总资产)=销售净利率(净利润/总收入)×资产周转率（总收入/总资产)，即：净资产收益率=销售净利率×资产周转率×权益乘数。

2. 什么是超链接

Excel 2003提供的超链接功能是指在工作表中设置相应的数据或图片，然后通过单击数据或图片，切换到所需的工作表中。使用该功能，不仅可以提高工作效率，而且操作方便，可以帮助用户在多个工作表中快速切换到所需的工作表。创建超链接的具体操作如下。

STEP 1 选择【插入】/【超链接】菜单命令或在需创建超链接的单元格上单击鼠标右键，在弹出的快捷菜单中选择“超链接”命令，在打开的“插入超链接”对话框的“链接到”栏中选择超链接需要链接的位置，如图4-49所示。

STEP 2 在右侧的列表框中选择需链接的文件或工作表中的单元格，或是新建的文档，然后在“要显示的文字”文本框中输入要用于表示超链接的文字，如果希望当鼠标指针悬停在超链接上时显示信息，可单击 屏幕提示(P)... 按钮，在打开的“设置超链接屏幕提示”对话框的文本框中输入所需的文字，然后单击 确定 按钮创建超链接，如图4-50所示。

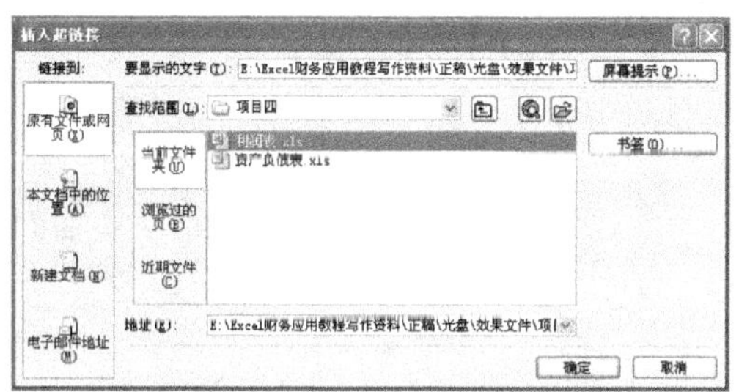

图4-49 “插入超链接”对话框

图4-50 “设置超链接屏幕提示”对话框

知识提示

在创建的超链接上单击鼠标右键，在弹出的快捷菜单中选择“编辑超链接”命令，在打开的“编辑超链接”对话框中若要链接到其他文件或地址可在“链接到”栏中单击相应的按钮；若要更改已创建的超链接显示的名称文字可在“要显示的文字”文本框中输入相应的名称；若要重新选择相应的链接位置，可在“或在这篇文档中选择位置”栏中选择相应的选项；若要删除已创建的超链接，可单击 删除链接(R) 按钮，完成后单击 确定 按钮即可。

三、任务实施

1. 创建杜邦分析体系

杜邦分析体系是由分析框和连线构成的，其中每个分析框中标出了分析项目的名称、比率公式、相应的计算结果。为了使杜邦分析体系看起来更清晰、直观，下面首先输入相应的项目并绘制连线，其具体操作如下。

STEP 1 打开“会计资料”工作簿，将其以“杜邦分析表”为名进行另存，然后插入并移动空白工作表到“利润表”工作表之后，为其重命名为“杜邦分析表”，并在“杜邦分析表”工作表中按【Ctrl+A】组合键选择整个工作表中的单元格，完成后为整个工作表填充颜色为“白色”，如图4-51所示。

STEP 2 合并A1:S1单元格区域，在其中输入数据“杜邦分析体系”，并设置字体格式为“黑体、22”，然后在J2单元格中输入数据“净资产收益率”，在F5单元格中输入“资产净利率”，在N5单元格中输入“权益乘数”，如图4-52所示。

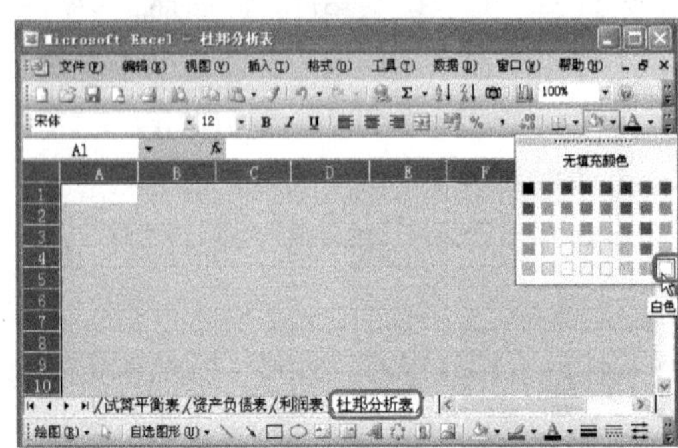

图4-51 在“杜邦分析表”工作表填充颜色

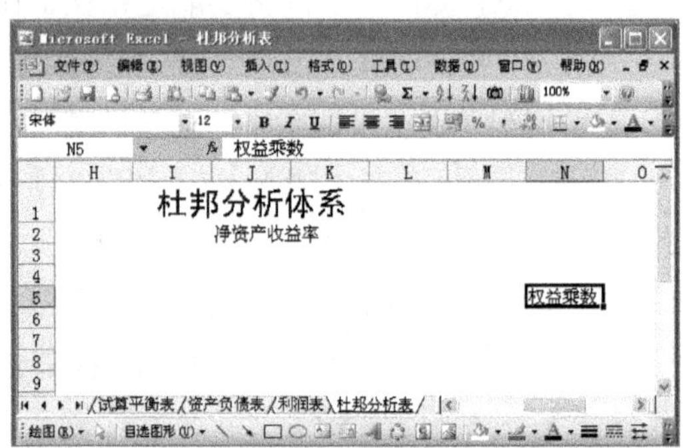

图4-52 输入项目数据

STEP 3 选择J2:J3、F5:F6、N5:N6单元格区域，调整单元格的列宽，并设置对齐方式为“居中”，完成后再设置其边框样式为“外侧框线”，如图4-53所示。

STEP 4 选择J5单元格，选择【插入】/【特殊符号】菜单命令，如图4-54所示。

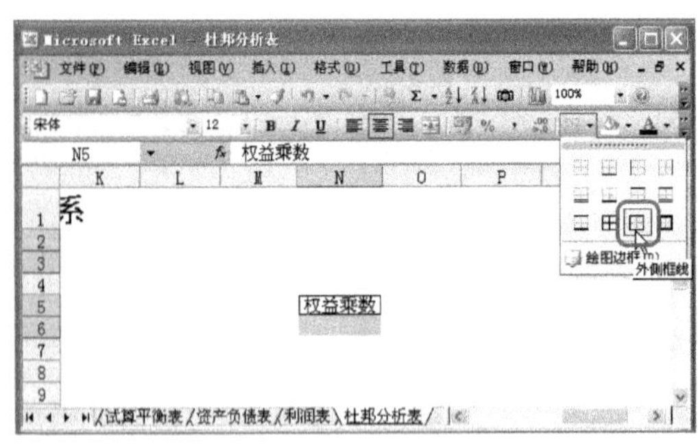

图4-53 设置单元格格式

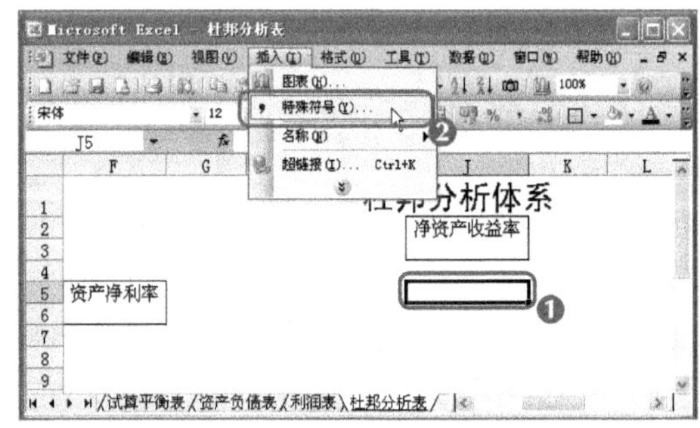

图4-54 选择特殊符号菜单命令

STEP 5 在打开的“插入特殊符号”对话框中单击“数学符号”选项卡，在其列表框中选择“×”符号，然后单击 确定 按钮，如图4-55所示。返回工作表中，在J5单元格中插入所需的符号，然后再设置对齐方式为“居中”。

STEP 6 在"绘图"工具栏中单击自选图形(U)·按钮，在弹出的菜单中选择【连接符】/【肘形连接符】命令，如图4-56所示。

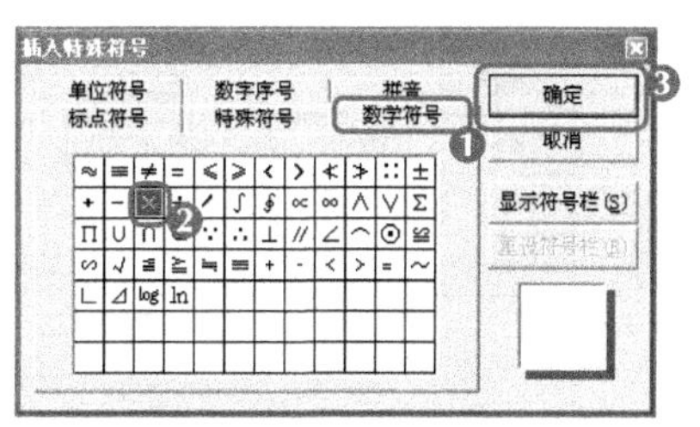

图4-55　选择特殊符号

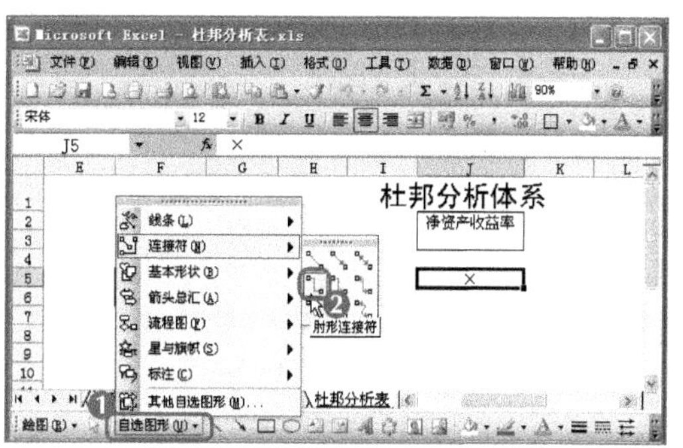

图4-56　选择自选图形形状

STEP 7 将鼠标指针移动到工作表中，按住鼠标左键不放向左下稍微拖动，绘制出所需的肘形连接线后释放鼠标，然后选择【格式】/【自选图形】菜单命令，如图4-57所示。

STEP 8 在打开的"设置自选图形格式"对话框中单击"大小"选项卡，在"大小和转角"栏的"高度"数值框中输入"8.6厘米"，在"宽度"数值框中输入"0.48厘米"，完成后单击确定按钮，如图4-58所示。

知识提示

在汉字输入法状态条的⌨图标中单击鼠标右键，在弹出的快捷菜单中选择所需的软键盘类型可打开相应的软键盘，在其中单击任一按键也可输入相应的特殊符号。

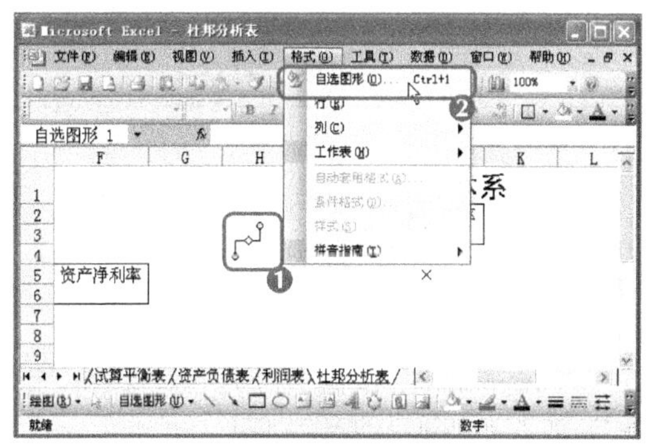

图4-57　绘制形状

图4-58　设置形状大小

STEP 9 选择设置好的连接线，按住鼠标左键不放，将其移动到相应的位置后释放鼠标。然后用相同的方法输入其他项目名称，设置表格边框和对齐方式，以及调整单元格列宽，完成后再绘制相应的连接线将其连接起来，制作出的表格框架效果如图4-59所示。

知识提示

绘制的肘形连接符不一定能一次满足用户的需求，此时可利用控制点进行调整，其中"○"控制点可上、下、左、右拖动调整其大小和形状，"◇"控制点可上、下、左、右拖动调整其相对比例。

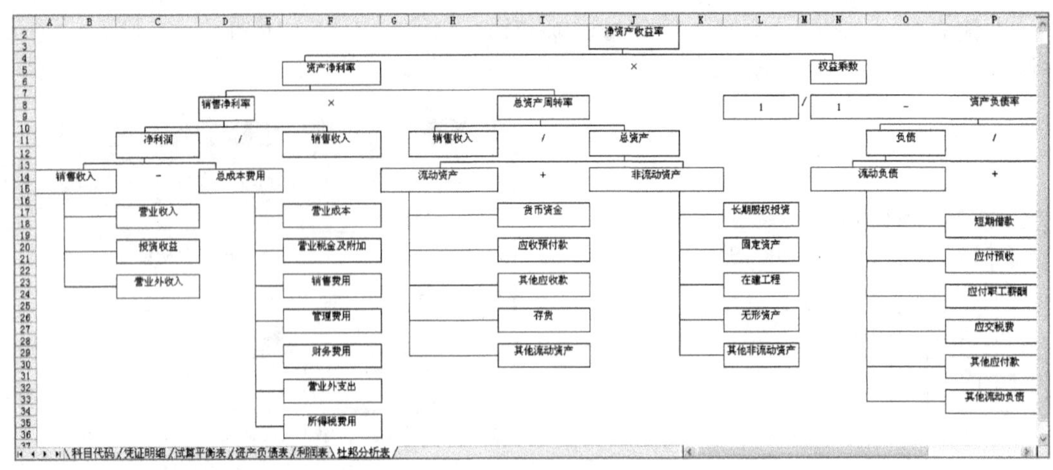

图4-59　创建杜邦分析体系框架

2．引用并计算杜邦分析表各项指标

下面首先将会计资料（主要是资产负债表和利润表）中的项目数据引用到杜邦分析体系中的相应项目中，然后根据计算公式计算出各指标。其具体操作如下。

STEP 1 在“杜邦分析表”工作表中选择C18单元格，输入等号“=”，然后切换到“利润表”工作表，选择D5单元格，完成后按【Ctrl+Enter】组合键将“利润表”工作表中D5单元格的数据引用到“杜邦分析表”工作表的C18单元格中。

STEP 2 用相同的方法将“资产负债表”和“利润表”工作表中相关项目的期末数引用到“杜邦分析表”工作表的相应项目中，并设置数据格式为“货币样式”，如图4-60所示。

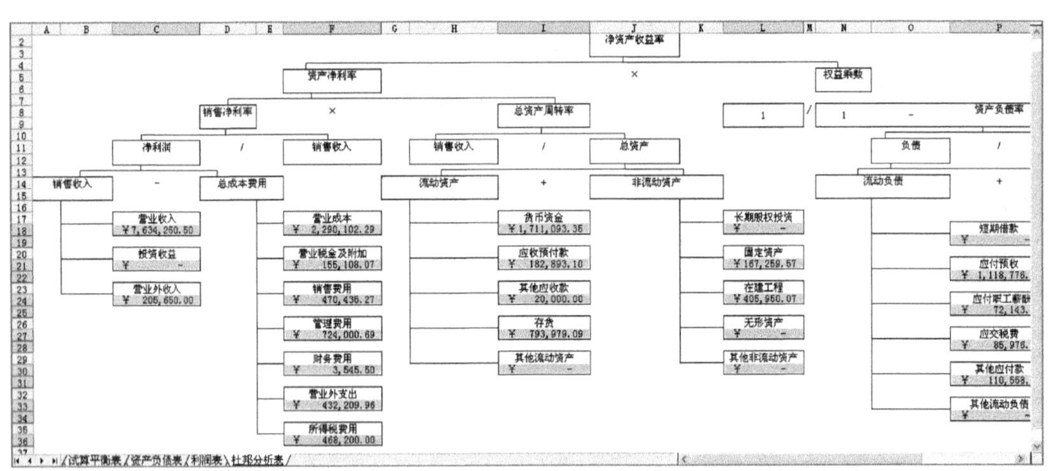

图4-60　引用数据

STEP 3 选择A15单元格，输入公式“=C18+C21+C24”，然后按【Ctrl+Enter】组合键计算出销售收入，如图4-61所示。

STEP 4 分别选择F12和H12单元格，输入公式“=A15”，完成后按【Ctrl+Enter】组合键引用销售收入数据，如图4-62所示。

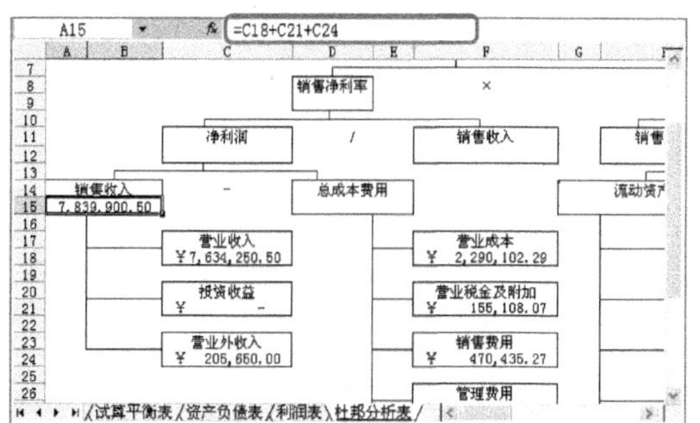

图4-61 计算销售收入

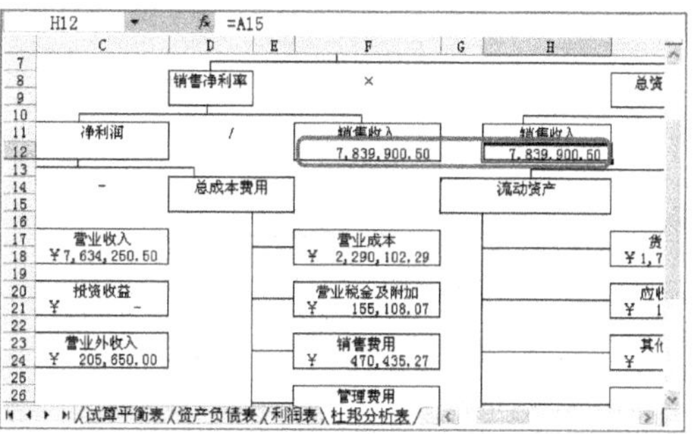

图4-62 引用销售收入数据

STEP 5 选择D15单元格，输入公式“=F18+F21+F24+F27+F30+F33+F36”，然后按【Ctrl+Enter】组合键计算出总成本费用，如图4-63所示。

STEP 6 选择G15单元格，输入公式“=I18+I21+I24+I27+I30”，然后按【Ctrl+Enter】组合键计算出流动资产，如图4-64所示。

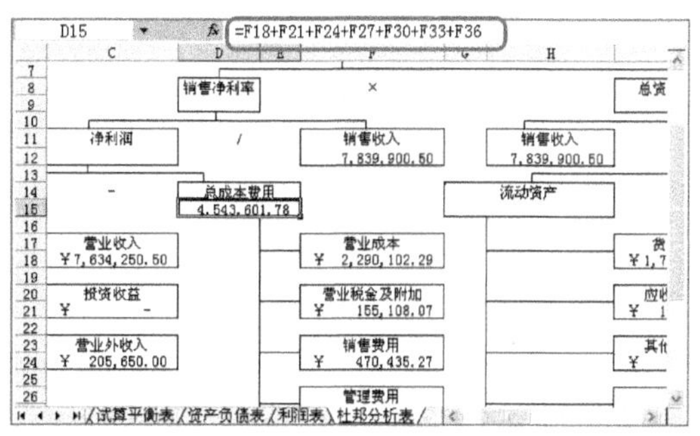

图4-63 计算总成本费用

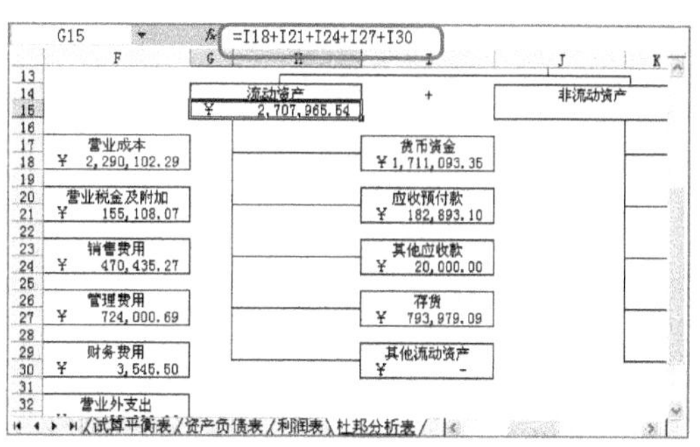

图4-64 计算流动资产

STEP 7 选择J15单元格，输入公式“=L18+L21+L24+L27+L30”，然后按【Ctrl+Enter】组合键计算出非流动资产，如图4-65所示。

STEP 8 选择N15单元格，输入公式“=P19+P22+P25+P28+P31+P34”，然后按【Ctrl+Enter】组合键计算出流动负债，如图4-66所示。

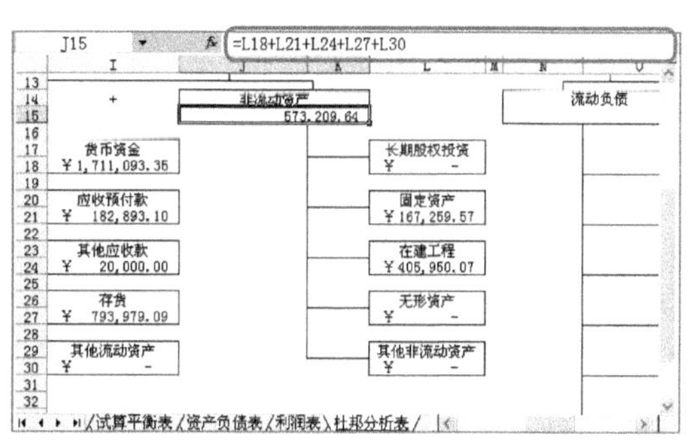

图4-65 计算非流动资产

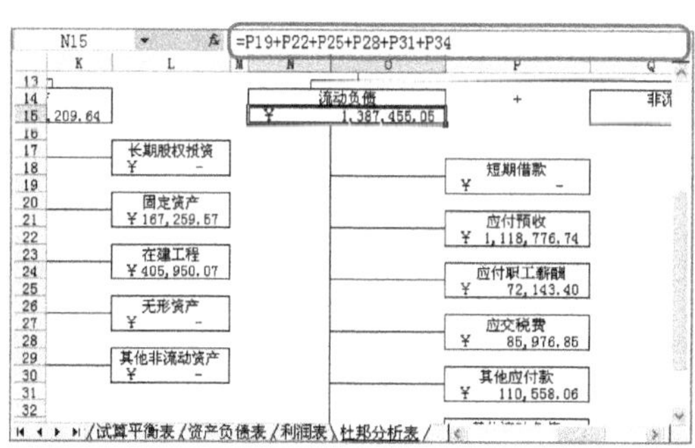

图4-66 计算流动负债

STEP 9 选择Q15单元格，输入公式“=S19+S22+S25+S28”，然后按【Ctrl+Enter】组合键计算出非流动负债，如图4-67所示。

STEP 10 选择C12单元格，输入公式“=A15-D15”，然后按【Ctrl+Enter】组合键计算出净利润，如图4-68所示。

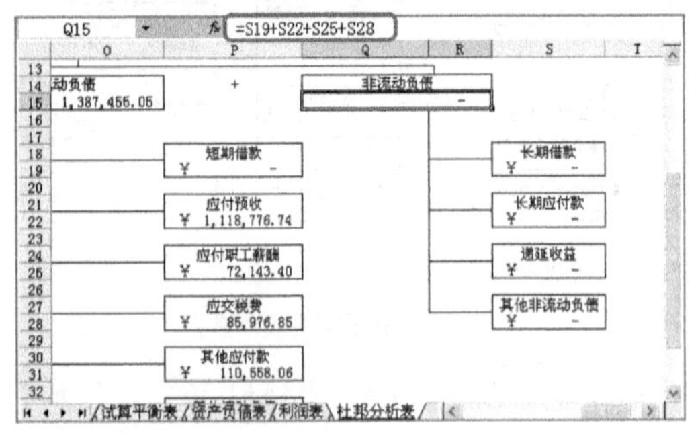

图4-67 计算非流动负债

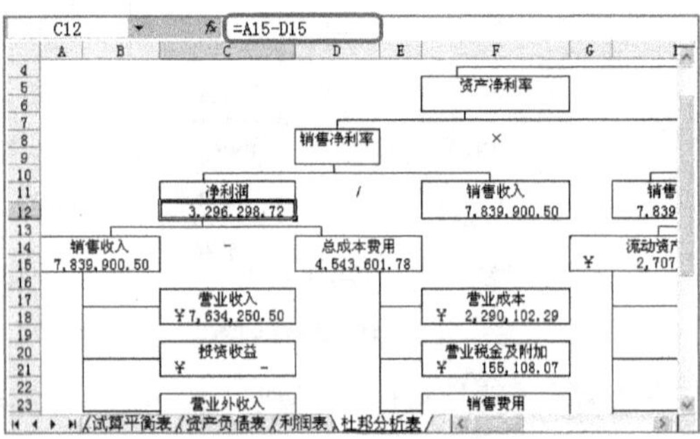

图4-68 计算净利润

STEP 11 选择J12单元格，输入公式“=G15+J15”，按【Ctrl+Enter】组合键计算出总资产；然后选择Q12单元格，输入公式“=J12”，按【Ctrl+Enter】组合键引用总资产数据，如图4-69所示。

STEP 12 选择O12单元格，输入公式“=N15+Q15”，然后按【Ctrl+Enter】组合键计算出负债，如图4-70所示。

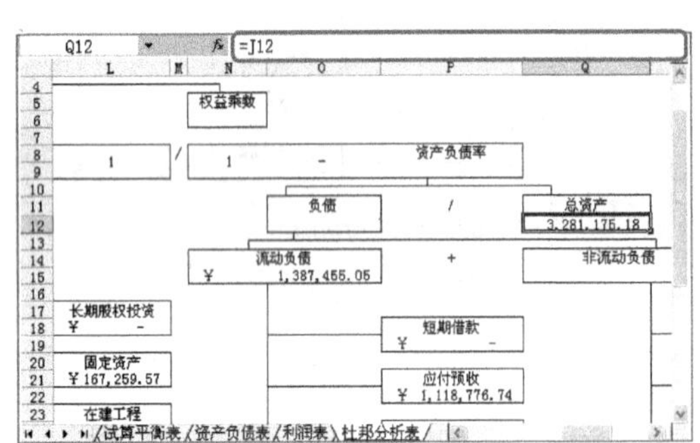

图4-69 计算并引用总资产

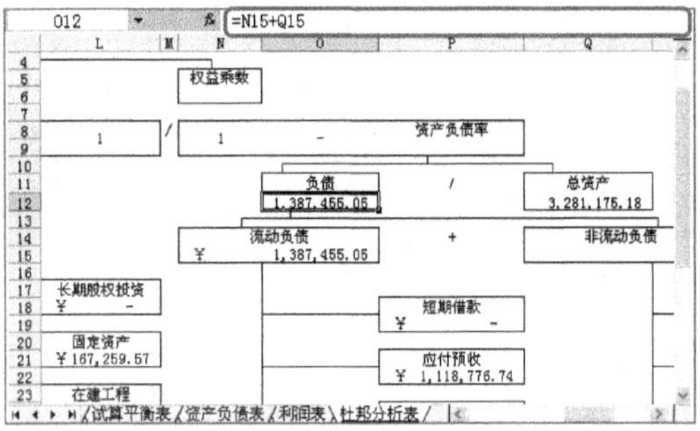

图4-70 计算负债

STEP 13 选择D9单元格，输入公式“=C12/F12”，然后按【Ctrl+Enter】组合键计算出销售净利率，如图4-71所示。

STEP 14 选择I9单元格，输入公式“=H12/J12”，然后按【Ctrl+Enter】组合键计算出总资产周转率，如图4-72所示。

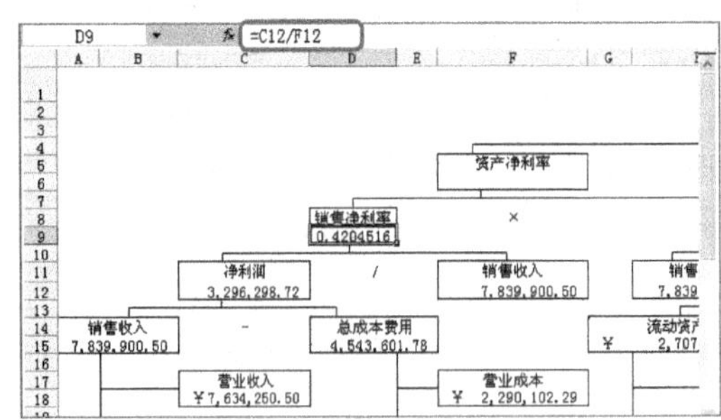

图4-71 计算销售净利率

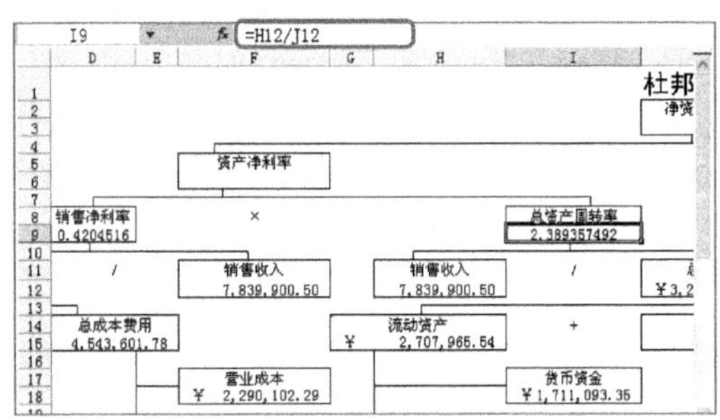

图4-72 计算总资产周转率

STEP 15 选择P9单元格，输入公式“=O12/Q12”，然后按【Ctrl+Enter】组合键计算出资产负债率，如图4-73所示。

STEP 16 选择F6单元格，输入公式“=D9*I9”，然后按【Ctrl+Enter】组合键计算出资产净利率，如图4-74所示。

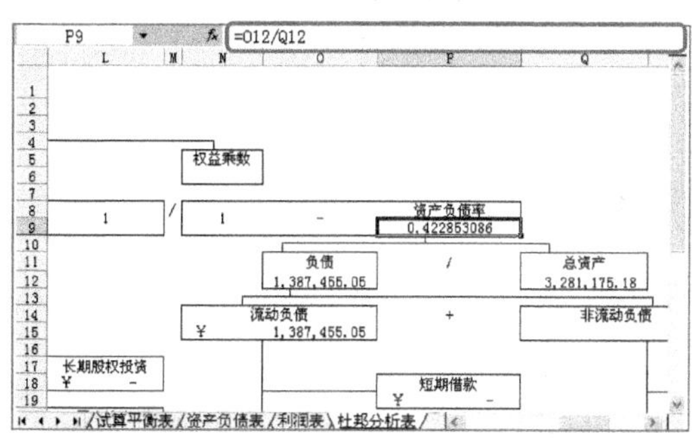

图4-73 计算资产负债率

图4-74 计算资产净利率

STEP 17 选择N6单元格，输入公式“=1/(1-P9)”，然后按【Ctrl+Enter】组合键计算出权益乘数，如图4-75所示。

STEP 18 选择J3单元格，输入公式“=F6*N6”，然后按【Ctrl+Enter】组合键计算出净资产收益率，如图4-76所示。

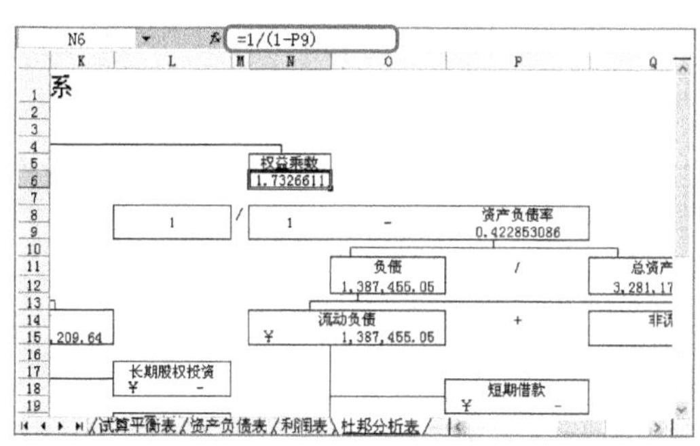

图4-75 计算权益乘数

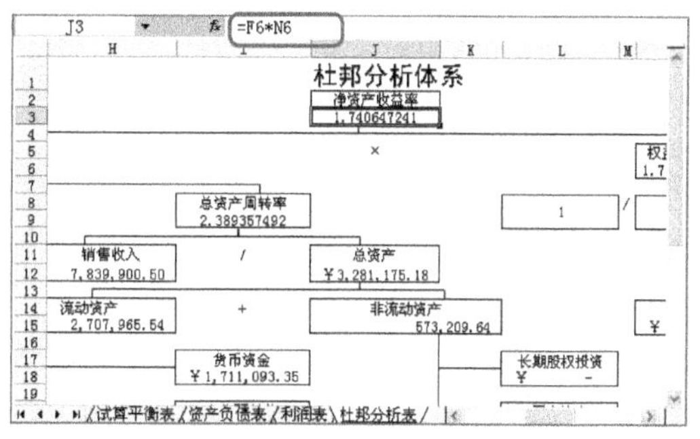

图4-76 计算净资产收益率

知识提示

本例中计算出的财务比率实际值与标准值可能有所偏差，用户在实际操作中应根据公司的具体情况和财务人员的准确判断来计算关系比率，并对比分析标准值和实际值。

3．在工作表之间创建超链接

由于“杜邦分析表”工作簿中涉及多个工作表，为了能快速切换到所需的工作表，下面将创建超链接，其具体操作如下。

STEP 1 在“杜邦分析表”工作簿中插入空白工作表到“科目代码”工作表之前，为其重命名为“主界面”，然后选择“主界面”工作表标签，按住鼠标左键不放，当鼠标指针变成形状时，将其拖动到左边第一个工作表之前，释放鼠标，如图4-77所示。

STEP 2 在“主界面”工作表中相应工作表的名称，并设置单元格格式，然后选择C2单元格，选择【插入】/【超链接】菜单命令，如图4-78所示。

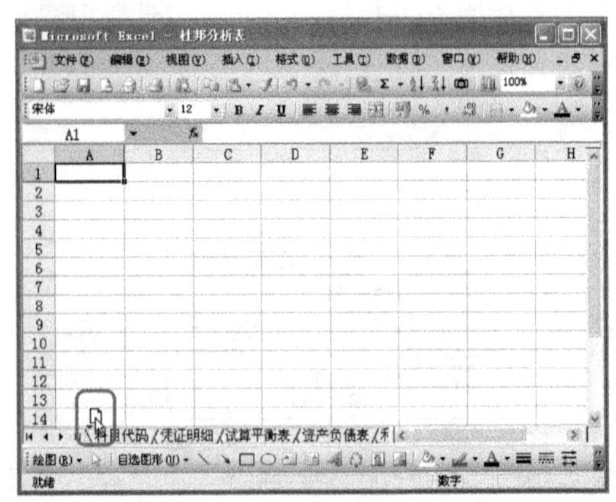

图4-77 重命名并移动工作表

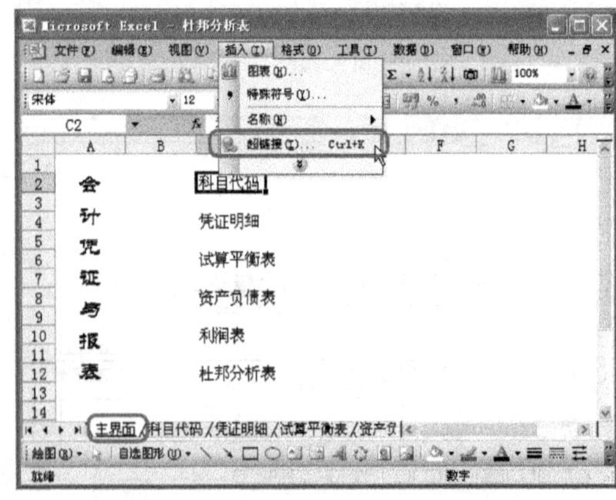

图4-78 输入数据并选择超链接菜单命令

STEP 3 在打开的“插入超链接”对话框的“链接到：”栏中单击“本文档中的位置”按钮，在“或在这篇文档中选择位置”栏中选择“科目代码”选项，然后单击 确定 按钮，如图4-79所示。

STEP 4 返回工作表中，可看到“科目代码”文本所在的单元格的数据呈蓝色显示，当将鼠标指针指向该单元格时，鼠标指针变成👆形状，且显示出相应的设置信息。用相同的方法为其他工作表创建相应的超链接，完成后的效果如图4-80所示。

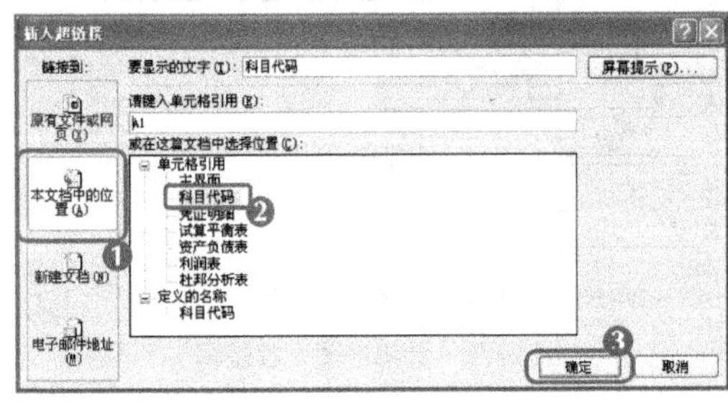

图4-79 设置超链接的位置

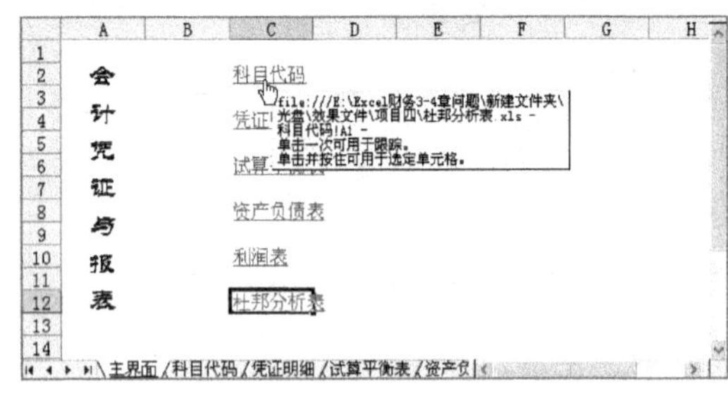

图4-80 创建超链接

知识提示

要选择创建了超链接的单元格，可选择该单元格周围未创建超链接的单元格，然后通过按键盘上的“↑”、“↓”、“←”、“→”4个方向键选择所需单元格。

STEP 5 在“主界面”工作表中单击“科目代码”超链接，切换到“科目代码”工作表，然后选择E1单元格，再选择【插入】/【超链接】菜单命令，在打开的“插入超链接”对话框的“或在这篇文档中选择位置”栏中选择“主界面”选项，然后在“要显示的文字”文本框中输入文本“返回”，再单击 屏幕提示(P)... 按钮，如图4-81所示。

STEP 6 在打开的“设置超链接屏幕提示”对话框的“屏幕提示文字”文本框中输入文本“主界面”，然后单击 确定 按钮，如图4-82所示。

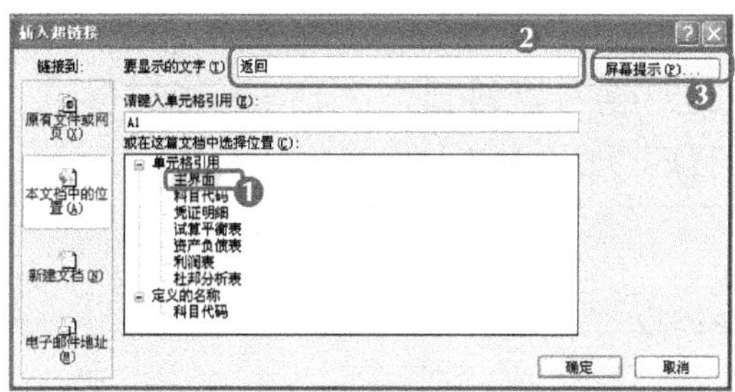

图4-81 设置“返回”链接的位置

图4-82 设置超链接屏幕提示

STEP 7 返回“插入超链接”对话框，单击 确定 按钮，在“科目代码”工作表的E1单元格中显示出“返回”文本，当将鼠标指针指向它时，鼠标指针变成形状，且提示单击它将返回“主界面”工作表。

STEP 8 用相同的方法在其他工作表中分别创建“返回”超链接，如图4-83所示。

	A	B	C	D	E
1	科目代码	科目名称	明细科目		返回
2	1001	库存现金			主界面
3	1002	银行存款			
4	100201	银行存款	工行		
5	100202	银行存款	建行		
6	100203	银行存款	农行		
7	1012	其他货币资金			
8	1122	应收账款			
9	112201	应收账款	供货商1		
10	112202	应收账款	供货商2		
11	112203	应收账款	供货商3		
12	112204	应收账款	供货商4		
13	112205	应收账款	供货商5		
14	112206	应收账款	供货商6		
15	112207	应收账款	供货商7		
16	112208	应收账款	供货商8		
17	112209	应收账款	供货商9		
18	112210	应收账款	供货商10		

主界面 / 科目代码 / 凭证明细 / 试算平衡表 / 资产负

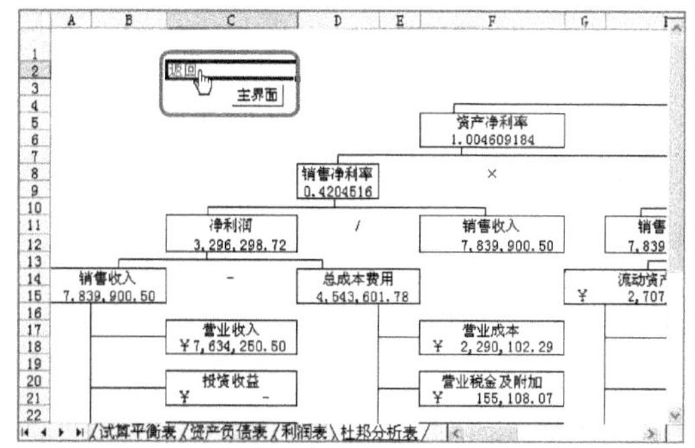

图4-83 创建多个“返回”超链接

知识提示

默认情况下插入的超链接以蓝色加下画线方式显示，将鼠标指针移到该超链接上，系统就会显示出用户设置的屏幕提示，单击该链接则可打开链接的工作表或网页。另外，用鼠标右键单击创建的超链接，在弹出的快捷菜单中选择“打开超链接”命令，也可直接跳转到链接的目标位置，若选择“取消超链接”命令，则可取消已创建的超链接，并将该超链接变成普通文本。

实训一 编制“利润分配表”

【实训目标】

为了了解企业实现净利润的分配情况或亏损的弥补情况，以及利润分配的构成和年末未分配利润的数据，老张决定让小白编制一张“利润分配表”。

要完成本实训，首先要在工作表中列示出“利润分配表”中相应的项目数据，然后计算并引用相应的数据。本实训完成后的最终效果如图4-84所示。

素材所在位置　光盘:\素材文件\项目四\会计资料.xls
效果所在位置　光盘:\效果文件\项目四\利润分配表.xls

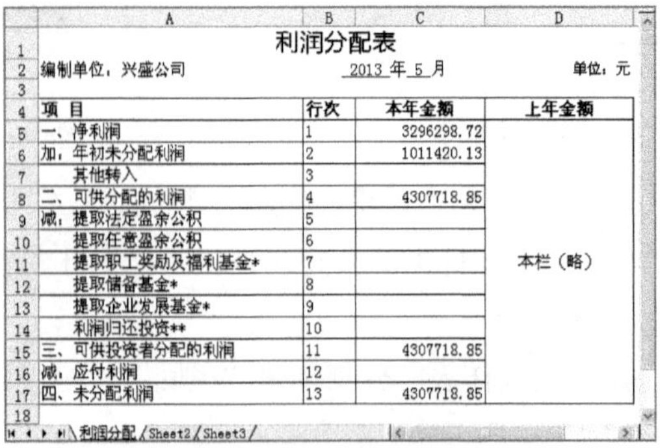

利润分配表

编制单位：兴盛公司　　2013 年 5 月　　单位：元

项　目	行次	本年金额	上年金额
一、净利润	1	3296298.72	本栏（略）
加：年初未分配利润	2	1011420.13	
其他转入	3		
二、可供分配的利润	4	4307718.85	
减：提取法定盈余公积	5		
提取任意盈余公积	6		
提取职工奖励及福利基金*	7		
提取储备基金*	8		
提取企业发展基金*	9		
利润归还投资**	10		
三、可供投资者分配的利润	11	4307718.85	
减：应付利润	12		
四、未分配利润	13	4307718.85	

利润分配 / Sheet2 / Sheet3

图4-84　“利润分配表”最终效果

【专业背景】

利润分配表是利润表的附表，它反映企业一定会计期间对实现净利润的分配或亏损弥补的会计报表，说明利润表中反映的净利润的分配去向。利润分配表中主要包括净利润、可供分配的利润、可供投资者分配的利润、未分配利润、本年金额、上年金额数据等项目，其中，本年金额数据来源于本年最后一个月的利润表和利润分配科目及所属明细科目的记录分析表；上年金额数据来源于上年“利润分配表”的年末余额，若上年与本年利润分配表项目的名称和内容不同，应对上年度利润分配表项目的名称和数据按本年度的规定进行调整，并将调整后的数据输入到本年“利润分配表”的上年金额中。

在利润分配表中将用到的公式有：

- 可供分配的利润=净利润+年初未分配利润+其他转入
- 可供投资者分配的利润=可供分配的利润-提取法定盈余公积-提取任意盈余公积-提取职工奖励及福利基金-提取储备基金-提取企业发展基金-利润归还投资
- 未分配利润=可供投资者分配的利润-应付利润

【实训思路】

完成本实训首先要列示出“利润分配表”中相应的项目数据，然后根据公式计算并引用相应的数据。其操作思路如图4-85所示。

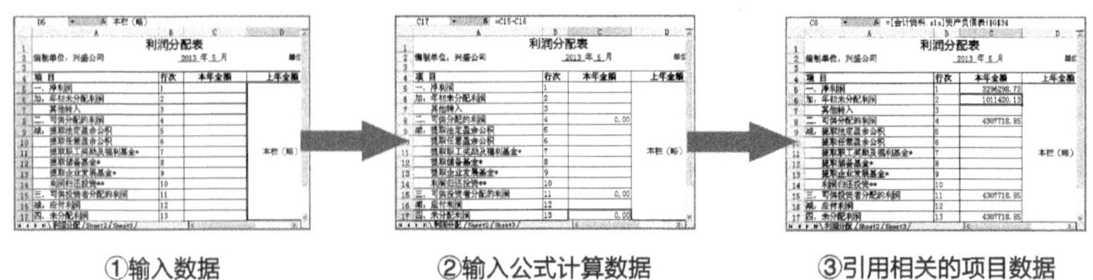

①输入数据　　②输入公式计算数据　　③引用相关的项目数据

图4-85　制作“利润分配表”的思路

【步骤提示】

STEP 1 打开“会计资料”和“利润分配表”工作簿，在“利润分配表”工作簿中输入编制单位和日期，且这里省略“上年金额”数据。

STEP 2 分别在C8、C15和C17单元格中输入公式“=C5+C6+C7”、“=C8-SUM(C9:C14)”、“=C15-C16”，完成后按【Ctrl+Enter】组合键。

STEP 3 分别引用“资产负债表”和“利润表”工作表中的相关数据到“利润分配表”工作表的相应项目中，完成后可自动计算出可供分配的利润、可供投资者分配的利润、未分配利润。

实训二　编制“现金流量表”

【实训目标】

由于会计报表使用者需要了解和评价企业获取现金和现金等价物的能力，并据以预测企业未来现金流量，因此需要制作一张“现金流量表”，为会计报表使用者提供企业一定会计期间内现金和现金等价物流入和流出的信息。

要完成本实训，首先应以资产负债表和利润表数据为基础制作一张工作底稿，对每一个项目进行分析并编制调整会计分录，完成调整会计分录后还需将其引用到工作底稿的相应部分，核对会计分录，查看借贷合计是否相等；最后再根据工作底稿中的现金流量表项目部分编制正式的现金流量表。本实训完成后的最终效果如图4-86所示。

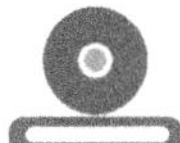

素材所在位置　光盘:\素材文件\项目四\现金流量表.xls

效果所在位置　光盘:\效果文件\项目四\现金流量表.xls

	A	B	C
1	现金流量表		
2	单位名称：		单位：元
3	项目	行次	金额
4	一、经营活动产生现金流量：		
5	销售商品、提供劳务收到的现金	1	1020538
6	收到的税金返还	3	0
7	收到的其他与经营活动有关的现金	8	0
8	现金流入合计	9	1020538
9	购买商品、接受劳务支付现金	10	12000
10	支付给职工以及为职工支付的现金	12	0
11	支付的各项税费	13	0
12	支付的其他与经营活动有关的现金	18	22223
13	现金流出合计	20	34223
14	经营活动产生现金净额	21	986315
15	二、投资活动产生的现金流量：		0
16	收回投资所收到的现金	22	0
17	取得股利或利润所收到的现金	23	0
18	处置固定资产、无形资产和其他长期资产所收回的现金净额	25	164700
19	收到的其他与投资活动有关的现金	28	0
20	现金流入小计	29	0
21	购建固定资产、无形资产和其他长期资产所支付的现金	30	828515
22	投资所支付的现金	31	0
23	支付的其他与投资活动有关的现金	35	0
24	现金流出小计	36	828515
25	投资活动产生的现金净额	37	828515
26	三、筹资活动产生的现金流量：		0
27	吸收投资所收到的现金	38	0
28	借款所收到的现金	40	0

工作底稿 / 调整会计分录 \ 现金流量表 /

图4-86　“现金流量表”最终效果

现金流量表以现金和现金等价物作为编制基础，现金流量表中的“现金”不仅包括“库存现金”账户核算的现金，还包括企业“银行存款”账户核算的存入金融企业、随时可用于支付的存款，以及“其他货币资金”账户核算的外埠存款、银行汇票存款、银行本票存款和在途货币资金等其他货币资金。而现金等价物是指企业持有的期限短、流动性强、易于转换为已知金额现金、价值变动且风险很小的投资。现金等价物不是现金，但其支付能力与现金的差别不大，可视为现金。

【专业背景】

现金流量表反映在一定会计时期内企业经营活动、投资活动、筹资活动对其现金及现金等价物所产生影响的财务报表。它能说明现金流入和流出的原因，反映企业的偿还债务能力以及企业未来获取现金的能力，为企业投资和理财活动提供有用的会计信息，可在一定程度上提高会计信息的可比性，是连接资产负债表和损益表的桥梁。企业的现金流量可划分为3大类，即经营活动产生的现金流量、投资活动产生的现金流量、筹资活动产生的现金流量。

- **经营活动产生的现金流量**：经营活动是指企业投资活动和筹资活动以外的所有交易和事项。其现金流入主要是指销售商品、提供劳务或税费返还等所收到的现金；其现金流出主要是指购买货物、接受劳务推销产品、广告宣传、交纳税款等所支出的现金。
- **投资活动产生的现金流量**：投资活动是指企业长期资产的购建和不包括在现金等价物范围内的投资及其处置活动。其现金流入主要包括收回现金；分得股利、利润或取得债券利息收入所收到的现金；处置固定资产、无形资产、其他长期资产所获得的现金等。其现金流出主要包括购建固定资产、无形资产、其他长期资产所支付的现金；进行债权性和权益性投资等所支付的现金。
- **筹资活动产生的现金流量**：筹资活动是指导致企业资本及债务规模和构成发生变化的活动。其现金流入主要包括发行债券、借款以及吸收权益性投资所收到的现金。其现金流出主要包括偿还债务或减少资本所支付的现金；支付股利、利润或利息所支付的现金；发生筹资费用所支付的现金。

【实训思路】

完成本实训可以根据提供的“工作底稿”分析并编制调整会计分录，完成后再编制现金流量表。其操作思路如图4-87所示。

①编制调整会计分录　②引用数据到工作底稿并核对会计分录　③编制现金流量表

图4-87　制作“现金流量表”的思路

【步骤提示】

STEP 1 打开“现金流量表”工作簿，根据“工作底稿”工作表中各项目的记录顺序，在“调整会计分录”工作表中确定会计分录后输入摘要和科目名称，然后再根据“工作底稿”工作表中各项目发生额的记录情况，在“调整会计分录”工作表的“借方金额”和“贷方金额”列中引用相应的数据，并判断货币资金性质。

STEP 2 将“调整会计分录”工作表中涉及的现金流量表中的项目对应的数据输入“工作底稿”工作簿的现金流量表底稿中，完成后输入相应的公式计算出现金流量表中各项目的期末数，并判断借贷合计是否相等。

STEP 3 将“工作底稿”工作表中现金流量表项目的期末数引用到“现金流量表”工作表的金额列。

常见疑难解析

问：如果导入的外部数据发生了改变，如何更新目标文件中导入的数据呢？

答：在导入了外部数据的工作簿中，将打开“外部数据”工具栏（若没有打开“外部数据”工具栏，可选择【视图】/【工具栏】/【外部数据】菜单命令将其打开），然后在其中单击按钮，可刷新导入的文本文件，改动会立刻反映到当前工作表中；若工作簿中有多个导入文本文件，可单击按钮。

问：怎样添加斜线表头？

答：在制作表格的过程中，经常会遇到在首行的表头中输入多个内容，但是单个的单元格是不能拆分的，因此可将单元格内容以斜线分成两部分显示。添加斜线表头的方法主要有以下两种。

- 首先选择要添加斜线的单元格，然后选择【格式】/【单元格】菜单命令，在打开的“单元格格式”对话框中单击“边框”选项卡，在“边框”栏中单击或按钮，即可为选择的单元格设置由左下到右上或由左上到右下的斜线。
- 直接在工作表的“绘图”工具栏中单击按钮，然后在相应的单元格中从不同方向绘制斜线即可。

问：能否将多个图形对象组合在一起？

答：当然可以，在工作表中可以将多个独立的形状组合为一个图形对象，以方便对组合后的图形对象进行移动、修改大小等操作。组合图形的方法为：同时选择多个图形对象，然后在其上单击鼠标右键，在弹出的快捷菜单中选择【组合】/【组合】命令即可。

如果要取消组合图形对象，可在组合后的图形对象上单击鼠标右键，在弹出的快捷菜单中选择【组合】/【取消组合】命令即可。

拓展知识

1. 自定义模板

当Excel内置的模板不能满足用户的实际需要时，用户可根据需求创建新的模板，具体操作如下。

STEP 1 制作或打开需要作为模板的工作簿，然后选择【文件】/【另存为】菜单命令，在打开的“另存为”对话框的“保存位置”下拉列表中选择表格需保存的位置。

STEP 2 在“文件名”下拉列表框中设置表格保存名称；在“保存类型”下拉列表中选择“模板”选项，如图4-88所示。

STEP 3 单击保存(S)按钮即可将该工作簿另存为模板文件。

在Excel中创建好模板后，就可使用该模板新建工作簿了，具体操作如下。

STEP 1 选择【文件】/【新建】菜单命令，在打开的“新建工作簿”任务窗格中单击“新建工作簿”任务窗格中的“本机上的模板”超链接。

STEP 2 在打开的“模板”对话框的“常用”选项卡中选择新建工作簿需依据的模板，如图4-89所示。

STEP 3 单击确定按钮即可使用自定义的Excel模板快速创建与该模板结构相同的Excel工作簿。

图4-88 另存为模板文件

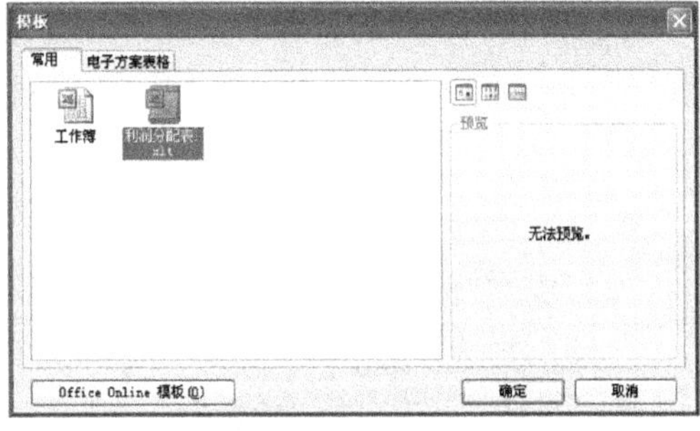

图4-89 选择新建工作簿需依据的模板

知识提示 默认情况下，创建的模板保存在Templates文件夹中，且该文件夹下的模板文件将出现在“模板”对话框的“常用”选项卡的列表框中。用户也可将创建的模板保存在本地电脑中的任意位置。

2. 用HYPERLINK函数快速创建超链接

HYPERLNK函数用来创建一个快捷方式或链接，以便打开一个存储在硬盘、网络服务器或Internet上的文档。其语法结构为：HYPERLINK(link_location,friendly_name)。其中，link_location表示链接地址；friendly_name表示单元格中显示的跳转文本值或数字值。下面假设在“杜邦分析表”工作簿的“杜邦分析表”工作表的C1单元格中输入公式

“=HYPERLINK("[杜邦分析表.xls]主界面!A1")”，然后按【Enter】键，完成后单击它即可链接到“主界面”工作表的A1单元格中。

3．创建书签超链接

创建书签链接的方法如下。

STEP 1 在Excel工作簿中选择【插入】/【超链接】菜单命令，在打开的“插入超链接”对话框的“链接到：”栏中单击“原有文件或网页”按钮。

STEP 2 在对话框右侧单击[书签(O)...]按钮，如图4-90所示。

STEP 3 在打开的“在文档中选择位置”对话框的“或在这篇文档中选择位置”列表框中展开“单元格引用”目录，在其下选择所需的工作表，然后在“请键入单元格引用”文本框中输入要链接到该表格中的单元格地址，如图4-91所示。

STEP 4 单击[确定]按钮，返回“插入超链接”对话框，选择的单元格的绝对地址将自动填入该对话框底部的“地址”下拉列表框中。

STEP 5 单击“插入超链接”对话框右上角的[屏幕提示(P)...]按钮，在打开的“设置超链接屏幕提示”对话框的“屏幕提示文字”文本框中输入所需的提示信息。

STEP 6 单击[确定]按钮，返回“插入超链接”对话框，再次单击[确定]按钮即可为所需工作表的相应单元格创建链接至另一工作表的相应单元格的书签超链接。

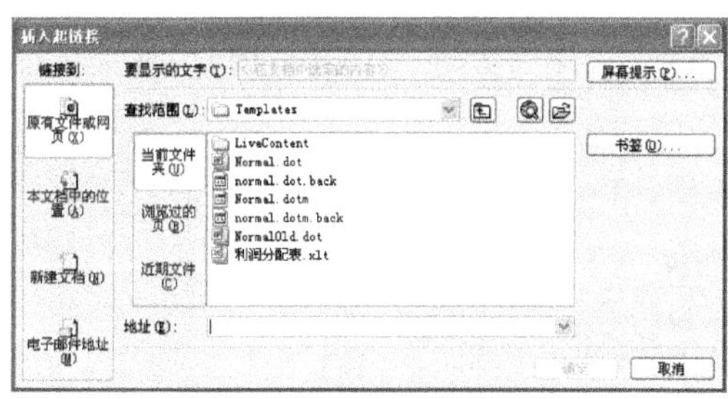

图4-90 单击“书签”按钮

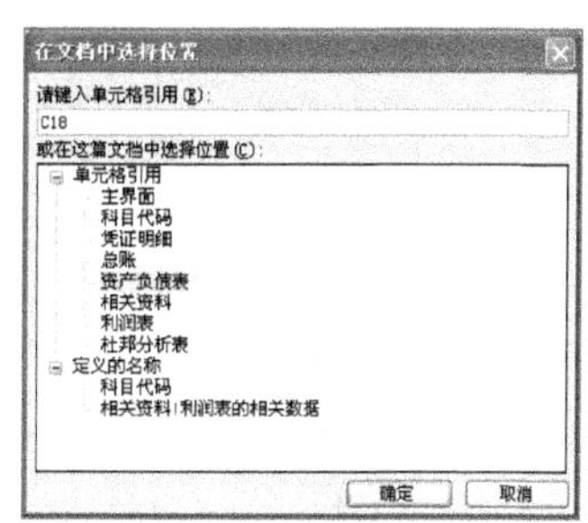

图4-91 创建书签超链接的引用位置

课后练习

素材所在位置 光盘:\素材文件\项目四\××公司试算平衡表.xls

效果所在位置 光盘:\效果文件\项目四\××公司资产负债表.xls、××公司利润表.xls

（1）编制“××公司资产负债表”，其参考效果如图4-92所示。

- 首先根据提供的“××公司试算平衡表”工作簿中发生的经济业务从资产、负债及所有者权益两个方面进行整理，从而获得资产负债表的项目数据。
- 将“试算平衡表”工作表中的相应项目数据引用到“资产负债表”工作表中，并计算出资产与负债的期初与期末数。

资产负债表

编制单位：XX公司　　2013 年 5 月　　单位：元

资 产	行次	期末余额	期初余额	负债和所有者权益	行次	期末余额	期初余额
流动资产：				流动负债：			
货币资金	1	197930.00	279800.00	短期借款	31	220000.00	320000.00
短期投资	2			应付票据	32		
应收票据	3			应付账款	33	66500.00	60000.00
应收账款	4	86800.00	16800.00	预收账款	34		
预付账款	5	3620.00	3020.00	应付职工薪酬	35		
应收股利	6			应交税费	36		
应收利息	7			应付利息	37		
其他应收款	8	20900.00		应付利润	38		
存货	9	97290.00	105000.00	其他应付款	39	2320.00	2000.00
其中：原材料	10	74930.00	60000.00	其他流动负债	40		
在产品	11			**流动负债合计**	**41**	**288820.00**	**382000.00**
库存商品	12	22360.00	45000.00	非流动负债：			
周转材料	13			长期借款	42		
其他流动资产	14			长期应付款	43		
流动资产合计	**15**	**406540.00**	**404620.00**	递延收益	44		
非流动资产：				其他非流动负债	45		
长期债券投资	16			**非流动负债合计**	**46**	**0.00**	**0.00**
长期股权投资	17			**负债合计**	**47**	**288820.00**	**382000.00**
固定资产原价	18	605400.00	425400.00				
减：累计折旧	19	45400.00	25400.00				

试算平衡表　资产负债表

图4-92　“XX公司资产负债表”最终效果

（2）编制“××公司利润表”，其参考效果如图4-93所示，具体要求如下。

- 首先将“××公司试算平衡表”工作簿以“××公司利润表”为名进行另存。
- 将“Sheet2”工作表重命名为“利润表”，在其中输入并编辑相应的数据。
- 完成后将“试算平衡表”工作表中的本月发生额引用到相应的单元格中，并自动计算“营业利润”、“利润总额”、“净利润”的“本月金额”，这里省略“本年累计金额”的计算。

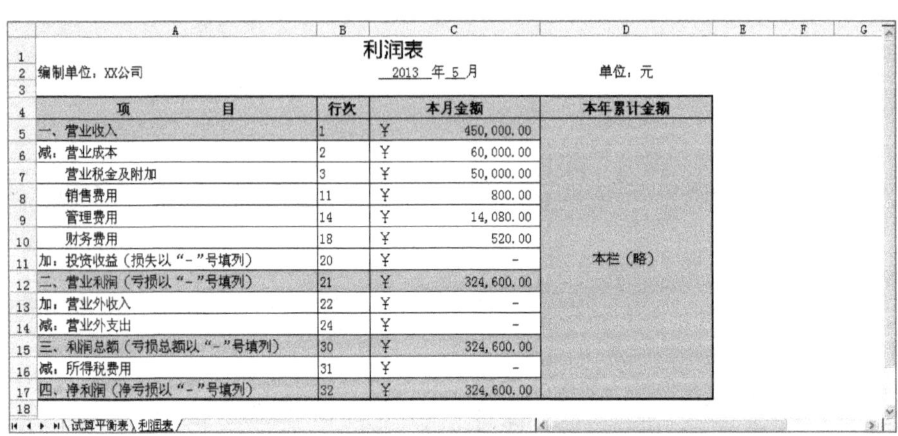

利润表

编制单位：XX公司　　2013 年 5 月　　单位：元

项　　目	行次	本月金额	本年累计金额
一、营业收入	1	¥ 450,000.00	本栏（略）
减：营业成本	2	¥ 60,000.00	
营业税金及附加	3	¥ 50,000.00	
销售费用	11	¥ 800.00	
管理费用	14	¥ 14,080.00	
财务费用	18	¥ 520.00	
加：投资收益（损失以“-”号填列）	20	¥ -	
二、营业利润（亏损以“-”号填列）	21	¥ 324,600.00	
加：营业外收入	22	¥ -	
减：营业外支出	24	¥ -	
三、利润总额（亏损总额以“-”号填列）	30	¥ 324,600.00	
减：所得税费用	31	¥ -	
四、净利润（净亏损以“-”号填列）	32	¥ 324,600.00	

试算平衡表　利润表

图4-93　“××公司利润表”最终效果

PART 5

项目五 进销存数据分析

情景导入

最近销售订单不断增大，为了保证企业良性运作，老张决定与小白一起对进销存数据进行分析，帮助管理者及时、准确地掌握库存信息，如材料出入库、成品出入库、退换货等事务，以便于合理分配采购和销售任务等。

知识技能目标

- 熟练掌握窗体和图表的使用方法。
- 熟练掌握通过添加趋势线分析数据的方法。
- 熟练掌握添加控件执行VBA程序和添加批注的方法。

- 了解工作中进销存数据分析的基本流程。
- 掌握“采购成本分析表”、“销售预测分析表”、“库存统计表”等表格的制作方法。

项目流程对应图

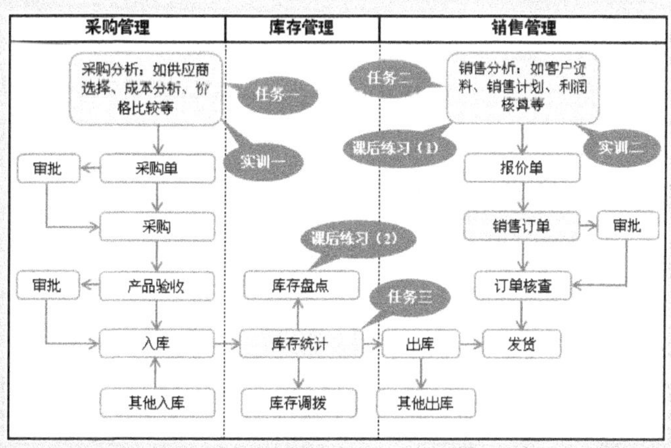

任务一 制作“采购成本分析表”

材料成本大小直接影响企业的生产成本，在材料成本中除采购价格因素外，采购成本也是一个重要的因素。采购成本的构成有两项：一是采购环节产生的费用，二是存储材料产生的费用。因此，分析企业的采购成本可帮助企业设置科学合理的采购量和采购次数，从而为企业降低采购环节成本提供可靠的依据。

一、 任务目标

为了确定采购量和存储量之间的关系，老张决定让小白制作一张“采购成本分析表”，以分析采购成本和存储成本在不同批次下的数据变化情况。该任务将利用相应的公式和函数计算出最低采购成本、采购批次和采购量，然后利用“滚动条”窗体分析数据变化，完成后再利用图表显示并分析采购成本和存储成本的关系。本例完成后的最终效果如图5-1所示。

效果所在位置 光盘:\效果文件\项目五\采购成本分析表.xls

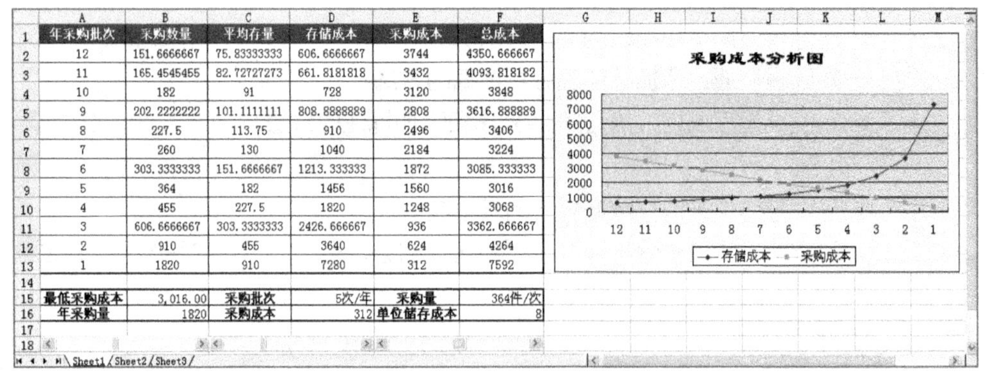

年采购批次	采购数量	平均存量	存储成本	采购成本	总成本
12	151.6666667	75.83333333	606.6666667	3744	4350.666667
11	165.4545455	82.72727273	661.8181818	3432	4093.818182
10	182	91	728	3120	3848
9	202.2222222	101.1111111	808.8888889	2808	3616.888889
8	227.5	113.75	910	2496	3406
7	260	130	1040	2184	3224
6	303.3333333	151.6666667	1213.333333	1872	3085.333333
5	364	182	1456	1560	3016
4	455	227.5	1820	1248	3068
3	606.6666667	303.3333333	2426.666667	936	3362.666667
2	910	455	3640	624	4264
1	1820	910	7280	312	7592
最低采购成本	3,016.00	采购批次	5次/年	采购量	364件/次
年采购量	1820	采购成本	312	单位储存成本	8

图5-1 “采购成本分析表”最终效果

二、 相关知识

要制作“采购成本分析表”，将用到Excel中的“滚动条”窗体和图表。下面先了解并认识“滚动条”窗体和图表，然后掌握采购成本分析所需的公式与函数。

1. 认识“滚动条”窗体

“滚动条”窗体控件可以非常方便地改变它所链接的单元格中的数值，从而直观地观察到由此而产生的一系列变化，这些变化对问题的理解、分析、决策具有决定性帮助。在本例中将结合相关函数灵活自如地对分析对象的各影响因素进行变动分析。

要使用“滚动条”窗体控件，可选择【视图】/【工具栏】/【窗体】菜单命令，在打开的“窗体”工具栏中单击“滚动条”按钮，如图5-2所示，然后在工作表的相应位置按住鼠标左键不放并拖动鼠标指针绘制出所需的滚动条。在绘制的“滚动条”窗体控件上单击鼠标右键，在弹出的快捷菜单中选择“设置控件格式”命令，在打开的对话框中还可根据需要设置滚动条与微调项窗体控件的属性（相应属性的作用可参阅项目七“认识微调项窗体控件”标题下的相应内容），并链接到相应的单元格，如图5-3所示，完成后即可应用该窗体控件。

图 5-2 “窗体”工具栏

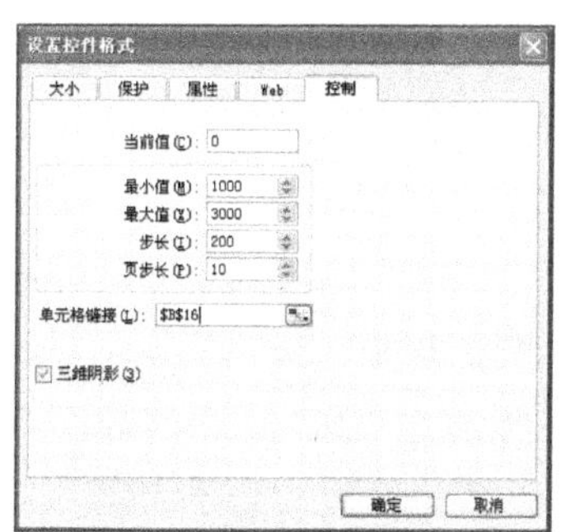

图 5-3 “设置控件格式”对话框

2．认识图表

图表是Excel 2003中重要的数据分析工具，通过它可清楚地显示出各个数据的大小和变化情况，以帮助用户分析数据，查看数据的差异、走势，预测发展趋势等。

利用图表可以使工作表中枯燥的数据具有良好的视觉效果，让数据更清楚、更容易理解。工作表中，一张完整的图表主要由图表标题、图表区、坐标轴（分类轴和数值轴）、绘图区、数据系列、网格线、图例等部分组成。图5-4所示为折线图。

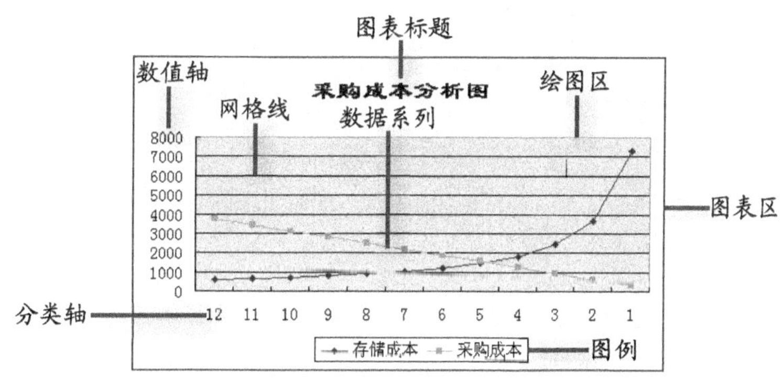

图5-4 图表的组成部分

3．采购成本分析所需的公式与函数

在企业年采购总量不变的情况下，采购次数越多，每批采购量则越小，采购成本将上升，储存成本随之减小；反之，采购次数越少，每批采购量则越大，采购成本将下降，而储存成本将增大。因此，在分析采购成本时，相关数据的关系可用公式表示如下。

- 采购数量＝年采购量÷年采购批次
- 平均存量＝采购数量÷2
- 存储成本＝平均存量×单位存储成本
- 采购成本＝年采购批次×采购成本

● 总成本=存储成本+采购成本

在本例中将用到的相关函数如下。

● **MIN函数**：用来返回一组值中的最小值，其语法结构为：MIN(number1,number2,…)。其中，number1,number2,…表示要筛选的1~30个数值或引用，引用的单元格区域中包含的文本、逻辑值或空白单元格都将被忽略。
● **MATCH函数**：用来在指定方式下返回与指定数值匹配的数组中元素的相应位置，其语法结构为：MATCH(lookup_value,lookup_array,match_type)。其中lookup_value表示需要在数据表中查找的数值；lookup_array表示要在其中查找数值的数据表；match_type用于指明在lookup_array中以何种方式查找lookup_value，当match_type值为1或省略时，表示查找小于或等于lookup_value的最大数值，lookup_array必须按升序排列；当match_type值为0时，表示查找等于lookup_value的第一个数值，lookup_array必须按任何顺序排列；当match_type值为-1时，表示查找大于或等于lookup_value的最小数值，lookup_array必须按降序排列。
● **INDEX函数**：分为数组型和引用型两种形式。不同形式的函数，其语法结构也不相同，在使用方法上也有一定的差异。数组型INDEX函数用于返回列表或数组中的指定值，其语法结构为：INDEX (array,row_num,column_num)。其中，array表示单元格区域或数组常量；row_num表示数组中的行序号；colum_num表示数组中的列序号，而引用型INDEX函数也用于返回列表或数组中的指定值，但通常返回的是引用，其语法结构为：INDEX(reference,row_num,column_num,area_num)。其中，reference表示对一个或多个单元格区域的引用；row_num和column_num分别表示引用中的行序号和列序号；area_num用于有多个引用区域时，指定其中的某个引用区域。

知识提示

如果INDEX函数中的每个区域都只包含一行或一列，则相对应的参数row_num或column_num为可选参数，如在本例引用中的每个区域只包含一列，则可使用INDEX(reference,row_num)。

三、任务实施

1. 创建数据变化表

下面首先创建采购成本和储存成本在不同批次下的数据变化表，然后利用公式与函数计算相应的数据，其具体操作如下。

STEP 1 将新建的工作簿以“采购成本分析表”为名进行保存，然后在其中输入表题和表头数据，并设置单元格格式，如图5-5所示。

STEP 2 选择B2:B13单元格区域，在编辑栏中输入公式“=$B$16/A2”，完成后按【Ctrl+Enter】组合键计算采购数量，如图5-6所示。

J23 fx

	A	B	C	D	E
1	年采购批次	采购数量	平均存量	存储成本	采购成本
2	12				
3	11				
4	10				
5	9				
6	8				
7	7				
8	6				
9	5				
10	4				
11	3				
12	2				
13	1				
14					
15	最低采购成本		采购批次		采购量
16	年采购量		采购成本		单位储存成本

Sheet1 / Sheet2 / Sheet3

图5-5 输入数据并设置单元格格式

B2 fx =$B$16/A2

	A	B	C	D	E
1	年采购批次	采购数量	平均存量	存储成本	采购成本
2	12	0			
3	11	0			
4	10	0			
5	9	0			
6	8	0			
7	7	0			
8	6	0			
9	5	0			
10	4	0			
11	3	0			
12	2	0			
13	1	0			
14					
15	最低采购成本		采购批次		采购量
16	年采购量		采购成本		单位储存成本

Sheet1 / Sheet2 / Sheet3

图5-6 计算采购数量

STEP 3 选择C2:C13单元格区域，在编辑栏中输入公式“=B2/2”，完成后按【Ctrl+Enter】组合键计算平均存量，如图5-7所示。

STEP 4 选择D2:D13单元格区域，在编辑栏中输入公式“=C2*$F$16”，完成后按【Ctrl+Enter】组合键计算存储成本，如图5-8所示。

C2 fx =B2/2

	A	B	C	D	E
1	年采购批次	采购数量	平均存量	存储成本	采购成本
2	12	0	0		
3	11	0	0		
4	10	0	0		
5	9	0	0		
6	8	0	0		
7	7	0	0		
8	6	0	0		
9	5	0	0		
10	4	0	0		
11	3	0	0		
12	2	0	0		
13	1	0	0		
14					
15	最低采购成本		采购批次		采购量
16	年采购量		采购成本		单位储存成本

Sheet1 / Sheet2 / Sheet3

图5-7 计算平均存量

D2 fx =C2*$F$16

	B	C	D	E	F
1	采购数量	平均存量	存储成本	采购成本	总成本
2	0	0	0		
3	0	0	0		
4	0	0	0		
5	0	0	0		
6	0	0	0		
7	0	0	0		
8	0	0	0		
9	0	0	0		
10	0	0	0		
11	0	0	0		
12	0	0	0		
13	0	0	0		
14					
15		采购批次		采购量	
16		采购成本		单位储存成本	

Sheet1 / Sheet2 / Sheet3

图5-8 计算存储成本

STEP 5 选择E2:E13单元格区域，在编辑栏中输入公式“=A2*$D$16”，完成后按【Ctrl+Enter】组合键计算采购成本，如图5-9所示。

STEP 6 选择F2:F13单元格区域，在编辑栏中输入公式“=D2+E2”，完成后按【Ctrl+Enter】组合键计算总成本，如图5-10所示。

E2 fx =A2*$D$16

	A	B	C	D	E
1	年采购批次	采购数量	平均存量	存储成本	采购成本
2	12	0	0	0	0
3	11	0	0	0	0
4	10	0	0	0	0
5	9	0	0	0	0
6	8	0	0	0	0
7	7	0	0	0	0
8	6	0	0	0	0
9	5	0	0	0	0
10	4	0	0	0	0
11	3	0	0	0	0
12	2	0	0	0	0
13	1	0	0	0	0

图5-9 计算采购成本

F2 fx =D2+E2

	B	C	D	E	F
1	采购数量	平均存量	存储成本	采购成本	总成本
2	0	0	0	0	0
3	0	0	0	0	0
4	0	0	0	0	0
5	0	0	0	0	0
6	0	0	0	0	0
7	0	0	0	0	0
8	0	0	0	0	0
9	0	0	0	0	0
10	0	0	0	0	0
11	0	0	0	0	0
12	0	0	0	0	0
13	0	0	0	0	0

图5-10 计算总成本

STEP 7 选择B15单元格，输入公式“=MIN(F2:F13)”，完成后按【Ctrl+Enter】组合键计算最低采购成本，如图5-11所示。

STEP 8 选择D15单元格，输入公式“=INDEX(A2:A13,MATCH(B15,F2:F13,0))”，完成后按【Ctrl+Enter】组合键计算采购批次，如图5-12所示。

B15 =MIN(F2:F13)

	A	B	C	D	E
1	年采购批次	采购数量	平均存量	存储成本	采购成本
2	12	0	0	0	0
3	11	0	0	0	0
4	10	0	0	0	0
5	9	0	0	0	0
6	8	0	0	0	0
7	7	0	0	0	0
8	6	0	0	0	0
9	5	0	0	0	0
10	4	0	0	0	0
11	3	0	0	0	0
12	2	0	0	0	0
13	1	0	0	0	0
14					
15	最低采购成本	0	采购批次		采购量
16	年采购量		采购成本		单位储存成本

Sheet1 / Sheet2 / Sheet3

图5-11　计算最低采购成本

D15 =INDEX(A2:A13,MATCH(B15,F2:F13,0))

	A	B	C	D	E
1	年采购批次	采购数量	平均存量	存储成本	采购成本
2	12	0	0	0	0
3	11	0	0	0	0
4	10	0	0	0	0
5	9	0	0	0	0
6	8	0	0	0	0
7	7	0	0	0	0
8	6	0	0	0	0
9	5	0	0	0	0
10	4	0	0	0	0
11	3	0	0	0	0
12	2	0	0	0	0
13	1	0	0	0	0
14					
15	最低采购成本	0	采购批次	12	采购量
16	年采购量		采购成本		单位储存成本

Sheet1 / Sheet2 / Sheet3

图5-12　计算采购批次

公式“=INDEX(A2:A13,MATCH(B15,F2:F13,0))”表示在F2:F13单元格区域中查询B15单元格中的“最低采购成本”，返回查找到的总成本的相对行号，然后用此值作为INDEX函数的第2个参数，返回A2:A13单元格区域中的相应值。

STEP 9 选择F15单元格，输入公式“=INDEX(B2:B13,MATCH(B15,F2:F13,0))”，完成后按【Ctrl+Enter】组合键计算采购量，如图5-13所示。

STEP 10 选择B15单元格，按【Ctrl+1】组合键打开“单元格格式”对话框，在“数字”选项卡的“分类”列表框中选择“自定义”选项，在“类型”文本框中输入“#,##0.00”，然后单击 确定 按钮，自定义B15单元格的数字格式为“#,##0.00”。用相同的方法自定义D15单元格的数字格式为“0‘次/年’”和F15单元格的数字格式为“0‘件/次’”，如图5-14所示。

F15 =INDEX(B2:B13,MATCH(B15,F2:F13,0))

	B	C	D	E	F
1	采购数量	平均存量	存储成本	采购成本	总成本
2	0	0	0	0	0
3	0	0	0	0	0
4	0	0	0	0	0
5	0	0	0	0	0
6	0	0	0	0	0
7	0	0	0	0	0
8	0	0	0	0	0
9	0	0	0	0	0
10	0	0	0	0	0
11	0	0	0	0	0
12	0	0	0	0	0
13	0	0	0	0	0
14					
15	0	采购批次	12	采购量	0
16		采购成本		单位储存成本	

Sheet1 / Sheet2 / Sheet3

图5-13　计算采购量

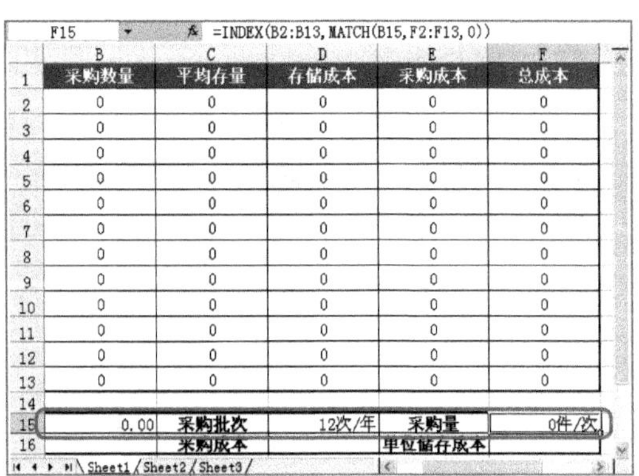

F15 =INDEX(B2:B13,MATCH(B15,F2:F13,0))

	B	C	D	E	F
1	采购数量	平均存量	存储成本	采购成本	总成本
2	0	0	0	0	0
3	0	0	0	0	0
4	0	0	0	0	0
5	0	0	0	0	0
6	0	0	0	0	0
7	0	0	0	0	0
8	0	0	0	0	0
9	0	0	0	0	0
10	0	0	0	0	0
11	0	0	0	0	0
12	0	0	0	0	0
13	0	0	0	0	0
14					
15	0.00	采购批次	12次/年	采购量	0件/次
16		采购成本		单位储存成本	

Sheet1 / Sheet2 / Sheet3

图5-14　自定义数字格式

2. 添加“滚动条”窗体

下面分别创建与“年采购量”、“采购成本”、“单位储存成本”数据相关的滚动条窗体控件，其具体操作如下。

STEP 1 在工作簿中选择【视图】/【工具栏】/【窗体】菜单命令，如图5-15所示。

STEP 2 在打开的“窗体”工具栏中单击“滚动条”按钮，如图5-16所示。

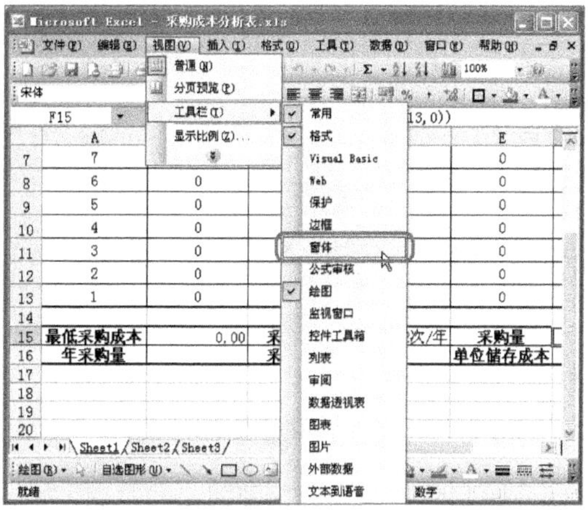

图5-15 选择窗体菜单命令

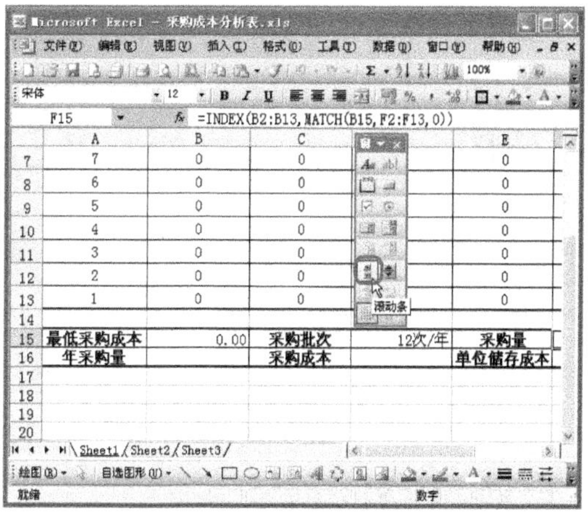

图5-16 单击“滚动条”按钮

STEP 3 在A18单元格的左上角按住鼠标左键不放，拖动鼠标指针至B18单元格的右下角，释放鼠标绘制出所需的滚动条，如图5-17所示。

STEP 4 在绘制的滚动条上单击鼠标右键，在弹出的快捷菜单中选择“设置控件格式”命令，如图5-18所示。

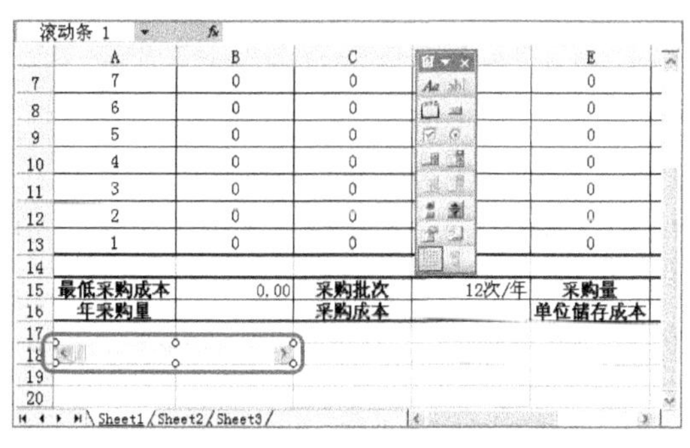

图5-17 绘制滚动条

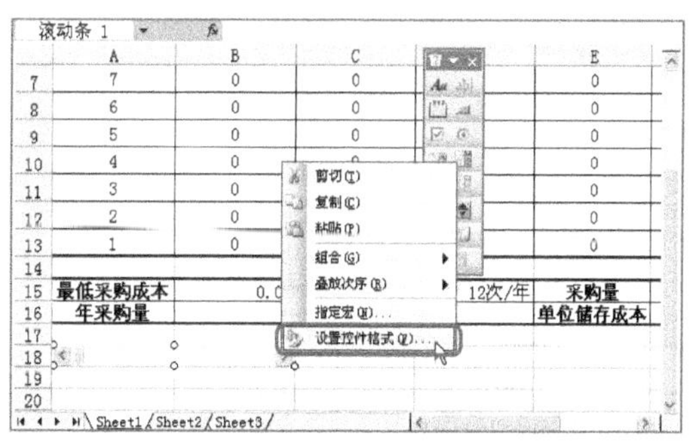

图5-18 选择“设置控件格式”命令

STEP 5 在打开的“设置控件格式”对话框中单击“控制”选项卡，在“最小值”文本框中输入数据“1000”，在“最大值”文本框中输入数据“3000”，在“步长”文本框中输入数据“200”，然后再将文本插入点定位到“单元格链接”文本框中，收缩对话框后在工作表中选择B16单元格，如图5-19所示，完成后单击 确定 按钮。

STEP 6 用相同的方法在C18:D18单元格区域中绘制一个滚动条，并设置控件格式的“最小值”为“200”，“最大值”为“600”，“步长”为“100”，然后再设置“单元格链接”为D16单元格，如图5-20所示。

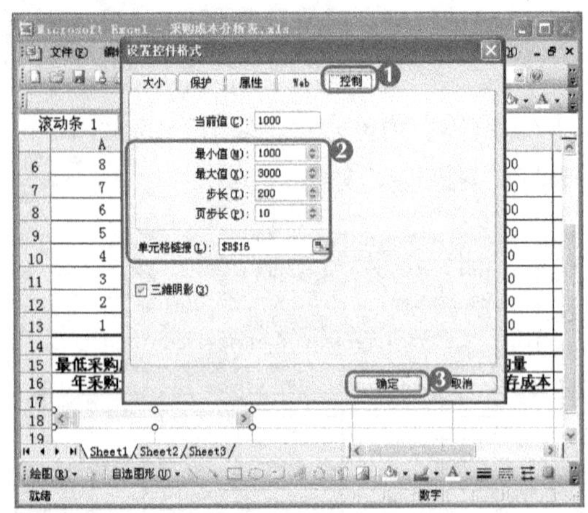

图5-19　设置“年采购量”滚动条窗体的格式

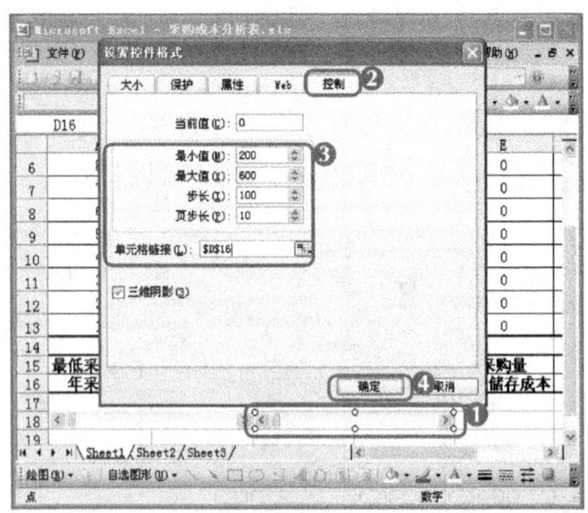

图5-20　绘制并设置“采购成本”滚动条窗体的格式

STEP 7 用相同的方法在E18:F18单元格区域中绘制一个滚动条，并设置控件格式的“最小值”为“4”，“最大值”为“12”，“步长”为“1”，然后再设置“单元格链接”为F16单元格，如图5-21所示。

STEP 8 返回工作表中可查看相应数据的变化情况，完成后在“窗体”工具栏的右上角单击☒按钮，关闭该工具栏，如图5-22所示。

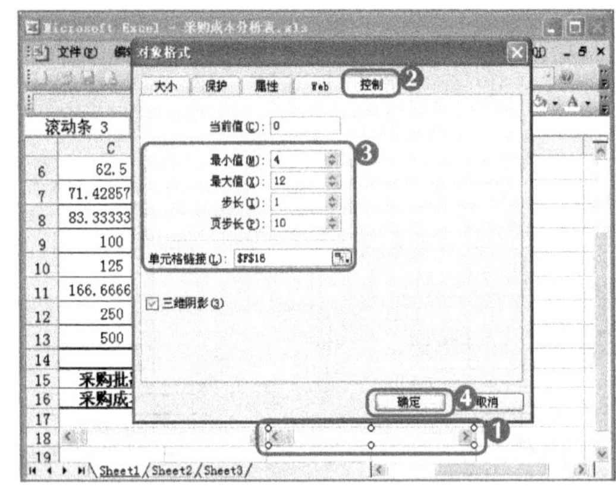

图5-21　绘制并设置“单位储存成本”滚动条窗体的格式

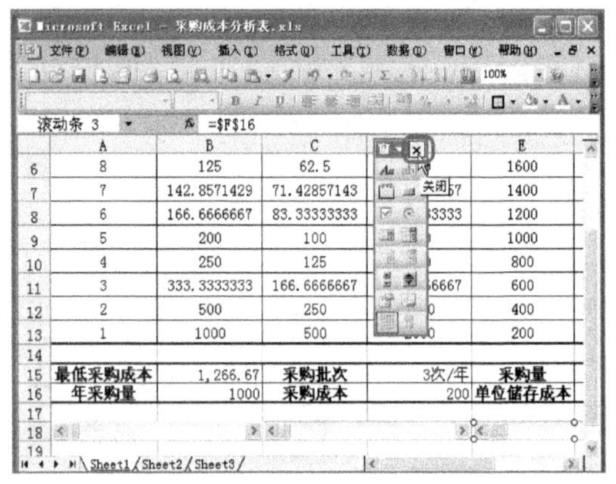

图5-22　查看数据的变化情况

3. 创建和编辑折线图

下面创建并编辑“数据点折线图”，显示并分析存储成本和采购成本的数据变化情况，其具体操作如下。

STEP 1 选择D1:E13单元格区域，在“常用”工具栏中单击“图表向导”按钮，如图5-23所示，或选择【插入】/【图表】菜单命令。

STEP 2 在打开的“图表向导－4 步骤之 1－图表类型”对话框的“图表类型”列表框中选择“折线图”选项，然后在“子图表类型”列表框中选择默认的“数据点折线图”选项，完成后单击[下一步(N) >]按钮，如图5-24所示。

	A	B	C	D	E
1	年采购批次	采购数量	平均存量	存储成本	采购成本
2	12	83.33333333	41.66666667	166.6666667	2400
3	11	90.90909091	45.45454545	181.8181818	2200
4	10	100	50	200	2000
5	9	111.1111111	55.55555556	222.2222222	1800
6	8	125	62.5	250	1600
7	7	142.8571429	71.42857143	285.7142857	1400
8	6	166.6666667	83.33333333	333.3333333	1200
9	5	200	100	400	1000
10	4	250	125	500	800
11	3	333.3333333	166.6666667	666.6666667	600

图5-23 单击“图表向导”按钮

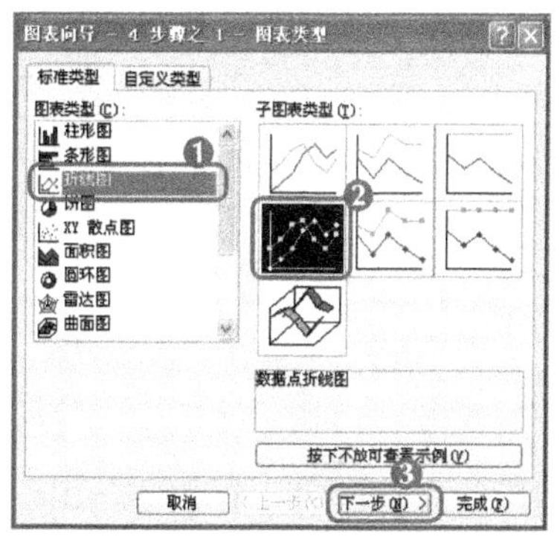

图5-24 选择图表类型

STEP 3 在打开的“源数据”对话框中单击“系列”选项卡，将文本插入点定位到“分类（X）轴标志”文本框中，然后在工作表中选择A2:A13单元格区域，完成后单击[下一步(N) >]按钮，如图5-25所示。

STEP 4 打开“图表向导－4 步骤之 3－图表选项”对话框，在“标题”选项卡的“图表标题”文本框中输入“采购成本分析图”文本，如图5-26所示。

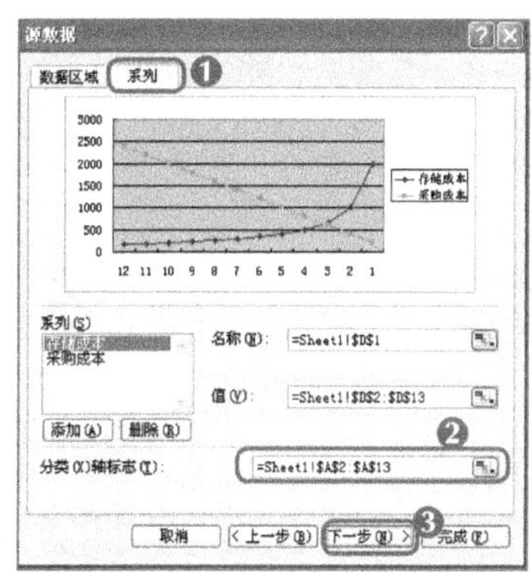

图5-25 选择折线图的分类轴标志

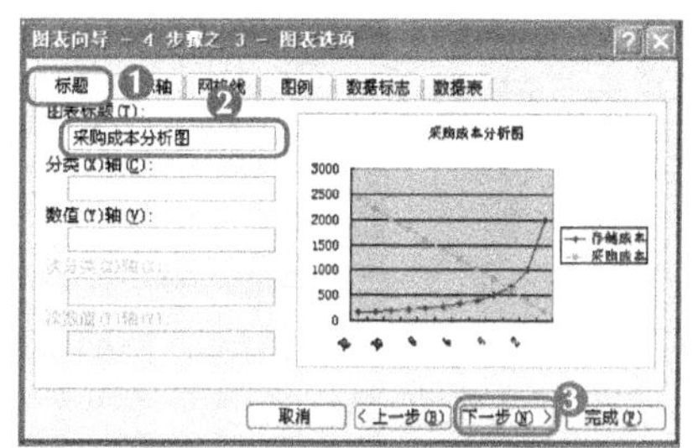

图5-26 输入图表标题

知识提示

在“系列”选项卡的“系列”栏下单击[添加(A)]按钮可添加数据系列，且在右侧的“名称”文本框中可选择分类轴所对应的单元格，在“值”文本框中可选择系列数据所对应的单元格区域，在“分类轴标志”文本框中可选择所对应的单元格区域。

STEP 5 单击“图例”选项卡，在“位置”栏中单击选中“底部”单选项，然后单击[下一步(N) >]按钮，如图5-27所示。

STEP 6 在打开的“图表向导－4 步骤之 4－图表位置”对话框中设置图表的保存位置，这里保持默认设置，完成后单击[完成(F)]按钮，如图5-28所示。

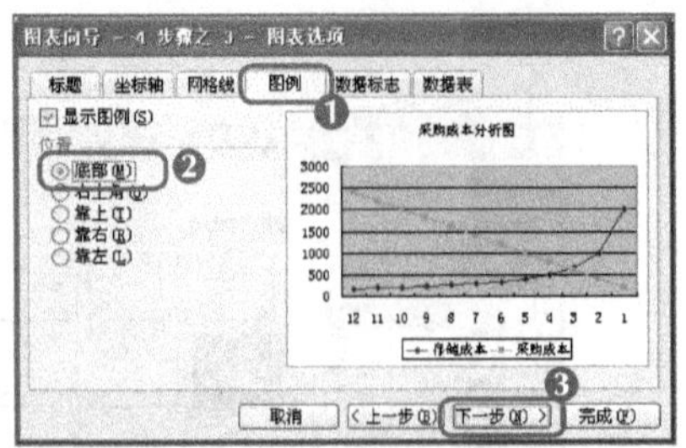

图5-27　调整图例显示位置

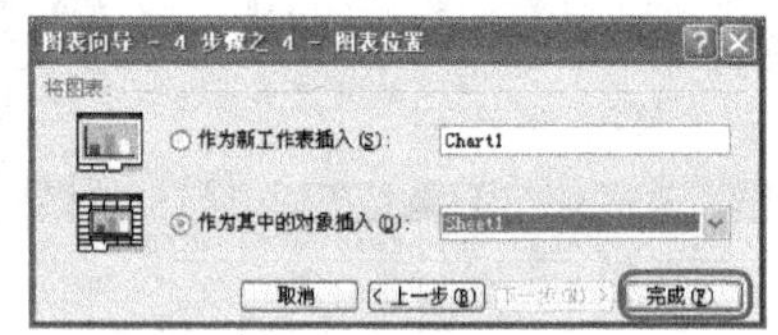

图5-28　设置图表保存位置

STEP 7 返回工作表中，可看到创建的数据点折线图，并自动打开“图表”工具栏，然后将鼠标指针移动到图表的图表区上，按住鼠标左键不放，将其向右拖动到工作表中的空白位置，如图5-29所示。

STEP 8 在图表上单击鼠标左键，其四周将出现控制点，将鼠标指针移动到右下角的控制点上，当鼠标指针变成↘形状时，按住鼠标左键不放向右下角拖动到适当的位置处释放鼠标，以调整图表大小，如图5-30所示。

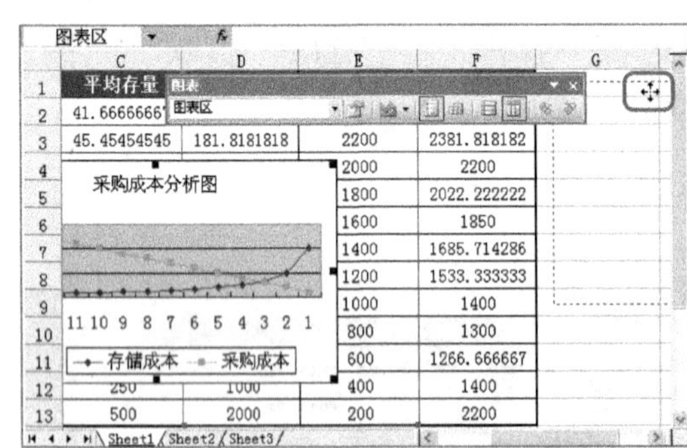

图5-29　移动图表位置

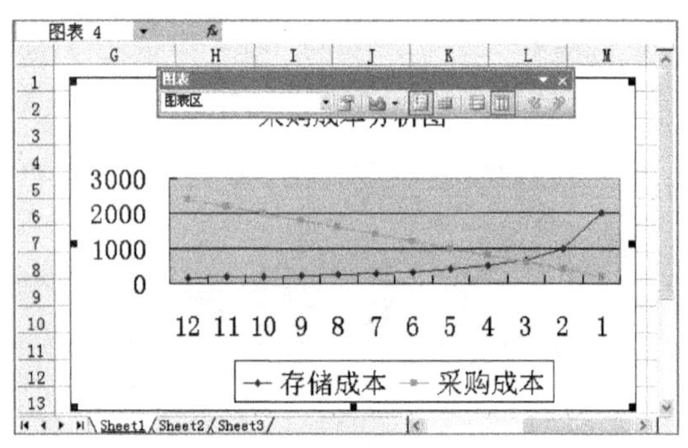

图5-30　调整图表大小

STEP 9 双击图表区，在打开的“图表区格式”对话框的“图案”选项卡中选择“浅黄”选项，如图5-31所示。

STEP 10 单击“字体”选项卡，在“字号”列表框中选择“12”选项，完成后单击 确定 按钮，如图5-32所示。

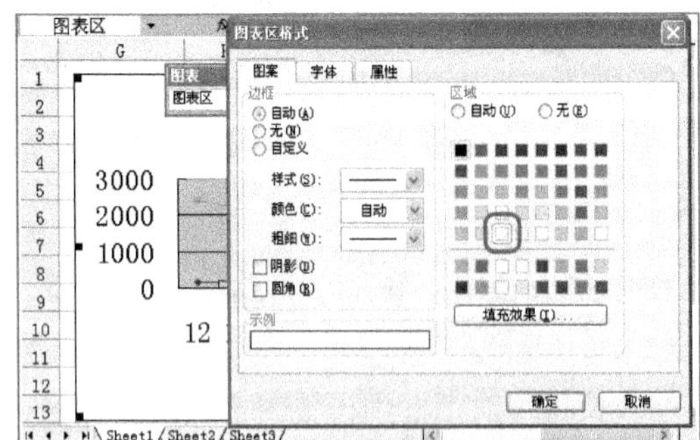

图5-31　设置图表区的区域颜色

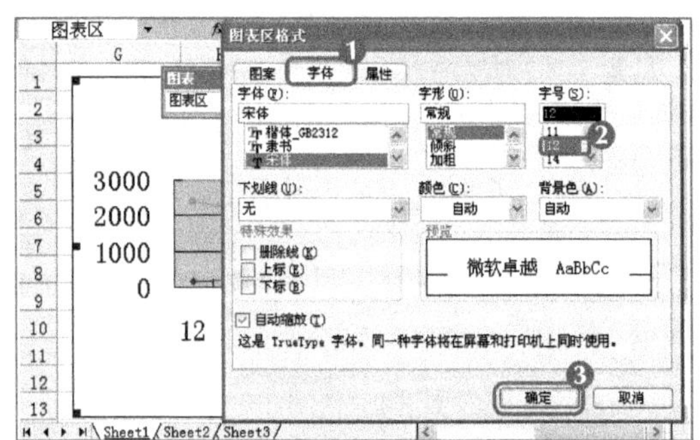

图5-32　设置图表区的字体格式

STEP 11 双击图表标题，在打开的“图表标题格式”对话框中单击“字体”选项卡，在

“字体”列表框中选择“隶书”选项，在“字形”列表框中选择“加粗”选项，在“字号”列表框中选择“18”选项，完成后单击确定按钮，如图5-33所示。

STEP 12 双击绘图区，在打开的“绘图区格式”对话框的“图案”选项卡中单击填充效果(I)...按钮，如图5-34所示。

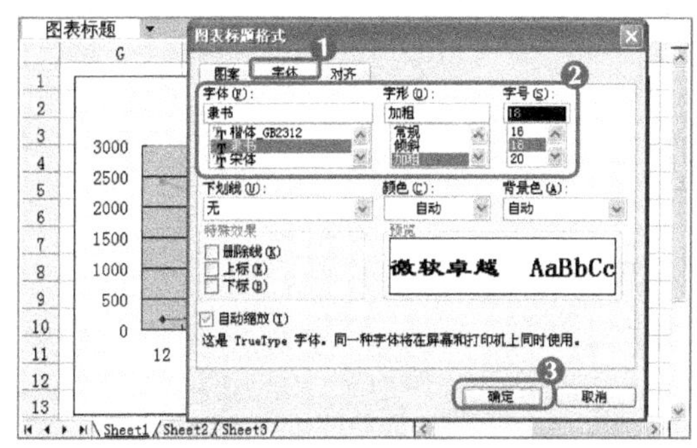

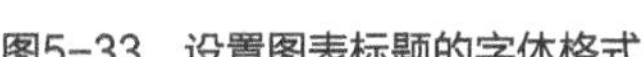
图5-33 设置图表标题的字体格式

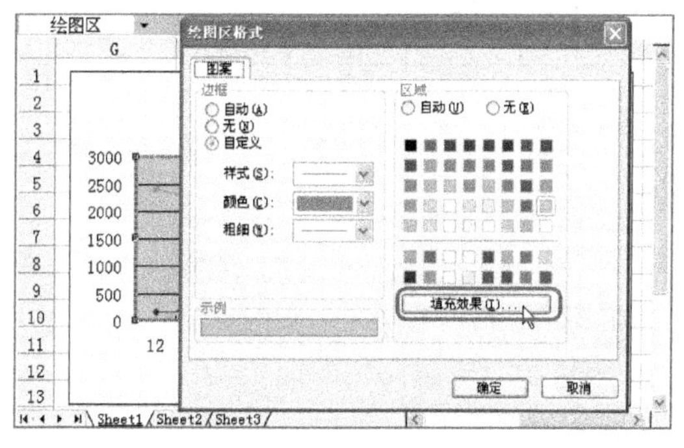

图5-34 单击“填充效果”按钮

STEP 13 在打开的“填充效果”对话框中单击“纹理”选项卡，然后选择“再生纸”选项，完成后单击确定按钮，如图5-35所示。

STEP 14 返回“绘图区格式”对话框，单击确定按钮，在工作表中即可看到编辑后的图表效果，如图5-36所示，完成后可在“图表”工具栏右上角单击☒按钮关闭该工具栏。

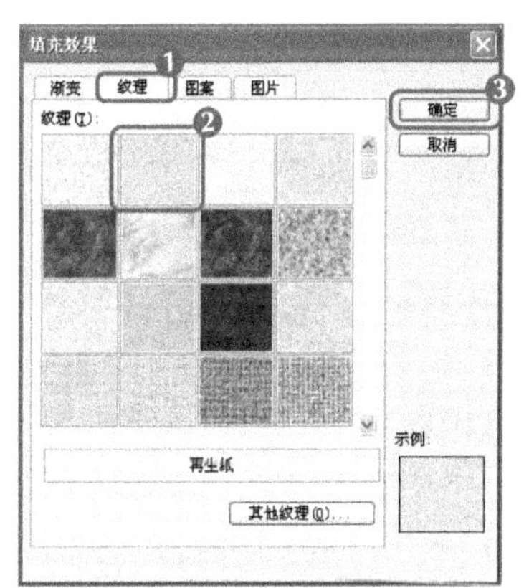

图5-35 设置绘图区颜色

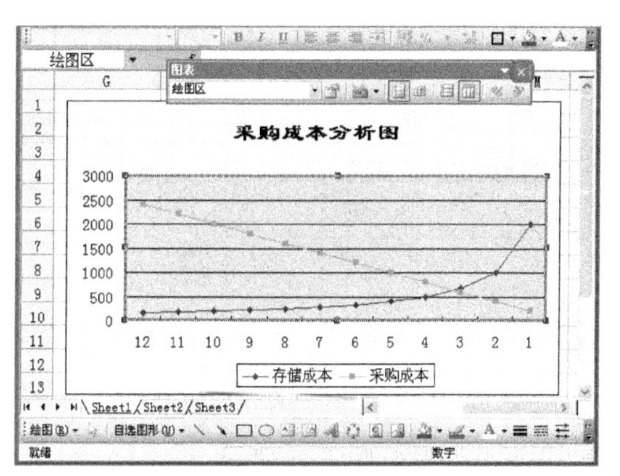

图5-36 查看图表效果

4．分析采购成本变化情况

下面分别拖动与“年采购量”、“采购成本”、“单位储存成本”数据相关的滚动条滑块，分析“年采购量”、“采购成本”、“单位储存成本”、“最低采购成本”、“采购批次”、“采购量”，以及折线图之间的动态变化关系。其具体操作如下。

STEP 1 将鼠标指针移动到“年采购量”下方的滚动条滑块上，按住鼠标左键不放，向右拖动增大“年采购量”，此时“存储成本”、“总成本”、“最低采购成本”、“采购批次”、“采购量”也随之增大，而“采购成本”不变，同时，折线图上的“存储成本”线发生变动，而“采购成本”线保持不变，如图5-37所示。

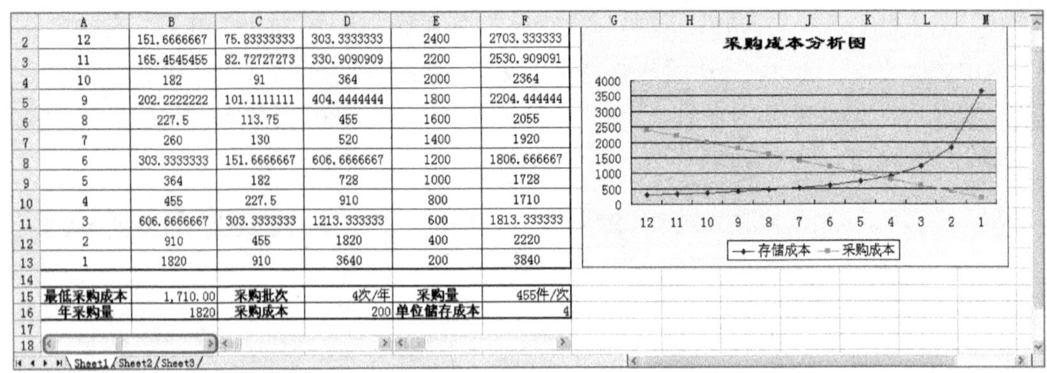

	A	B	C	D	E	F
2	12	151.6666667	75.83333333	303.3333333	2400	2703.333333
3	11	165.4545455	82.72727273	330.9090909	2200	2530.909091
4	10	182	91	364	2000	2364
5	9	202.2222222	101.1111111	404.4444444	1800	2204.444444
6	8	227.5	113.75	455	1600	2055
7	7	260	130	520	1400	1920
8	6	303.3333333	151.6666667	606.6666667	1200	1806.666667
9	5	364	182	728	1000	1728
10	4	455	227.5	910	800	1710
11	3	606.6666667	303.3333333	1213.333333	600	1813.333333
12	2	910	455	1820	400	2220
13	1	1820	910	3640	200	3840
14						
15	最低采购成本	1,710.00	采购批次	4次/年	采购量	455件/次
16	年采购量	1820	采购成本	200	单位储存成本	4

图5-37 “年采购量”的变动影响分析

STEP 2 将鼠标指针移动到“采购成本”下方的滚动条滑块上，按住鼠标左键不放，向右拖动增大“采购成本”，此时“采购成本”、“总成本”、“最低采购成本”、“采购量”也随之增大，而“采购批次”减小，“存储成本”不变，同时，折线图上的“采购成本”线发生变动，而“存储成本”线保持不变，如图5-38所示。

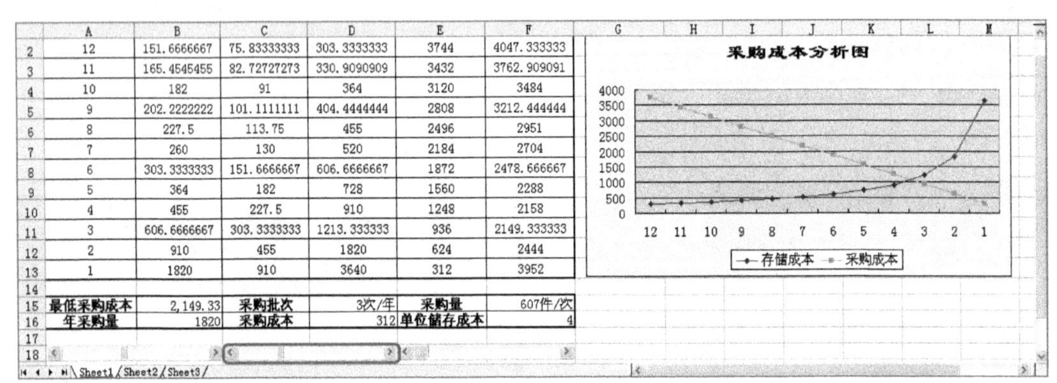

	A	B	C	D	E	F
2	12	151.6666667	75.83333333	303.3333333	3744	4047.333333
3	11	165.4545455	82.72727273	330.9090909	3432	3762.909091
4	10	182	91	364	3120	3484
5	9	202.2222222	101.1111111	404.4444444	2808	3212.444444
6	8	227.5	113.75	455	2496	2951
7	7	260	130	520	2184	2704
8	6	303.3333333	151.6666667	606.6666667	1872	2478.666667
9	5	364	182	728	1560	2288
10	4	455	227.5	910	1248	2158
11	3	606.6666667	303.3333333	1213.333333	936	2149.333333
12	2	910	455	1820	624	2444
13	1	1820	910	3640	312	3952
14						
15	最低采购成本	2,149.33	采购批次	3次/年	采购量	607件/次
16	年采购量	1820	采购成本	312	单位储存成本	4

图5-38 “采购成本”的变动影响分析

STEP 3 将鼠标指针移动到“单位存储成本”下方的滚动条滑块上，按住鼠标左键不放，向右拖动增大“单位存储成本”，此时“存储成本”、“总成本”、“最低采购成本”、“采购批次”也随之增大，而“采购量”减小，“采购成本”不变，同时，折线图上的“存储成本”线发生变动，而“采购成本”线保持不变，如图5-39所示。

	A	B	C	D	E	F
2	12	151.6666667	75.83333333	606.6666667	3744	4350.666667
3	11	165.4545455	82.72727273	661.8181818	3432	4093.818182
4	10	182	91	728	3120	3848
5	9	202.2222222	101.1111111	808.8888889	2808	3616.888889
6	8	227.5	113.75	910	2496	3406
7	7	260	130	1040	2184	3224
8	6	303.3333333	151.6666667	1213.333333	1872	3085.333333
9	5	364	182	1456	1560	3016
10	4	455	227.5	1820	1248	3068
11	3	606.6666667	303.3333333	2426.666667	936	3362.666667
12	2	910	455	3640	624	4264
13	1	1820	910	7280	312	7592
14						
15	最低采购成本	3,016.00	采购批次	5次/年	采购量	364件/次
16	年采购量	1820	采购成本	312	单位储存成本	8

采购成本分析图（存储成本、采购成本）

图5-39 “单位存储成本”的变动影响分析

任务二 制作“销售预测分析表”

产品的销售预测是指根据以往的销售情况以及使用系统内部内置或用户自定义的销售预测模型获得的对未来销售情况的预测。通过销售预测可以调动销售人员的积极性，促使产品尽早实现销售，还可以以销定产，即根据销售预测资料安排生产，避免产品积压等。

一、 任务目标

由于销售预测分析是制定年度计划、年度考核指标的数据来源，因此老张安排小白制作一张“销售预测分析表”，对以往的销量数据进行预测分析，以保障经营计划的顺利实施。要完成该任务，首先应在工作簿中输入销量历史数据，然后根据销量历史数据绘制“数据点折线图”，并在其中添加趋势线及趋势方程，完成后再依据趋势方程表达式对未来的销量进行预测。本例完成后的最终效果如图5-40所示。

效果所在位置 **光盘:\效果文件\项目五\销售预测分析表.xls**

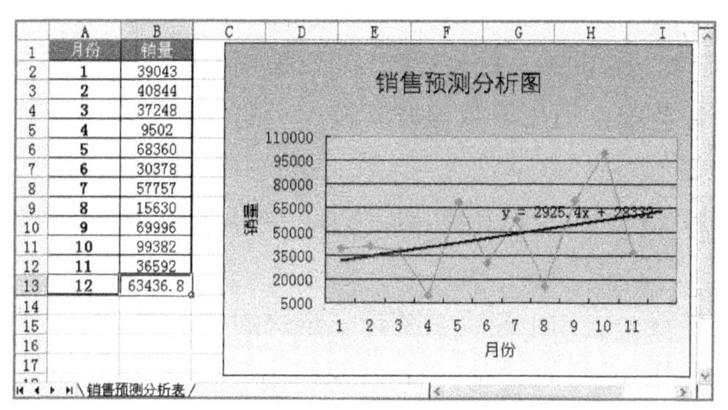

图5-40 “销售预测分析表”最终效果

二、 相关知识

要制作“销售预测分析表”，可在图表中添加趋势线以实现对销量数据的预测分析。因此，了解趋势线和趋势线类型，可以帮助用户更好地使用趋势线，以计算出最精确的预测数据。

1．趋势线的使用

Excel中的趋势线是用图形的方式显示数据系列的预测趋势并可用于预测分析。在图表中要查看某一系列数据的变化趋势，可以为相应的数据系列添加趋势线，这样就可以清楚地观察到图表的变化趋势。

添加趋势线的方法为：在图表中选择要为其添加趋势线的数据系列，在其上单击鼠标右键，在弹出的快捷菜单中选择“添加趋势线”命令，在打开的“添加趋势线”对话框的“类型”选项卡中选择所需的回归趋势线或移动平均的类型，完成后单击确定按钮即可。

2．不同趋势线类型的特点

不同类型的数据，其趋势线的类型也不相同。要获得最精确的预测数据，应为数据选择最合适的趋势线，在“添加趋势线”对话框中可看到Excel提供的趋势线，如图5-41所示。

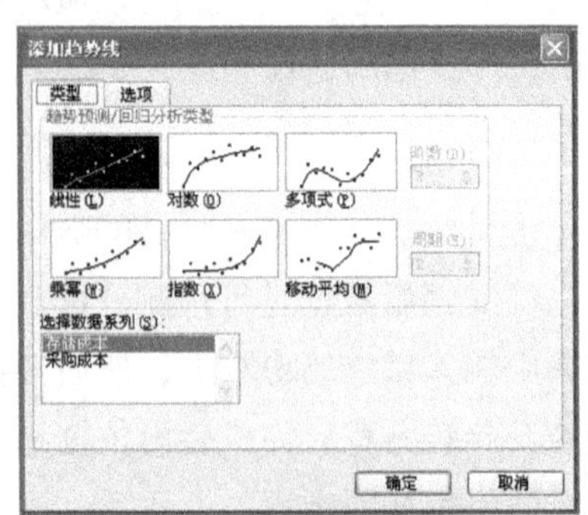

图5-41　“添加趋势线”对话框

- **“线性”趋势线**：增长或降低速率比较稳定，它适用于简单线性数据集的最佳拟合直线。若数据点构成的趋势线接近于一条直线，则说明数据是线性的。线性趋势线通常表示事件以恒定的速率增加或减少。
- **“对数”趋势线**：若数据的增加或减小速度很快，但又迅速趋近于平稳，那么对数趋势线是最佳的拟合曲线。对数趋势线可以使用正值和负值。
- **“多项式”趋势线**：适用于数据波动较大时的曲线，它可用于分析大量数据的偏差。多项式的阶数可由数据波动的次数或曲线中拐点（峰和谷）的个数确定。
- **“乘幂”趋势线**：适用于以特定速度增加的数据集的曲线。若数据值中含有零或负值，则不能使用该趋势线。
- **“指数”趋势线**：适用于速度增减越来越快的数据值。如果数据值中含有零或负值，则不能使用该趋势线。
- **“移动平均”趋势线**：使用特定数目的数据点（由“周期”选项设置），取其平均值，然后将该平均值作为趋势线中的一个点。它可以处理数据中的微小波动，从而更清晰地显示图案和趋势。

三、任务实施

1．创建销量历史数据表

在绘制折线图进行销量预测分析之前，应先创建销量历史数据表，其具体操作如下。

STEP 1 将新建的工作簿以“销售预测分析表”为名进行保存，然后将“Sheet1”工作表重命名为“销售预测分析表”，并删除“Sheet2”和“Sheet3”工作表，如图5-42所示。

STEP 2 在“销售预测分析表”工作表中输入相应的数据，并设置单元格格式，如图5-43所示。

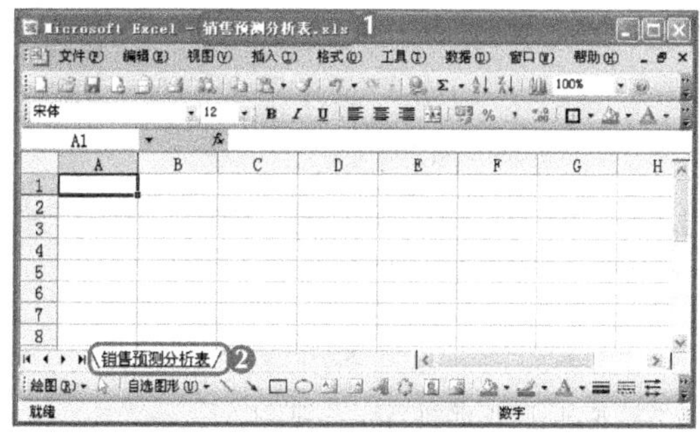

图5-42 创建工作簿

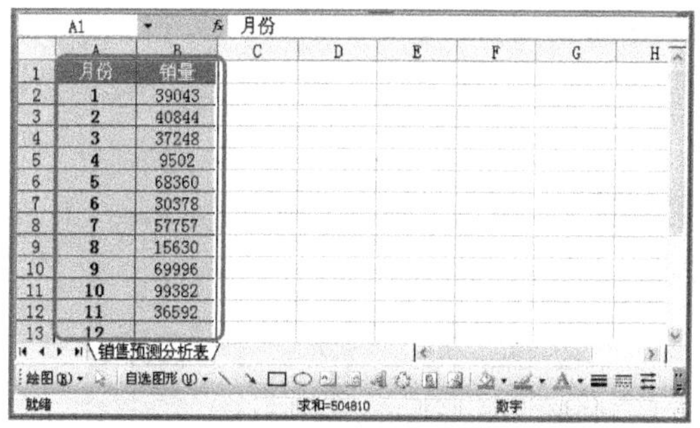

图5-43 输入数据并设置单元格格式

2. 创建销量历史数据折线图

下面创建“数据点折线图”对销量历史数据进行分析，其具体操作如下。

STEP 1 选择A2:B12单元格区域，在“常用”工具栏中单击“图表向导”按钮，如图5-44所示。

STEP 2 在打开的“图表向导－4 步骤之 1－图表类型”对话框的“图表类型”列表框中选择“折线图”选项，然后在“子图表类型”中选择默认的“数据点折线图”选项，完成后单击下一步(N) >按钮，如图5-45所示。

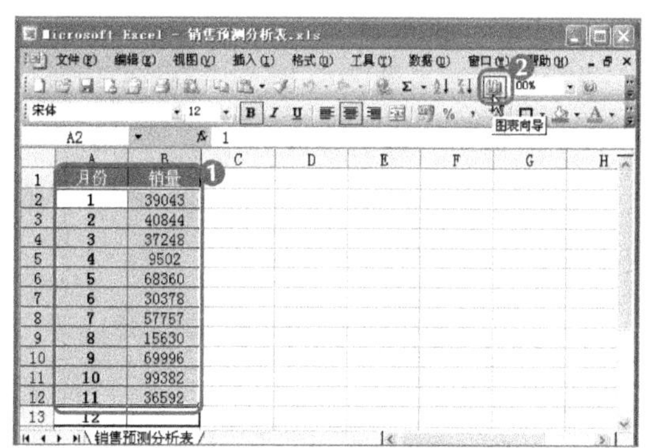

图5-44 单击“图表向导”按钮

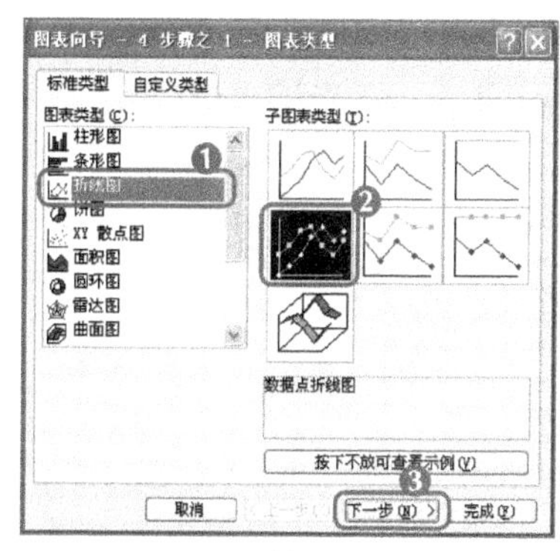

图5-45 选择图表类型

STEP 3 在打开的“图表向导－4 步骤之 2－图表源数据”对话框中单击“系列”选项卡，在“系列”列表框中选择“系列1”选项，并在其下单击删除(R)按钮，如图5-46所示。

STEP 4 将文本插入点定位到“分类（X）轴标志”文本框中，在工作表中选择A2:A12单元格区域，完成后单击下一步(N) >按钮，如图5-47所示。

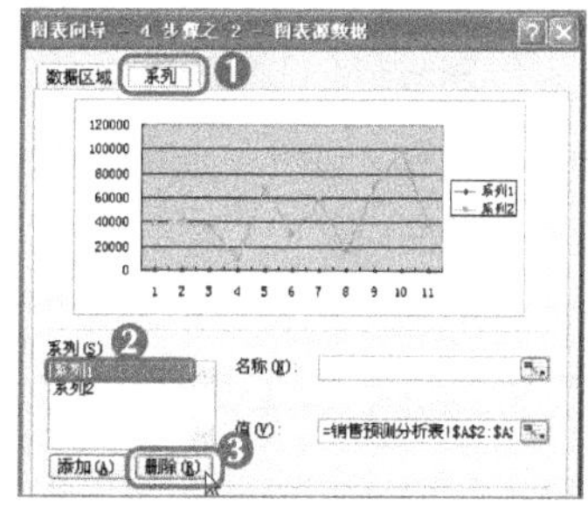

图5-46 删除数据系列

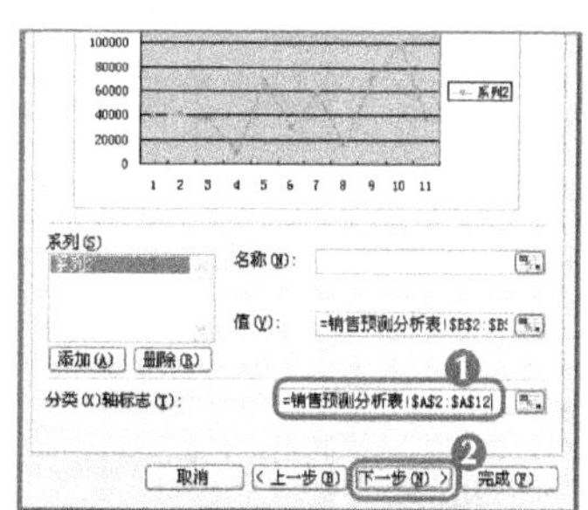

图5-47 设置数据源

STEP 5 打开“图表向导-4 步骤之 3-图表选项”对话框，在“标题”选项卡的“图表标题”文本框中输入“销售预测分析图”文本，在“分类（X）轴”文本框中输入“月份”文本，在“数值（Y）轴”文本框中输入“销量”文本，如图5-48所示。

STEP 6 单击“图例”选项卡，在其中撤销选中“显示图例”复选框，然后单击 完成(F) 按钮，如图5-49所示。

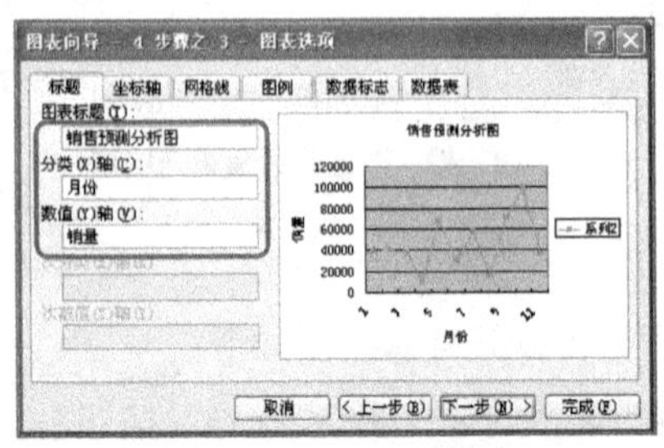

图5-48 设置图表标题

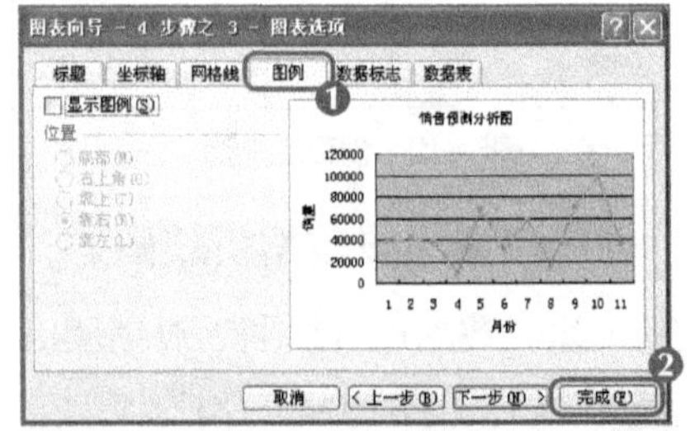

图5-49 取消显示图例

STEP 7 返回工作表中，可看到创建的数据点折线图，然后将鼠标指针移动到图表的图表区上，按住鼠标左键不放，将其向右拖动到工作表中的空白位置，再将鼠标指针移动到右下角的控制点上，当鼠标指针变成↘形状时，按住鼠标左键不放向右下角拖动到适当的位置处释放鼠标，如图5-50所示。

STEP 8 双击图表区，在打开的“图表区格式”对话框的“图案”选项卡中单击 填充效果(I)... 按钮，然后在打开的“填充效果”对话框的“渐变”选项卡中单击选中“预设”单选项，在“预设颜色”下拉列表中选择“雨后初晴”选项，完成后单击 确定 按钮，如图5-51所示。

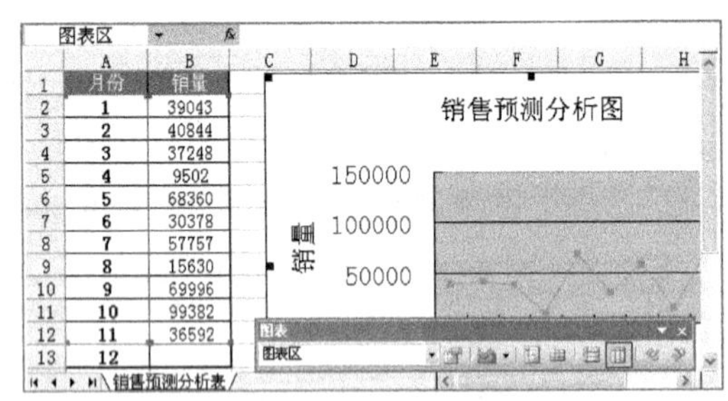

图5-50 调整图表位置与大小

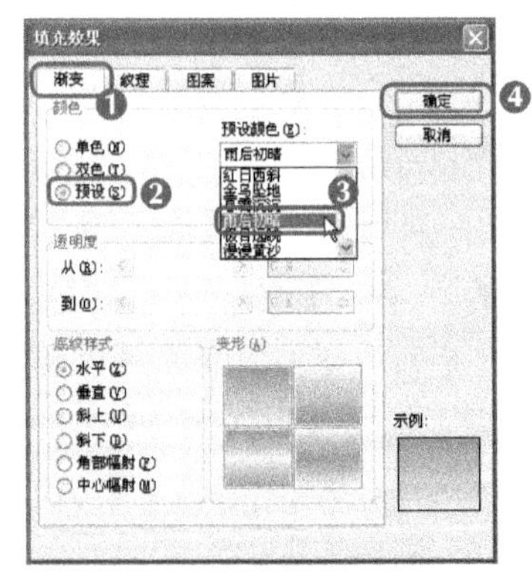

图5-51 设置图表区的填充效果

STEP 9 单击“字体”选项卡，在“字体”列表框中选择“幼圆”选项，在“字号”列表框中选择“12”选项，完成后单击 确定 按钮，如图5-52所示。

STEP 10 双击图表标题，在打开的“图表标题格式”对话框中单击“字体”选项卡，在“字体”列表框中选择“华文细黑”选项，在“字号”列表框中选择“18”选项，完成后单击 确定 按钮，如图5-53所示。

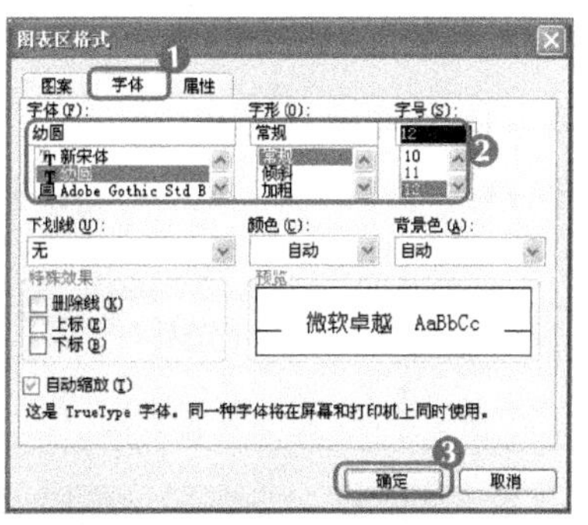

图5-52 设置图表区的字体格式

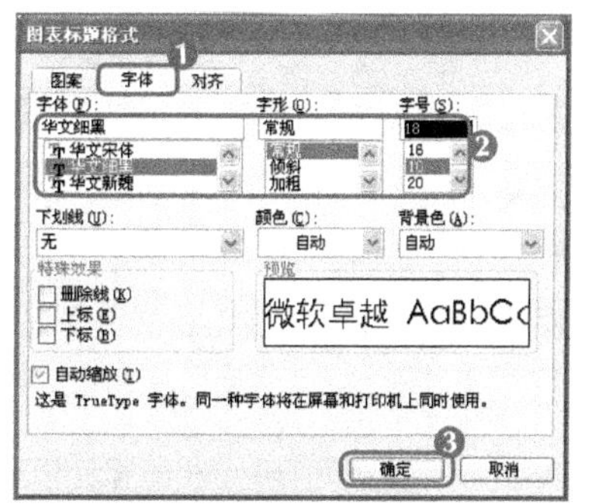

图5-53 设置图表标题的字体格式

STEP 11 在折线图数据系列的任意位置上单击并选择该数据系列，然后在其上单击鼠标右键，在弹出的快捷菜单中选择“数据系列格式”命令，如图5-54所示。

STEP 12 打开“数据系列格式”对话框，在“图案”选项卡的“线形”栏的“颜色”下拉列表中选择“红色”选项，在“数据标记”栏的“样式”下拉列表中选择第2个选项，在“前景色”和“背景色”下拉列表中选择“红色”选项，完成后单击 确定 按钮，如图5-55所示。

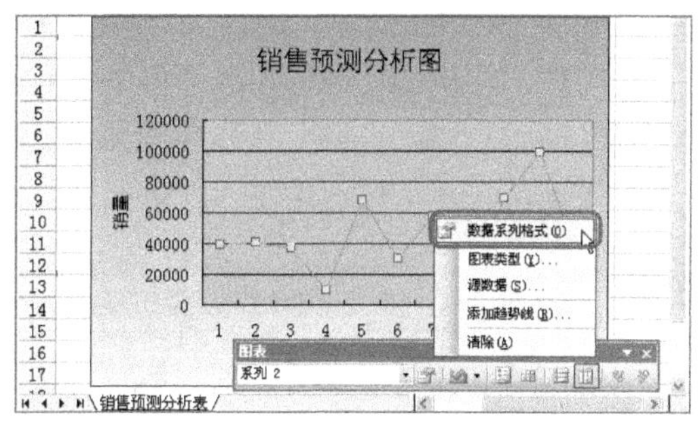

图5-54 选择“数据系列格式”命令

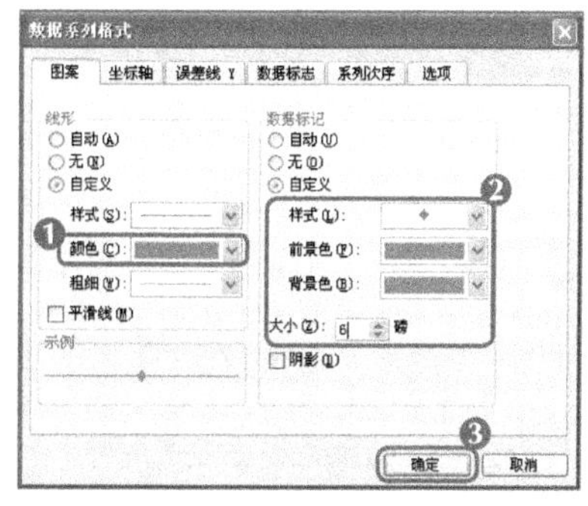

图5-55 设置数据系列格式

STEP 13 双击数值轴，在打开的“坐标轴格式”对话框中单击“刻度”选项卡，在“最小值”文本框中输入“5000”，在“主要刻度单位”文本框中输入“15000”，完成后单击 确定 按钮，如图5-56所示。

STEP 14 返回工作表中可看到创建并编辑后的图表效果，如图5-57所示。

图5-56 设置坐标轴刻度

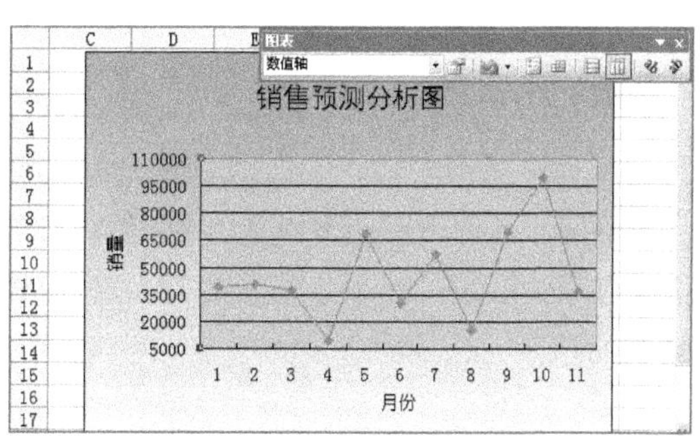

图5-57 查看图表效果

3．添加趋势线及趋势方程

下面在图表中添加线性趋势线和线性趋势方程，其具体操作如下。

STEP 1 在折线图数据系列的任意位置上单击鼠标右键，在弹出的快捷菜单中选择“添加趋势线”命令，如图5-58所示。

STEP 2 在打开的“添加趋势线”对话框的“类型”选项卡中选择“线性”选项，如图5-59所示。

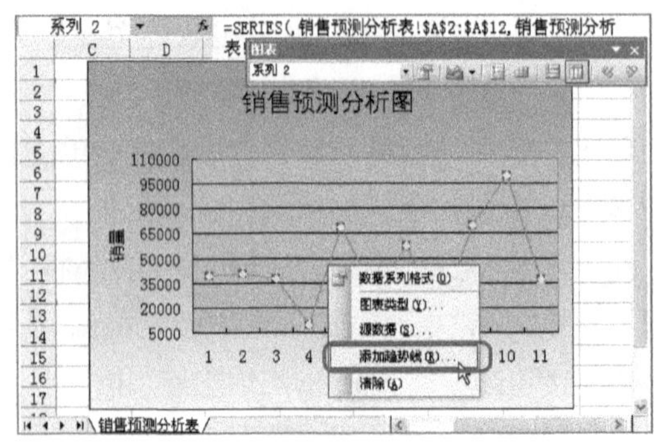

图5-58 选择“添加趋势线”命令

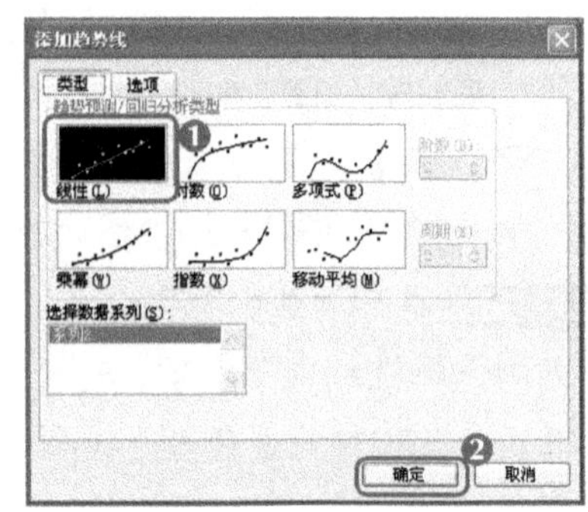

图5-59 选择趋势线类型

STEP 3 单击“选项”选项卡，在“趋势线名称”栏中单击选中“自定义”单选项，在其后的文本框中输入“销量预测”文本，再在“趋势预测”栏的“前推”数值框中输入数据“1”，在其下方单击选中“显示公式”复选框，然后单击确定按钮，如图5-60所示。

STEP 4 返回工作表中可看到添加的线性趋势线和线性趋势方程表达式，如图5-61所示。

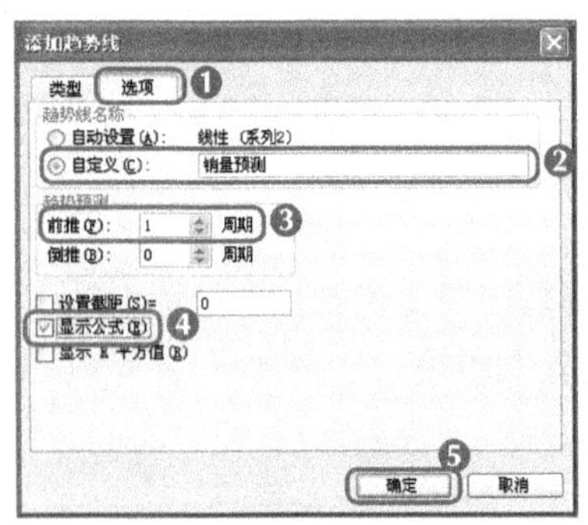

图5-60 设置趋势线选项

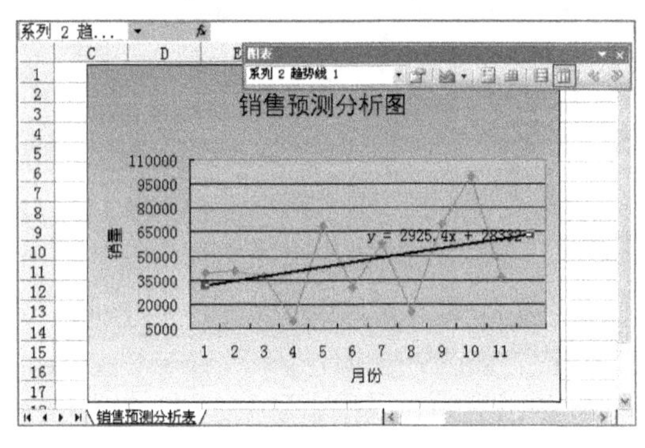

图5-61 查看添加的趋势线效果

4．预测销售量

下面根据折线图中的线性趋势方程表达式预测12月份的销量，其具体操作如下。

STEP 1 在工作表中选择B13单元格，输入公式“=2925.4*A13+28332”，如图5-62所示。

STEP 2 按【Ctrl+Enter】组合键即可根据线性趋势方程表达式预测出12月份的销售量，如图5-63所示。

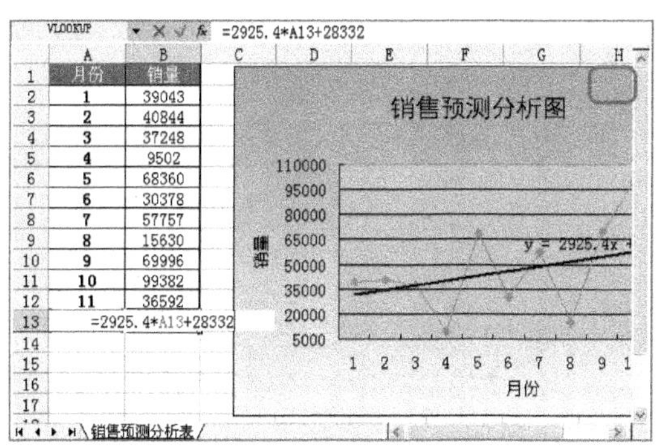

图5-62 输入线性趋势方程表达式

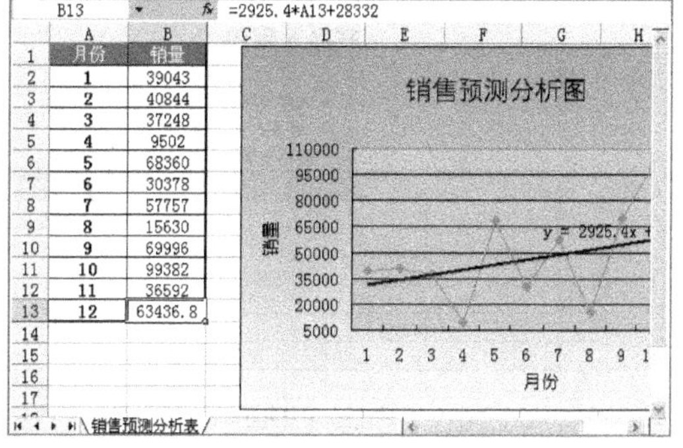

图5-63 预测销量

多学一招

在B13单元格中输入公式“=TREND(B2:B12,A2:A12,12)”或“=FORECAST(12,B2:B12,A2:A12)”也可对销量数据进行简单预测。TREND函数用来返回一条线性回归拟合线的值，其语法结构为：TREND(known_y's,known_x's,new_x's,const)。其中，known_y's是关系表达式y=mx+b中已知的y值集合；known_x's是关系表达式y=mx+ b中已知的可选x值集合；new_x's是需要TREND函数返回对应y值的新x值；const是一逻辑值，用于指定是否将常量b强制设为0。FORECAST函数是根据已有的数值计算或预测未来值，此预测值为基于给定的x值推导出的y值，其语法结构为：FORECAST(x,known_y's,known_x's)。其中，x为需要进行预测的数据点；known_y's为因变量数组或数据区域；known_x's为自变量数组或数据区域。

任务三 管理“库存统计表”

在企业生产经营活动中，库存管理既必须保证生产车间对原材料、零部件的需求，又直接影响采购、销售部门的购销活动。因此，加强库存管理，可保证企业在生产、经营需求的前提下，确保库存量在合理的范围内，掌握库存量动态，并适时适量提出订货，避免超储或缺货，以减少库存空间，降低库存费用，达到控制库存资金占用，加速资金周转的目的。

一、 任务目标

企业每天都在发生产品入库或出库情况，为了避免引起产品大量积压，或产品短缺，老张希望小白帮忙一起制作“产品库存统计表”，对产品出入库情况进行分析与管理。该任务将先创建入库单和入库明细表，在其中输入公式计算产品入库数据，并添加“命令按钮”控件执行VBA程序，然后根据入库单和入库明细表创建出库单和出库明细表，完成后统计产品出入库情况，并添加批注提示库存积压与短缺。本例完成后的最终效果如图5-64所示。

效果所在位置 光盘:\效果文件\项目五\产品库存统计表.xls

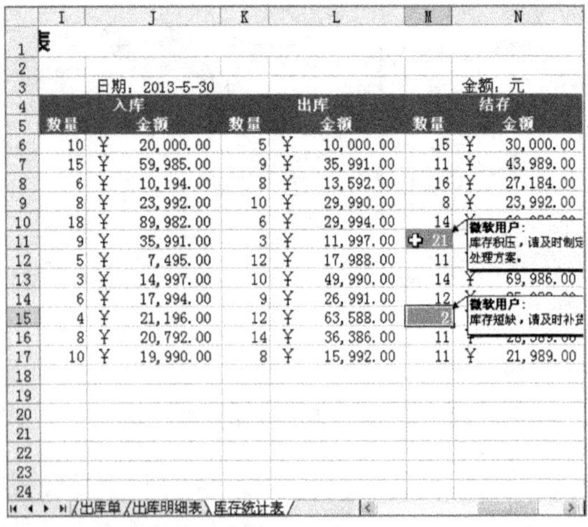

日期：2013-5-30　　金额：元

入库		出库		结存	
数量	金额	数量	金额	数量	金额
10	￥ 20,000.00	5	￥ 10,000.00	15	￥ 30,000.00
15	￥ 59,985.00	9	￥ 35,991.00	11	￥ 43,989.00
6	￥ 10,194.00	8	￥ 13,592.00	16	￥ 27,184.00
8	￥ 23,992.00	10	￥ 29,990.00	8	￥ 23,992.00
18	￥ 89,982.00	6	￥ 29,994.00	14	[illegible]
9	￥ 35,991.00	3	￥ 11,997.00	21	[illegible]
5	￥ 7,495.00	12	￥ 17,988.00	11	[illegible]
3	￥ 14,997.00	10	￥ 49,990.00	14	￥ 69,986.00
6	￥ 17,994.00	9	￥ 26,991.00	12	[illegible]
4	￥ 21,196.00	12	￥ 63,588.00	2	[illegible]
8	￥ 20,792.00	14	￥ 36,386.00	11	[illegible]
10	￥ 19,990.00	8	￥ 15,992.00	11	￥ 21,989.00

图5-64　“产品库存统计表”最终效果

库存管理的对象是库存项目，即企业中的所有物料，如原材料、零部件、在制品、半成品、产品等。库存管理的主要功能是在供需之间建立缓冲区，达到缓和用户需求与企业生产能力之间，最终装配需求与零配件之间，零件加工工序之间、生产厂家需求与原材料供应商之间的矛盾。

二、相关知识

要制作“产品库存统计表”，将在其中添加“命令按钮”控件执行VBA程序，以实现单击命令按钮将所输入的数据自动引用到另一工作表中。因此，了解窗体与控件的区别，以及什么是VBA对后面的操作非常有帮助。

1. 窗体与控件的区别

通常，Excel中的窗体工具叫做“表单控件”，控件工具叫做“ActiveX 控件”。在Excel中“窗体”和“控件”工具栏的许多控件外形大致相同，如“复选框”、“列表框”、“滚动条”等，但在实际使用中，表单控件只能在工作表中添加和使用，并且只能通过设置控件格式或指定宏来使用它，而ActiveX 控件不仅可以在工作表中使用，还可以在用户窗体中使用，它具备了众多的属性和事件，提供了更多的使用方式。具体区别如下。

- **表单控件**：是与早期版本的Excel（从Excel 5.0版开始）兼容的原始控件。它还适用于XLM宏工作表。若需要在不使用VBA代码的情况下引用单元格数据并与其进行交互，或向图表工作表中添加控件时，可使用表单控件。

使用表单控件来运行宏，可将现有宏附加到控件，或编写或录制新宏，当表单用户单击控件时，该控件会运行宏。但是却不能将表单控件添加到用户表单中，不能使用其控制事件，也不能修改以完成在网页中运行Web脚本。

- **ActiveX控件**：向用户提供选项或运行使任务自动化的宏或脚本，可在VBA中编写控件的宏或在Microsoft脚本编辑器中编写脚本。ActiveX控件可用于工作表表单和VBA用户表单，具有大量可用于自定义其外观、行为、字体及其他特性的属性。但并不是所有ActiveX控件都可以直接用于工作表，有些ActiveX控件只能用于VBA用户表单，若直接向工作表中添加特殊ActiveX控件中的任何一个控件，Excel将显示信息“不能插入对象”。

知识提示

另外，ActiveX控件将无法从用户界面添加到图表工作表，也无法将其添加到XLM宏工作表，它不能像在表单控件中一样指定要直接从 ActiveX控件运行的宏。

2. 什么是VBA

VBA（Visual Basic for Application）是一种应用程序自动化语言。所谓应用程序自动化是指通过程序或脚本让应用程序（如Excel、Word）自动完成一些工作，如本例中将通过一段VBA代码实现出入库数据的自动统计清单。VBA以VB语言为基础，它具有VB语言的大多数特征和易用性，最大的特点是将Excel作为开发平台来开发应用程序，可以应用Excel的所有已有功能，如数据处理、图表绘制、数据库链接、内置函数等。

下面将对VBA的开发环境进行简单介绍，读者若需进一步学习VBA的相关知识，可查阅VBA的相关资料。VBA集成开发环境（IDE）是进行VBA程序设计和代码编写的地方。VBA代码和Excel文件是保存在一起的，它可以通过以下几种方法打开VBA的IDE环境。

- 选择【工具】/【宏】/【Visual Basic编辑器】菜单命令。
- 按【Alt+F11】组合键。
- 选择【视图】/【工具栏】/【控件工具箱】菜单命令，在打开的“控件”工具栏中单击“查看代码”按钮。
- 在工作表中添加控件后，当其控件处于“设计模式”时，双击添加的控件，或在添加的控件上单击鼠标右键，在弹出的快捷菜单中选择“查看代码”命令均可打开其窗口界面。

默认情况下，VBA的IDE环境主要由菜单栏、工具栏、工程资源管理器窗口和代码窗口组成，如图5-65所示。

图5-65　VBA的开发环境

- **工程资源管理器窗口**：在其中可看到所有打开和加载的Excel文件及加载宏。在VBA下，每一个Excel文件称为一个工程，若同时打开了多个Excel文件，在VBA的IDE环境下可看到有多个工程存在。每个Excel文件（工作簿）对应的VBA工程有4类对象，包括Microsoft Excel对象、窗体、模块和类模块。

知识提示

Microsoft Excel对象代表了Excel文件及其包括的工作簿和工作表等对象，包括所有的Sheet和一个Workbook。ThisWorkbook代表当前Excel文件，双击这些对象可打开代码窗口，在其中可输入相关的代码，响应工作簿或文件的一些事件；窗体对象代表了自定义对话框或界面，如编写一个VBA计算个人所得税的小程序，需要输入税率、收入等参数，就可以使用窗体设计一个对话框来获取用户输入；模块是自定义代码，包括录制的宏等VBA代码保存的地方，是作为一个单元保存在一起的VBA定义和过程的集合；类模块是以类或对象的方式编写代码保存的地方，通过创建类模块，在VBA中也可创建自己的类和对象。

- **属性窗口**：主要用于对象属性的交互式设计和定义，如更改工程、对象、模块的基本属性，以及用户窗体（自定义对话框）的交互式设计。默认将不显示属性窗口，选择【视图】/【属性窗口】菜单命令可将其显示到工程资源管理器窗口下方。
- **代码窗口**：在工程资源管理器窗口中的每一个对象对应一个代码窗口（用户窗体包括一个设计窗口和一个代码窗口）。在每一个对象上双击，或在右键快捷菜单中选择“查看代码”命令，或在工程资源管理器工具栏中单击“查看代码”按钮，都可打开代码窗口。

知识提示

在实际的编程过程中，任何人都不可能记住所有的函数、对象的用法、程序语言的语法，所以一定要善于利用帮助功能。VBA的在线帮助包含了大量对编程有用的参考信息。要使用帮助功能，可在任何关键字上按【F1】键查找相关内容，或在VBA的IDE环境下的菜单栏中选择【帮助】/【Microsoft Visual Basic帮助】菜单命令，在打开的“Visual Basic帮助”任务窗格中通过帮助目录浏览，或通过输入关键字查找相关内容。

三、任务实施

1. 创建并编辑入库单与入库明细表

下面首先创建并编辑入库单和入库明细表的框架，其具体操作如下。

STEP 1 新建工作簿并以“产品库存统计表”为名进行保存，将“Sheet1”工作表重命名为“入库单”，在其中输入表题和表头数据，并设置单元格格式，然后再选择F7:F13和H7:H13单元格区域，设置其数字格式为“货币样式”，如图5-66所示。

STEP 2 将“Sheet2”工作表重命名为“入库明细表”，在其中输入表题和表头数据，并设置单元格格式，然后再选择B列，设置其日期格式为“03-14-01”，完成后再选择I列和

K~N列，设置其数字格式为“货币样式”，如图5-67所示。

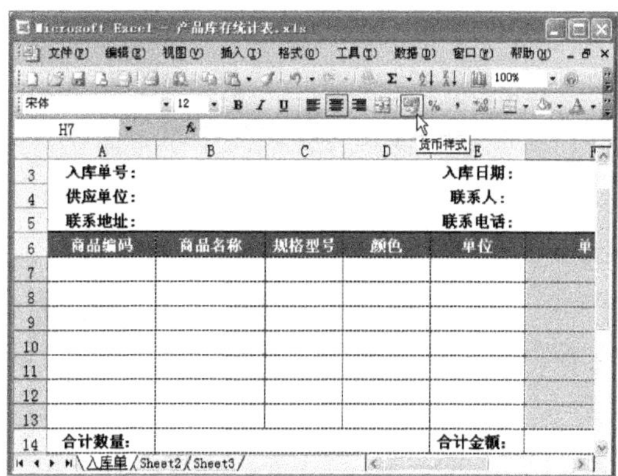

图5-66 创建并编辑入库单

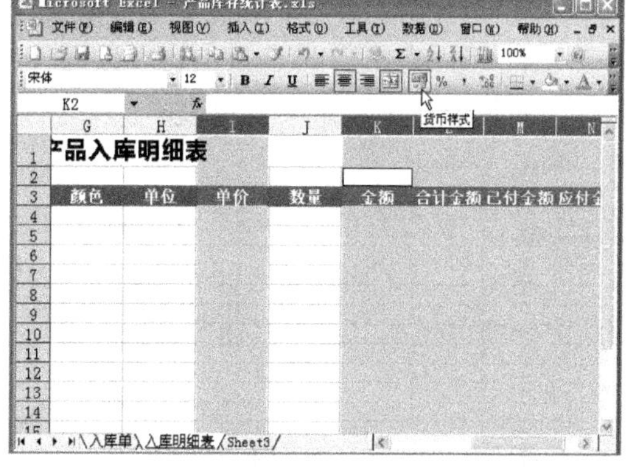

图5-67 创建并编辑入库明细表

STEP 3 在“入库单”工作表中选择H7:H13单元格区域，输入公式“=IF(AND(F7="",G7=""),"",F7*G7)”，然后按【Ctrl+Enter】组合键计算出金额，如图5-68所示。

STEP 4 选择B14单元格，输入公式“=SUM(G7:G13)”，按【Ctrl+Enter】组合键计算出合计数量，如图5-69所示。

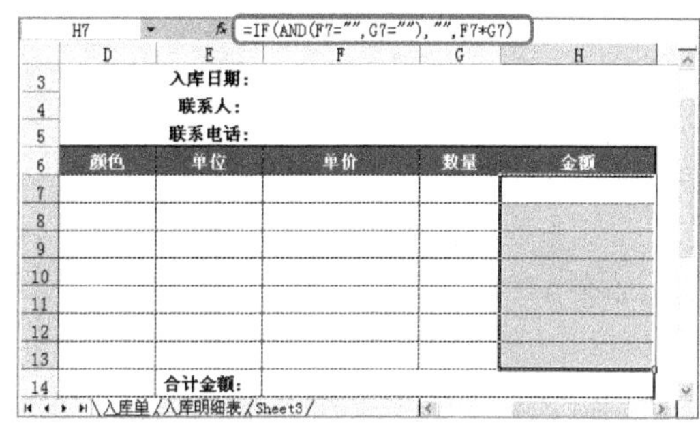

图5-68 计算金额

图5-69 计算合计数量

STEP 5 选择F14单元格，输入公式“=SUM(H7:H13)”，按【Ctrl+Enter】组合键计算出合计金额，如图5-70所示。

STEP 6 选择B16单元格，输入公式“=F14”，然后按【Ctrl+Enter】组合键计算出应付金额，如图5-71所示。

图5-70 计算合计金额

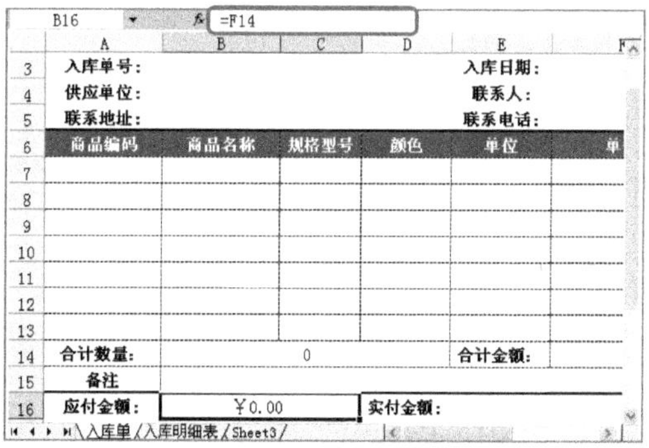

图5-71 计算应付金额

2. 添加控件执行VBA程序

下面将添加“命令按钮”控件并执行VBA程序，使输入在“入库单”中的数据自动引用到“入库明细表”中相应的项目下，其具体操作如下。

STEP 1 在“入库单”工作表中选择【视图】/【工具栏】/【控件工具箱】菜单命令，如图5-72所示。

STEP 2 在打开的“控件”工具栏中单击并选择“命令按钮”控件，将鼠标指针移到工作表的左下方，此时鼠标指针变成+形状，按住鼠标左键不放向右下角拖动到适合的位置，释放鼠标即可添加“命令按钮”控件，然后在“控件”工具栏中单击“属性”按钮，如图5-73所示。

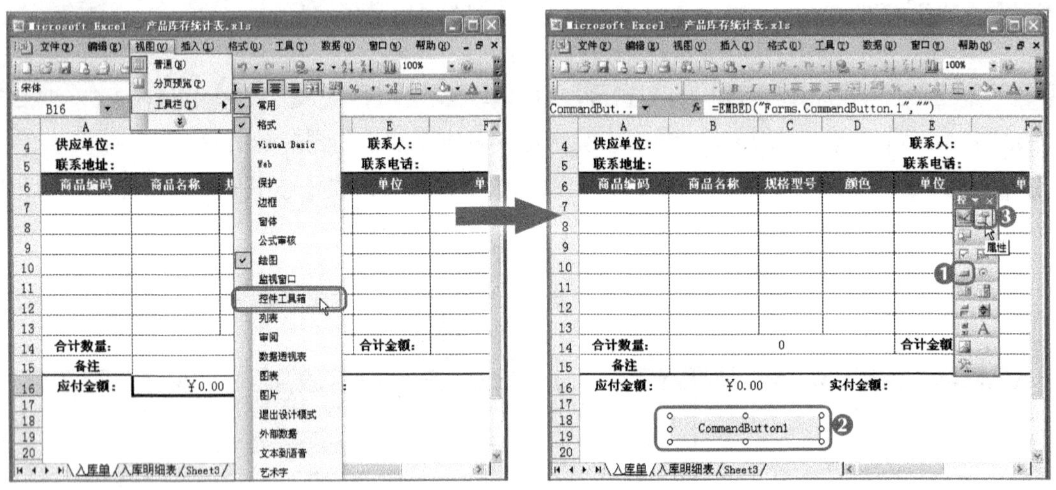

图5-72 选择控件工具箱菜单命令　　图5-73 添加命令按钮

STEP 3 在打开的“属性”对话框的“（名称）”文本框后输入“cmdClear”，在“Caption”文本框后输入“重填”，完成后单击按钮关闭该对话框，如图5-74所示，系统将自动更改命令按钮的名称。

STEP 4 在“控件”工具栏中单击“查看代码”按钮，如图5-75所示。

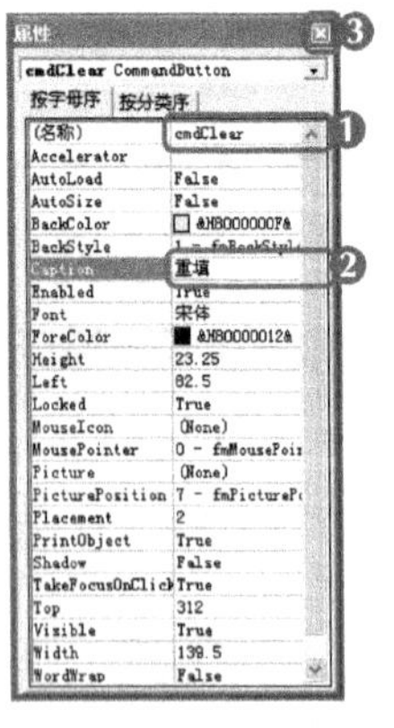

图5-74 更改命令按钮名称

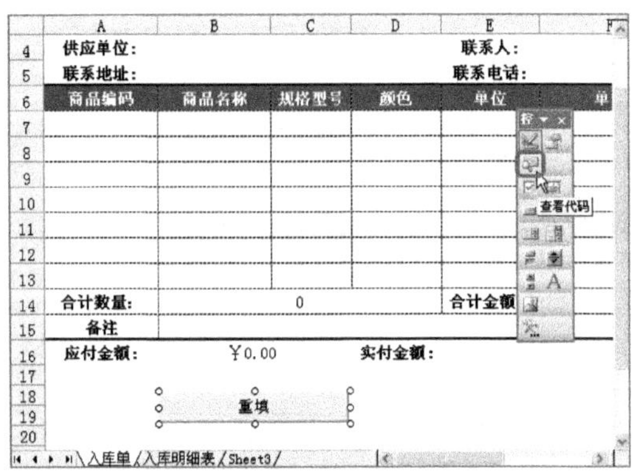

图5-75 单击“查看代码”按钮

STEP 5 在打开的VBA设计窗口的代码窗口中自动为该控件添加一个Click事件，在其中输入相应的VBA代码。为了查看输入的代码是否可运行，可在“常用”工具栏中单击▶按钮运行该代码，完成后单击💾按钮保存输入的代码，如图5-76所示。

STEP 6 用相同的方法再添加一个命令按钮，然后在“控件”工具栏中单击“属性”按钮，如图5-77所示。

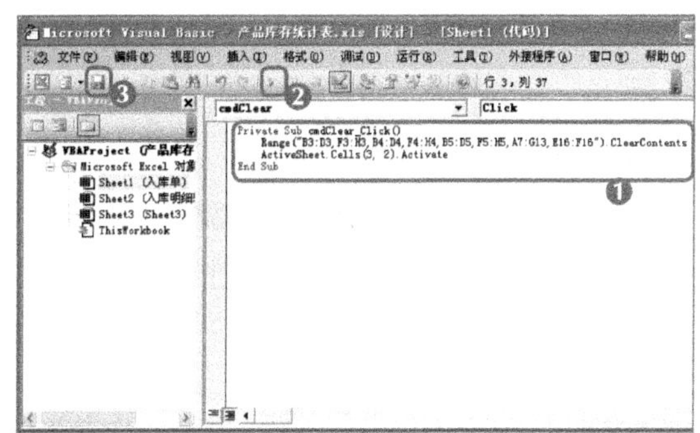

图5-76 输入并运行VBA代码

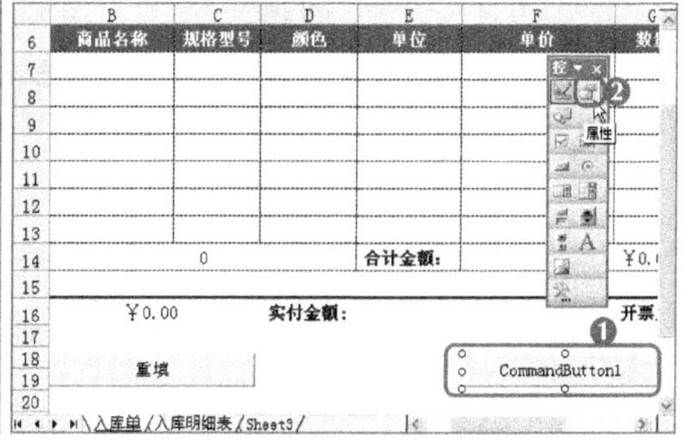

图5-77 继续添加命令按钮

STEP 7 在打开的“属性”对话框的“（名称）”文本框后输入“cmdSave”，在“Caption”文本框后输入“保存”，然后单击☒按钮关闭该对话框，如图5-78所示。

STEP 8 在“控件”工具栏中单击“查看代码”按钮，在打开的代码窗口中自动为该控件添加一个Click事件，在其中输入VBA代码，然后在“常用”工具栏中单击▶按钮运行该代码，无提示错误信息后单击“保存”按钮💾保存输入的代码，完成后在窗口的右上角单击☒按钮退出设计窗口，如图5-79所示。

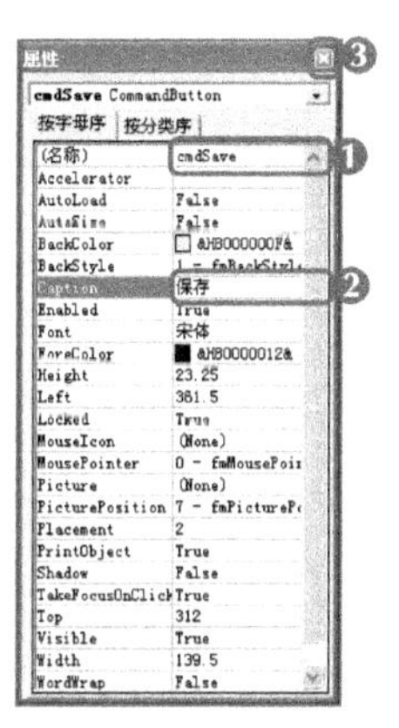

图5-78 更改命令按钮名称

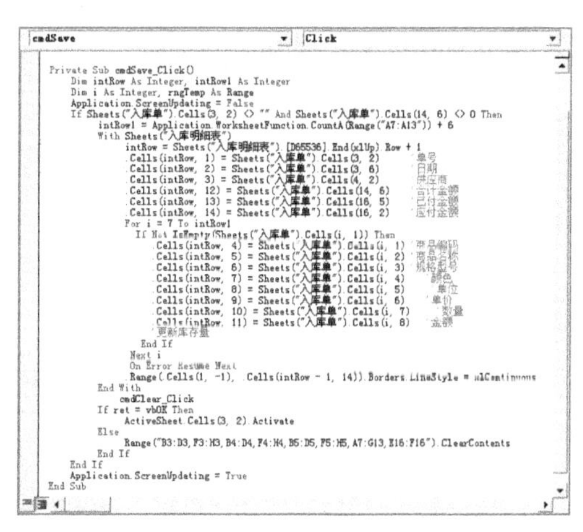

图5-79 输入并运行VBA代码

STEP 9 在“入库单”工作表相应的单元格中输入入库信息，如图5-80所示。

STEP 10 单击 保存 控件按钮，“入库单”工作表中输入的入库信息将自动输入到“入库明细表”工作表中，且在“入库单”工作表中自动选择B3单元格。为了方便下一条信息的输入，在“入库单”和“入库明细表”工作表中调整单元格列宽，如图5-81所示。

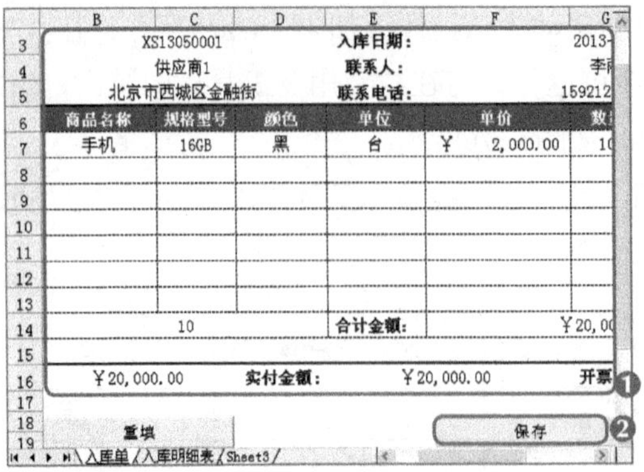

图5-80 输入入库信息

图5-81 保存入库信息到“入库明细表”工作表

STEP 11 用相同的方法在“入库单”工作表中输入多条入库信息，然后单击 保存 控件按钮将其结果保存到“入库明细表”工作表的相应项目下，如图5-82所示。

产品入库明细表

单号	日期	供应单位	商品编码	商品名称	规格型号	颜色	单位	单价	数量	金额	合计金额	已付金额	应付金额
XS13050001	05-01-13	供应商1	S-001	手机	16GB	黑	台	¥ 2,000.00	10	¥ 20,000.00	¥ 20,000.00	¥ 20,000.00	¥ 20,000.00
XS13050002	05-03-13	供应商2	S-002	手机	32GB	白	台	¥ 3,999.00	15	¥ 59,985.00	¥ 59,985.00	¥ 59,985.00	¥ 59,985.00
XS13050003	05-05-13	供应商3	N-001	手机	8GB	黑	台	¥ 1,699.00	6	¥ 10,194.00	¥ 10,194.00	¥ 10,194.00	¥ 10,194.00
XS13050004	05-07-13	供应商4	N-002	手机	32GB	红	台	¥ 2,999.00	8	¥ 23,992.00	¥ 23,992.00	¥ 23,992.00	¥ 23,992.00
XS13050005	05-09-13	供应商2	M-001	手机	64GB	黑	台	¥ 4,999.00	18	¥ 89,982.00	¥ 89,982.00	¥ 89,982.00	¥ 89,982.00
XS13050006	05-12-13	供应商6	M-002	手机	32GB	灰	台	¥ 3,999.00	9	¥ 35,991.00	¥ 35,991.00	¥ 35,991.00	¥ 35,991.00
XS13050007	05-16-13	供应商7	I-001	手机	8GB	灰	台	¥ 1,499.00	5	¥ 7,495.00	¥ 7,495.00	¥ 7,495.00	¥ 7,495.00
XS13050008	05-18-13	供应商4	I-002	手机	32GB	红	台	¥ 4,999.00	3	¥ 14,997.00	¥ 14,997.00	¥ 14,997.00	¥ 14,997.00
XS13050009	05-22-13	供应商9	L-001	手机	16GB	白	台	¥ 2,999.00	6	¥ 17,994.00	¥ 17,994.00	¥ 17,994.00	¥ 17,994.00
XS13050010	05-25-13	供应商6	L-002	手机	64GB	黑	台	¥ 5,299.00	4	¥ 21,196.00	¥ 21,196.00	¥ 21,196.00	¥ 21,196.00
XS13050011	05-27-13	供应商9	H-001	手机	16GB	红	台	¥ 2,599.00	8	¥ 20,792.00	¥ 20,792.00	¥ 20,792.00	¥ 20,792.00
XS13050012	05-29-13	供应商3	H-002	手机	8GB	黑	台	¥ 1,999.00	10	¥ 19,990.00	¥ 19,990.00	¥ 19,990.00	¥ 19,990.00

图5-82 保存更多入库信息到“入库明细表”工作表

3．创建并编辑产品出库单与明细表

由于产品出库单与明细表的制作方法和产品入库单与明细表的制作方法基本相同，因此下面直接复制“入库单”和“入库明细表”工作表，在其中稍加修改即可创建出产品“出库单”和“出库明细表”的框架。其具体操作如下。

STEP 1 选择“入库单”和“出库单”工作表，在其上单击鼠标右键，在弹出的快捷菜单中选择“移动或复制工作表”命令，如图5-83所示。

STEP 2 在打开的“移动或复制工作表”对话框的“下列选定工作表之前”列表框中选择“Sheet3”选项，单击选中“建立副本”复选框，然后单击 确定 按钮，如图5-84所示。

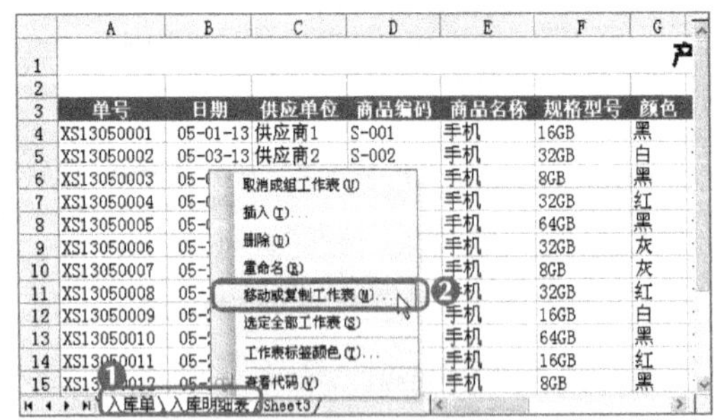

图5-83 选择“移动或复制工作表”命令

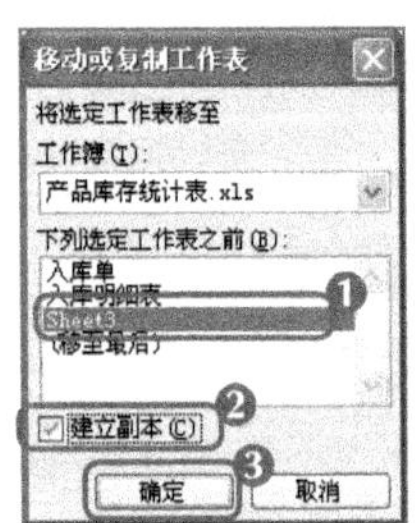

图5-84 复制工作表

STEP 3 将复制的名为“入库单（2）”工作表重命名为“出库单”，然后将其中相应的项目修改为“出库单”相关的项目，如图5-85所示。

STEP 4 将复制的名为“入库明细表（2）”工作表重命名为“出库明细表”，将其中相应的项目修改为“出库明细表”相关的项目并删除相应的项目数据，如图5-86所示。

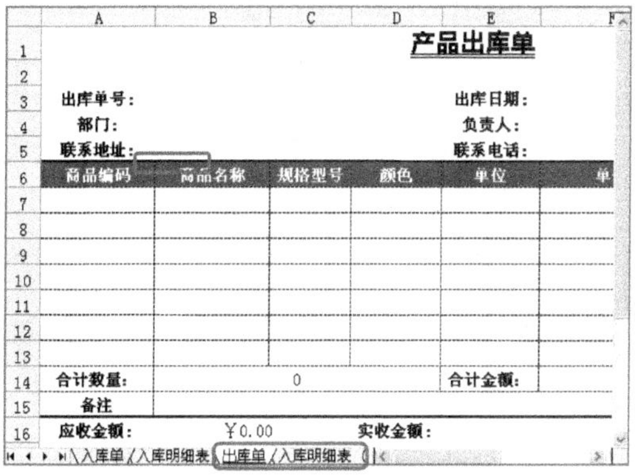

图5-85 修改数据创建出库单

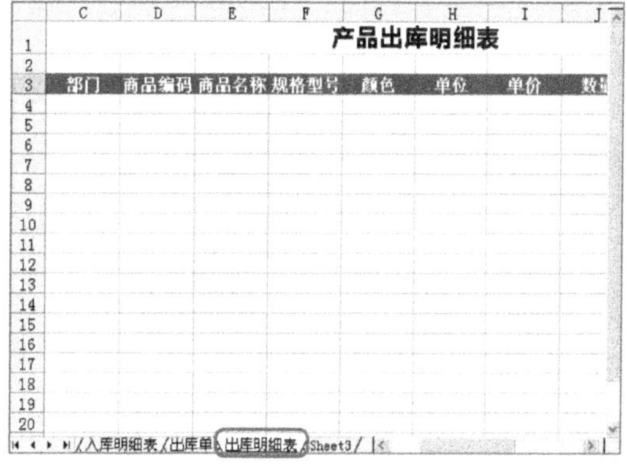

图5-86 修改数据创建出库明细表

STEP 5 由于原“入库单”工作表中输入的VBA代码并不适合“出库单”，此时可选择【视图】/【工具栏】/【控件工具箱】菜单命令，在打开的“控件”工具栏中先单击“设计模式”按钮，再单击“查看代码”按钮，如图5-87所示。

STEP 6 打开VBA设计窗口，在左侧对象框中选择“Sheet4(出库单)”选项，然后将文本插入点定位到代码窗口中，再选择【编辑】/【替换】菜单命令，如图5-88所示。

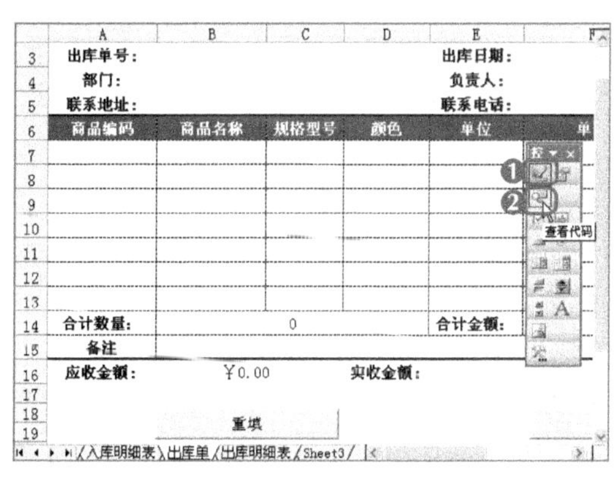

图5-87 依次单击“设计模式”和“查看代码”按钮

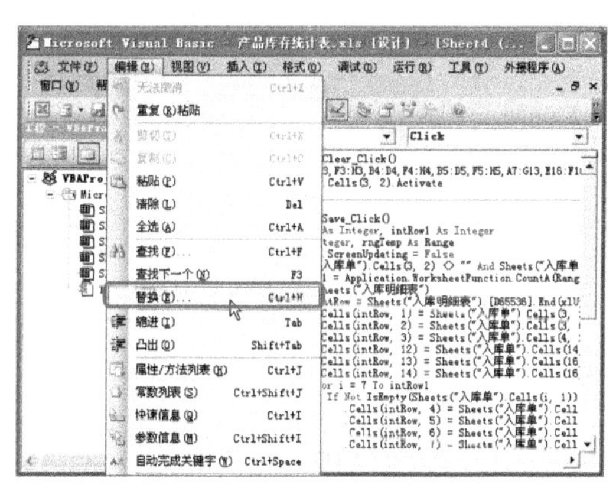

图5-88 选择“替换”菜单命令

STEP 7 在打开的“替换”对话框的“查找内容”下拉列表框中输入“入库”文本，在“替换为”下拉列表框中输入“出库”文本，然后单击全部替换(A)按钮，完成后单击按钮关闭该对话框，如图5-89所示。

STEP 8 在VBA设计窗口的代码窗口中将与入库信息相关的数据修改为出库信息相关的数据后，在工具栏中单击按钮运行该代码，无提示错误信息后单击“保存”按钮保存输入的代码，完成后在窗口的右上角单击按钮退出设计窗口，如图5-90所示。

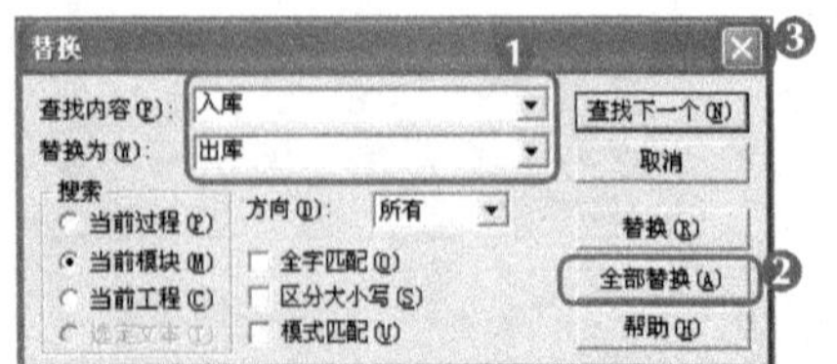

图5-89　输入查找和替换数据

```
cmdSave                                  Click

Private Sub cmdClear_Click()
    Range("B3:D3,F3:H3,B4:D4,F4:H4,B5:D5,F5:H5,A7:G13,E16:F16").ClearContents
    ActiveSheet.Cells(3, 2).Activate
End Sub

Private Sub cmdSave_Click()
    Dim intRow As Integer, intRow1 As Integer
    Dim i As Integer, rngTemp As Range
    Application.ScreenUpdating = False
    If Sheets("出库单").Cells(3, 2) <> "" And Sheets("出库单").Cells(14, 6) <> 0 Then
        intRow1 = Application.WorksheetFunction.CountA(Range("A7:A13")) + 6
        With Sheets("出库明细表")
            intRow = Sheets("出库明细表").[D65536].End(xlUp).Row + 1
            .Cells(intRow, 1) = Sheets("出库单").Cells(3, 2)       '单号
            .Cells(intRow, 2) = Sheets("出库单").Cells(3, 6)       '日期
            .Cells(intRow, 3) = Sheets("出库单").Cells(4, 2)       '供应商
            .Cells(intRow, 12) = Sheets("出库单").Cells(14, 6)     '合计金额
            .Cells(intRow, 13) = Sheets("出库单").Cells(16, 5)     '已付金额
            .Cells(intRow, 14) = Sheets("出库单").Cells(16, 2)     '应付金额
            For i = 7 To intRow1
              If Not IsEmpty(Sheets("出库单").Cells(i, 1)) Then
                .Cells(intRow, 4) = Sheets("出库单").Cells(i, 1)  '商品编码
                .Cells(intRow, 5) = Sheets("出库单").Cells(i, 2)  '商品名称
                .Cells(intRow, 6) = Sheets("出库单").Cells(i, 3)  '规格型号
                .Cells(intRow, 7) = Sheets("出库单").Cells(i, 4)     '颜色
                .Cells(intRow, 8) = Sheets("出库单").Cells(i, 5)     '单位
                .Cells(intRow, 9) = Sheets("出库单").Cells(i, 6)    '单价
                .Cells(intRow, 10) = Sheets("出库单").Cells(i, 7)    '数量
                .Cells(intRow, 11) = Sheets("出库单").Cells(i, 8)   '金额
                '更新库存量
              End If
            Next i
            On Error Resume Next
            .Range(.Cells(1, -1), .Cells(intRow - 1, 14)).Borders.LineStyle = xlContinuous
        End With
            cmdClear_Click
        If ret = vbOK Then
            ActiveSheet.Cells(3, 2).Activate
        Else
            Range("B3:D3,F3:H3,B4:D4,F4:H4,B5:D5,F5:H5,A7:G13,E16:F16").ClearContents
        End If
    End If
    Application.ScreenUpdating = True
End Sub
```

图5-90　完成替换操作

STEP 9 选择“出库单”工作表，在相应的单元格中输入出库信息，如图5-91所示。

STEP 10 单击 保存 控件按钮，“出库单”工作表中输入的出库信息将自动以列表的形式输入到“出库明细表”工作表中。

STEP 11 用相同的方法在“出库单”工作表中输入多条出库信息，然后单击 保存 控件按钮将其结果保存到“出库明细表”工作表的相应项目下，完成后再调整单元格列宽，如图5-92所示。

图5-91　输入出库信息

产品出库明

	B	C	D	E	F	G	H	I
3	日期	部门	商品编码	商品名称	规格型号	颜色	单位	单价
4	05-06-13	东门店	N-001	手机	8GB	黑	台	¥ 1,69
5	05-08-13	西门店	L-002	手机	64GB	黑	台	¥ 5,29
6	05-10-13	东门店	S-001	手机	16GB	黑	台	¥ 2,00
7	05-12-13	东门店	H-001	手机	16GB	红	台	¥ 2,59
8	05-15-13	北门店	H-001	手机	16GB	红	台	¥ 2,59
9	05-16-13	南门店	H-002	手机	8GB	黑	台	¥ 1,99
10	05-18-13	北门店	M-002	手机	32GB	灰	台	¥ 3,99
11	05-19-13	西门店	N-002	手机	32GB	红	台	¥ 2,99
12	05-20-13	南门店	I-001	手机	8GB	灰	台	¥ 1,49
13	05-23-13	南门店	M-001	手机	64GB	黑	台	¥ 4,99
14	05-24-13	东门店	L-001	手机	16GB	白	台	¥ 2,99
15	05-25-13	北门店	L-002	手机	64GB	黑	台	¥ 5,29
16	05-28-13	北门店	I-002	手机	32GB	红	台	¥ 4,99
17	05-30-13	南门店	I-002	手机	32GB	红	台	¥ 4,99
18	05-30-13	西门店	S-002	手机	32GB	白	台	¥ 3,99

图5-92　保存出库信息到“出库明细表”工作表

4. 统计产品出入库情况

下面将引用“入库单”和“出库单”中的相应数据，并使用公式与函数计算数量与金额，其具体操作如下。

STEP 1 在“产品库存统计表”工作簿中将“Sheet3”工作表重命名为“库存统计表”，输入表格的标题与相应的表头项目，选择F、H、J、L、N列，设置其数字格式为“货币”，然后在A6:G17单元格区域中输入相应的数据，并调整单元格行高与列宽，如图5-93所示。

STEP 2 选择H6:H17单元格区域，在编辑栏中输入公式“=F6*G6”，按【Ctrl+Enter】

组合键计算出期初金额，如图5-94所示。

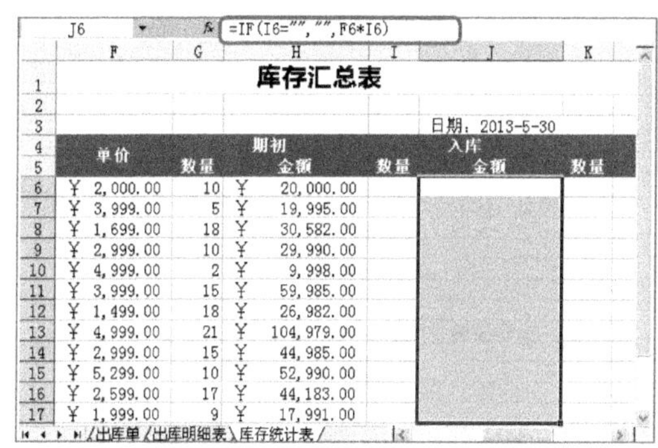
图5-93 输入数据并设置单元格格式

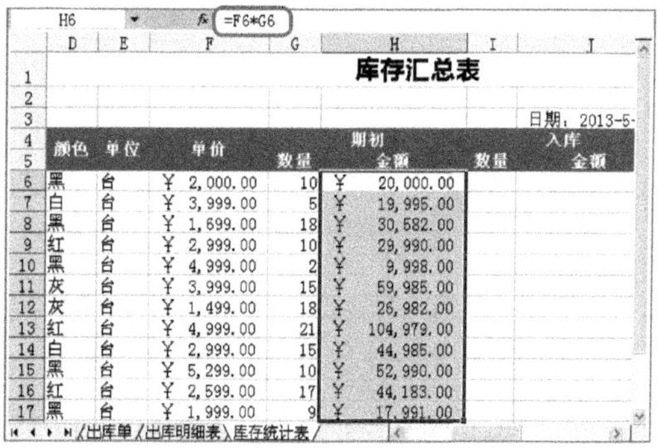

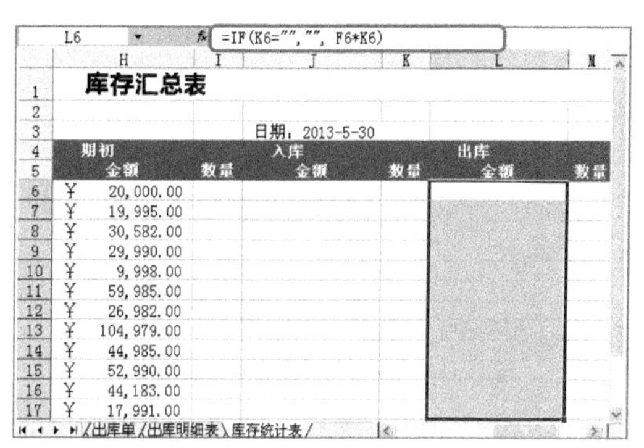
图5-94 计算期初金额

STEP 3 选择J6:J17单元格区域，在编辑栏中输入公式“=IF(I6="","",F6*I6)”，按【Ctrl+Enter】组合键计算出入库金额，如图5-95所示。

STEP 4 选择L6:L17单元格区域，在编辑栏中输入公式“=IF(K6="","", F6*K6)”，按【Ctrl+Enter】组合键计算出出库金额，如图5-96所示。

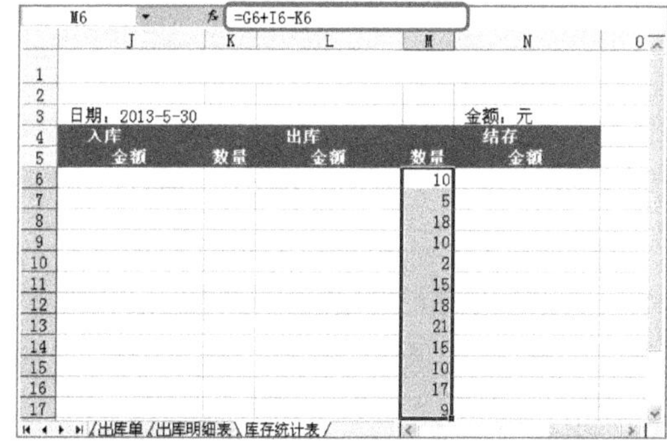
图5-95 计算入库金额

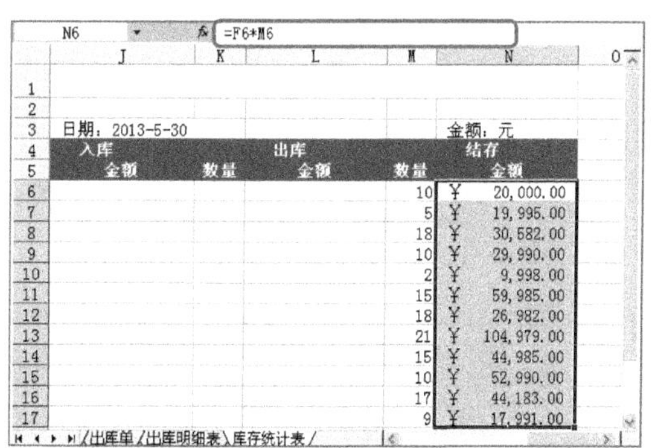
图5-96 计算出库金额

STEP 5 选择M6:M17单元格区域，在编辑栏中输入公式“=G6+I6-K6”，按【Ctrl+Enter】组合键计算出结存数量，如图5-97所示。

STEP 6 选择N6:N17单元格区域，在编辑栏中输入公式“=F6*M6”，按【Ctrl+Enter】组合键计算出结存金额，如图5-98所示。

图5-97 计算结存数量

图5-98 计算结存金额

STEP 7 在"入库明细表"工作表中选择D4:K15单元格区域，在编辑栏的名称框中输入文本"入库信息"，按【Enter】键，如图5-99所示。

STEP 8 在"入库明细表"工作表中选择J4:J15单元格区域，在编辑栏的名称框中输入文本"入库数量"，按【Enter】键，如图5-100所示。

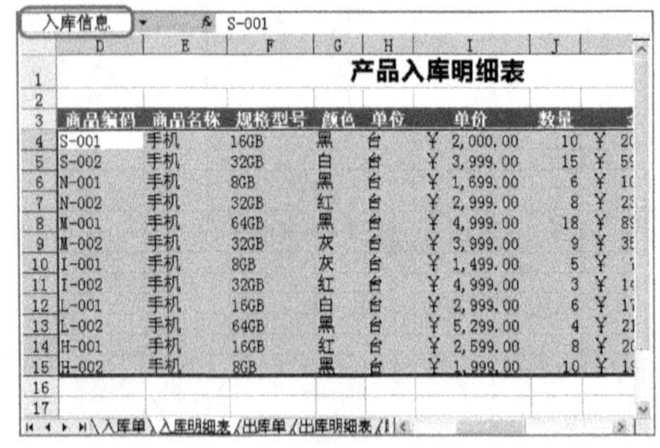

图5-99 定义单元格名称

图5-100 定义其他单元格名称

STEP 9 用相同的方法在"出库明细表"工作表中将D4:K18单元格区域命名为"出库信息"，将J4:J18单元格区域命名为"出库数量"，然后在名称框后单击▾按钮，在弹出的下拉列表中可查看定义的单元格区域名称，如图5-101所示。

STEP 10 在"库存统计表"工作表中选择I6:I17单元格区域，然后在编辑栏中输入"=SUMIF(入库信息,A6,入库数量)"，最后按【Ctrl+Enter】组合键引用入库数量，如图5-102所示。

图5-101 定义更多单元格名称

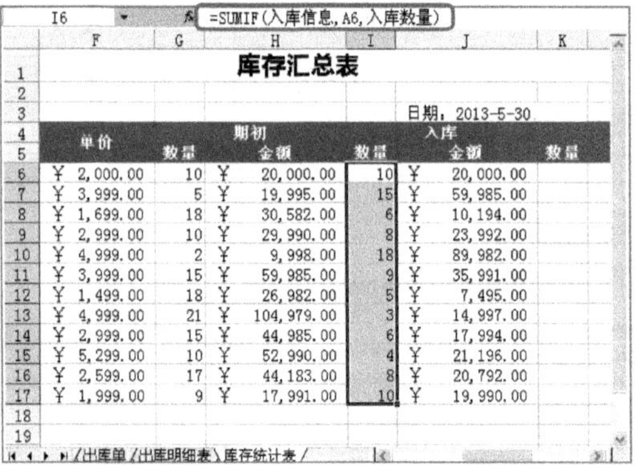

图5-102 引用入库数量

STEP 11 在"库存统计表"工作表中选择K6:K17单元格区域，然后在编辑栏中输入公式"=SUMIF(出库信息,A6,出库数量)"，最后按【Ctrl+Enter】组合键引用出库数量，如图5-103所示。

STEP 12 调整单元格列宽，显示出入库金额与出库金额的相应数据，同时可查看到结存数量与金额已根据相关联的单元格数据发生了改变，如图5-104所示。

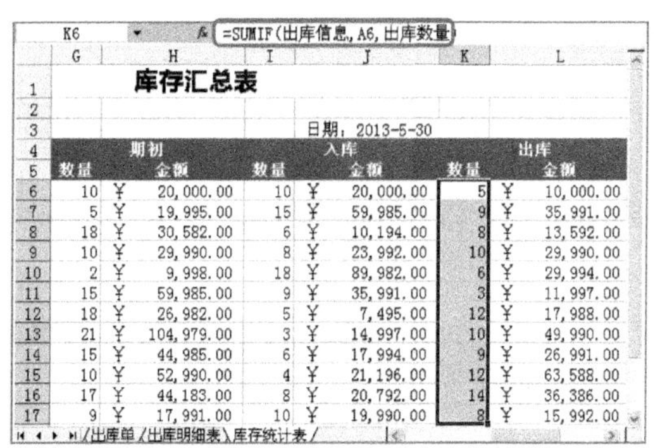

数量	期初 金额	数量	入库 金额	数量	出库 金额
10	￥ 20,000.00	10	￥ 20,000.00	5	￥ 10,000.00
5	￥ 19,995.00	15	￥ 59,985.00	9	￥ 35,991.00
18	￥ 30,582.00	6	￥ 10,194.00	8	￥ 13,592.00
10	￥ 29,990.00	8	￥ 23,992.00	10	￥ 29,990.00
2	￥ 9,998.00	18	￥ 89,982.00	6	￥ 29,994.00
15	￥ 59,985.00	9	￥ 35,991.00	3	￥ 11,997.00
18	￥ 26,982.00	5	￥ 7,495.00	12	￥ 17,988.00
21	￥ 104,979.00	3	￥ 14,997.00	10	￥ 49,990.00
15	￥ 44,985.00	6	￥ 17,994.00	9	￥ 26,991.00
10	￥ 52,990.00	4	￥ 21,196.00	12	￥ 63,588.00
17	￥ 44,183.00	8	￥ 20,792.00	14	￥ 36,386.00
9	￥ 17,991.00	10	￥ 19,990.00	8	￥ 15,992.00

库存汇总表 日期：2013-5-30

图5-103　引用出库数量

日期：2013-5-30　金额：元

数量	入库 金额	数量	出库 金额	数量	结存 金额
10	￥ 20,000.00	5	￥ 10,000.00	15	￥ 30,000.00
15	￥ 59,985.00	9	￥ 35,991.00	11	￥ 43,989.00
6	￥ 10,194.00	8	￥ 13,592.00	16	￥ 27,184.00
8	￥ 23,992.00	10	￥ 29,990.00	8	￥ 23,992.00
18	￥ 89,982.00	6	￥ 29,994.00	14	￥ 69,986.00
9	￥ 35,991.00	3	￥ 11,997.00	21	￥ 83,979.00
5	￥ 7,495.00	12	￥ 17,988.00	11	￥ 16,489.00
3	￥ 14,997.00	10	￥ 49,990.00	14	￥ 69,986.00
6	￥ 17,994.00	9	￥ 26,991.00	12	￥ 35,988.00
4	￥ 21,196.00	12	￥ 63,588.00	2	￥ 10,598.00
8	￥ 20,792.00	14	￥ 36,386.00	11	￥ 28,589.00
10	￥ 19,990.00	8	￥ 15,992.00	11	￥ 21,989.00

图5-104　查看统计结果

5．添加批注提示库存积压与短缺

下面实现在“库存统计表”工作表中对产品结存数量大于20的提示库存积压，请及时制定处理方案；小于5的提示库存短缺，请及时补货功能。其具体操作如下。

STEP 1 在“库存统计表”工作表中选择M6:M17单元格区域，然后选择【格式】/【条件格式】菜单命令，如图5-105所示。

STEP 2 在打开的“条件格式”对话框左侧的下拉列表框中选择“公式”选项，在其后的文本框中输入公式“=OR(M6<5,M6>20)”，然后单击 格式(F)... 按钮，如图5-106所示。

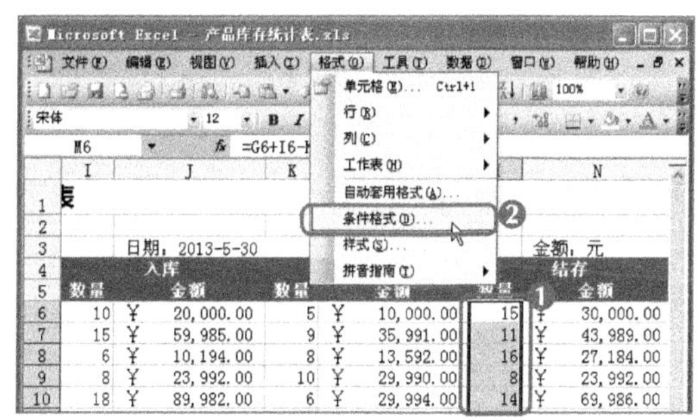

图5-105　选择条件格式菜单命令

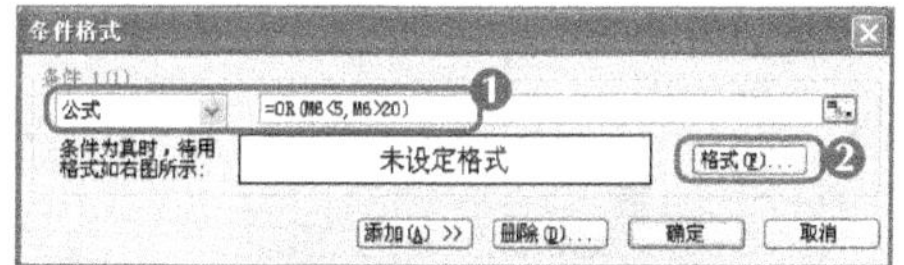

图5-106　设置条件

STEP 3 在打开的“单元格格式”对话框的“字体”选项卡的“字形”列表框中选择“加粗”选项，在“颜色”下拉列表框中选择“白色”选项，如图5-107所示。

STEP 4 单击“图案”选项卡，在其中选择“红色”选项，完成后单击 确定 按钮，如图5-108所示。

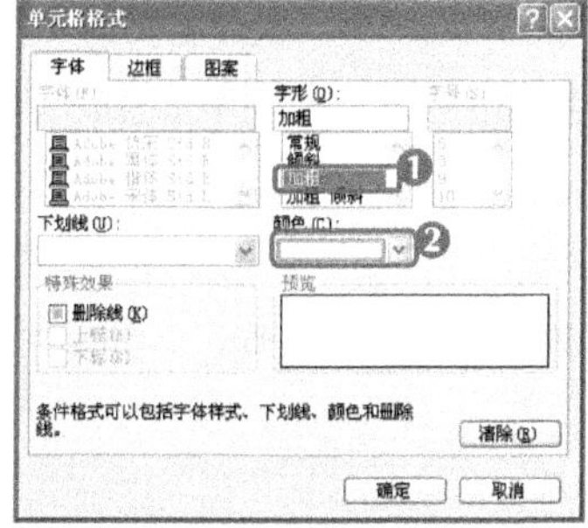

图5-107　设置条件格式的字体格式

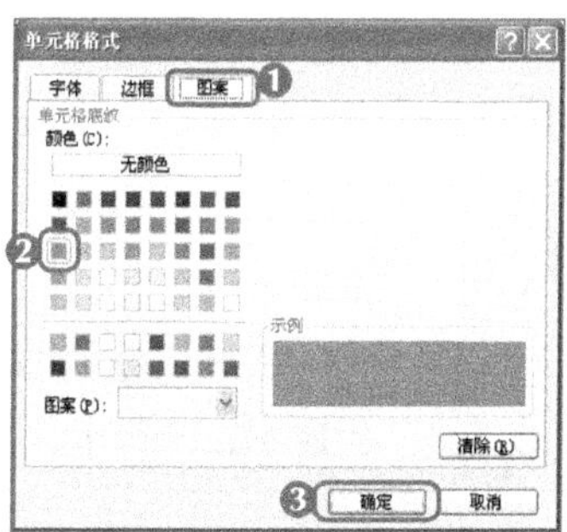

图5-108　设置条件格式的底纹格式

STEP 5 返回“条件格式”对话框，单击[确定]按钮，在“库存统计表”工作表的M6:M17单元格区域中满足条件的单元格将突出显示设置的格式。然后选择M11单元格，再选择【插入】/【批注】菜单命令，如图5-109所示。

STEP 6 在打开的批注编辑框中输入所需的提示信息，然后单击编辑框以外的位置，完成批注的插入，如图5-110所示。

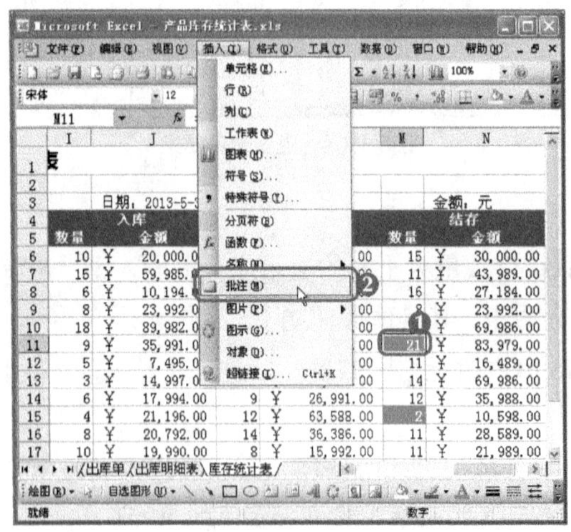

图5-109　选择批注菜单命令

图5-110　输入批注内容

STEP 7 将鼠标指针移动到批注框右下角，按住鼠标左键不放，向上拖动到适合批注框中数据的大小释放鼠标，如图5-111所示。

STEP 8 用相同的方法为M15单元格插入批注，并调整批注框大小，如图5-112所示。

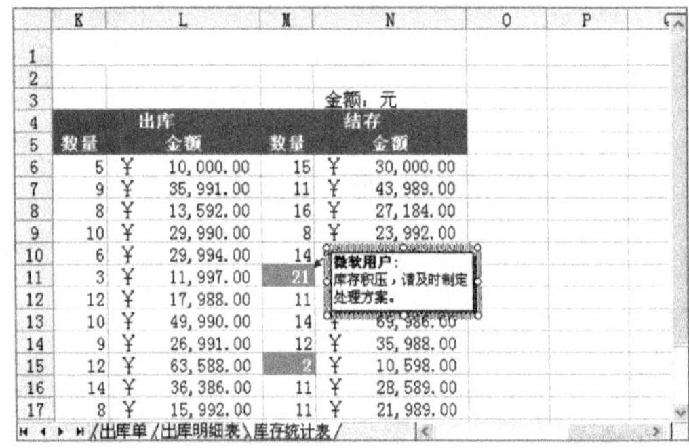

图5-111　调整批注框大小

图5-112　插入其他批注

知识提示

默认情况下单元格中插入的批注将自动隐藏，即当鼠标指针移动到该单元格上时，插入的批注才会显示出来。为了使插入的单个批注总是显示在表格中，可选择已插入批注的单元格，在其上单击鼠标右键，在弹出的快捷菜单中选择“显示/隐藏批注”命令，此时无论鼠标指针在哪个位置，该批注都会显示在表格中，再次选择该命令，可将其隐藏。

实训一 制作“材料成本汇总表”

【实训目标】

由于在材料消耗环节既要统计同一产品不同材料的消耗量，又要计算不同产品对同一材料的消耗量，因此老张让小白编制一张“材料成本汇总表”，用以快速准确地统计出两个条件下的材料消耗汇总表。

要完成本实训，首先要在工作表中创建“基础数据”信息，然后分别计算各材料消耗汇总和分产品材料消耗汇总的相应数据，再创建并编辑“柱形图”，完成后结合INDEX函数，添加“组合框”窗体控件，实现图表的“下拉列表框”选择显示所需数据。本实训完成后的最终效果如图5-113所示。

效果所在位置 **光盘:\效果文件\项目五\材料成本汇总表.xls**

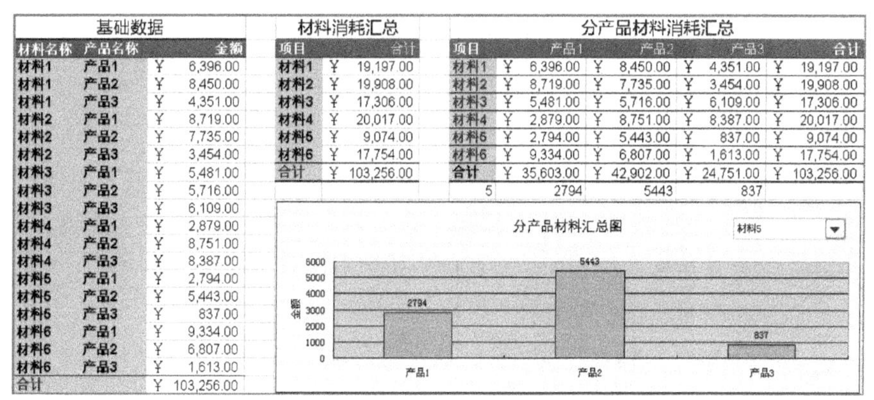

基础数据

材料名称	产品名称	金额
材料1	产品1	¥ 6,396.00
材料1	产品2	¥ 8,450.00
材料1	产品3	¥ 4,351.00
材料2	产品1	¥ 8,719.00
材料2	产品2	¥ 7,735.00
材料2	产品3	¥ 3,454.00
材料3	产品1	¥ 5,481.00
材料3	产品2	¥ 5,716.00
材料3	产品3	¥ 6,109.00
材料4	产品1	¥ 2,879.00
材料4	产品2	¥ 8,751.00
材料4	产品3	¥ 8,387.00
材料5	产品1	¥ 2,794.00
材料5	产品2	¥ 5,443.00
材料5	产品3	¥ 837.00
材料6	产品1	¥ 9,334.00
材料6	产品2	¥ 6,807.00
材料6	产品3	¥ 1,613.00
合计		¥ 103,256.00

材料消耗汇总

项目	合计
材料1	¥ 19,197.00
材料2	¥ 19,908.00
材料3	¥ 17,306.00
材料4	¥ 20,017.00
材料5	¥ 9,074.00
材料6	¥ 17,754.00
合计	¥ 103,256.00

分产品材料消耗汇总

项目	产品1	产品2	产品3	合计
材料1	¥ 6,396.00	¥ 8,450.00	¥ 4,351.00	¥ 19,197.00
材料2	¥ 8,719.00	¥ 7,735.00	¥ 3,454.00	¥ 19,908.00
材料3	¥ 5,481.00	¥ 5,716.00	¥ 6,109.00	¥ 17,306.00
材料4	¥ 2,879.00	¥ 8,751.00	¥ 8,387.00	¥ 20,017.00
材料5	¥ 2,794.00	¥ 5,443.00	¥ 837.00	¥ 9,074.00
材料6	¥ 9,334.00	¥ 6,807.00	¥ 1,613.00	¥ 17,754.00
合计	¥ 35,603.00	¥ 42,902.00	¥ 24,751.00	¥ 103,256.00
5	2794	5443	837	

图5-113 “材料成本汇总表”最终效果

【专业背景】

原材料作为企业存货的一个重要内容，如何进行科学、合理的管理对于控制原材料成本非常重要。控制原材料的成本主要从以下两个方面出发：一是控制和降低材料采购成本；二是建立材料管理控制系统，分类管理原材料，保证资源合理配置，节约存储成本。

要建立材料管理控制系统，不同的公司可结合自身特点，建立简捷、高效的管理制度，对经济指标进行考核，不断降低材料采购成本，提高供应原材料质量，加速流动资金周转，降低材料消耗。材料消耗定额是原材料领用的标准，也是考核材料是否节省的标准。因此，在本例中将分别统计同一产品不同材料的消耗量和不同产品对同一材料的消耗量。

【实训思路】

完成本实训首先要根据“基础数据”信息计算各材料消耗汇总和分产品材料消耗汇总的相应数据，然后创建并编辑“柱形图”，再结合INDEX函数，添加“组合框”窗体控件，在图表中创建“下拉列表框”选择显示所需数据。其操作思路如图5-114所示。

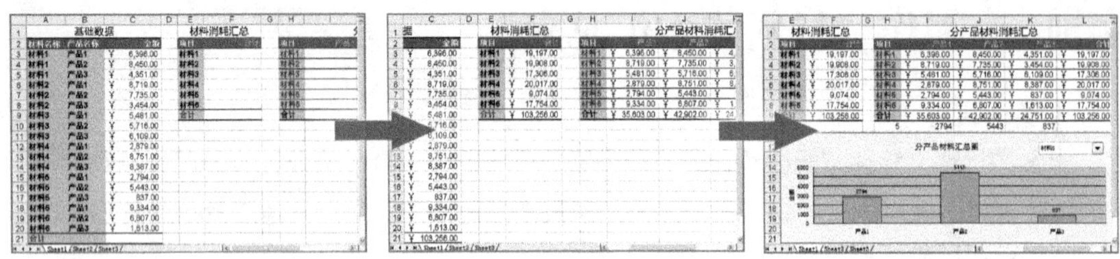

①输入并设置单元格格式　　②输入公式计算数据　　③创建下拉列表框图表

图5-114　制作“材料成本汇总表”的思路

【步骤提示】

STEP 1　创建“材料成本汇总表”工作簿，在其中输入相应的项目数据，并设置单元格格式。

STEP 2　分别在F3:F8、I3:I8、J3:J8、K3:K8单元格区域中输入公式“=SUMIF($A$3:$A$20,E3,$C$3:$C$20)”、“=SUMPRODUCT(($A$3:$A$20=H3)*($B$3:$B$20=$I$2)*($C$3:$C$20))”、“=SUMPRODUCT(($A$3:$A$20=H3)*($B$3:$B$20=$J$2)*($C$3:$C$20))”、“=SUMPRODUCT(($A$3:$A$20=H3)*($B$3:$B$20=$K$2)*($C$3:$C$20))”，完成后按【Ctrl+Enter】组合键，再利用“自动求和”按钮Σ计算合计数据。

STEP 3　选择H10单元格，输入数据“1”，然后选择I10:K10单元格区域，输入公式“=INDEX(I3:I8,$H$10)”，完成后按【Ctrl+Enter】组合键。

STEP 4　创建并编辑“柱形图”，然后打开“窗体”工具栏，在其中单击“组合框”按钮，完成后在图表右上角绘制组合框，并设置控件格式的“数据源区域”为“$H$3:$H$8”，“单元格链接”为“$H$10”，“下拉显示项数”为“6”，完成后关闭“窗体”工具栏，并在图表右上角单击“组合框”按钮，在弹出的下拉菜单中选择需查看的材料选项，如这里选择“材料5”选项，即可查看材料5在各产品中的消耗情况。

实训二　制作“销售利润分析表”

【实训目标】

利润的变化受多种因素的影响，如成本升高、销量减少等，为了将利润的变化额以定量的形式分解到各个因素中，小白准备制作一张“销售利润分析表”，以本期和同期的销售数量、成本、单价等数据为基础，定量地分析利润变动的原因。

要完成本实训，首先应在“销售利润分析表”工作表中输入并设置数据格式，然后利用公式计算相应数据，完成后创建并编辑“簇状柱形图”分析销售利润变化情况。本实训完成后的最终效果如图5-115所示。

效果所在位置　光盘:\效果文件\项目五\销售利润分析表.xls

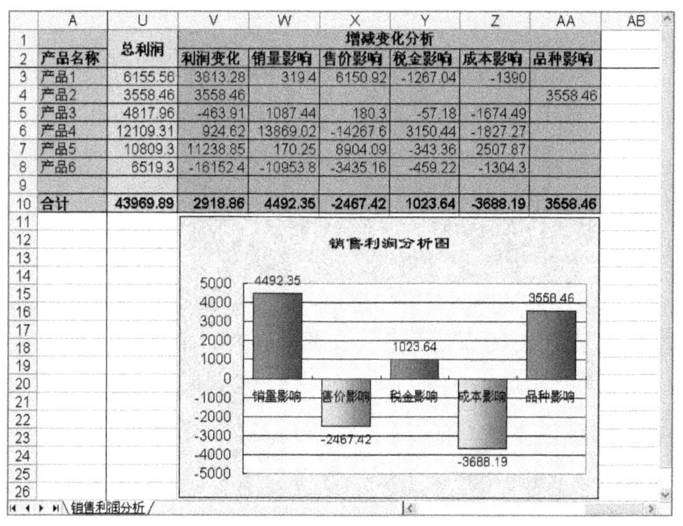

产品名称	总利润	增减变化分析					
		利润变化	销量影响	售价影响	税金影响	成本影响	品种影响
产品1	6155.56	3813.28	319.4	6150.92	-1267.04	-1390	
产品2	3558.46	3558.46					3558.46
产品3	4817.96	-463.91	1087.44	180.3	-57.18	-1674.49	
产品4	12109.31	924.62	13869.02	-14267.6	3150.44	-1827.27	
产品5	10809.3	11238.85	170.25	8904.09	-343.36	2507.87	
产品6	6519.3	-16152.4	-10953.8	-3435.16	-459.22	-1304.3	
合计	43969.89	2918.86	4492.35	-2467.42	1023.64	-3688.19	3558.46

图5-115 “销售利润分析表”最终效果

【专业背景】

分析销售利润的变化原因是会计管理工作的一项重要任务。影响销售利润的因素有多种，如售价因素、成本因素、税金因素、品种因素等。如何在对比上年和本年度的销售数据时将影响因素划分开，对企业经营决策的制定非常重要。在本例中将用到的相关公式如下：

- 销售利润＝销售收入－销售成本－销售税金
- 利润变化＝本年实际总利润－上年同期总利润
- 销量影响＝（本年实际销量－上年同期销量）×上年同期单位利润
- 售价影响＝（本年实际售价－上年同期售价）×本年实际销量
- 税金影响＝（上年同期单位税金－本年实际单位税金）×本年实际销量
- 成本影响＝（上年同期单位成本－本年实际单位成本）×本年实际销量
- 品种影响，若上年同期销售数量等于0，则等于本年实际利润；若本年实际销售数量等于0，则等于上年同期利润的负值

【实训思路】

完成本实训首先应在创建的“销售利润分析表”工作表中输入并设置单元格格式，然后计算各种产品上年同期和本年实际的销售利润、单位成本、增减变化情况等，完成后创建并编辑“簇状柱形图”分析销售利润变化情况。其操作思路如图5-116所示。

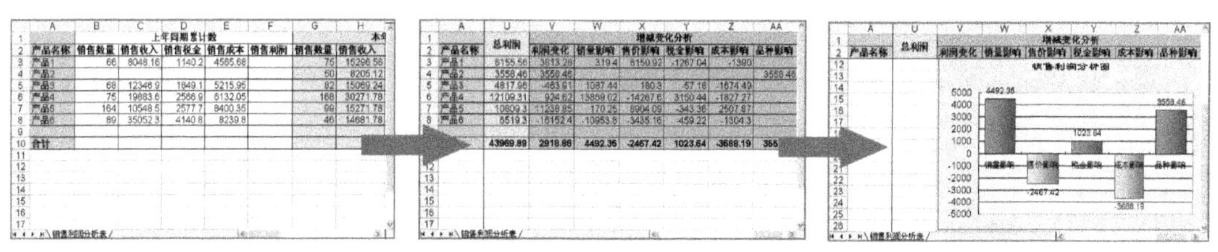

①创建销售数据表　　②输入公式计算数据　　③根据增减变化数据创建图表

图5-116 制作“销售利润分析表”的思路

【步骤提示】

STEP 1 创建“销售利润分析表”工作簿，在其中将“Sheet1”工作表重命名为“销售利润分析表”，然后在其中输入并设置单元格格式，完成后删除其他工作表。

STEP 2 根据相应的公式（这里由于篇幅原因，就不一一列举相应单元格中的公式，用户可在效果文件中选择相应的单元格自行查看输入的公式）计算各种产品上年同期和本年实际的销售利润、单位成本、增减变化情况，以及合计数据等。

STEP 3 选择W2:AA2和W10:AA10单元格区域，为其创建“簇状柱形图”，然后设置图表标题、隐藏图例、显示数据标志的“值”等图表选项，再设置图表区、绘图区、图表标题、数据系列等格式，完成后可在创建的“簇状柱形图”中查看并分析销售利润变化情况。

STEP 4 选择B3单元格，选择【窗口】/【冻结窗格】菜单命令，保持B3单元格以上或左侧的行和列的位置不变，然后拖动水平滚动条查看工作表中其他部分的内容。

常见疑难解析

问：怎样隐藏图表？

答：在工作表中可隐藏表格数据，同样也可隐藏图表。其方法为在有图表的工作表中按【Ctrl+6】组合键即可隐藏图表，使其只显示占位符；再次按【Ctrl+6】组合键则完全隐藏图表；第三次按【Ctrl+6】组合键又可显示图表。

问：怎样自动跳过空单元格区域创建图表？

答：在创建图表过程中，若选择的单元格区域中有空单元格时，可设置为自动跳过有空单元格的区域创建相应的图表，其方法为：选择图表，然后选择【工具】/【选项】菜单命令，在打开的“选项”对话框中单击“图表”选项卡，在“活动图表”栏的“空单元格的绘制方式为：”右侧单击选中“不绘制”单选项，完成后单击 确定 按钮即可。

问：能否将多个图形对象组合在一起？

答：当然可以，在工作表中可以将多个独立的形状组合为一个图形对象，以方便对组合后的图形对象进行移动、修改大小等操作。组合图形的方法为同时选择多个图形对象，然后在其上单击鼠标右键，在弹出的快捷菜单中选择【组合】/【组合】菜单命令即可；若要取消组合后的图形对象，可在组合后的图形对象上单击鼠标右键，在弹出的快捷菜单中选择【组合】/【取消组合】菜单命令。

问：如何设置批注格式？

答：在单元格中添加批注后，选择该单元格，在其上单击鼠标右键，在弹出的快捷菜单中选择“编辑批注”命令可编辑批注，选择“删除批注”命令可删除批注。若需设置批注格式，则应选择批注编辑框，在其上单击鼠标右键，在弹出的快捷菜单中选择“设置批注格式”命令，在打开的“设置批注格式”对话框中即可根据需要设置批注格式。另外，无论当前单元格位于工作表中的什么位置，按【Ctrl+Shift+O】组合键可快速选择所有已插入批注的单元格；按【Ctrl+6】组合键可快速显示或隐藏批注。

拓展知识

1．自定义图表类型

在Excel 2003中还可自定义图表类型，自定义图表类似于模板，它基于一个标准图表类型并含有其他后来添加的格式和选项。在图表向导对话框的“自定义类型”选项卡中自带了许多类型的图表可供选择，同时用户还可创建所需的自定义图表，其方法为选择需自定义的图表，然后选择【图表】/【图表类型】菜单命令，在打开的“图表类型”对话框中单击“自定义类型”选项卡，单击选中“自定义”单选项，单击添加(A)...按钮，在打开的“添加自定义图表类型”对话框中设置图表的名称和类型说明，完成后单击确定按钮，设置的自定义图表即可添加到“图表类型”对话框中，以后使用时可直接调用。

2．设置宏的安全性

在工作簿中插入了命令按钮控件后，要使其命令按钮控件的作用生效，可在工作簿中设置宏的安全性，其方法为选择【工具】/【宏】/【安全性】菜单命令，或选择【工具】/【选项】菜单命令，在打开的“选项”对话框中单击“安全性”选项卡，在其中单击宏安全性(S)...按钮，在打开的“安全性”对话框的“安全级别”选项卡中设置安全级别（一般情况下，建议设置安全级别为“中”），单击选中“中”单选项，如图5-117所示，然后单击确定按钮，当关闭工作簿后再次打开该工作簿，将打开“安全警告”对话框，确认启用宏后在该对话框中单击启用宏(E)按钮即可。

3．为数据区域创建快照

利用Excel 2003提供的快照功能可为任何数据区域摄影，并将其结果以图片的形式粘贴到工作表中，当源数据发生改变后，创建的快照图片也会随之改变。创建快照的方法如下。

STEP 1 在工作簿中选择【工具】/【自定义】菜单命令，在打开的“自定义”对话框的“命令”选项卡的“类别”列表框中选择“工具”选项，在“命令”列表框中选择“照相机”选项，如图5-118所示。

STEP 2 用鼠标左键按住“照相机”选项将其拖动至“常用”工具栏上的适当位置，释放鼠标左键将该按钮添加到工具栏中，单击关闭按钮关闭“自定义”对话框。然后在工作表中选择需创建快照的单元格区域，单击“照相机”按钮为选择的单元格区域照相，完成后在适当的位置单击即可将拍摄的快照对象粘贴到其中。

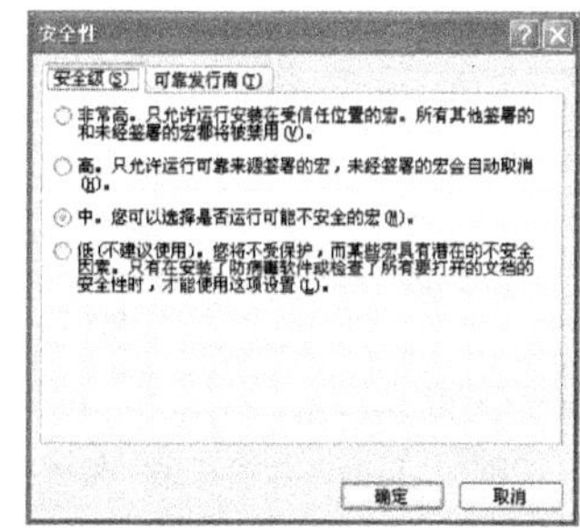

图5-117 设置宏的安全性

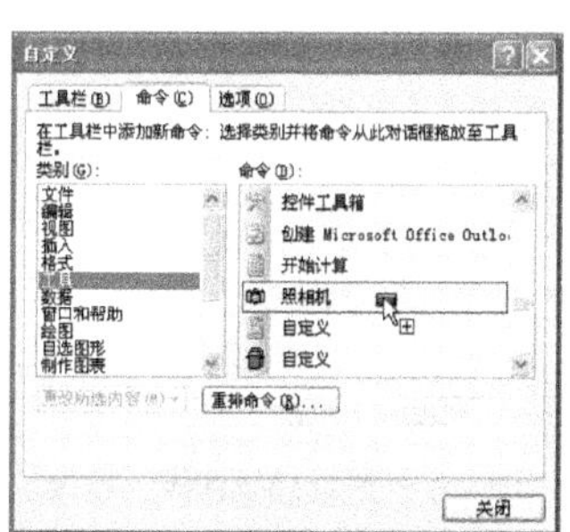

图5-118 添加“照相机”按钮到工具栏中

课后练习

效果所在位置 光盘:\效果文件\项目五\销售业绩统计表.xls、月度库存管理表.xls

（1）制作“销售业绩统计表”，其参考效果如图5-119所示，相关要求及操作如下。

- 在创建的“销售业绩统计表”工作簿中插入一个工作表，并分别将工作表重命名为“1月”、“2月”、“3月”、“1季度销售业绩统计表”，然后输入相应的数据，再设置单元格格式。
- 分别选择“1月”、“2月”、“3月”工作表中的G3:G25单元格区域，在编辑栏中输入公式“=E3*F3”，然后按【Ctrl+Enter】组合键，完成后再选择F26:G26单元格区域，单击“自动求和”按钮Σ计算合计数据。
- 在“1季度销售业绩统计表”工作表中利用SUMIF函数汇总各区域一季度每月的销售额，完成后选择A2:D6单元格区域，创建并编辑“数据点折线图”，并为城北店添加线性预测趋势线。

（2）制作“月度库存管理表”，其参考效果如图5-120所示，相关要求及操作如下。

- 创建“月度库存管理表”工作簿，输入各项目数据，并设置单元格格式。
- 选择F3:F19单元格区域，在编辑栏中输入公式“=C3+D3-E3”，然后按【Ctrl+Enter】组合键；由于溢短等于标准库存量减去当前数目，所以选择H3:H19单元格区域，在编辑栏中输入公式“=F3-G3”，完成后按【Ctrl+Enter】组合键。
- 假设溢短的数目小于10时，将出现存货短缺，大于10则表示存货足够，所以为H3:H19单元格区域设置条件格式，完成后对溢短数据小于10的单元格添加批注。

1季度各产品销售业绩统计

产品名称	一月份	二月份	三月
城北店	¥82,400.00	¥80,800.00	¥97
城东店	¥128,870.00	¥170,120.00	¥111
城南店	¥121,520.00	¥105,520.00	¥105
城西店	¥117,470.00	¥153,020.00	¥182

图5-119 “销售业绩统计表”最终效果

月度库存管理表

上月结转	本月入库	本月出库	当前数目	标准库存量	溢短
258	120	225	153	200	-47
256	136	42	350	200	150
365	135	197	303	200	103
351	254	301	304	200	104
235	246	162	319	200	119
358	244	501	101	200	-99
232	254	121	365	200	165
125	326	56	395	200	195
265	265	130	400	200	200
351	165	102	414	200	214
154	321	35	440	200	240
598	344	368	574	200	374
556	245	218	583	200	383
356	356	103	609	200	409
356	355	62	649	200	449
563	344	235	672	200	472
564	345	236	673	200	473

图5-120 “月度库存管理表”最终效果

PART 6

项目六 往来账款管理

情景导入

随着社会竞争的加剧，企业为了扩大市场占有率越来越多地使用商业信用进行促销，促使企业之间的拖欠现象越来越严重，造成了往来账款的增加。因此，小白希望加强往来账款的管理，有效控制各项应收账款和应付账款。

知识技能目标

- 熟练掌握数据排序和分类汇总的方法。
- 熟练掌握数据透视图表的使用方法。
- 熟练掌握数据筛选和不同图表类型的使用方法。

- 了解工作中往来账款管理的基本流程。
- 掌握“应收账款统计表”、“应收账款账龄分析表”、“应付账款统计表”等表格的制作。

项目流程对应图

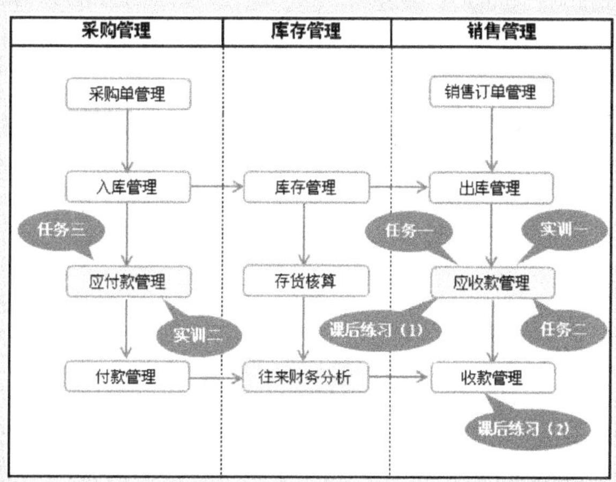

任务一 制作“应收账款统计表”

应收账款是企业对外赊销产品、材料，提供劳务等业务应向购货方或接受劳务方收取的款项，主要包括应收账款、应收票据、其他应收款项等。对应收账款进行统计管理，可详细了解各客户的赊销情况，及时发现问题，提前采取对策，尽可能地减少坏账损失。

一、任务目标

由于相关负责人需要查看各客户的赊销情况，于是老张决定让小白制作一张“应收账款统计表”，统计并分析应收账款数据。该任务将先在“应收账款统计表”工作表中输入并计算数据，然后对应收账款的相关项目进行排序和分类汇总，完成后再创建“分类汇总统计表”，并根据其结果创建并编辑“分离型三维饼图”。本例完成后的最终效果，如图6-1所示。

效果所在位置 **光盘:\效果文件\项目六\应收账款统计表.xls**

	A	B	C	D	E
1					应收账款统计
2	当前日期:	2013-5-30			
3	客户名称	赊销日期	经手人	应收账款	已收账款
4	A公司	2013-1-8	张三	￥ 20,000.00	￥ 10,000.00
5	A公司	2013-2-27	李四	￥ 30,000.00	￥ 10,000.00
6	A公司	2013-4-10	张三	￥ 50,000.00	￥ 40,000.00
7	A公司	2013-5-10	张三	￥ 50,000.00	￥ 40,000.00
8	A公司 汇总			￥150,000.00	￥100,000.00
9	B公司	2013-3-6	张三	￥ 40,000.00	￥ 40,000.00
10	B公司	2013-4-16	张三	￥ 50,000.00	￥ 30,000.00
11	B公司	2013-4-24	张三	￥ 50,000.00	￥ 30,000.00
12	B公司 汇总			￥140,000.00	￥100,000.00
13	C公司	2013-1-26	张三	￥ 20,000.00	￥ 20,000.00
14	C公司	2013-3-18	张三	￥ 30,000.00	￥ 20,000.00
15	C公司	2013-5-15	李四	￥ 10,000.00	￥ 6,000.00
16	C公司 汇总			￥ 60,000.00	￥ 46,000.00
17	D公司	2013-2-10	张三	￥ 10,000.00	￥ 3,000.00
18	D公司	2013-5-29	张三	￥ 30,000.00	￥ 10,000.00
19	D公司 汇总			￥ 40,000.00	￥ 13,000.00
20	E公司	2013-2-15	李四	￥ 60,000.00	￥ 40,000.00
21	E公司	2013-3-25	李四	￥ 30,000.00	￥ 10,000.00
22	E公司	2013-3-29	李四	￥ 30,000.00	￥ 10,000.00

应收账款统计表 / 分类汇总统计表 / Sheet3

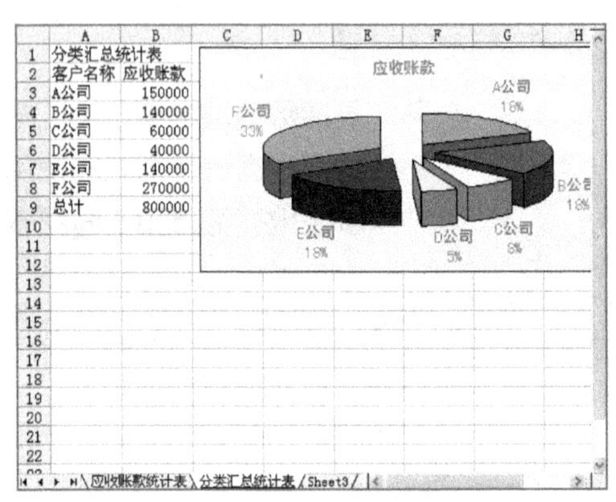

	A	B
1	分类汇总统计表	
2	客户名称	应收账款
3	A公司	150000
4	B公司	140000
5	C公司	60000
6	D公司	40000
7	E公司	140000
8	F公司	270000
9	总计	800000

图6-1 “应收账款统计表”最终效果

二、相关知识

要制作“应收账款统计表”，按客户名称汇总应收账款数据，首先应根据相关公式计算应收账款数据，然后按客户名称进行排序并分类汇总。因此，了解应收账款统计所需公式，以及数据排序和分类汇总的作用和方法非常有必要。

1. 应收账款统计所需公式

应收账款管理主要是统计应收账款资料与分析应收账款数据，在应收账款统计表中用户不仅可以详细统计应收账款资料，而且还可以根据相关公式计算并分析各客户的赊销金额、到期日期等数据。

在本例中将用到以下公式计算相应的数据。

- 结余金额=应收账款-已收账款
- 到期日期＝开票日期+收款期

- 是否到期=IF(到期日期<当前日期,"Y"," ")
- 未到期金额=IF(当前日期-到期日期<0,未收款金额,0)

2．不同的数据排序方法

数据的排序常用于统计工作中，在Excel中数据的排序是指根据存储在表格中的数据种类，将其按一定的方式进行重新排列。数据排序的方法主要有以下3种。

- **简单排序**：是指在数据清单中只需对其中的某一列进行排序。其方法如下。

STEP 1 选择需排序数据列的任一单元格，单击“常用”工具栏中的“升序排序”按钮或“降序排序”按钮，也可选择【数据】/【排序】菜单命令，在打开的“排序”对话框的“主要关键字”下拉列表中选择所需列标题行的主要关键字。

STEP 2 在右侧单击选中“升序”或“降序”单选项，如图6-2所示，完成后单击确定按钮。

- **高级排序**：是指按照多个条件对数据进行排序，这是针对简单排序后仍有相同数据的情况进行的一种排序方式。其方法如下。

STEP 1 选择需排序的数据区域，然后在“排序”对话框中同时设置“主要关键字”、“次要关键字”和“第三关键字”作为排序的依据。

STEP 2 在右侧选择相应的排序方式，在排序过程中若工作表中主要关键字项目下数据有重复，则将按照次要关键字进行排序；若数据项仍有重复时，则按照第三关键字进行排序。

- **自定义排序**：当简单排序和高级排序都不能满足实际需要时，可利用Excel提供的自定义排序功能，根据自定义的排序条件进行排序，如按照星期几进行排列、按月份进行排列等。其方法如下。

STEP 1 选择需排序的数据区域，在“排序”对话框的“主要关键字”下拉列表中选择关键字。

STEP 2 单击选项(O)...按钮，在打开的“排序选项”对话框的“自定义排列次序”下拉列表中可选择英文、中文的月份或星期等排列次序。

STEP 3 在“方向”栏中可设置按列排序或按行排序；在“方法”栏中可设置按字母排序或笔画排序，如图6-3所示。

STEP 4 完成后单击确定按钮返回“排序”对话框，再单击确定按钮即可按设置进行排序。

图6-2 “排序”对话框

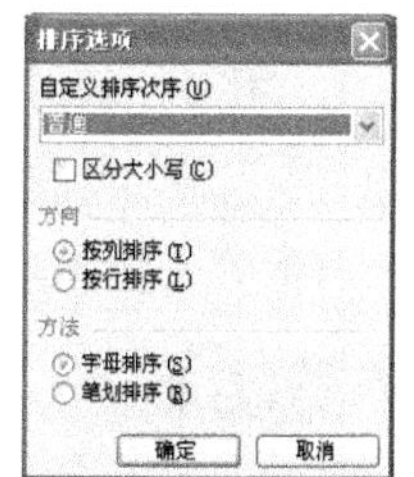

图6-3 “排序选项”对话框

3．分类汇总的使用

数据的分类汇总是指当表格中的记录越来越多，且出现相同类别的记录时，相同项目的记录被集合在一起，分门别类地进行汇总。利用Excel的分类汇总功能，用户可更直观地查看表格中的数据信息，具体操作如下。

STEP 1 选择需分类汇总的数据，并对齐进行排序。

STEP 2 选择排序后的任一单元格，选择【数据】/【分类汇总】菜单命令，在打开的“分类汇总”对话框的“分类字段”下拉列表中选择分类汇总字段。

STEP 3 在“汇总方式”下拉列表中选择分类汇总的汇总方式，在“选定汇总项”列表中单击选中分类汇总中的汇总项对应的复选框，完成后单击【确定】按钮。

知识提示

默认情况下，“分类汇总”对话框下方的“每组数据分页”复选框未被选中，单击选中它，则表示根据设置的分类汇总条件进行分类汇总后，在打印该表格时将各项目进行分页打印。

4．常见图表类型的特点

Excel提供了14个标准类型和多个自定义类型图表，如柱形图、条形图、折线图、饼图、XY散点图、股价图等。不同类型的图表所使用的场合各不相同，用户可根据表格数据选择合适的图表类型使其信息突出显示，让图表更具阅读性。下面将简单介绍几种常用图表类型的作用及应用场合。

- **柱形图**：用来显示一段时间内数据的变化，或描述各项目之间数据的比较，它强调一段时间内，类别数据值的变化。
- **条形图**：用来描绘各项目之间数据的差异，它常应用于分类标签较长的图表的绘制中，以免出现柱形图中对长分类标签省略的情况。
- **折线图**：用来显示等时间间隔数据的变化趋势，它强调的是数据的时间性和变动率，常用于描绘连续的数据。
- **饼图**：主要用于显示每一数值在总数值中所占的比例。它只能显示一个系列的数据比例关系，如果有几个系列同时被选中，则只会显示其中的一个系列。因此，饼图可用于强调某个重要的数据。
- **XY散点图**：类似于折线图，它可以显示单个或者多个数据系列的数据在时间间隔条件下的变化趋势，常用于比较成对的数据。
- **股价图**：用来描绘股票走势的图形，它有4种子图表类型：盘高-盘低-收盘图、开盘-盘高-盘低-收盘图、成交量-盘高-盘低-收盘图、成交量-开盘-盘高-盘低-收盘图。4种股价图的区别仅在于信息涵盖量的多少，最后一种类型涵盖的信息最多。

三、任务实施

1．创建应收账款统计表

下面首先创建“应收账款统计表”工作簿，在其中输入数据并计算各客户的赊销金额、到期日期等，其具体操作如下。

STEP 1 将新建的工作簿以“应收账款统计表”为名进行保存，然后将“Sheet1”工作表重命名为“应收账款统计表”，在其中输入表题与表头数据，完成后设置单元格格式，如图6-4所示。

STEP 2 选择B2单元格，输入公式“=TODAY()”，完成后按【Ctrl+Enter】组合键自动显示系统当前日期，如图6-5所示。

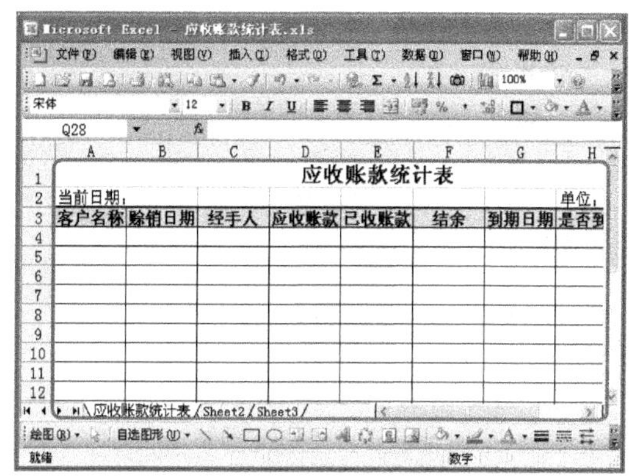

图6-4 输入数据并设置单元格格式

图6-5 输入当前日期

知识提示

TODAY函数用来返回当前日期的序列号。其语法结构为：TODAY()，它没有参数，但使用TODAY函数时必须在TODAY后添加()，否则将返回错误#NAME?，且若包含公式的单元格格式不同，则返回的日期格式也不同。

STEP 3 选择A4:A25单元格区域，选择【数据】/【有效性】菜单命令，如图6-6所示。

STEP 4 在打开的“数据有效性”对话框的“设置”选项卡的“允许”下拉列表中选择“序列”选项，然后在“来源”文本框中输入“A公司,B公司,C公司,D公司,E公司,F公司”文本，完成后单击 确定 按钮，如图6-7所示。用相同的方法为C4:C25单元格区域设置数据有效性的序列数据“张三,李四”。

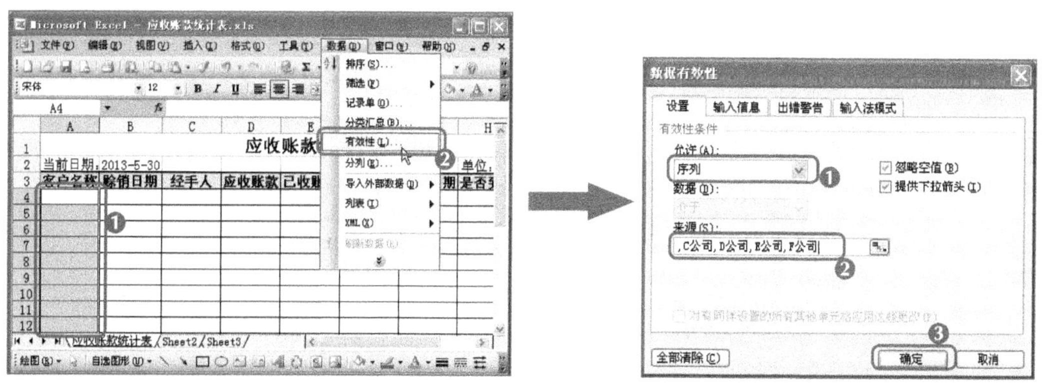

图6-6 选择“有效性”菜单命令

图6-7 设置数据有效性

STEP 5 分别选择A4和C4单元格，在其右侧单击▾按钮，在弹出的下拉列表中选择输入相应的数据，然后在B4单元格和D4:E4单元格区域中输入相应的数据，完成后用相同的方法在A5:E25单元格区域中输入相应的数据。

STEP 6 选择F4:F25单元格区域，在编辑栏中输入公式“=D4−E4”，完成后按【Ctrl+Enter】组合键计算结余金额，如图6−8所示。

STEP 7 选择G4:G25单元格区域，在编辑栏中输入公式“=B4+90”，完成后按【Ctrl+Enter】组合键计算到期日期，如图6−9所示。

F4 =D4-E4

	B	C	D	E	F
1				应收账款统计表	
2	2013-5-30				
3	赊销日期	经手人	应收账款	已收账款	结余
4	2013-1-8	张三	¥ 20,000.00	¥ 10,000.00	¥ 10,000.00
5	2013-1-15	李四	¥ 50,000.00	¥ 30,000.00	¥ 20,000.00
6	2013-1-26	张三	¥ 20,000.00	¥ 20,000.00	¥ -
7	2013-2-10	张三	¥ 10,000.00	¥ 3,000.00	¥ 7,000.00
8	2013-2-15	李四	¥ 60,000.00	¥ 40,000.00	¥ 20,000.00
9	2013-2-24	张三	¥ 60,000.00	¥ 40,000.00	¥ 20,000.00
10	2013-2-27	李四	¥ 30,000.00	¥ 10,000.00	¥ 20,000.00
11	2013-3-6	张三	¥ 40,000.00	¥ 40,000.00	¥ -
12	2013-3-18	张三	¥ 30,000.00	¥ 20,000.00	¥ 10,000.00
13	2013-3-25	李四	¥ 30,000.00	¥ 10,000.00	¥ 20,000.00
14	2013-3-29	李四	¥ 30,000.00	¥ 10,000.00	¥ 20,000.00
15	2013-4-2	张三	¥ 20,000.00	¥ 15,000.00	¥ 5,000.00
16	2013-4-10	张三	¥ 50,000.00	¥ 40,000.00	¥ 10,000.00

应收账款统计表 / Sheet2 / Sheet3

图6−8 计算结余金额

G4 =B4+90

	E	F	G	H	I
1	应收账款统计表				
2				单位：元	
3	已收账款	结余	到期日期	是否到期	未到期金额
4	¥ 10,000.00	¥ 10,000.00	2013-4-8		
5	¥ 30,000.00	¥ 20,000.00	2013-4-15		
6	¥ 20,000.00	¥ -	2013-4-26		
7	¥ 3,000.00	¥ 7,000.00	2013-5-11		
8	¥ 40,000.00	¥ 20,000.00	2013-5-16		
9	¥ 40,000.00	¥ 20,000.00	2013-5-25		
10	¥ 10,000.00	¥ 20,000.00	2013-5-28		
11	¥ 40,000.00	¥ -	2013-6-4		
12	¥ 20,000.00	¥ 10,000.00	2013-6-16		
13	¥ 10,000.00	¥ 20,000.00	2013-6-23		
14	¥ 10,000.00	¥ 20,000.00	2013-6-27		
15	¥ 15,000.00	¥ 5,000.00	2013-7-1		
16	¥ 40,000.00	¥ 10,000.00	2013-7-9		

应收账款统计表 / Sheet2 / Sheet3

图6−9 计算到期日期

STEP 8 选择H4:H25单元格区域，在编辑栏中输入公式“=IF(G4<$B$2,"Y"," ")”，完成后按【Ctrl+Enter】组合键计算是否到期，如图6−10所示。

STEP 9 选择I4:I25单元格区域，在编辑栏中输入公式“=IF($B$2−G4<0,F4,0)”，完成后按【Ctrl+Enter】组合键计算未到期金额，如图6−11所示。

H4 =IF(G4<$B$2,"Y"," ")

	E	F	G	H	I
1	应收账款统计表				
2				单位：元	
3	已收账款	结余	到期日期	是否到期	未到期金额
4	¥ 10,000.00	¥ 10,000.00	2013-4-8	Y	
5	¥ 30,000.00	¥ 20,000.00	2013-4-15	Y	
6	¥ 20,000.00	¥ -	2013-4-26	Y	
7	¥ 3,000.00	¥ 7,000.00	2013-5-11	Y	
8	¥ 40,000.00	¥ 20,000.00	2013-5-16	Y	
9	¥ 40,000.00	¥ 20,000.00	2013-5-25	Y	
10	¥ 10,000.00	¥ 20,000.00	2013-5-28	Y	
11	¥ 40,000.00	¥ -	2013-6-4		
12	¥ 20,000.00	¥ 10,000.00	2013-6-16		
13	¥ 10,000.00	¥ 20,000.00	2013-6-23		
14	¥ 10,000.00	¥ 20,000.00	2013-6-27		
15	¥ 15,000.00	¥ 5,000.00	2013-7-1		
16	¥ 40,000.00	¥ 10,000.00	2013-7-9		

应收账款统计表 / Sheet2 / Sheet3

图6−10 计算是否到期

I4 =IF($B$2-G4<0,F4,0)

	E	F	G	H	I
1	应收账款统计表				
2				单位：元	
3	已收账款	结余	到期日期	是否到期	未到期金额
4	¥ 10,000.00	¥ 10,000.00	2013-4-8	Y	¥ -
5	¥ 30,000.00	¥ 20,000.00	2013-4-15	Y	¥ -
6	¥ 20,000.00	¥ -	2013-4-26	Y	¥ -
7	¥ 3,000.00	¥ 7,000.00	2013-5-11	Y	¥ -
8	¥ 40,000.00	¥ 20,000.00	2013-5-16	Y	¥ -
9	¥ 40,000.00	¥ 20,000.00	2013-5-25	Y	¥ -
10	¥ 10,000.00	¥ 20,000.00	2013-5-28	Y	¥ -
11	¥ 40,000.00	¥ -	2013-6-4		¥ -
12	¥ 20,000.00	¥ 10,000.00	2013-6-16		¥ 10,000.00
13	¥ 10,000.00	¥ 20,000.00	2013-6-23		¥ 20,000.00
14	¥ 10,000.00	¥ 20,000.00	2013-6-27		¥ 20,000.00
15	¥ 15,000.00	¥ 5,000.00	2013-7-1		¥ 5,000.00
16	¥ 40,000.00	¥ 10,000.00	2013-7-9		¥ 10,000.00

应收账款统计表 / Sheet2 / Sheet3

图6−11 计算未到期金额

2．对应收账款进行排序

下面在“应收账款统计表”工作表中以“客户名称”为主要关键字，以“赊销日期”为次要关键字进行升序排列，其具体操作如下。

STEP 1 在“应收账款统计表”工作表中选择A3:I25单元格区域，然后选择【数据】/【排序】菜单命令，如图6−12所示。

STEP 2 在打开的“排序”对话框的“主要关键字”下拉列表中选择“客户名称”选项，在“次要关键字”下拉列表中选择“赊销日期”选项。在默认情况下，其右侧的“升序”单选项和“有标题行”单选项呈选中状态，这里保持默认设置，完成后单击［确定］按钮，如图6-13所示。

图6-12 选择排序菜单命令

图6-13 选择排序关键字

多学一招

如果不希望对选择的数据区域中第一行的内容或者选择的数据区域中包含的表格标题行进行排序，可在“排序”对话框的“我的数据区域”栏中单击选中“无标题行”单选项。

STEP 3 返回工作表中，可看到“客户名称”列的单元格数据以字母的先后顺序进行了排序，且在“客户名称”数据相同的情况下，根据“赊销日期”列的单元格数据也以日期的先后顺序进行了排列，如图6-14所示。

	A	B	C	D	E	F	G	H	I
1	应收账款统计表								
2	当前日期:	2013-5-30						单位：元	
3	客户名称	赊销日期	经手人	应收账款	已收账款	结余	到期日期	是否到期	未到期金额
4	A公司	2013-1-8	张三	¥ 20,000.00	¥ 10,000.00	¥ 10,000.00	2013-4-8	Y	¥ -
5	A公司	2013-2-27	李四	¥ 30,000.00	¥ 10,000.00	¥ 20,000.00	2013-5-28	Y	¥ -
6	A公司	2013-4-10	张三	¥ 50,000.00	¥ 40,000.00	¥ 10,000.00	2013-7-9		¥ 10,000.00
7	A公司	2013-5-10	张三	¥ 50,000.00	¥ 40,000.00	¥ 10,000.00	2013-8-8		¥ 10,000.00
8	B公司	2013-3-6	张三	¥ 40,000.00	¥ 40,000.00	¥ -	2013-6-4		¥ -
9	B公司	2013-4-16	张三	¥ 50,000.00	¥ 30,000.00	¥ 20,000.00	2013-7-15		¥ 20,000.00
10	B公司	2013-4-24	张三	¥ 50,000.00	¥ 30,000.00	¥ 20,000.00	2013-7-23		¥ 20,000.00
11	C公司	2013-1-26	张三	¥ 20,000.00	¥ 20,000.00	¥ -	2013-4-26	Y	¥ -
12	C公司	2013-3-18	张三	¥ 30,000.00	¥ 20,000.00	¥ 10,000.00	2013-6-16		¥ 10,000.00
13	C公司	2013-5-15	李四	¥ 10,000.00	¥ 6,000.00	¥ 4,000.00	2013-8-13		¥ 4,000.00
14	D公司	2013-2-10	张三	¥ 10,000.00	¥ 3,000.00	¥ 7,000.00	2013-5-11	Y	¥ -
15	D公司	2013-5-29	张三	¥ 30,000.00	¥ 10,000.00	¥ 20,000.00	2013-8-27		¥ 20,000.00
16	E公司	2013-2-15	李四	¥ 60,000.00	¥ 40,000.00	¥ 20,000.00	2013-5-16	Y	¥ -

应收账款统计表 / Sheet2 / Sheet3

图6-14 查看排序后的效果

3. 分类汇总应收账款相关项目

下面在“应收账款统计表”工作表中以“客户名称”为分类字段对“应收账款”、“已收账款”、“结余”、“未到期金额”进行分类汇总，其具体操作如下。

STEP 1 在“应收账款统计表”工作表中选择A3:I25单元格区域，然后选择【数据】/【分类汇总】菜单命令，如图6-15所示。

STEP 2 在打开的“分类汇总”对话框的“分类字段”下拉列表中选择“客户名称”选项，在“汇总方式”下拉列表中选择“求和”选项，在“选定汇总项”列表框中单击选中“应收账款”、“已收账款”、“结余”、“未到期金额”复选框，其他保持默认设置，然后单击 确定 按钮，如图6-16所示。

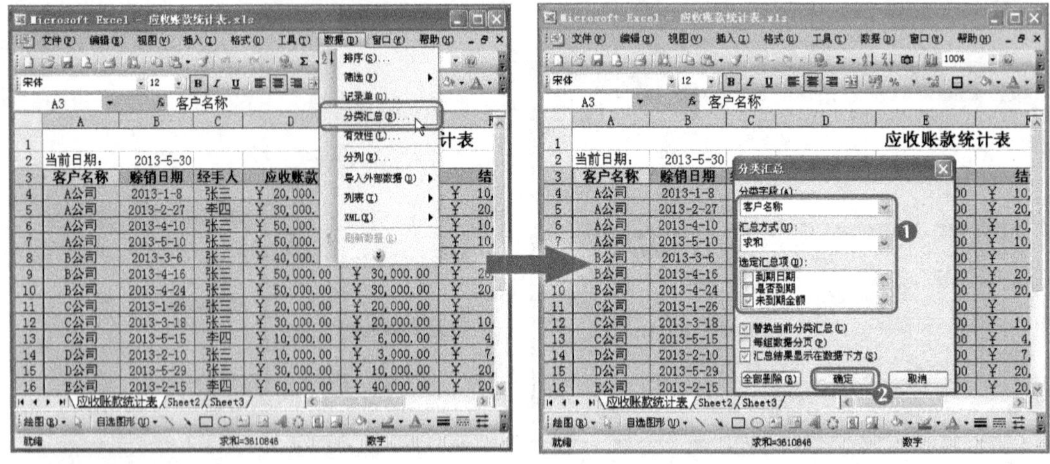

图6-15　选择“分类汇总”菜单命令　　　　图6-16　设置分类汇总选项

STEP 3 返回工作表中，可看到对数据进行分类汇总后的效果，如图6-17所示，然后在工作表的左上方分别单击分类汇总的显示级别按钮1 2，两个按钮内的内容将分别显示分类合计和汇总合计项，如图6-18所示。

	A	B	C	D	E
1					应收账款统计
2	当前日期:	2013-5-30			
3	客户名称	赊销日期	经手人	应收账款	已收账款
4	A公司	2013-1-8	张三	￥ 20,000.00	￥ 10,000.00
5	A公司	2013-2-27	李四	￥ 30,000.00	￥ 10,000.00
6	A公司	2013-4-10	张三	￥ 50,000.00	￥ 40,000.00
7	A公司	2013-5-10	张三	￥ 50,000.00	￥ 40,000.00
8	A公司 汇总			￥150,000.00	￥100,000.00
9	B公司	2013-3-6	张三	￥ 40,000.00	￥ 40,000.00
10	B公司	2013-4-16	张三	￥ 50,000.00	￥ 30,000.00
11	B公司	2013-4-24	张三	￥ 50,000.00	￥ 30,000.00
12	B公司 汇总			￥140,000.00	￥100,000.00
13	C公司	2013-1-26	张三	￥ 20,000.00	￥ 20,000.00
14	C公司	2013-3-18	张三	￥ 30,000.00	￥ 20,000.00
15	C公司	2013-5-15	李四	￥ 10,000.00	￥ 6,000.00
16	C公司 汇总			￥ 60,000.00	￥ 46,000.00
17	D公司	2013-2-10	张三	￥ 10,000.00	￥ 3,000.00
18	D公司	2013-5-29	张三	￥ 30,000.00	￥ 10,000.00
19	D公司 汇总			￥ 40,000.00	￥ 13,000.00
20	E公司	2013-2-15	李四	￥ 60,000.00	￥ 40,000.00
21	E公司	2013-3-25	李四	￥ 30,000.00	￥ 10,000.00

应收账款统计表 / Sheet2 / Sheet3

图6-17　查看分类汇总效果

	A	B	C	D	E
1					应收账款统计
2	当前日期:	2013-5-30			
3	客户名称	赊销日期	经手人	应收账款	已收账款
32	总计			￥800,000.00	￥514,000.00
33					

	A	B	C	D	E
1					应收账款统计
2	当前日期:	2013-5-30			
3	客户名称	赊销日期	经手人	应收账款	已收账款
8	A公司 汇总			￥150,000.00	￥100,000.00
12	B公司 汇总			￥140,000.00	￥100,000.00
16	C公司 汇总			￥ 60,000.00	￥ 46,000.00
19	D公司 汇总			￥ 40,000.00	￥ 13,000.00
24	E公司 汇总			￥140,000.00	￥ 75,000.00
31	F公司 汇总			￥270,000.00	￥180,000.00
32	总计			￥800,000.00	￥514,000.00
33					

图6-18　分级显示分类汇总项

在工作表编辑区的左侧单击+和-按钮可以显示或隐藏单个分类汇总的明细行，若需再次显示所有分类汇总项目，则可在工作表的左上方单击分类汇总的显示级别3按钮。

4．创建分类汇总统计表

下面根据分类汇总结果创建“分类汇总统计表”工作表，其具体操作如下。

STEP 1 在“应收账款统计表”工作簿中将“Sheet2”工作表重命名为“分类汇总统计表”，然后输入表题数据，如图6-19所示。

STEP 2 在“应收账款统计表”工作表的左上方单击分类汇总的显示级别2按钮，然后保持已选择的单元格区域，再选择【编辑】/【定位】菜单命令，如图6-20所示。

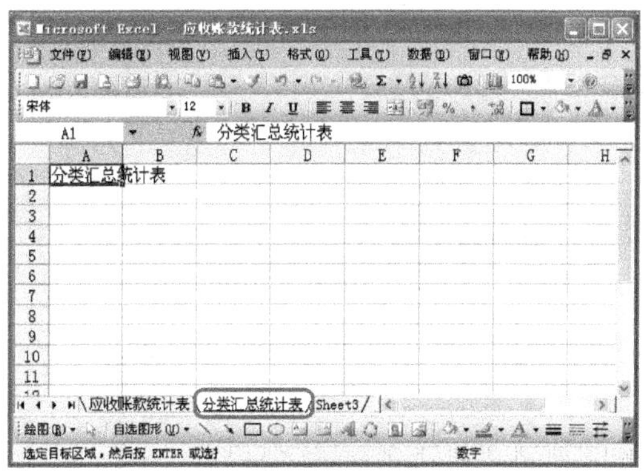

图6-19 创建“分类汇总统计表”工作表

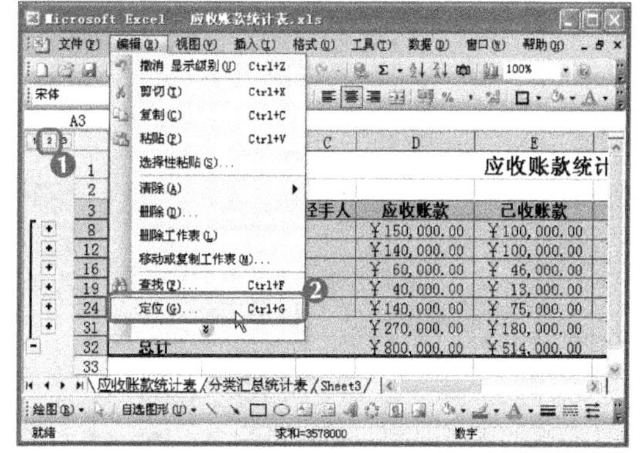

图6-20 选择“定位”菜单命令

STEP 3 在打开的“定位”对话框中单击[定位条件(S)...]按钮，在打开的“定位条件”对话框中单击选中“可见单元格”单选项，然后单击[确定]按钮，如图6-21所示。

STEP 4 返回“应收账款统计表”工作表中可看到只选择的可见单元格，然后在“常用”工作栏中单击“复制”按钮，如图6-22所示。

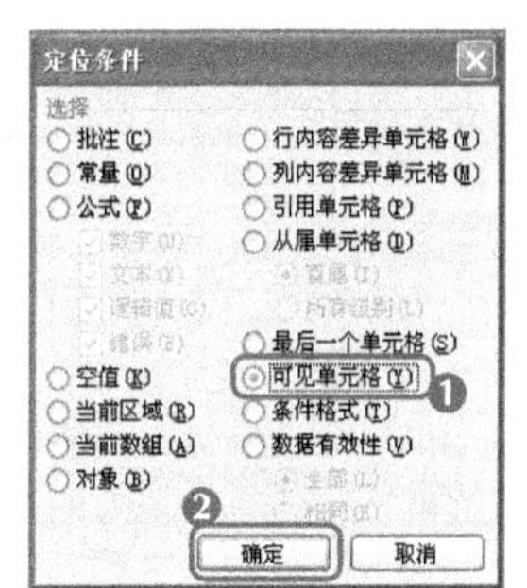

图6-21 设置定位条件

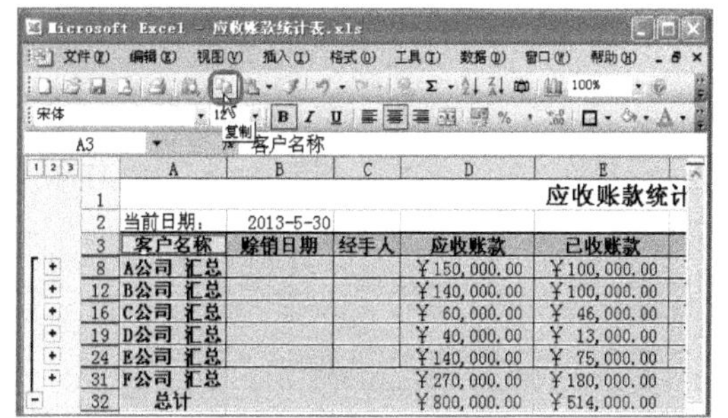

图6-22 复制可见单元格数据

STEP 5 在“分类汇总统计表”工作表中选择A2单元格，然后选择【编辑】/【选择性粘贴】菜单命令，如图6-23所示。

STEP 6 在打开的“选择性粘贴”对话框中单击选中“数值”单选项，然后单击[确定]按钮，如图6-24所示。

图6-23 选择选择性粘贴菜单命令

图6-24 单击选中“数值”单选项

STEP 7 返回“分类汇总统计表”工作表中，同时选择B~C列和E~I列，在其列标上单击鼠标右键，在弹出的快捷菜单中选择“删除”命令，如图6-25所示，完成后再删除A3:A8单元格区域中的“汇总”字样，完成后的效果如图6-26所示。

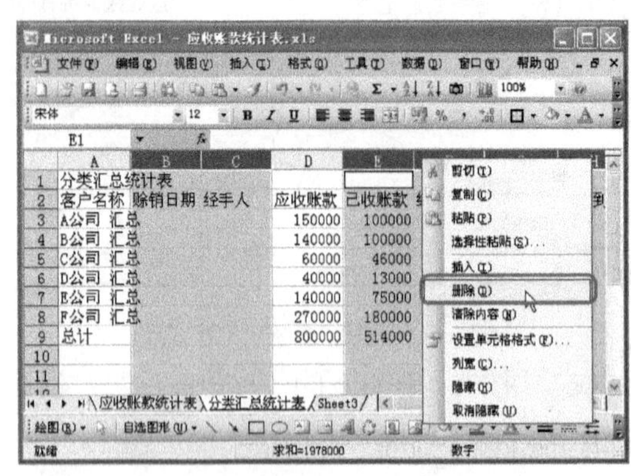

图6-25 删除列

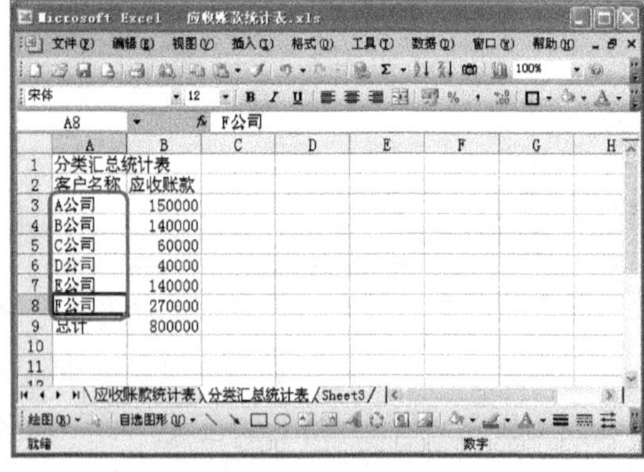

图6-26 删除数据

5. 创建分离型三维饼图分析数据

下面将根据分类汇总统计表创建“分离型三维饼图”，分析各个客户赊销账款金额占总金额的百分比情况。其具体操作如下。

STEP 1 在“分类汇总统计表”工作表中选择A2:B8单元格区域，然后选择【插入】/【图表】菜单命令，如图6-27所示。

STEP 2 在打开的“图表向导-4步骤之 1-图表类型”对话框的“标准类型”选项卡的“图表类型”列表框中选择“饼图”选项，然后在“子图表类型”列表框中选择“分离型三维饼图”子图表类型，完成后单击[下一步(N) >]按钮，如图6-28所示。

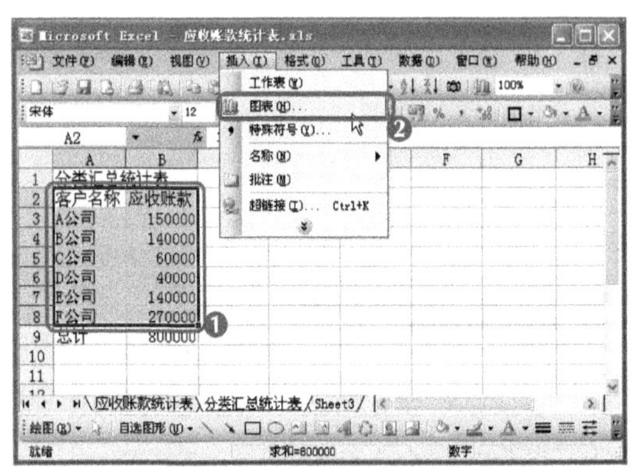

图6-27 选择图表菜单命令

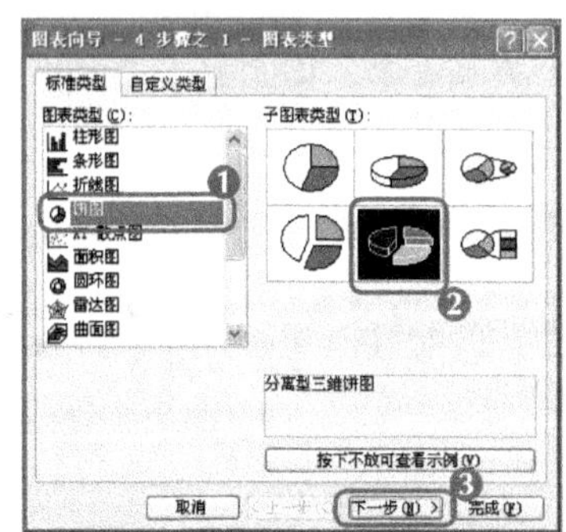

图6-28 选择图表类型

STEP 3 在打开的“图表向导-4步骤之 2-图表源数据”对话框中确认图表的数据区域，这里保持默认设置，然后单击[下一步(N) >]按钮，如图6-29所示。

STEP 4 在打开的“图表向导-4步骤之 3-图表选项”对话框中单击“图例”选项卡，撤销选中“显示图例”复选框，如图6-30所示。

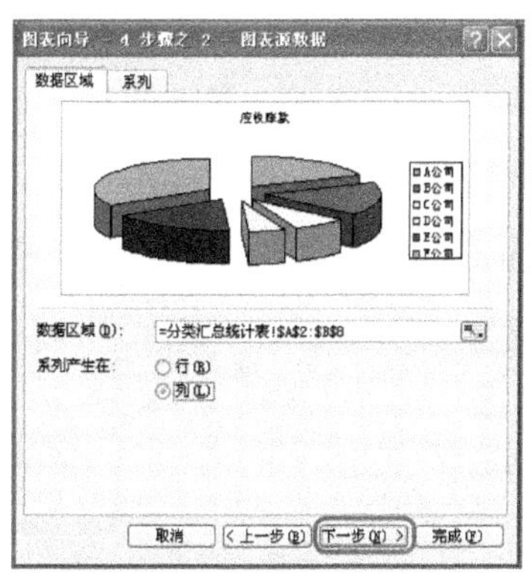
图6-29 确认图表的数据区域

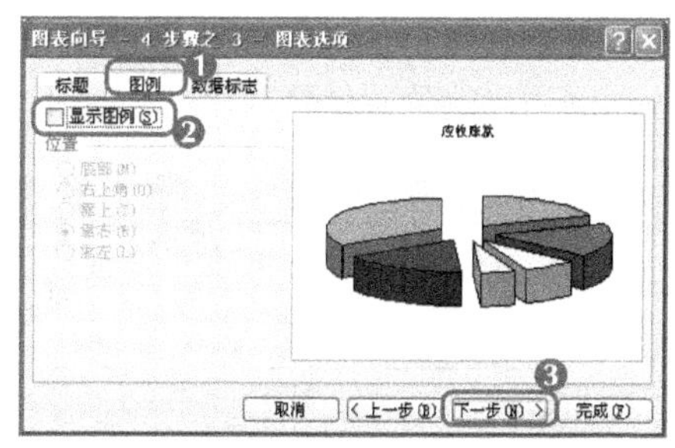
图6-30 取消显示图例

STEP 5 单击“数据标志”选项卡，在“数据标签包括”栏中单击选中“类别名称”和“百分比”复选框，然后单击下一步按钮，如图6-31所示。

STEP 6 在打开的“图表向导-4步骤之 4-图表位置”对话框中设置图表保存的位置，这里保持默认设置，单击完成按钮，如图6-32所示。

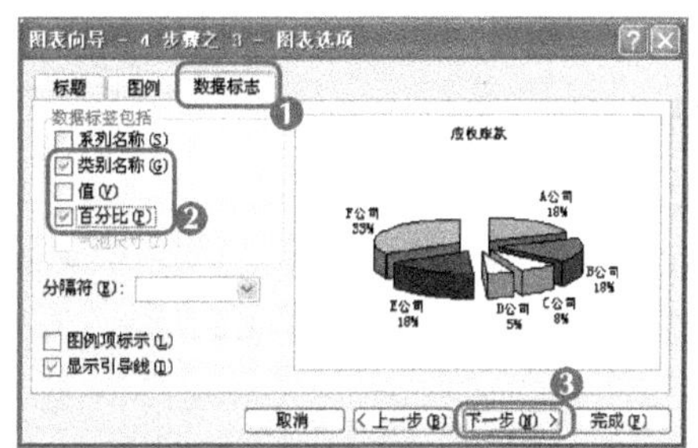
图6-31 设置数据标签

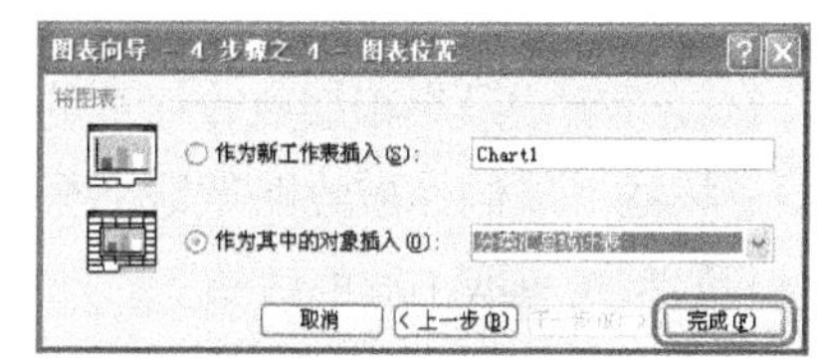
图6-32 设置图表位置

STEP 7 将创建的图表移动到相应的位置，并调整图表大小，然后双击图表区，在打开的“图表区格式”对话框的“图案”选项卡中选择“浅黄色”选项，如图6-33所示。

STEP 8 单击“字体”选项卡，在“字体”列表框中选择“黑体”选项，在“字号”列表框中选择“12”选项，在“颜色”下拉列表中选择“红色”选项，然后撤销选中“自动缩放”复选框，完成后单击确定按钮，如图6-34所示。

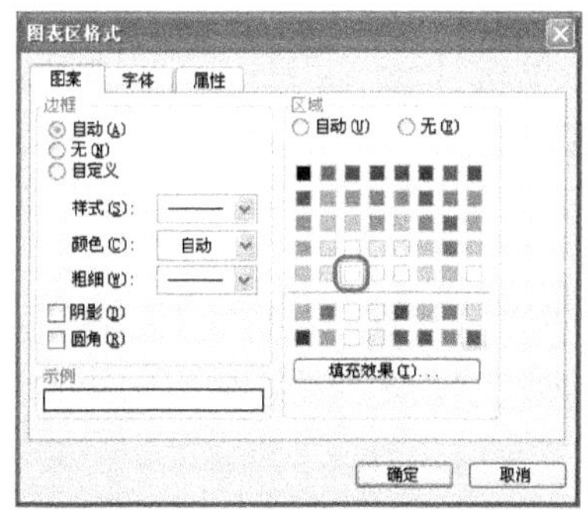
图6-33 设置图表区图案格式

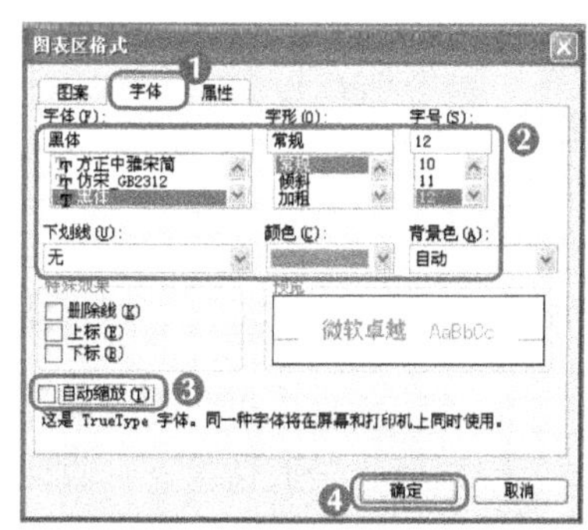
图6-34 设置图表区字体格式

STEP 9 将鼠标指针移动到图表的绘图区上，当出现“绘图区”字样时，按住鼠标左键不放，将其拖动到图表区域的左下角释放鼠标，如图6-35所示。

STEP 10 选择绘图区，将鼠标指针移动到右上角的控制点上，按住鼠标左键不放向右上角拖动到适当的位置处释放鼠标，在工作表中可看到编辑图表后的效果如图6-36所示。

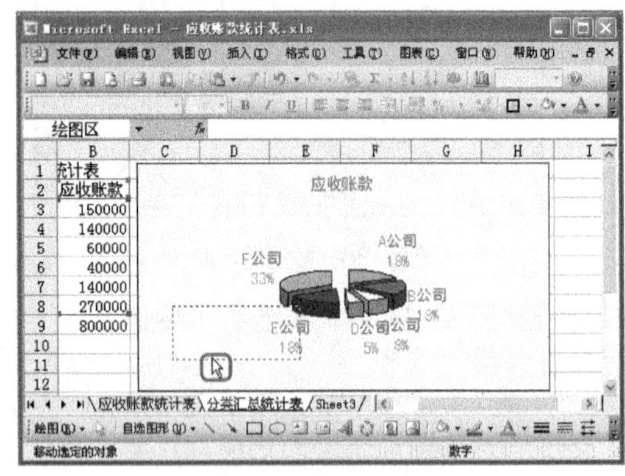

图6-35 移动绘图区位置

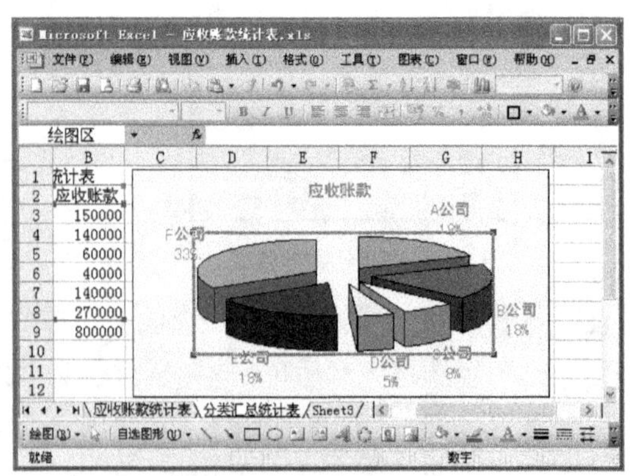

图6-36 调整绘图区大小

任务二 制作“应收账款账龄分析表”

账龄分析法是指根据应收帐款的时间长短来估计坏账损失的一种方法，又称“应收账款账龄分析法”。制作应收账款账龄分析表，可以将不同账龄往来账户区分，便于企业根据账龄时间的长短采取不同的政策。

一、 任务目标

为了反映出每个账户所处的账龄区间，并计算出每个账龄区间的总额，小白决定制作一张“应收账款账龄分析表”。要完成该任务，首先应根据“应收账款统计表”中的相关数据创建应收账款账龄分析表，然后根据应收账款账龄分析的相关公式计算并分析应收账款的拖欠情况，完成后建立数据透视图表，在其中查看各客户的每个账龄区间的总额。本例完成后的最终效果如图6-37所示。

素材所在位置 光盘:\素材文件\项目六\应收账款统计表.xls
效果所在位置 光盘:\效果文件\项目六\应收账款账龄分析表.xls

职业素养

应收账款账龄分析依据的原理：若收回的某笔应收账款与发生数存在对应关系或可明确归属于某笔应收账款时，可按个别认定法确定应收账款账龄外，一般情况下，收回的应收款首先用于清偿早期的欠款，当早期的欠款清偿完成后，再用于清偿随后的欠款，即依时间先后顺序，先清偿旧账再清偿新账，即先发生先收回的原则。

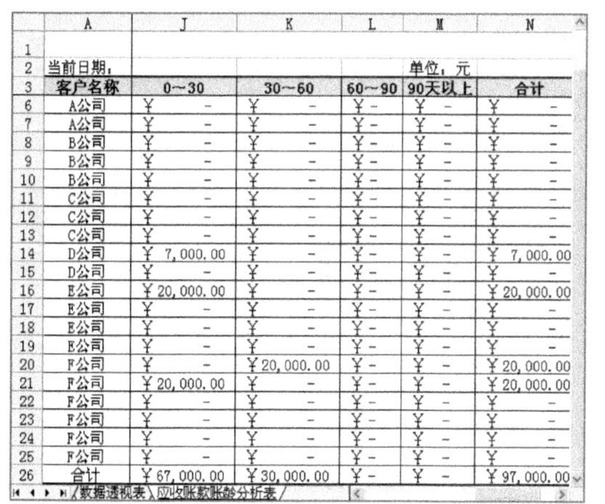

	A	J	K	L	M	N
1						
2	当前日期：				单位：元	
3	客户名称	0~30	30~60	60~90	90天以上	合计
6	A公司	¥ -	¥ -	¥ -	¥ -	¥ -
7	A公司	¥ -	¥ -	¥ -	¥ -	¥ -
8	B公司	¥ -	¥ -	¥ -	¥ -	¥ -
9	B公司	¥ -	¥ -	¥ -	¥ -	¥ -
10	B公司	¥ -	¥ -	¥ -	¥ -	¥ -
11	C公司	¥ -	¥ -	¥ -	¥ -	¥ -
12	C公司	¥ -	¥ -	¥ -	¥ -	¥ -
13	C公司	¥ -	¥ -	¥ -	¥ -	¥ -
14	D公司	¥ 7,000.00	¥ -	¥ -	¥ -	¥ 7,000.00
15	D公司	¥ -	¥ -	¥ -	¥ -	¥ -
16	E公司	¥ 20,000.00	¥ -	¥ -	¥ -	¥ 20,000.00
17	E公司	¥ -	¥ -	¥ -	¥ -	¥ -
18	E公司	¥ -	¥ -	¥ -	¥ -	¥ -
19	E公司	¥ -	¥ -	¥ -	¥ -	¥ -
20	F公司	¥ -	¥ 20,000.00	¥ -	¥ -	¥ 20,000.00
21	F公司	¥ 20,000.00	¥ -	¥ -	¥ -	¥ 20,000.00
22	F公司	¥ -	¥ -	¥ -	¥ -	¥ -
23	F公司	¥ -	¥ -	¥ -	¥ -	¥ -
24	F公司	¥ -	¥ -	¥ -	¥ -	¥ -
25	F公司	¥ -	¥ -	¥ -	¥ -	¥ -
26	合计	¥ 67,000.00	¥ 30,000.00	¥ -	¥ -	¥ 97,000.00

数据透视表 应收账款账龄分析表

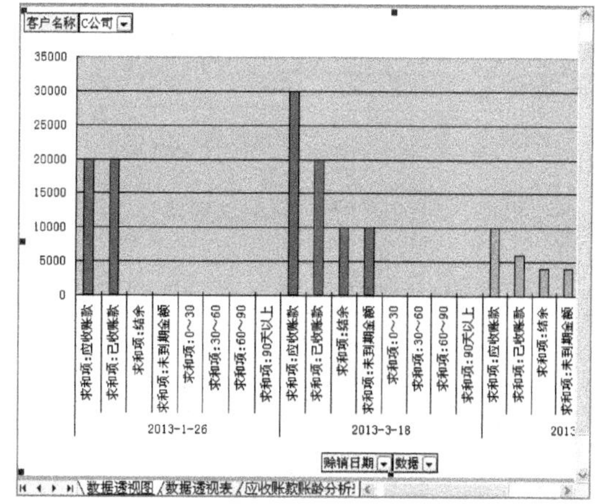

图6-37 “应收账款账龄分析表”最终效果

二、 相关知识

要制作“应收账款账龄分析表”，首先应根据相关公式计算每个账户所处的账龄区间数据，然后利用数据透视图表分析并显示每个账户所处的账龄区间的总额。

1．应收账款账龄分析所需公式

应收账款的账龄分析主要是根据时间判断未收账款是否到期，因为客户出现延迟交款的现象会严重影响企业的流动资金，增加企业的坏账，加重企业的负担，所以将应收账款账龄（即拖欠时间）的长短进行划分，在本例中将分为4个时间段：0~30天、30~60天、60~90天、90天以上，查看客户的回款时间，分析应收账款的拖欠情况。

在本例中将用到以下公式计算相应的数据。

- 逾期0~30天＝IF(AND(当前日期−到期日期>0,当前日期−到期日期<=30),结余,0)
- 逾期30~60天＝IF(AND(当前日期−到期日期>30,当前日期−到期日期<=60),结余,0)
- 逾期60~90天＝IF(AND(当前日期−到期日期>60,当前日期−到期日期<=90),结余,0)
- 逾期90天以上＝IF(AND(当前日期−到期日期>90,结余,0)
- 逾期账款所占的百分比＝每笔逾期账款÷总逾期账款

2．认识数据透视图表

Excel中的数据透视表是最有创造性、技术性和强大分析能力的工具，它不仅可以创建不同数据维数的频率分布和它们的交叉表格，还可以显示任何所希望的详细细节的数据，常用来进行数据分析。

数据透视表就是从数据库（数据库可以是工作表中的或者是属于一个外部文件）中生成的动态总结报告，一个数据透视表可将行和列转化成有意义的、可供分析的数据表示，如图6−38所示。数据透视图是数据透视表的一个图形形式，它能准确地显示相应数据透视表中的数据，如图6−39所示。数据透视表和数据透视图是相连的，改变了数据透视表，数据透视图将发生变化；反之，改变了数据透视图，数据透视表也将发生变化。

图6-38　数据透视表

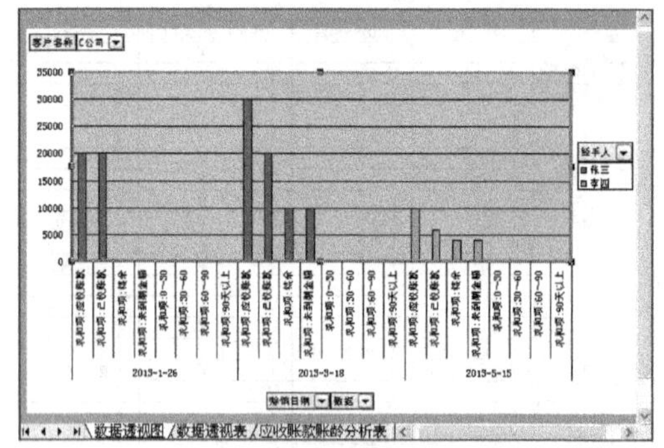

图6-39　数据透视图

知识提示

不是所有的数据都可创建数据透视表，所要总结的数据必须以数据库的形式存在，可将数据库存储在工作表或外部数据库中。所要求的数据库一般要包含分类类别和数据。一个数据库表可以包含任意数量的数据字段和分类字段。但在分类字段中的数值以行、列、页的形式在数据透视表中出现。

三、任务实施

1．创建应收账款账龄分析表

下面将在“应收账款统计表”工作表的基础上创建应收账款账龄分析表，其具体操作如下。

STEP 1 创建“应收账款账龄分析表”工作簿，将“Sheet1”工作表重命名为“应收账款账龄分析表”，然后打开“应收账款统计表”工作簿。在“应收账款统计表”工作表中选择数据清单中的任意单元格，然后选择【数据】/【分类汇总】菜单命令，如图6-40所示。

STEP 2 在打开的对话框中单击 确定 按钮，如图6-41所示。

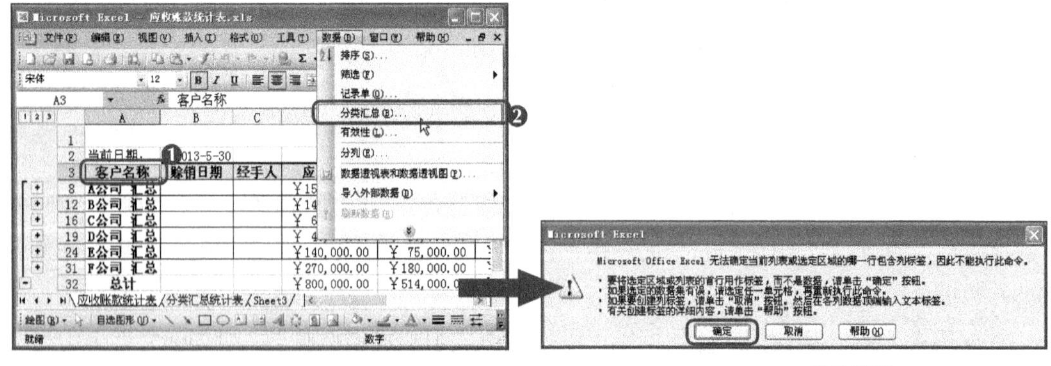

图6-40　选择“分类汇总”菜单命令　　图6-41　单击 确定 按钮

STEP 3 在打开的“分类汇总”对话框中单击 全部删除(R) 按钮，如图6-42所示。

STEP 4 返回“应收账款统计表”工作表中，选择A1:I25单元格区域，按【Ctrl+C】组合键复制数据，如图6-43所示。

图6-42 单击按钮

	A	B	C	D	E	F
1					应收账款统计表	
2	当前日期:	2013-5-30				
3	客户名称	赊销日期	经手人	应收账款	已收账款	结
4	A公司	2013-1-8	张三	¥ 20,000.00	¥ 10,000.00	¥ 10,
5	A公司	2013-2-27	李四	¥ 30,000.00	¥ 10,000.00	¥ 20,
6	A公司	2013-4-10	张三	¥ 50,000.00	¥ 40,000.00	¥ 10,
7	A公司	2013-5-10	张三	¥ 50,000.00	¥ 40,000.00	¥ 10,
8	B公司	2013-3-6	张三	¥ 40,000.00	¥ 40,000.00	¥
9	B公司	2013-4-16	张三	¥ 50,000.00	¥ 30,000.00	¥ 20,
10	B公司	2013-4-24	张三	¥ 50,000.00	¥ 30,000.00	¥ 20,

图6-43 复制数据

STEP 5 在“应收账款账龄分析表”工作簿的“应收账款账龄分析表”工作表中选择A1单元格，按【Ctrl+V】组合键粘贴数据，将“应收账款统计表”工作表中A1:I25单元格区域的数据复制到“应收账款账龄分析表”工作表中。

STEP 6 关闭“应收账款统计表”工作簿，完成后在“应收账款账龄分析表”工作表中修改表题，并调整单元格列宽到最适合的列宽，如图6-44所示。

STEP 7 在“应收账款账龄分析表”工作表中输入4个时间段：0~30、30~60、60~90、90天以上，以及合计与百分比项目，然后设置单元格格式，并选择B4单元格。

STEP 8 选择【窗口】/【冻结窗格】菜单命令，保持B4单元格以上或左侧的行和列的位置不变，拖动水平滚动条查看工作表的相应数据，如图6-45所示。

	A	B	C	D	E
1					
2	当前日期:	2013-5-30			
3	客户名称	赊销日期	经手人	应收账款	已收账款
4	A公司	2013-1-8	张三	¥ 20,000.00	¥ 10,000.00
5	A公司	2013-2-27	李四	¥ 30,000.00	¥ 10,000.00
6	A公司	2013-4-10	张三	¥ 50,000.00	¥ 40,000.00
7	A公司	2013-5-10	张三	¥ 50,000.00	¥ 40,000.00
8	B公司	2013-3-6	张三	¥ 40,000.00	¥ 40,000.00
9	B公司	2013-4-16	张三	¥ 50,000.00	¥ 30,000.00
10	B公司	2013-4-24	张三	¥ 50,000.00	¥ 30,000.00
11	C公司	2013-1-26	张三	¥ 20,000.00	¥ 20,000.00
12	C公司	2013-3-18	张三	¥ 30,000.00	¥ 20,000.00
13	C公司	2013-5-15	李四	¥ 10,000.00	¥ 6,000.00
14	D公司	2013-2-10	张三	¥ 10,000.00	¥ 3,000.00
15	D公司	2013-5-29	张三	¥ 30,000.00	¥ 10,000.00
16	E公司	2013-2-15	李四	¥ 60,000.00	¥ 40,000.00

图6-44 粘贴数据

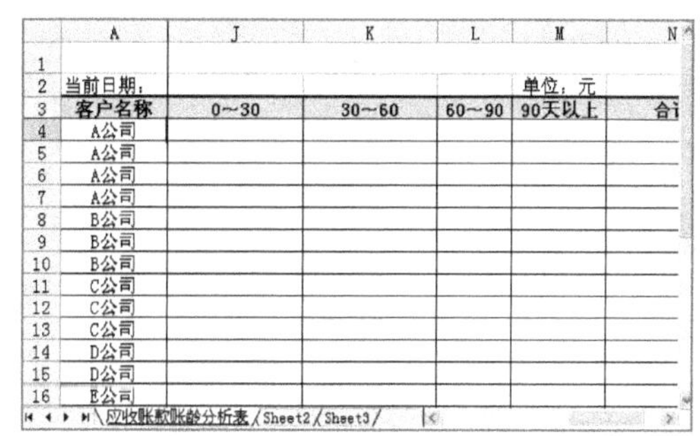

	A	J	K	L	M	N
1						
2	当前日期:				单位：元	
3	客户名称	0~30	30~60	60~90	90天以上	合计
4	A公司					
5	A公司					
6	A公司					
7	A公司					
8	B公司					
9	B公司					
10	B公司					
11	C公司					
12	C公司					
13	C公司					
14	D公司					
15	D公司					
16	E公司					

图6-45 输入数据并冻结窗格

2．分析应收账款的拖欠情况

下面将根据应收账款账龄分析的相关公式计算并分析应收账款的拖欠情况，其具体操作如下。

STEP 1 在“应收账款账龄分析表”工作表中选择J4:J25单元格区域，输入公式“=IF(AND($B$2-G4>0,$B$2-G4<=30),F4,0)”，然后按【Ctrl+Enter】组合键计算0~30天内的未收款，如图6-46所示。

STEP 2 选择K4:K25单元格区域，输入公式“=IF(AND($B$2-G4>30,$B$2-G4<=60),F4,0)”，然后按【Ctrl+Enter】组合键计算30~60天内的未收款，如图6-47所示。

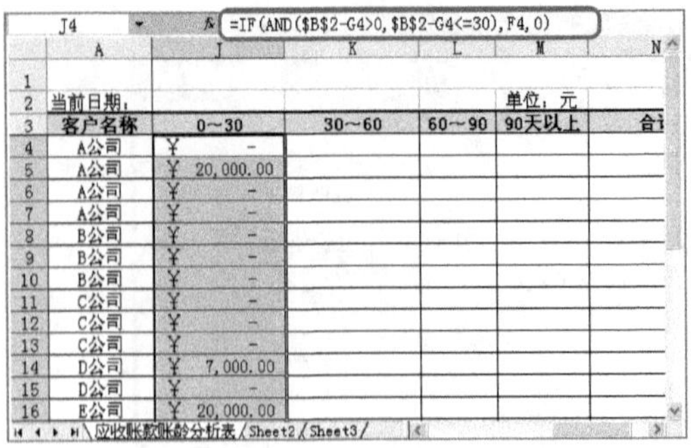

图6-46　计算0~30天内的未收款

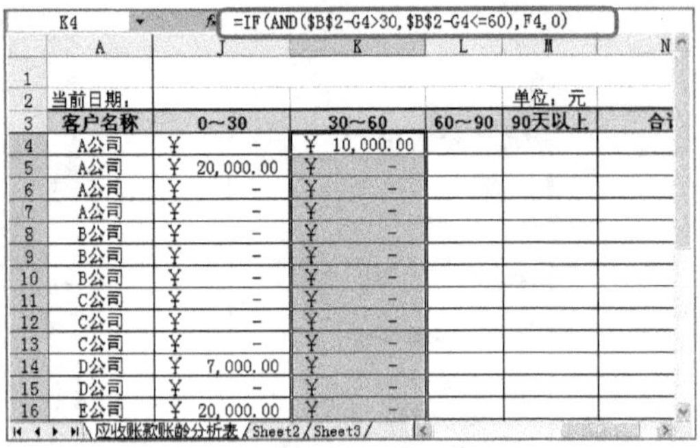

图6-47　计算30~60天内的未收款

STEP 3　选择L4:L25单元格区域，输入公式“=IF(AND($B$2-G4>60,$B$2-G4<=90),F4,0)”，然后按【Ctrl+Enter】组合键计算60~90天内的未收款，如图6-48所示。

STEP 4　选择M4:M25单元格区域，输入公式“=IF($B$2-G4>90,F4,0)”，然后按【Ctrl+Enter】组合键计算90天以上的未收款，如图6-49所示。

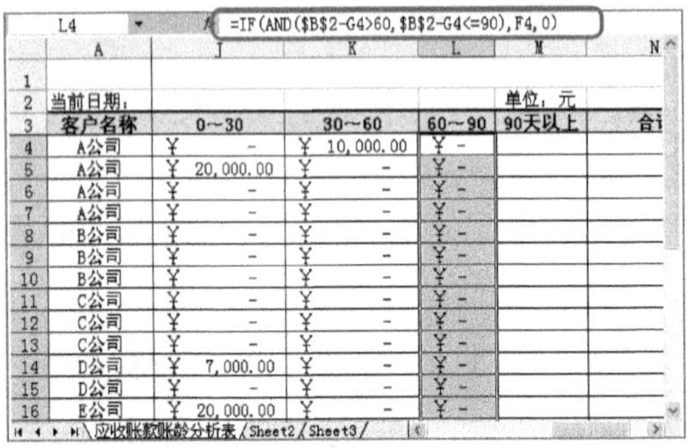

图6-48　计算60~90天内的未收款

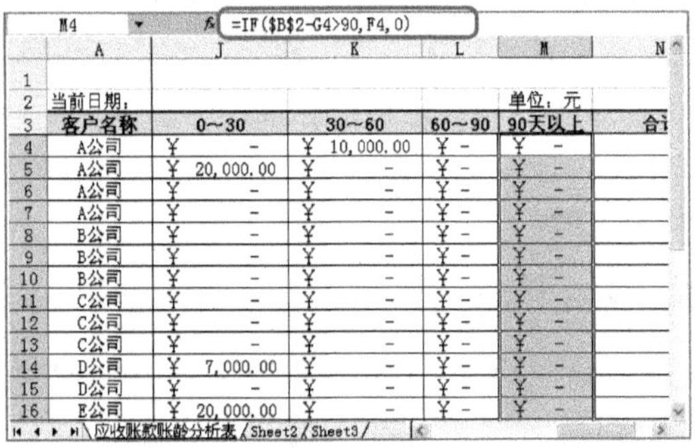

图6-49　计算90天以上的未收款

STEP 5　选择N4:N25单元格区域，输入公式“=SUM(J4:M4)”，然后按【Ctrl+Enter】组合键计算未收款的合计金额，如图6-50所示。

STEP 6　选择O4:O25单元格区域，输入公式“=N4/$N$26”，然后按【Ctrl+Enter】组合键计算每笔逾期账款所占的百分比，如图6-51所示。

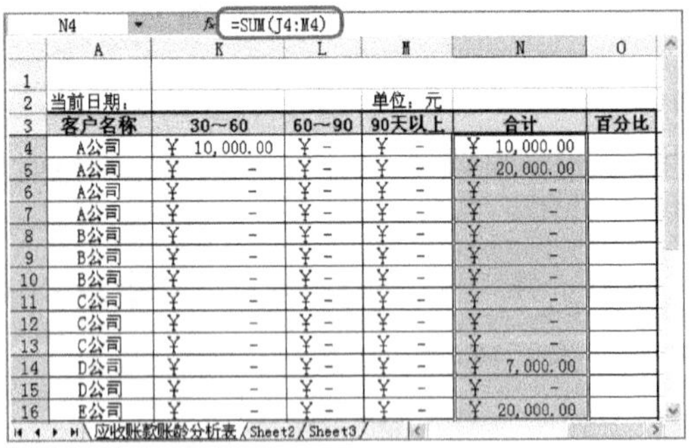

图6-50　计算未收款的合计金额

图6-51　计算每笔逾期账款所占的百分比

STEP 7　选择D26:F26和I26:N26单元格区域，在“常用”工具栏中单击“自动求和”按钮Σ，快速计算出所选区域的数据总和，如图6-52所示。

I26 =SUM(I4:I25)

应收账款账龄分析表

当前日期： 单位：元

客户名称	应收账款	已收账款	结余	到期日期	是否到期	未到期金额	0~30	30~60	60~90	90天以上	合计	百分比
D公司	¥ 10,000.00	¥ 3,000.00	¥ 7,000.00	2013-5-11	Y	¥ -	¥ 7,000.00	¥ -	¥ -	¥ -	¥ 7,000.00	7%
D公司	¥ 30,000.00	¥ 10,000.00	¥ 20,000.00	2013-8-27		¥ 20,000.00	¥ -	¥ -	¥ -	¥ -	¥ -	0%
E公司	¥ 60,000.00	¥ 40,000.00	¥ 20,000.00	2013-5-16	Y	¥ -	¥ 20,000.00	¥ -	¥ -	¥ -	¥ 20,000.00	21%
E公司	¥ 30,000.00	¥ 10,000.00	¥ 20,000.00	2013-6-23		¥ 20,000.00	¥ -	¥ -	¥ -	¥ -	¥ -	0%
E公司	¥ 30,000.00	¥ 10,000.00	¥ 20,000.00	2013-6-27		¥ 20,000.00	¥ -	¥ -	¥ -	¥ -	¥ -	0%
E公司	¥ 20,000.00	¥ 15,000.00	¥ 5,000.00	2013-7-31		¥ 5,000.00	¥ -	¥ -	¥ -	¥ -	¥ -	0%
F公司	¥ 50,000.00	¥ 30,000.00	¥ 20,000.00	2013-4-15	Y	¥ -	¥ -	¥ 20,000.00	¥ -	¥ -	¥ 20,000.00	21%
F公司	¥ 60,000.00	¥ 40,000.00	¥ 20,000.00	2013-5-25	Y	¥ -	¥ 20,000.00	¥ -	¥ -	¥ -	¥ 20,000.00	21%
F公司	¥ 20,000.00	¥ 15,000.00	¥ 5,000.00	2013-7-1		¥ 5,000.00	¥ -	¥ -	¥ -	¥ -	¥ -	0%
F公司	¥ 20,000.00	¥ 15,000.00	¥ 5,000.00	2013-7-28		¥ 5,000.00	¥ -	¥ -	¥ -	¥ -	¥ -	0%
F公司	¥ 50,000.00	¥ 30,000.00	¥ 20,000.00	2013-8-6		¥ 20,000.00	¥ -	¥ -	¥ -	¥ -	¥ -	0%
F公司	¥ 70,000.00	¥ 50,000.00	¥ 20,000.00	2013-8-25		¥ 20,000.00	¥ -	¥ -	¥ -	¥ -	¥ -	0%
合计	¥ 800,000.00	¥ 514,000.00	¥ 286,000.00			¥ 189,000.00	¥ 67,000.00	¥ 30,000.00	¥ -	¥ -	¥ 97,000.00	

图6-52 计算合计数据

3．建立数据透视图表分析数据

下面根据应收账款账龄分析表中的数据项目建立数据透视图表，查看各客户应收账款、已收账款、结余、未到期金额，以及0~30、30~60、60~90、90天以上的未收款的合计数据。其具体操作如下。

STEP 1 在“应收账款账龄分析表”工作表中选择A3:O26单元格区域，然后选择【数据】/【数据透视表和数据透视图】菜单命令，如图6-53所示。

STEP 2 在打开的“数据透视表和数据透视图向导-3步骤之 1”对话框中保持默认设置，然后单击下一步(N) >按钮，如图6-54所示。

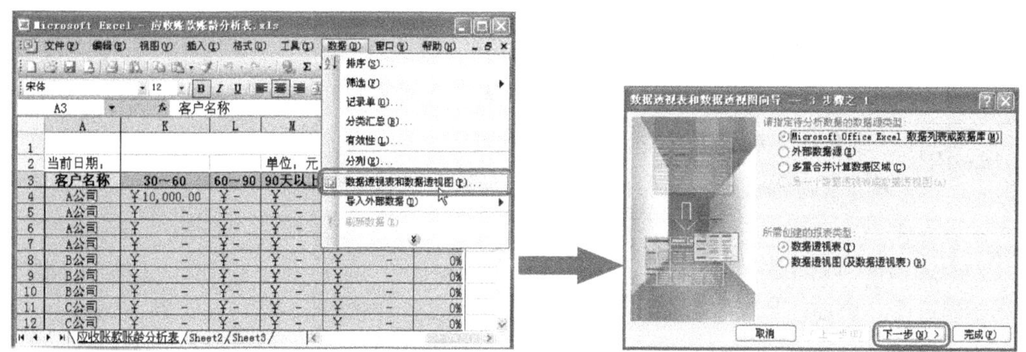

图6-53 选择“数据透视表和数据透视图”菜单命令　　图6-54 确认数据源类型和报表类型

STEP 3 在打开的“数据透视表和数据透视图向导-3步骤之 2”对话框中确认要建立数据透视表的数据源区域，单击下一步(N) >按钮，如图6-55所示。

STEP 4 在打开的“数据透视表和数据透视图向导-3步骤之 3”对话框中设置数据透视表显示位置，这里保持默认设置，然后单击布局(L)...按钮，如图6-56所示。

图6-55 确认要建立数据透视表的数据源区域

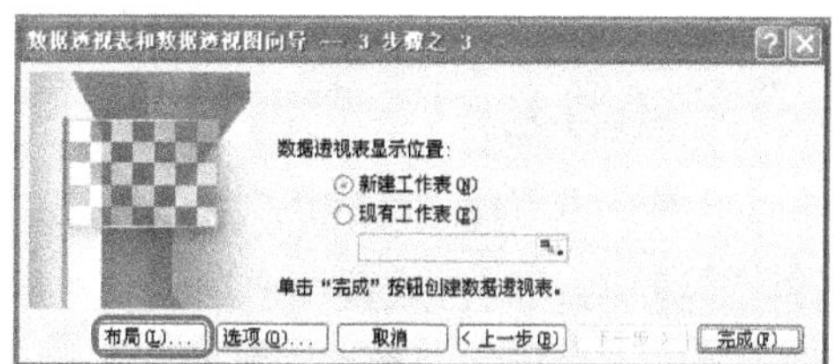

图6-56 设置数据透视表显示位置

STEP 5 在打开的“数据透视表和数据透视图向导—布局”对话框中，将鼠标指针移动到客户名称按钮上，按住鼠标左键不放，将其拖动至对话框左侧的“页”区域。用相同方法将赊销日期对应的按钮移至“行”区域中，将经手人对应的按钮移至“列”区域中，将应收账款、已收账款、结余、未到期金额，以及0~30、30~60、60~90、90天以上的未收款对应的按钮分别移至“数据”区域中，完成后单击确定按钮，如图6-57所示。

STEP 6 返回“数据透视表和数据透视图向导-3步骤之 3”对话框，单击完成(F)按钮，然后在工作表中将看到新建了一个“Sheet1”的工作表，在其中创建了相应的数据透视表，如图6-58所示。

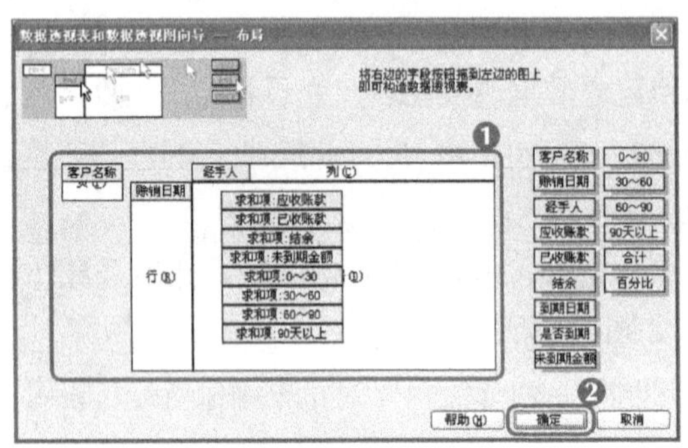

图6-57 移动字段按钮到相应的区域

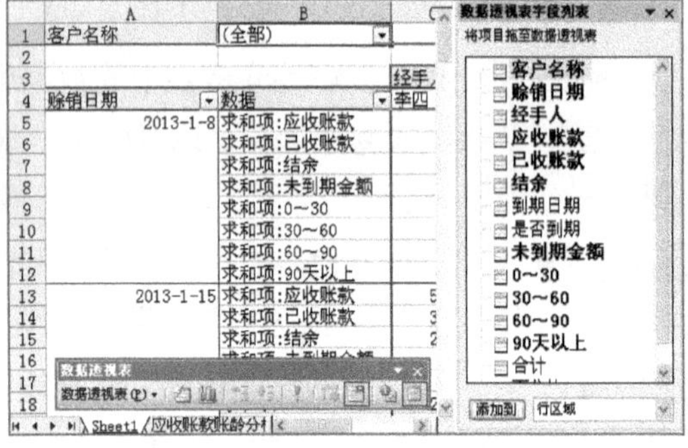

图6-58 创建数据透视表

创建数据透视表后，将同时打开“数据透视表”工具栏和“数据透视表字段列表”面板。通过“数据透视表”工具栏可以设置报告格式、显示/隐藏明细数据、刷新数据、进行字段设置等。通过“数据透视表字段列表”面板可以重新调整相应的项目到页、行、列、数据区域。

STEP 7 在“数据透视表”工具栏中单击“图表向导”按钮，如图6-59所示，系统将自动新建一个“Chart1”工作表存放与数据透视表相关联的数据透视图，如图6-60所示。

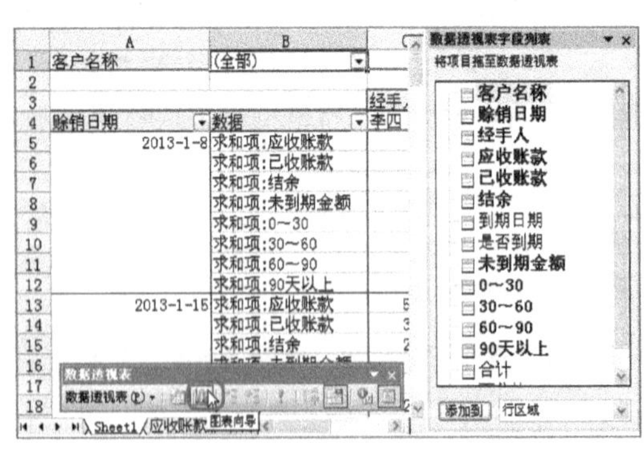

图6-59 单击“图表向导”按钮

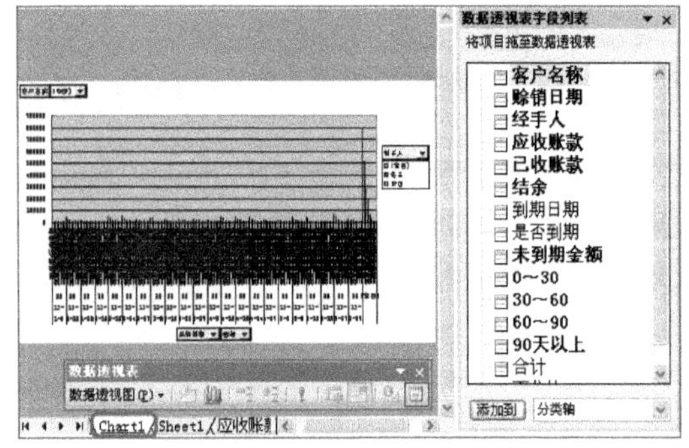

图6-60 创建数据透视图

STEP 8 分别将存放数据透视图和数据透视表的工作表重命名为“数据透视图”和“数据透视表”，然后在“数据透视图”工作表中的“客户名称”按钮右侧的下拉列表中选择需查看的客户，如选择“C公司”选项，然后单击确定按钮，如图6-61所示。

STEP 9 返回“数据透视图”工作表中可看到相关数据自动显示为与“页”区域中所选选项对应的数据，完成后分别关闭“数据透视表”工具栏和“数据透视表字段列表”面板，如图6-62所示。

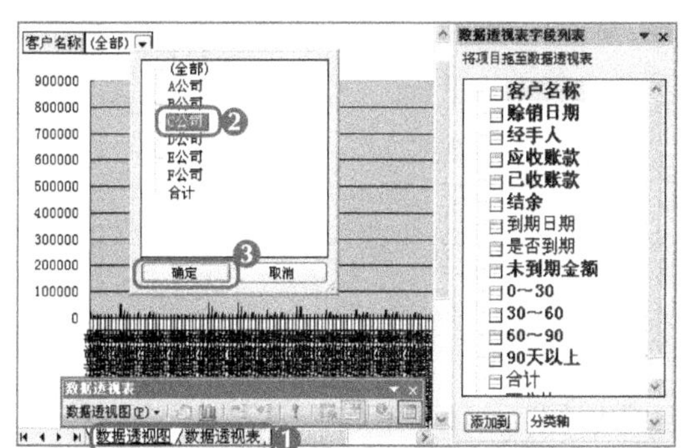

图6-61 选择需查看的客户名称

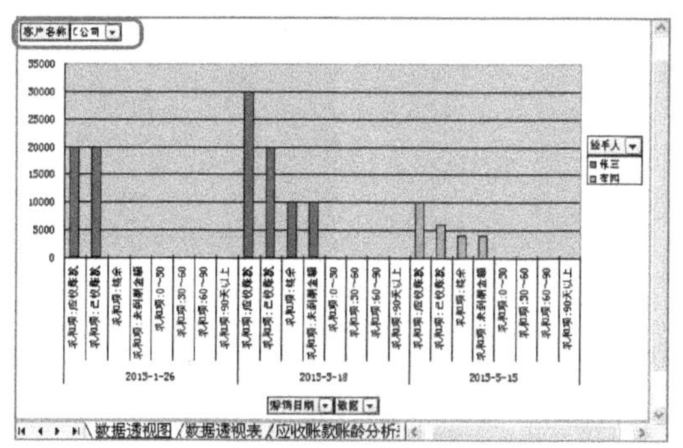

图6-62 查看数据透视图中数据变化情况

STEP 10 在“数据透视表”工作表中可看到相关项目数据自动随数据透视图的数据改变而改变，如图6-63所示，完成后再删除“Sheet2”和“Sheet3”工作表。

	A	B	C	D	E
1	客户名称	C公司			
2					
3			经手人		
4	赊销日期	数据	李四	张三	总计
5	2013-1-26	求和项:应收账款		20000	20000
6		求和项:已收账款		20000	20000
7		求和项:结余		0	0
8		求和项:未到期金额		0	0
9		求和项:0～30		0	0
10		求和项:30～60		0	0
11		求和项:60～90		0	0
12		求和项:90天以上		0	0
13	2013-3-18	求和项:应收账款		30000	30000
14		求和项:已收账款		20000	20000
15		求和项:结余		10000	10000
16		求和项:未到期金额		10000	10000
17		求和项:0～30		0	0
18		求和项:30～60		0	0

图6-63 查看数据透视表中数据变化情况

知识提示

创建的数据透视图和图表一样，分为图表区、绘图区、坐标轴、图例、图表标题等，双击相应的区域，在打开的对话框中可以设置所需的格式。

任务三 制作“应付账款统计表”

应付账款是企业（金融）应支付但尚未支付的手续费和佣金。它用以核算企业因购买材料、商品、接受劳务供应等经营活动应支付的款项。加强应付账款的管理，是维护企业与供应商之间的良好合作关系，保证企业可持续发展的重要途径。

一、任务目标

为了分析企业对供应商欠款时间的长短，维护企业对供应商的信誉，为资金安排提供轻重缓急的依据，需要与对待应收账款客户一样，对应付账款进行分析，因此老张希望小白再制作一张“应付账款统计表”。该任务将先在创建的“应付账款统计表”工作表中按月收集供应商采购额、付款额等资料，并在其中根据相关公式计算出应付账款的所需数据，然后筛选出已到期且欠款的应付账款信息，完成后创建并编辑“三维饼图”分析并显示出各个供应商的应付账款所占百分比。本例完成后的最终效果如图6-64所示。

效果所在位置 **光盘:\效果文件\项目六\应付账款统计表.xls**

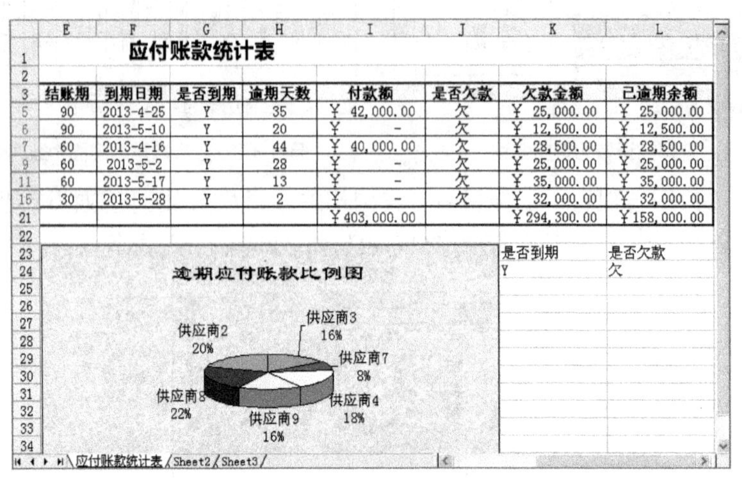

应付账款统计表

结账期	到期日期	是否到期	逾期天数	付款额	是否欠款	欠款金额	已逾期余额
90	2013-4-25	Y	35	￥ 42,000.00	欠	￥ 25,000.00	￥ 25,000.00
90	2013-5-10	Y	20	￥ -	欠	￥ 12,500.00	￥ 12,500.00
60	2013-4-16	Y	44	￥ 40,000.00	欠	￥ 28,500.00	￥ 28,500.00
60	2013-5-2	Y	28	￥ -	欠	￥ 25,000.00	￥ 25,000.00
60	2013-5-17	Y	13	￥ -	欠	￥ 35,000.00	￥ 35,000.00
30	2013-5-28	Y	2	￥ -	欠	￥ 32,000.00	￥ 32,000.00
				￥403,000.00		￥294,300.00	￥158,000.00

是否到期	是否欠款
Y	欠

图6-64 “应付账款统计表”最终效果

二、 相关知识

要制作“应付账款统计表”，首先应根据相关公式计算应付账款是否到期、逾期天数、是否欠款、欠款金额等数据，然后筛选出已到期且欠款的应付账款信息，为资金安排提供轻重缓急的依据。

1．应付账款统计所需公式

通过“应付账款统计表”可以提供与供应商管理相关的数据信息，如企业欠各供应商货款的时间长短分布、超过信用期的供应商名称和欠款金额、一定时期内各供应商与产品品种的采购与付款金额等。因此，要在“应付账款统计表”中分析应付账款的偿还情况，需要根据相关公式计算出应付账款是否到期、逾期天数、是否欠款、欠款金额等数据。

在本例中将用到以下公式计算相应的数据。

- 到期日期＝采购日期+结账期
- 是否到期=IF(到期日期<当前日期,"Y"," ")
- 逾期天数=IF(到期日期<当前日期,当前日期－到期日期,"0")
- 是否欠款＝IF(付款额-采购额<0,"欠","否")
- 欠款金额＝采购额-付款额

- 已逾期余额 = IF(到期日期<当前日期,采购额−付款额,"0")

2. 认识数据的筛选

Excel中的数据筛选功能可以查找和使用数据清单中的数据子集，筛选出满足条件的数据。数据筛选的方法主要有以下3种。

- **自动筛选**：对数据进行自动筛选即选择需筛选的工作表表头，然后选择【数据】/【筛选】/【自动筛选】菜单命令，表头的各字段名右侧将显示黑色三角形按钮，单击该按钮，在弹出的下拉列表中可选择筛选条件，则表格中将只显示符合条件的记录。
- **自定义筛选**：它是在自动筛选的基础上进行操作的，即在自动筛选后的需自定义的字段名右侧单击黑色三角形按钮，在弹出的下拉列表中选择“（自定义）”选项，打开“自定义自动筛选方式”对话框，在“显示行”栏的上两个下拉列表中可选择赋值运算符以及选择或输入具体的数值，在“与”或“或”单选项中设置相应的运算公式，在下两个下拉列表中可选择赋值运算符，并再次对筛选范围进行约束以及选择或输入具体的数值，如图6−65所示，完成后单击 确定 按钮应用设置。
- **高级筛选**：要筛选出同时满足两个或两个以上约束条件的记录，可使用Excel的高级筛选功能。其方法为选择【数据】/【筛选】/【高级筛选】菜单命令，在打开“高级筛选”对话框的“列表区域”文本框中设置数据区域，在“条件区域”文本框中设置筛选条件，如图6−66所示，完成后单击 确定 按钮即可根据设置的筛选条件筛选出结果。

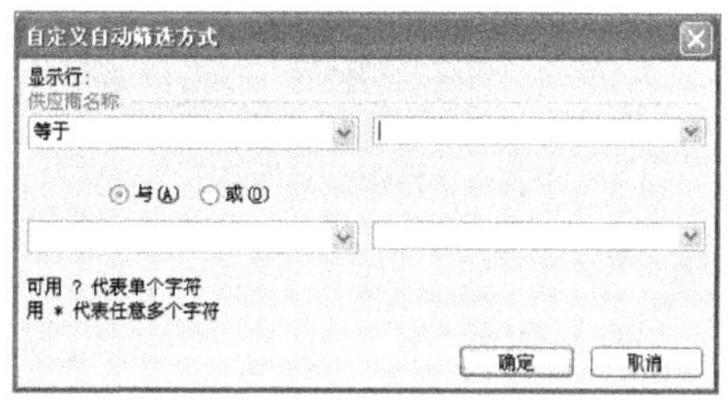

图6−65 “自定义自动筛选方式”对话框

图6−66 “高级筛选”对话框

三、任务实施

1. 创建应付账款统计表

下面首先创建“应付账款统计表”工作簿，然后输入数据并计算应付账款是否到期、逾期天数、是否欠款、欠款金额等数据。其具体操作如下。

STEP 1 将新建的工作簿以“应付账款统计表”为名进行保存，然后将“Sheet1”工作表重命名为“应付账款统计表”，在其中输入相应的数据，完成后设置单元格格式，如图6−67所示。

STEP 2 选择F4:F20单元格区域，输入公式“=C4+E4”，完成后按【Ctrl+Enter】组合键计算到期日期，如图6−68所示。

O26	fx				
应付账					
当前日期:	2013-5-30				
采购产品	供应商名称	采购日期	采购额	结账期	到期日期
产品2	供应商2	2013-1-10	￥85,200.00	120	
产品3	供应商3	2013-1-25	￥67,000.00	90	
产品12	供应商7	2013-2-9	￥12,500.00	90	
产品7	供应商4	2013-2-15	￥68,500.00	60	
产品13	供应商8	2013-2-24	￥37,600.00	120	
产品15	供应商9	2013-3-3	￥25,000.00	60	
产品4	供应商3	2013-3-10	￥26,000.00	60	
产品14	供应商8	2013-3-18	￥35,000.00	60	
产品9	供应商6	2013-4-5	￥30,000.00	90	
产品11	供应商7	2013-4-12	￥60,000.00	90	
产品5	供应商4	2013-4-20	￥32,000.00	30	
产品6	供应商2	2013-4-28	￥32,000.00	30	
产品1	供应商1	2013-5-6	￥28,000.00	90	

图6-67 输入数据并设置单元格格式

F4	=C4+E4				
应付账款统计					
2013-5-30					
供应商名称	采购日期	采购额	结账期	到期日期	是否到期
供应商2	2013-1-10	￥85,200.00	120	2013-5-10	
供应商3	2013-1-25	￥67,000.00	90	2013-4-25	
供应商7	2013-2-9	￥12,500.00	90	2013-5-10	
供应商4	2013-2-15	￥68,500.00	60	2013-4-16	
供应商8	2013-2-24	￥37,600.00	120	2013-6-24	
供应商9	2013-3-3	￥25,000.00	60	2013-5-2	
供应商3	2013-3-10	￥26,000.00	60	2013-5-9	
供应商8	2013-3-18	￥35,000.00	60	2013-5-17	
供应商6	2013-4-5	￥30,000.00	90	2013-7-4	
供应商7	2013-4-12	￥60,000.00	90	2013-7-11	
供应商4	2013-4-20	￥32,000.00	30	2013-5-20	
供应商2	2013-4-28	￥32,000.00	30	2013-5-28	
供应商1	2013-5-6	￥28,000.00	90	2013-8-4	

图6-68 计算到期日期

STEP 3 选择G4:G20单元格区域，输入公式“=IF(F4<$B$2,"Y"," ")”，完成后按【Ctrl+Enter】组合键计算是否到期，如图6-69所示。

STEP 4 选择H4:H20单元格区域，输入公式“=IF(F4<$B$2,$B$2-F4,"0")”，完成后按【Ctrl+Enter】组合键计算逾期天数，如图6-70所示。

G4	=IF(F4<$B$2,"Y"," ")				
应付账款统计表					
采购额	结账期	到期日期	是否到期	逾期天数	付款额
￥85,200.00	120	2013-5-10	Y		￥85,200.00
￥67,000.00	90	2013-4-25	Y		￥42,000.00
￥12,500.00	90	2013-5-10	Y		￥ -
￥68,500.00	60	2013-4-16	Y		￥40,000.00
￥37,600.00	120	2013-6-24			￥37,600.00
￥25,000.00	60	2013-5-2	Y		￥ -
￥26,000.00	60	2013-5-9	Y		￥26,000.00
￥35,000.00	60	2013-5-17	Y		￥ -
￥30,000.00	90	2013-7-4			￥15,000.00
￥60,000.00	90	2013-7-11			￥35,000.00
￥32,000.00	30	2013-5-20	Y		￥32,000.00
￥32,000.00	30	2013-5-28	Y		￥ -
￥28,000.00	90	2013-8-4			￥ -

图6-69 计算是否到期

H4	=IF(F4<$B$2,$B$2-F4,"0")				
应付账款统计表					
采购额	结账期	到期日期	是否到期	逾期天数	付款额
￥85,200.00	120	2013-5-10	Y	20	￥85,200.00
￥67,000.00	90	2013-4-25	Y	35	￥42,000.00
￥12,500.00	90	2013-5-10	Y	20	￥ -
￥68,500.00	60	2013-4-16	Y	44	￥40,000.00
￥37,600.00	120	2013-6-24		0	￥37,600.00
￥25,000.00	60	2013-5-2	Y	28	￥ -
￥26,000.00	60	2013-5-9	Y	21	￥26,000.00
￥35,000.00	60	2013-5-17	Y	13	￥ -
￥30,000.00	90	2013-7-4		0	￥15,000.00
￥60,000.00	90	2013-7-11		0	￥35,000.00
￥32,000.00	30	2013-5-20	Y	10	￥32,000.00
￥32,000.00	30	2013-5-28	Y	2	￥ -
￥28,000.00	90	2013-8-4		0	￥ -

图6-70 计算逾期天数

STEP 5 选择J4:J20单元格区域，输入公式“=IF(I4-D4<0,"欠"," ")”，完成后按【Ctrl+Enter】组合键计算是否欠款，如图6-71所示。

STEP 6 选择K4:K20单元格区域，输入公式“=D4-I4”，完成后按【Ctrl+Enter】组合键计算欠款金额，如图6-72所示。

J4	=IF(I4-D4<0,"欠"," ")				
账款统计表					
是否到期	逾期天数	付款额	是否欠款	欠款金额	已逾期
Y	20	￥85,200.00			
Y	35	￥42,000.00	欠		
Y	20	￥ -	欠		
Y	44	￥40,000.00	欠		
	0	￥37,600.00			
Y	28	￥ -	欠		
Y	21	￥26,000.00			
Y	13	￥ -	欠		
	0	￥15,000.00	欠		
	0	￥35,000.00	欠		
Y	10	￥32,000.00			
Y	2	￥ -	欠		
	0	￥ -	欠		

图6-71 计算是否欠款

K4	=D4-I4				
账款统计表					
是否到期	逾期天数	付款额	是否欠款	欠款金额	已逾期
Y	20	￥85,200.00		￥ -	
Y	35	￥42,000.00	欠	￥25,000.00	
Y	20	￥ -	欠	￥12,500.00	
Y	44	￥40,000.00	欠	￥28,500.00	
	0	￥37,600.00		￥ -	
Y	28	￥ -	欠	￥25,000.00	
Y	21	￥26,000.00		￥ -	
Y	13	￥ -	欠	￥35,000.00	
	0	￥15,000.00	欠	￥15,000.00	
	0	￥35,000.00	欠	￥25,000.00	
Y	10	￥32,000.00		￥ -	
Y	2	￥ -	欠	￥32,000.00	
	0	￥ -	欠	￥28,000.00	

图6-72 计算欠款金额

STEP 7 选择L4:L20单元格区域，输入公式“=IF(F4<$B$2,D4-I4,"0")”，完成后按

【Ctrl+Enter】组合键计算已逾期余额，如图6-73所示。

STEP 8 选择D21、I21单元格和K21:L21单元格区域，在“常用”工具栏中单击“自动求和”按钮Σ，快速计算出所选区域的数据总和，如图6-74所示。

L4 =IF(F4<$B$2,D4-I4,"0")

	H	I	J	K	L
1	十表				
2					
3	逾期天数	付款额	是否欠款	欠款金额	已逾期余额
4	20	¥ 85,200.00		¥ -	¥ -
5	35	¥ 42,000.00	欠	¥ 25,000.00	¥ 25,000.00
6	20	¥ -	欠	¥ 12,500.00	¥ 12,500.00
7	44	¥ 40,000.00	欠	¥ 28,500.00	¥ 28,500.00
8	0	¥ 37,600.00		¥ -	0
9	28	¥ -	欠	¥ 25,000.00	¥ 25,000.00
10	21	¥ 26,000.00		¥ -	¥ -
11	13	¥ -	欠	¥ 35,000.00	¥ 35,000.00
12	0	¥ 15,000.00	欠	¥ 15,000.00	0
13	0	¥ 35,000.00	欠	¥ 25,000.00	0
14	10	¥ 32,000.00		¥ -	¥ -
15	2	¥ -	欠	¥ 32,000.00	¥ 32,000.00
16	0	¥ -	欠	¥ 28,000.00	0
17	0	¥ 20,000.00	欠	¥ 9,000.00	0
18	0	¥ -	欠	¥ 32,800.00	0
19	0	¥ 40,200.00		¥ -	0
20	0	¥ 30,000.00	欠	¥ 26,500.00	0
21					

应付账款统计表 / Sheet2 / Sheet3

图6-73 计算已逾期余额

K21 =SUM(K4:K20)

	H	I	J	K	L
1	十表				
2					
3	逾期天数	付款额	是否欠款	欠款金额	已逾期余额
4	20	¥ 85,200.00		¥ -	¥ -
5	35	¥ 42,000.00	欠	¥ 25,000.00	¥ 25,000.00
6	20	¥ -	欠	¥ 12,500.00	¥ 12,500.00
7	44	¥ 40,000.00	欠	¥ 28,500.00	¥ 28,500.00
8	0	¥ 37,600.00		¥ -	0
9	28	¥ -	欠	¥ 25,000.00	¥ 25,000.00
10	21	¥ 26,000.00		¥ -	¥ -
11	13	¥ -	欠	¥ 35,000.00	¥ 35,000.00
12	0	¥ 15,000.00	欠	¥ 15,000.00	0
13	0	¥ 35,000.00	欠	¥ 25,000.00	0
14	10	¥ 32,000.00		¥ -	¥ -
15	2	¥ -	欠	¥ 32,000.00	¥ 32,000.00
16	0	¥ -	欠	¥ 28,000.00	0
17	0	¥ 20,000.00	欠	¥ 9,000.00	0
18	0	¥ -	欠	¥ 32,800.00	0
19	0	¥ 40,200.00		¥ -	0
20	0	¥ 30,000.00	欠	¥ 26,500.00	0
21		¥403,000.00		¥294,300.00	¥158,000.00

应付账款统计表 / Sheet2 / Sheet3

图6-74 计算合计数据

2. 筛选出已到期的应付账款

下面将筛选出已到期且欠款的应付账款相关信息，其具体操作如下。

STEP 1 在“应付账款统计表”工作表的K23:L24单元格区域中，输入如图9-75所示的筛选条件。

STEP 2 选择A3:L20单元格区域，然后选择【数据】/【筛选】/【高级筛选】菜单命令，如图6-76所示。

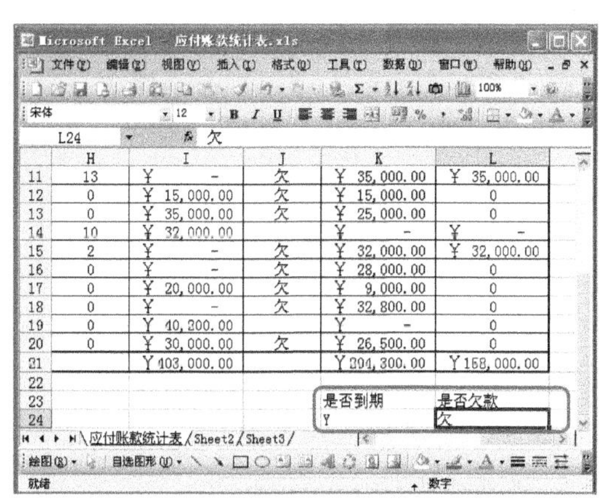

图6-75 输入筛选条件

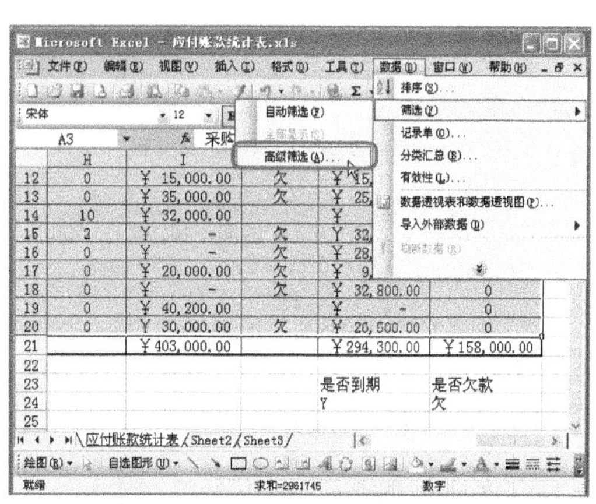

图6-76 选择“高级筛选”菜单命令

STEP 3 在打开的“高级筛选”对话框中保持选中“在原有区域显示筛选结果”单选项，然后将文本插入点定位到“条件区域”文本框中，并在“应付账款统计表”工作表中选择K23:L24单元格区域，完成后单击 确定 按钮，如图6-77所示。返回工作表中即可看到根据筛选条件筛选出的结果，如图6-78所示。

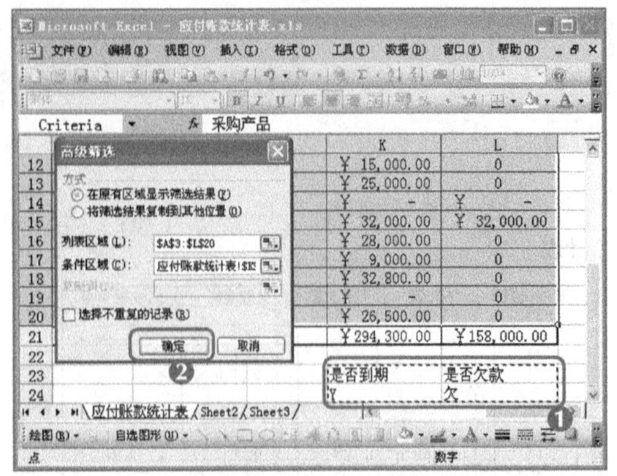

图6-77　设置筛选条件

图6-78　查看筛选结果

知识提示

若在“高级筛选”对话框中单击选中“将筛选结果复制到其他位置”单选项，将激活“复制到”文本框，在其中可指定复制到的位置。另外，若单击选中“选择不重复的记录”复选框，当有多行记录满足条件时，只显示或复制其中一行，而排除重复的行。

3．创建三维饼图分析数据

下面将根据筛选结果创建“三维饼图”，分析企业欠各供应商货款占所欠合计金额的百分比情况，其具体操作如下。

STEP 1 在“应付账款统计表”工作表中选择B5:B15和L5:L15单元格区域，然后选择【插入】/【图表】菜单命令，如图6-79所示。

STEP 2 在打开的“图表向导-4步骤之 1-图表类型”对话框的“标准类型”选项卡的“图表类型”列表框中选择“饼图”选项，然后在“子图表类型”列表框中选择“三维饼图”子图表类型，完成后单击[下一步(N) >]按钮，如图6-80所示。

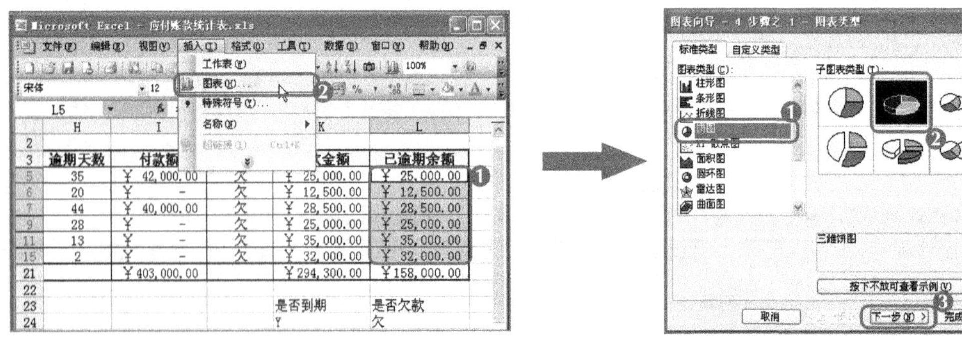

图6-79　选择“图表”菜单命令

图6-80　选择图表类型

STEP 3 在打开的“图表向导-4步骤之 2-图表源数据”对话框中确认图表的数据区域，这里保持默认设置，然后单击[下一步(N) >]按钮，如图6-81所示。

STEP 4 在打开的“图表向导-4步骤之 3-图表选项”对话框的“标题”选项卡的“图表

标题”文本框中输入“逾期应付账款比例图”文本，如图6-82所示。

图6-81 确认图表的数据区域

图6-82 输入图表标题

STEP 5 单击“图例”选项卡，撤销选中“显示图例”复选框，如图6-83所示。

STEP 6 单击“数据标志”选项卡，在“数据标签包括”栏中单击选中“类别名称”和“百分比”复选框，然后单击下一步(N) >按钮，如图6-84所示。

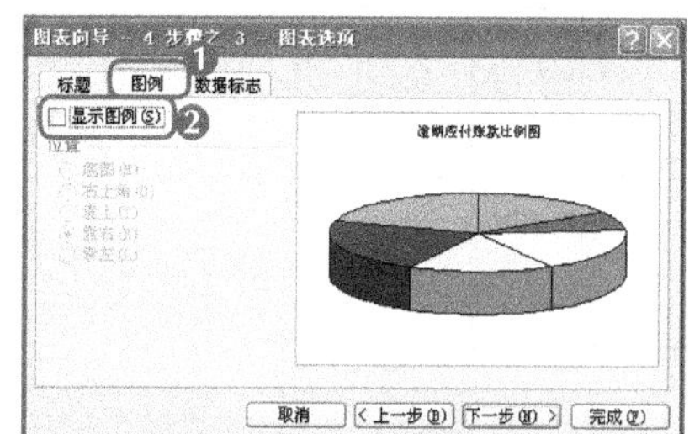

图6-83 取消显示图例

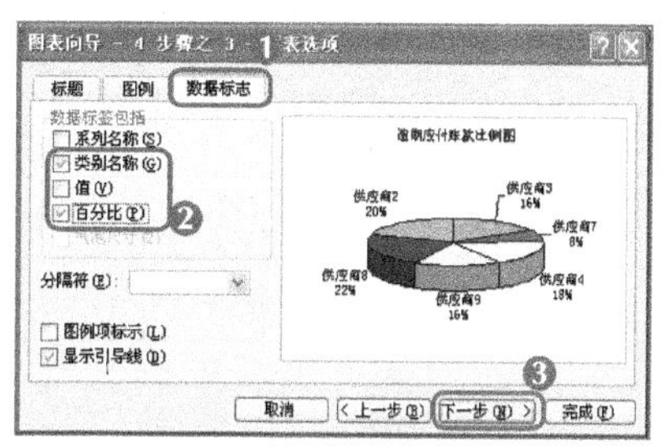

图6-84 设置数据标签

STEP 7 在打开的“图表向导-4步骤之 4-图表位置”对话框中设置图表保存的位置，这里保持默认设置。单击完成(F)按钮，即可在工作表中创建出相应的图表，然后移动图表到相应的位置，并调整图表大小，如图6-85所示。

STEP 8 双击图表区，设置其图案的填充效果为“蓝色面巾纸”纹理效果，然后设置其字体格式为“12”，完成后双击图表标题，设置其字体格式为“隶书，18”，其效果如图6-86所示。

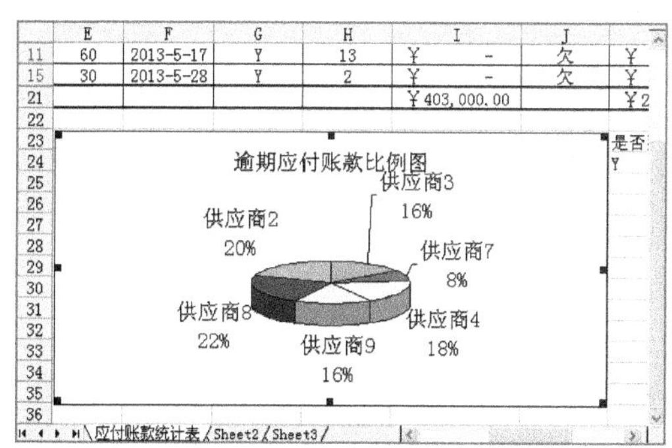

图6-85 创建图表并移动数据点位置

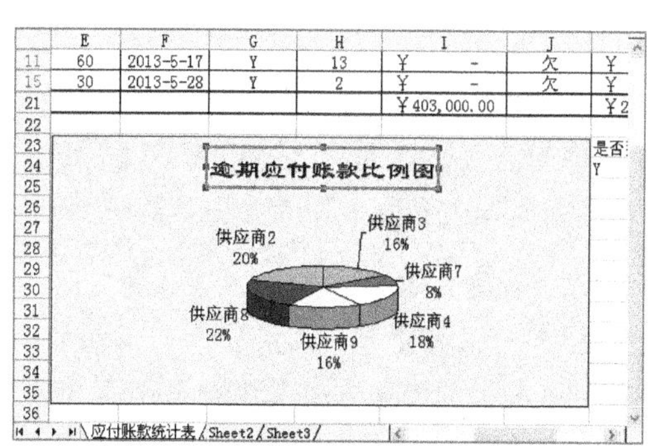

图6-86 设置图表格式后的效果

实训一 制作“应收账款催款通知单”

【实训目标】

为了减少坏账的损失，加大应收账款回收力度，企业可定时委派业务员对客户进行催账，于是老张让小白制作一张“应收账款催款通知单”。

要完成本实训，首先要在“应收账款账龄分析表”工作表中筛选出应收账款的客户名称相关信息，然后根据筛选结果填写“应收账款催款通知单”。本实训完成后的最终效果如图6-87所示。

素材所在位置 **光盘:\素材文件\项目六\应收账款账龄分析表.xls**
效果所在位置 **光盘:\效果文件\项目六\应收账款催款通知单.xls**

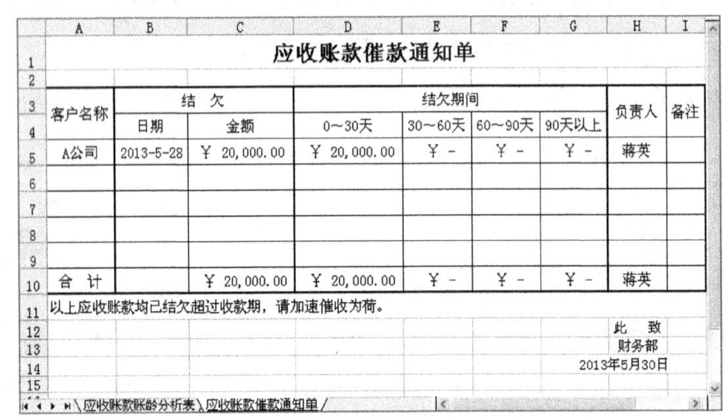

应收账款催款通知单

客户名称	结欠		结欠期间				负责人	备注
	日期	金额	0~30天	30~60天	60~90天	90天以上		
A公司	2013-5-28	￥ 20,000.00	￥ 20,000.00	￥ -	￥ -	￥ -	蒋英	
合 计		￥ 20,000.00	￥ 20,000.00	￥ -	￥ -	￥ -	蒋英	

以上应收账款均已结欠超过收款期，请加速催收为荷。

此 致
财务部
2013年5月30日

应收账款账龄分析表 应收账款催款通知单

图6-87 “应收账款催款通知单”最终效果

【专业背景】

随着市场竞争日益加剧，绝大多数企业都面临“销售难、收款更难”的双重困境。为了扩大产品销售规模，提高市场占有率，依赖分销渠道、采用赊销方式出售产品已成为众多行业中通行的销售模式，但由此带来的收款难和信用风险问题成为了影响和制约企业发展的一个突出问题。

为了有效地减少公司的坏账损失，保障企业健康持续稳定发展，加强应收账款的催收及信用管理显得尤为重要。企业可根据实际需要建立一套适合的信用管理体系，清晰逾期应收账款的回收流程，加快欠款催收，挽回企业呆账、坏账损失；加强销售流程中各环节的信用管理，规范合同及票据；了解完整的信用管理流程，培养营销人员的风险意识，协调财务人员与营销人员之间的矛盾。

【实训思路】

完成本实训首先应创建“应收账款催款通知单”框架，然后在“应收账款账龄分析表”中筛选出已到期且逾期0~30天的应收账款，完成后将筛选结果引用到“应收账款催款通知单”工作表的相应单元格中，并计算合计数据。其操作思路如图6-88所示。

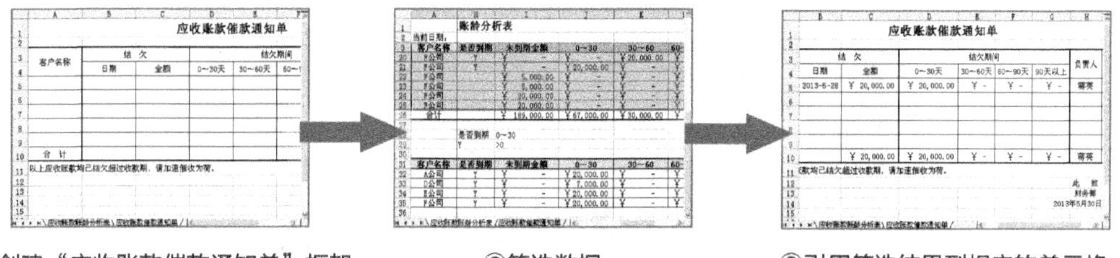

①创建“应收账款催款通知单”框架 ②筛选数据 ③引用筛选结果到相应的单元格

图6-88 制作“应收账款催款通知单”的思路

【步骤提示】

STEP 1 新建工作簿并以“应收账款催款通知单”为名进行保存，将“Sheet1”工作表重命名为“应收账款催款通知单”，然后在其中输入相应的项目数据，并设置单元格格式，完成后再删除“Sheet2”和“Sheet3”工作表。

STEP 2 打开“应收账款账龄分析表”工作簿，将“应收账款账龄分析表”工作表复制到“应收账款催款通知单”工作簿的“应收账款催款通知单”工作表中。

STEP 3 在“应收账款催款通知单”工作簿的“应收账款账龄分析表”工作表的H28:I29单元格区域中输入筛选条件，然后使用高级筛选功能设置A3:O25单元格区域为列表区域，设置H28:I29单元格区域为条件区域，同时将筛选结果复制到“应收账款账龄分析表”工作表的A31单元格后。

STEP 4 将筛选结果根据不同客户名称的相关数据复制到“应收账款催款通知单”工作表的相应单元格中。

实训二 制作“应付账款付款方案表”

【实训目标】

最近公司针对应付账款提出了两种付款方案，现需要对两种付款方案进行对比分析，为公司选择最优的付款方案提供依据，于是老张让小白制作一张“应付账款付款方案表”。

要完成本实训，首先可在“应付账款统计表”工作簿的基础上创建“应付账款付款方案表”，在其中输入并编辑数据，并以供应商名称为主要关键字进行排序，然后以此为依据对“欠款金额”进行分类汇总，将汇总项结果复制到“应付账款付款方案表”工作表中，在其中结合IF函数和ROUND函数判断和计算根据公司提供的付款方案一“小于或等于20 000元的账户一次性付清所有款项，大于20 000元的账户将首次支付应付金额的50%”和方案二“小于或等于30 000元的账户一次性付清，大于30 000元的账户偿还应付金额的40%”，完成后计算合计金额，并用条形图对比分析付款方案。本实训完成后的最终效果如图6-89所示。

素材所在位置 光盘:\素材文件\项目六\应付账款统计表.xls

效果所在位置 光盘:\效果文件\项目六\应付账款付款方案表.xls

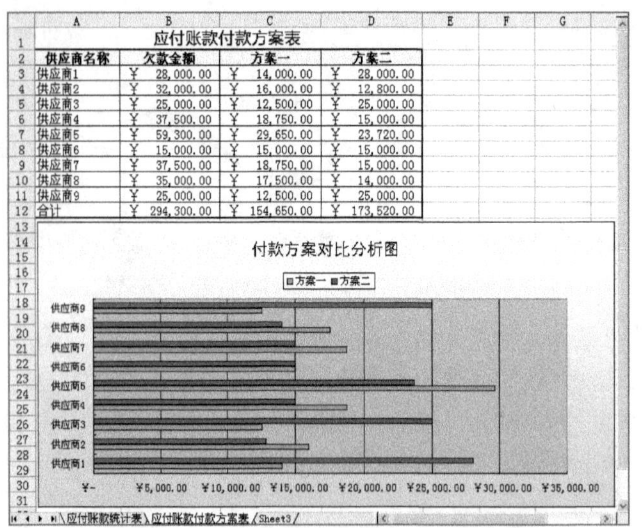

应付账款付款方案表			
供应商名称	欠款金额	方案一	方案二
供应商1	￥ 28,000.00	￥ 14,000.00	￥ 28,000.00
供应商2	￥ 32,000.00	￥ 16,000.00	￥ 12,800.00
供应商3	￥ 25,000.00	￥ 12,500.00	￥ 25,000.00
供应商4	￥ 37,500.00	￥ 18,750.00	￥ 15,000.00
供应商5	￥ 59,300.00	￥ 29,650.00	￥ 23,720.00
供应商6	￥ 15,000.00	￥ 15,000.00	￥ 15,000.00
供应商7	￥ 37,500.00	￥ 18,750.00	￥ 15,000.00
供应商8	￥ 35,000.00	￥ 17,500.00	￥ 14,000.00
供应商9	￥ 25,000.00	￥ 12,500.00	￥ 25,000.00
合计	￥ 294,300.00	￥ 154,650.00	￥ 173,520.00

图6-89 “应付账款付款方案表”最终效果

【专业背景】

企业准确、及时地履行支付义务，可以加强和供应商之间的合作关系，但是企业的应付账款管理人员的责任不只是简单地支付账单，还需要通过有针对性地选择现金管理来增加盈利，如付款时间，付款金额的多少都需要财务人员为企业提供数据依据。要做到既能有效地平衡供应商的需求、支付条款等，又能确保企业现金管理的有效控制，企业应制定一个灵活的应付账款管理系统，在其中还可根据需要制定相应的付款方案，从中选择最优方案。

【实训思路】

完成本实训可在“应付账款统计表”工作簿的基础上创建“应付账款付款方案表”，在其中输入并编辑数据，并以供应商名称为主要关键字进行排序，然后以此为依据对“欠款金额”进行分类汇总，将汇总项结果复制到“应付账款付款方案表”工作表中，在其中结合IF函数和ROUND函数（ROUND函数用来返回按指定的位数对数值进行四舍五入）判断和计算付款方案一和方案二，完成后计算合计金额，并用条形图对比付款方案应付明细。其操作思路如图6-90所示。

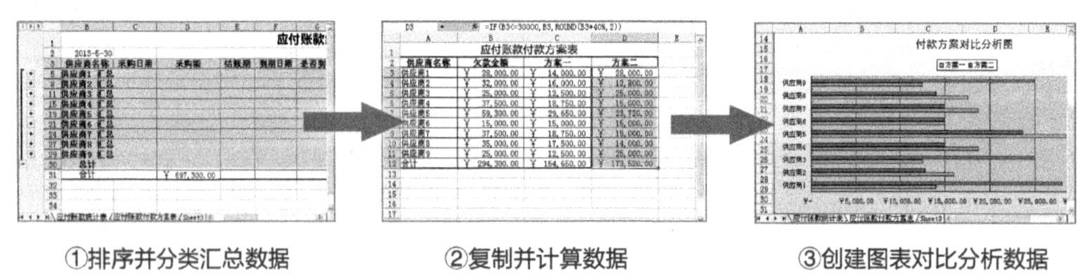

①排序并分类汇总数据　②复制并计算数据　③创建图表对比分析数据

图6-90 制作“应付账款付款方案表”的思路

【步骤提示】

STEP 1 打开“应付账款统计表”工作簿，将其以“应付账款付款方案表”为名进行另存，将“Sheet2”工作表重命名为“应付账款付款方案表”，然后在“应付账款统计表”工作表中删除图表、筛选条件，并在工作表中选择任一单元格，再选择【数据】/【筛选】/【全部显示】菜单命令显示出所有数据。

STEP 2 在“应付账款统计表”工作表选择A3:L20单元格区域，以供应商名称为主要关键字进行排序，然后以供应商名称为分类字段，对“欠款金额”进行求和分类汇总，完成后单击分类汇总的显示级别2按钮。

STEP 3 在“应付账款统计表”工作表中保持选择的单元格区域，选择【编辑】/【定位】菜单命令，在打开的“定位”对话框中单击定位条件(S)...按钮，在打开的“定位条件”对话框中单击选中“可见单元格”单选项。

STEP 4 单击确定按钮，返回“应付账款统计表”工作表中单击按钮，在“应付账款付款方案表”工作表中选择A2单元格。

STEP 5 选择【编辑】/【选择性粘贴】菜单命令，在打开的“选择性粘贴”对话框中单击选中“数值”单选项，完成后单击确定按钮将“应付账款统计表”工作表中的汇总项以“数值”类型复制到“应付账款付款方案表”工作表中的相应位置。

STEP 6 在“应付账款付款方案表”工作表中输入并编辑数据，再设置单元格格式，然后选择C3:C11单元格区域，输入公式“=IF(B3<=20000,B3,ROUND(B3*50%,2))”。

STEP 7 选择D3:D11单元格区域，输入公式“=IF(B3<=30000,B3,ROUND(B3*40%,2))”，完成后选择B12:D12单元格区域，单击“自动求和”按钮Σ快速进行求和计算。

STEP 8 在“应付账款付款方案表”工作表中选择A2:A11和C2:D11单元格区域，为其创建“簇状条形图”，并设置图表标题“付款方案对比分析图”，图表图例靠上显示，完成后移动图表位置、调整图表大小，再设置图表格式。

常见疑难解析

问：如果不需要自动更新TODAY函数返回的日期值，该怎么办？

答：默认情况下打开具有TODAY函数的工作簿时，Excel会自动更新TODAY函数返回的日期，如果不需要自动更新，而要让其始终保留在最后一次保存时的输入日期上，可选择【工具】/【选项】菜单命令，在打开的“选项”对话框中单击“重新计算”选项卡，在“计算”栏单击选中“手动计算”单选项，完成后单击确定按钮即可。

问：要将大写字母排在相同的小写字母前，该怎么办？

答：对含有英文字母的数据进行排序时，要将大写字母排列在相同的小写字母前面，其方法很简单，首先选择需进行排序的数据，然后选择【数据】/【排序】菜单命令，在打开的“排序”对话框中单击选项(O)...按钮，在打开的“排序选项”对话框的“自定义排序次序”栏下单击选中“区分大小写”复选框，然后单击确定按钮返回“排序”对话框，再单击确定按钮，即可在排序时将大写字母排列在相同的小写字母前面。

问：如何在“数据透视表和数据透视图向导—布局”对话框中删除错误的字段？

答：只需将错误的字段从相应的“页”、“行”、“列”或“数据”区域中使用鼠标左键拖动出该区域后再释放鼠标，即可将该字段删除。

问：将创建的图表以窗口显示有何作用？

答：将创建的图表以窗口显示是为了方便查看与打印。默认情况下，创建的图表可以与数据库嵌入在同一工作表中，也可插入到一个新的工作表中。除此之外，选择图表区，在其上单击鼠标右键，在弹出的快捷菜单中选择“图表窗口”命令，还可将创建的图表以窗口显示，在工作表中可以移动窗口位置、调整窗口大小，但是当关闭工作簿后，再次打开该工作簿时，创建的窗口将还原为图表显示。另外，在该窗口的标题栏中单击鼠标右键，在弹出的快捷菜单中选择“打印”命令，可将图表以窗口的形式打印。

问：数据透视图的大小为何不能像普通图表那样进行调整？

答：创建的数据透视图大小与当前Excel的窗口大小有关，生成数据透视图后，即使改变Excel窗口大小，数据透视图的大小也保持不变。若需调整数据透视图大小，可有以下几种方法。

- 按住【Ctrl】键不放的同时滚动鼠标滚轮进行缩放显示。
- 在“常用”工作栏的100%下拉列表中单击按钮，在弹出的列表中选择相应的选项对数据透视图的大小进行缩放。
- 将数据透视图移到已有的工作表中，即在数据透视图中单击鼠标右键，在弹出的快捷菜单中选择“位置”命令，在打开的“图表位置”对话框中单击选中“作为其中的对象插入”单选项，然后在后面的下拉列表中选择要移动的工作表，将数据透视图移动到其他的数据工作表中后，可以像普通图表一样随意移动和调整整个图表的大小，但不能像普通图表一样改变其中各对象的大小。

拓展知识

1．快速筛选出前几个最大值或最小值

在Excel中经常会遇到销售数据、利润值等需要进行大小值排列的数据，当对其进行自动筛选后，可列出前几个最大值或最小值，其方法为：单击可进行大小值排列的字段名右侧的按钮，在弹出的下拉列表中选择“前10个”选项，在打开的“自动筛选前10个”对话框的“显示”栏左侧的下拉列表中选择“最大”或“最小”选项，如图6-91所示。在中间的数值框中输入需显示的数据个数，在右侧的下拉列表框中保持默认设置，完成后单击确定按钮即可自动筛选前几个最大值或最小值。

在自动筛选后的工作表的相应标题行中单击按钮，在弹出的下拉列表中选择“升序排列”或“降序排列”选项可对相应的列进行排序。

2．同时创建数据透视图表

除了前面讲解的创建数据透视表与数据透视图的方法外，用户还可同时创建数据透视表与数据透视图，其方法为在工作表中选择要创建数据透视表和数据透视图的单元格区域，然后选择【数据】/【数据透视表和数据透视图】菜单命令，在打开的“数据透视表和数据透

视图向导—3步骤之 1”对话框中单击选中“数据透视图（及数据透视表）”单选项后（见图6-92）根据提示执行相应的操作即可。

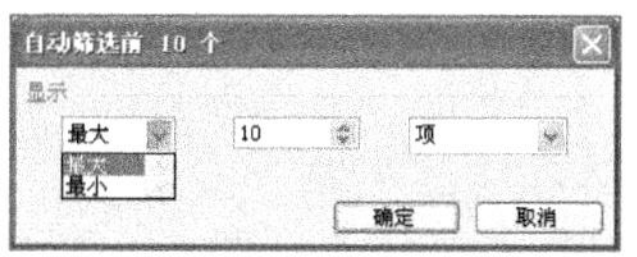

图6-91 “自动筛选前10个”对话框

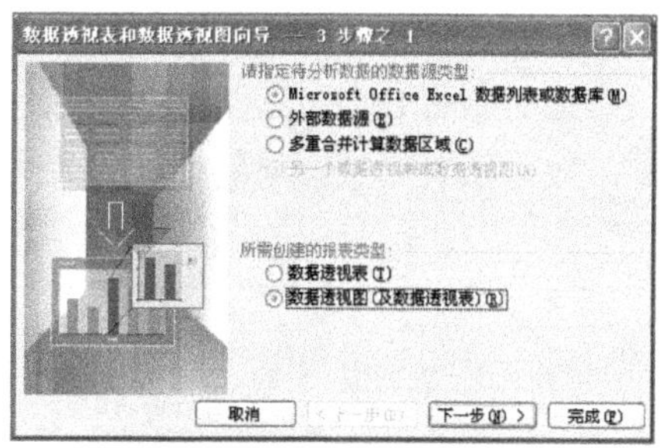

图6-92 选择创建的报表类型

3．分列显示数据

在Excel中可将单元格中的数据分列显示，分列即将一列数据（包括文本、数值等）分成若干列。分列数据的方式有两种：一是按分隔符号分列（如逗号、引号）；二是按固定宽度，即间隔多少个字符就分一列。

下面将前面分类汇总的汇总项数据“客户名称”列的数据，如图6-93所示，分列为如图6-94所示的效果。

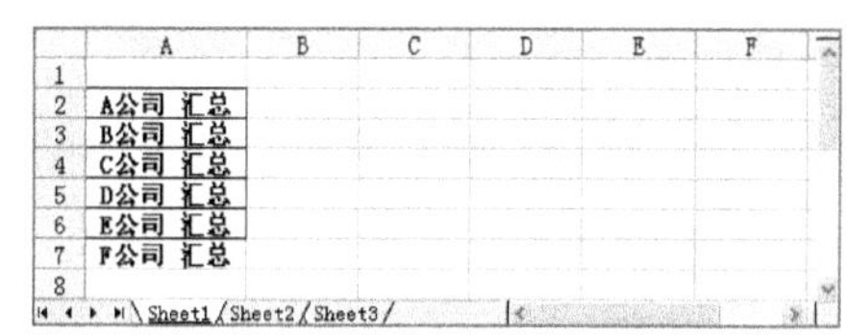

图6-93 分列显示数据前的效果

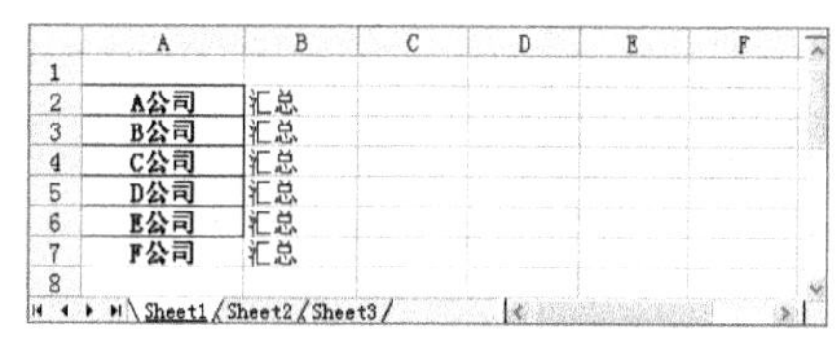

图6-94 分列显示数据后的效果

STEP 1 选择需分列的数据区域，再选择【数据】/【分列】菜单命令，在打开的“文本分列向导－3 步骤之 1”对话框中选择适合的文本类型，这里单击选中“分隔符号”单选项，单击[下一步(N) >]按钮，如图6-95所示。

STEP 2 在打开的“文本分列向导－3 步骤之2”对话框中设置分隔符号，这里单击选中“空格”复选框，撤销选中“分隔符号”栏中其他复选框，单击[下一步(N) >]按钮，如图6-96所示。

STEP 3 在打开的“文本分列向导－3 步骤之3”对话框的“目标区域”文本框中选择列数据格式和确认目标区域后，这里保持默认设置，如图6-97所示。完成后单击[完成(F)]按钮，返回工作表中可以看到数据分列后的效果。

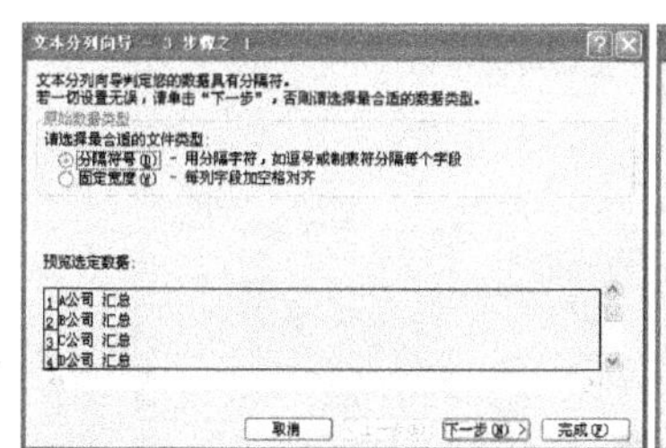

图6-95 选择适合的文本类型

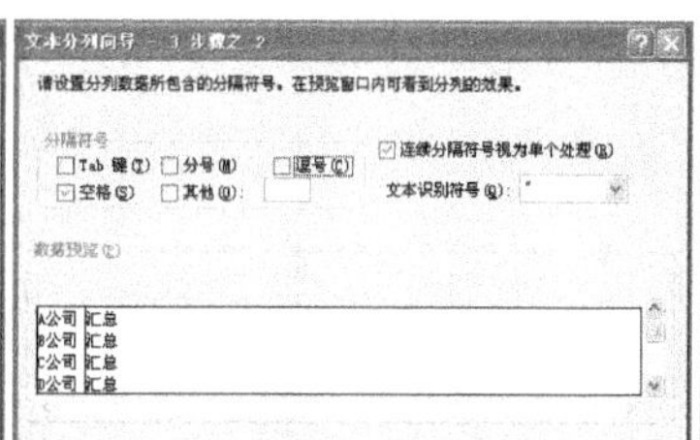

图6-96 设置分隔符号

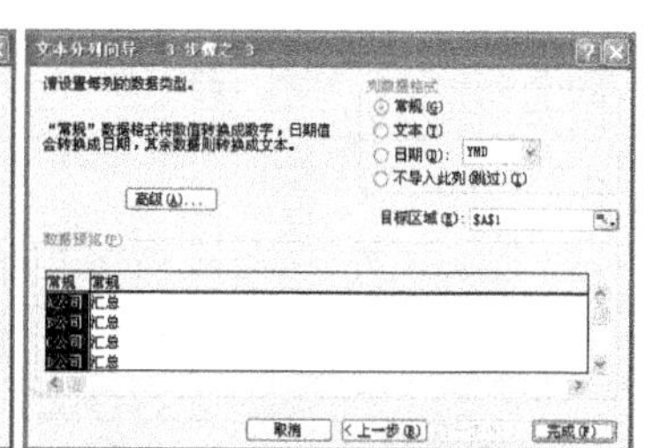

图6-97 选择列数据格式和目标区域

课后练习

素材所在位置 **光盘:\素材文件\项目六\应收账款统计表.xls**

效果所在位置 **光盘:\效果文件\项目六\应收账款到期提醒表.xls、提取坏账准备.xls**

（1）利用所学知识，制作“应收账款到期提醒表”，具体步骤提示如下。

- 创建“应收账款到期提醒表”工作簿，将“应收账款统计表”工作簿中的“应收账款统计表”工作表中的数据复制到“应收账款到期提醒表”工作簿中。
- 在其中输入并编辑数据，然后利用到期提示公式“=IF(AND(到期日期−当前日期<=30,到期日期−当前日期>0),到期日期−当前日期,0)”计算以给定日期为标准，未来30天内到期的应付账款记录显示剩余天数。
- 利用SUMIF函数从J4:J25单元格区域查找大于零的记录，并对F列中同一行的相应单元格的数值进行汇总，计算出即将到期的应付账款的总金额。
- 利用条件格式功能将即将到期的应付账款设置为突出显示，方便财务人员查看，并提醒财务人员即将到期的应付款项，其参考效果如图6−98所示。

（2）制作“提取坏账准备”，假设根据风险特征估计坏账准备的提取比例为应收账款余额的0.5%，现将预计各项应收款项可能发生的坏账，并提取坏账准备，具体步骤提示如下。

- 创建“提取坏账准备”工作簿，将“应收账款统计表”工作簿中的“应收账款统计表”工作表中的数据复制到“提取坏账准备”工作簿中，在其中输入并编辑数据，并以客户名称为主要关键字进行排序。
- 以此为依据对“结余金额”进行分类汇总，将汇总项结果复制到“提取坏账准备”工作表中，在其中根据首次计提坏账准备的计算公式：当期应计提的坏账准备=期末应收账款余额×坏账准备计提百分比，提取坏账准备，完成后再利用饼图分析并查看坏账分布状况。其参考效果如图6−99所示。

	E	F	G	J	K	L
3	已收账款	结余	到期日期	到期提示		到期合计金额
4	￥ 10,000.00	￥ 10,000.00	2013-4-8	0		￥ 55,000.00
5	￥ 10,000.00	￥ 20,000.00	2013-5-28	0		
6	￥ 40,000.00	￥ 10,000.00	2013-7-9	0		
7	￥ 40,000.00	￥ 10,000.00	2013-8-8	0		
8	￥ 40,000.00	￥ -	2013-6-4	0		
9	￥ 30,000.00	￥ 20,000.00	2013-7-15	0		
10	￥ 30,000.00	￥ 20,000.00	2013-7-23	0		
11	￥ 20,000.00	￥ -	2013-4-26	0		
12	￥ 20,000.00	￥ 10,000.00	2013-6-16	15		
13	￥ 6,000.00	￥ 4,000.00	2013-8-13	0		
14	￥ 3,000.00	￥ 7,000.00	2013-5-11	0		
15	￥ 10,000.00	￥ 20,000.00	2013-8-27	0		
16	￥ 40,000.00	￥ 20,000.00	2013-5-16	0		
17	￥ 10,000.00	￥ 20,000.00	2013-6-23	22		
18	￥ 10,000.00	￥ 20,000.00	2013-6-27	26		
19	￥ 15,000.00	￥ 5,000.00	2013-7-31	0		
20	￥ 30,000.00	￥ 20,000.00	2013-4-15	0		
21	￥ 40,000.00	￥ 20,000.00	2013-5-25	0		
22	￥ 15,000.00	￥ 5,000.00	2013-7-1	30		
23	￥ 15,000.00	￥ 5,000.00	2013-7-28	0		
24	￥ 30,000.00	￥ 20,000.00	2013-8-6	0		
25	￥ 50,000.00	￥ 20,000.00	2013-8-25	0		

Sheet1 / Sheet2 / Sheet3

图6−98 “应收账款到期提醒表”最终效果

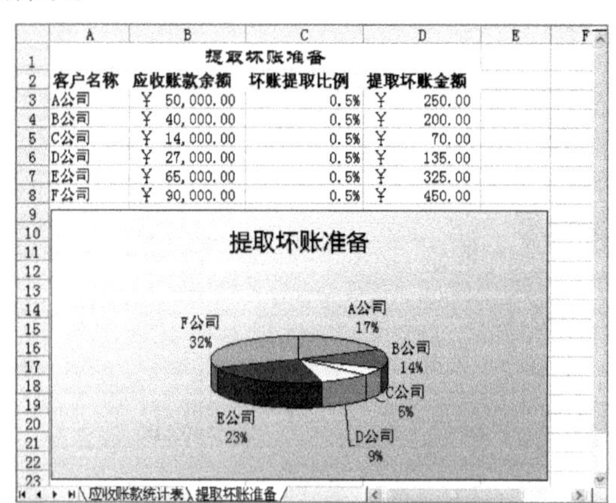

	A	B	C	D
1	提取坏账准备			
2	客户名称	应收账款余额	坏账提取比例	提取坏账金额
3	A公司	￥ 50,000.00	0.5%	￥ 250.00
4	B公司	￥ 40,000.00	0.5%	￥ 200.00
5	C公司	￥ 14,000.00	0.5%	￥ 70.00
6	D公司	￥ 27,000.00	0.5%	￥ 135.00
7	E公司	￥ 65,000.00	0.5%	￥ 325.00
8	F公司	￥ 90,000.00	0.5%	￥ 450.00

图6−99 “提取坏账准备”最终效果

PART 7

项目七 本量利分析

情景导入

由于企业的成本、销量、利润的变化关系是决定企业是否赢利的关键，因此本量利分析在企业的经营决策中起着至关重要的作用。于是，公司安排小白对企业一定期间内的成本、销量、利润之间的数量关系进行分析。

知识技能目标

- 熟练掌握模拟运算表的使用方法。
- 熟练掌握微调项窗体控件的使用方法。

- 了解工作中本量利分析的基本流程。
- 掌握“静态的本量利分析模型”、“动态的本量利分析模型”等表格的制作。

项目流程对应图

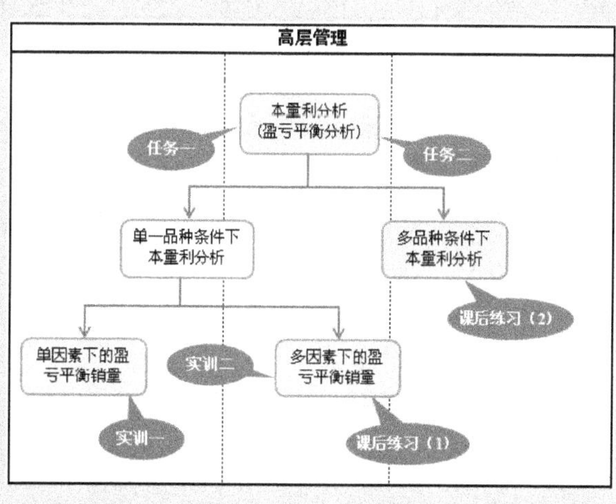

任务一 建立“静态的本量利分析模型”

本量利分析是成本、产量(或销售量)、利润三者依存关系分析的简称，是指在变动成本计算模式的基础上，以数学化的会计模型与图文来体现固定成本、变动成本、销售量、单价、销售额、利润等变量之间的内在规律性的联系，为会计预测决策和规划提供必要的财务信息的一种定量分析方法。

一、 任务目标

假设某产品售价120元，单位变动成本60元，固定成本30 000元，预计销量有1000件，现需小白根据固定成本、产品单价、变动成本计算产品的盈亏平衡销量，并建立一张“静态的本量利分析模型”。该任务将先创建“静态的本量利分析模型”工作簿，在其中输入并计算数据，然后利用模拟运算表计算与销量相关的数据，完成后创建并编辑“XY散点图”分析数据。本例完成后的最终效果如图7-1所示。

效果所在位置 **光盘:\效果文件\项目七\静态的本量利分析模型.xls**

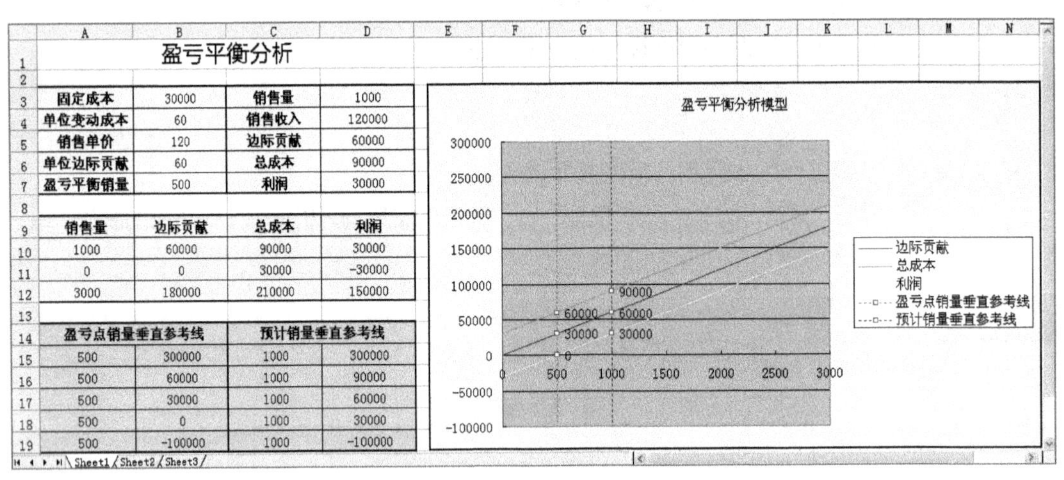

盈亏平衡分析

固定成本	30000	销售量	1000
单位变动成本	60	销售收入	120000
销售单价	120	边际贡献	60000
单位边际贡献	60	总成本	90000
盈亏平衡销量	500	利润	30000

销售量	边际贡献	总成本	利润
1000	60000	90000	30000
0	0	30000	-30000
3000	180000	210000	150000

盈亏点销量垂直参考线		预计销量垂直参考线	
500	300000	1000	300000
500	60000	1000	90000
500	30000	1000	60000
500	0	1000	30000
500	-100000	1000	-100000

图7-1 “静态的本量利分析模型”最终效果

职业素养

本量利分析的关键是确定盈亏平衡点，所谓盈亏平衡点又称零利润点、保本点、盈亏临界点、损益分歧点、收益转折点，通常是指全部销售收入等于全部成本时（销售收入线与总成本线的交点）的产量。以盈亏平衡点为界限，当销售收入高于盈亏平衡点时，企业盈利；反之，企业亏损。盈亏平衡点可以用销售量来表示，即盈亏平衡点的销售量；也可以用销售额来表示，即盈亏平衡点的销售额。

二、相关知识

要建立“静态的本量利分析模型”，首先应根据本量利分析的基本关系和公式计算相应的项目数据，然后利用模拟运算表计算销量。因此，掌握本量利分析的基本关系和公式，以及认识模拟运算表对后面的操作非常有帮助。

1．本量利分析的基本关系和公式

本量利分析主要用来研究成本、销售数量、价格、利润之间的数量关系。因此，在进行本量利分析之前，首先应明确认识本量利分析的基本关系。

- 在销售总成本确定的情况下，盈亏平衡点的高低取决于单位售价的高低，单位售价越高，盈亏平衡点越低；反之，单位售价越低，盈亏平衡点越高。
- 在销售收入确定的情况下，盈亏平衡点的高低取决于固定成本和单位变动成本的高低，固定成本或单位变动成本越高，则盈亏平衡点越高；反之，盈亏平衡点越低。
- 在盈亏平衡点不变的前提下，销售量越大，企业实现的利润则越多（或亏损越少）；反之，销售量越小，企业实现的利润则越少（或亏损越多）。
- 在销售量不变的前提下，盈亏平衡点越低，企业实现的利润则越多（或亏损越少）；反之，盈亏平衡点越高，企业实现的利润则越少（或亏损越多）。

在本例中，将用到以下公式计算相应的数据。

- 单位边际贡献=销售单价−单位变动成本
- 盈亏平衡销量=固定成本÷(销售单价－单位变动成本)=固定成本÷单位边际贡献
- 销售收入＝销售单价×销售量
- 边际贡献＝销售收入－变动成本＝销售量×(销售单价－单位变动成本)
- 总成本＝单位变动成本×销售量+固定成本
- 利润=销售收入－总成本＝（销售单价−单位变动成本）×销售量−固定成本

2．认识模拟运算表

Excel中模拟运算表的功能是显示公式中某些值的变化，并对计算结果产生影响，为同时求解某一运算中所有可能的变化值组合提供了捷径。模拟运算表根据计算方式的不同可分为以下两种。

- **单变量模拟运算表：**根据单个变量的变化，查看其对一个或多个公式的影响。要使用单变量模拟运算表，首先应输入将要分析的有关原始数据，并在某一行或列中输入要替换到工作表上输入单元格的数值序列，然后选择包含公式和需要被替换的数值的单元格区域，再选择【数据】/【模拟运算表】菜单命令，在打开的“模拟运算表”对话框中，如果要被替换的数值序列排成一列，则在“输入引用列的单元格”参数框中输入单元格引用；如果要被替换的数值序列排成一行，则在“输入引用行的单元格”参数框中输入单元格引用，完成后单击 确定 按钮。
- **双变量模拟运算表：**用于查看两个变量对公式结果产生的影响。要使用双变量模拟运算表，则应先输入引用两个输入单元格中变量的公式，并在公式的下面输入一组输入值，在公式的右边键入另一组输入值，然后选择包含公式及数值行和列的单元格区域，再选择【数据】/【模拟运算表】菜单命令，在打开的“模拟运算表”对话框中的“输入引用列的单元格”参数框中输入单元格引用，在“输入引用行的单元格”参数框中输入单元格引用，完成后单击 确定 按钮。

三、任务实施

1．根据本量利计算公式计算数据

下面首先创建“本量利分析模型”工作簿，然后在其中输入数据并根据本量利计算公式计算相应的数据。其具体操作如下。

STEP 1 将新建的工作簿以“本量利分析模型”为名进行保存，在其中输入表题与表头数据，并设置单元格格式，如图7-2所示。

STEP 2 选择B6单元格，输入公式“=B5−B4”，完成后按【Ctrl+Enter】组合键计算单位边际贡献，如图7-3所示。

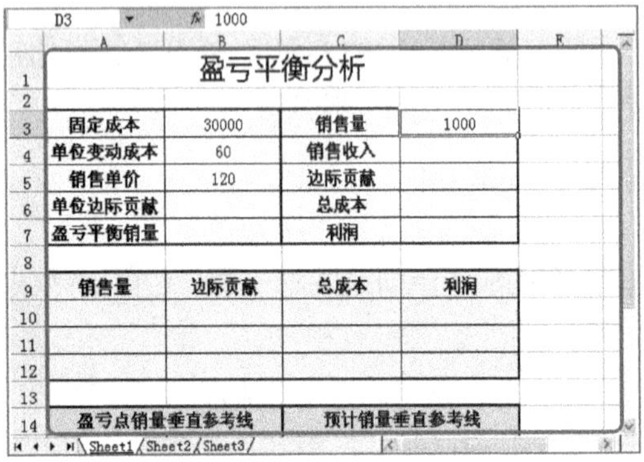

D3
1000
盈亏平衡分析
固定成本
30000
销售量
1000
单位变动成本
60
销售收入
销售单价
120
边际贡献
单位边际贡献
总成本
盈亏平衡销量
利润
销售量
边际贡献
总成本
利润
盈亏点销量垂直参考线
预计销量垂直参考线
Sheet1
Sheet2
Sheet3

图7-2　输入数据并设置单元格格式

B6
=B5-B4
盈亏平衡分析
固定成本
30000
销售量
1000
单位变动成本
60
销售收入
销售单价
120
边际贡献
单位边际贡献
60
总成本
盈亏平衡销量
利润
销售量
边际贡献
总成本
利润
盈亏点销量垂直参考线
预计销量垂直参考线
Sheet1
Sheet2
Sheet3

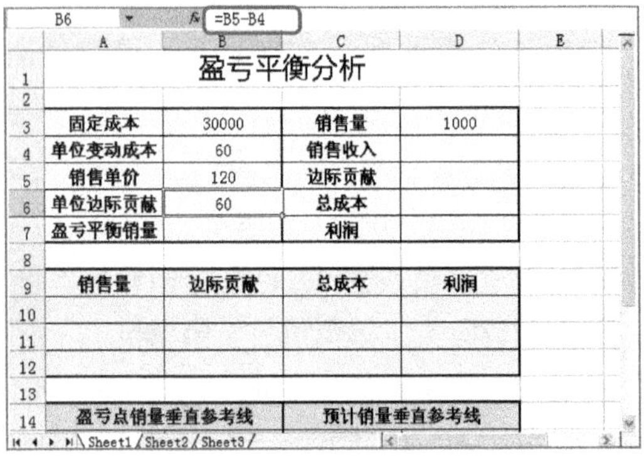

图7-3　计算单位边际贡献

STEP 3 选择B7单元格，输入公式“=B3/B6”，完成后按【Ctrl+Enter】组合键计算盈亏平衡销量，如图7-4所示。

STEP 4 选择D4单元格，输入公式“=D3*B5”，完成后按【Ctrl+Enter】组合键计算销售收入，如图7-5所示。

B7
=B3/B6
盈亏平衡分析
固定成本
30000
销售量
1000
单位变动成本
60
销售收入
销售单价
120
边际贡献
单位边际贡献
60
总成本
盈亏平衡销量
500
利润
销售量
边际贡献
总成本
利润
盈亏点销量垂直参考线
预计销量垂直参考线
Sheet1
Sheet2
Sheet3

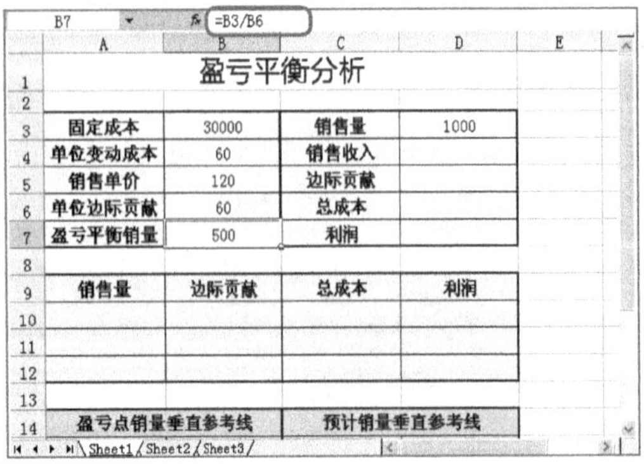

图7-4　计算盈亏平衡销量

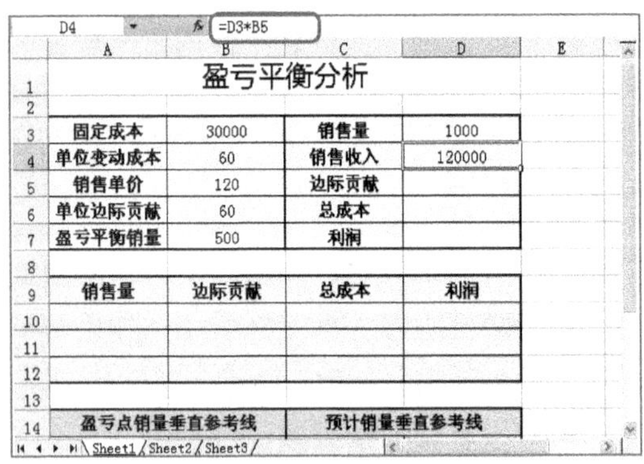

D4
=D3*B5
盈亏平衡分析
固定成本
30000
销售量
1000
单位变动成本
60
销售收入
120000
销售单价
120
边际贡献
单位边际贡献
60
总成本
盈亏平衡销量
500
利润
销售量
边际贡献
总成本
利润
盈亏点销量垂直参考线
预计销量垂直参考线
Sheet1
Sheet2
Sheet3

图7-5　计算销售收入

STEP 5 选择D5单元格，输入公式“=D3*B6”，完成后按【Ctrl+Enter】组合键计算边际贡献，如图7-6所示。

STEP 6 分别选择D6和D7单元格，输入公式“=D3*B4+B3”和“=D4-D6”，完成后按【Ctrl+Enter】组合键计算总成本和利润，如图7-7所示。

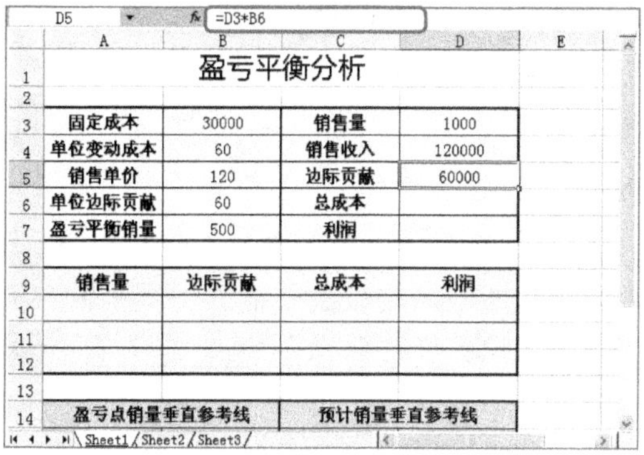

图7-6 计算边际贡献

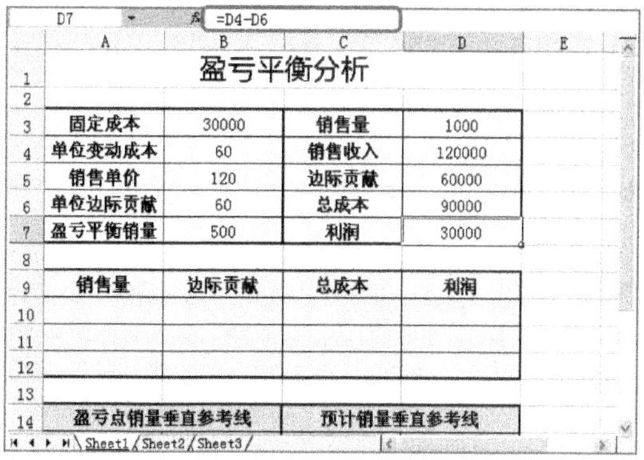

图7-7 计算总成本和利润

2. 利用模拟运算表计算数据

下面首先在相应的单元格中输入计算边际贡献、总成本、利润的公式，然后确定销量的最大值和最小值，完成后利用模拟运算表计算数据。其具体操作如下。

STEP 1 选择B10单元格，输入公式“=A10*B6”，完成后按【Ctrl+Enter】组合键计算与A10单元格销量相关的边际贡献，如图7-8所示。

STEP 2 选择C10单元格，输入公式“=A10*B4+B3”，完成后按【Ctrl+Enter】组合键计算与A10单元格销量相关的总成本，如图7-9所示。

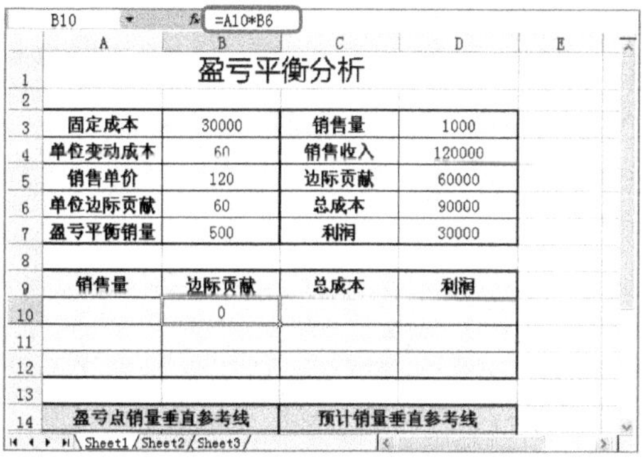

图7-8 根据销量计算边际贡献

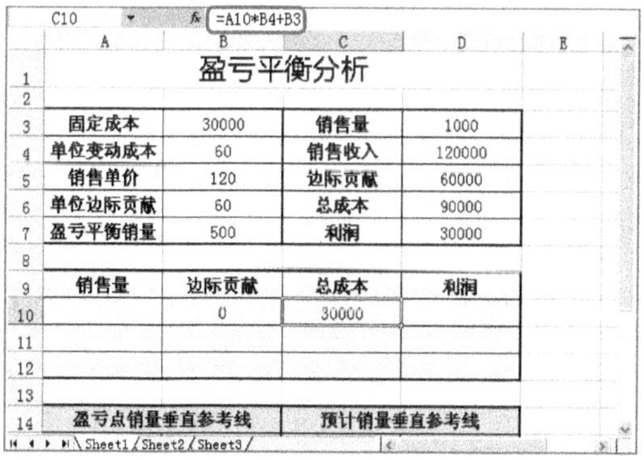

图7-9 计算总成本

STEP 3 选择D10单元格，输入公式“=A10*B5-C10”，完成后按【Ctrl+Enter】组合键计算与A10单元格销量相关的利润，如图7-10所示。

STEP 4 假设企业的最小和最大销量为“0”和“3000”，然后在A10、A11、A12单元格中分别输入销售量的当前值“1000”、最小值“0”、最大值“3000”，然后选择A10:D12单元格区域，再选择【数据】/【模拟运算表】菜单命令，如图7-11所示。

D10 | =A10*B5-C10

	A	B	C	D
1	盈亏平衡分析			
2				
3	固定成本	30000	销售量	1000
4	单位变动成本	60	销售收入	120000
5	销售单价	120	边际贡献	60000
6	单位边际贡献	60	总成本	90000
7	盈亏平衡销量	500	利润	30000
8				
9	销售量	边际贡献	总成本	利润
10		0	30000	-30000
11				
12				
13				
14	盈亏点销量垂直参考线		预计销量垂直参考线	

图7-10 计算利润

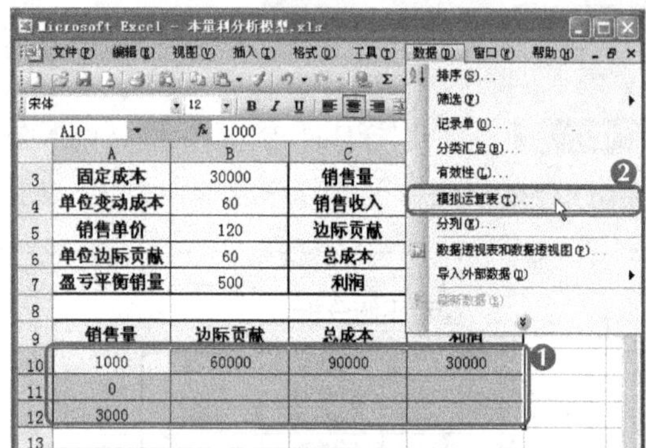

	A	B	C	D
3	固定成本	30000	销售量	
4	单位变动成本	60	销售收入	
5	销售单价	120	边际贡献	
6	单位边际贡献	60	总成本	
7	盈亏平衡销量	500	利润	
8				
9	销售量	边际贡献	总成本	利润
10	1000	60000	90000	30000
11	0			
12	3000			

图7-11 输入销售量并选择模拟运算表菜单命令

STEP 5 在打开的“模拟运算表”对话框中将文本插入点定位到“输入引用列的单元格”文本框中，收缩对话框，在工作表中选择A10单元格，完成后单击确定按钮，如图7-12所示，系统自动计算出最小销售量和最大销售量的边际贡献、总成本、利润值，如图7-13所示。

	A	B	C	D
4	单位变动成本	60	销售收入	120000
5	销售单价	120	边际贡献	60000
6	单位边际贡献	60	总成本	90000
7	盈亏平衡销量	500	利润	30000
8				
9	销售量	边际贡献	总成本	利润
10	1000	60000	90000	30000
11	0			
12	3000			
13				
14	盈亏点销量垂直参考线			

模拟运算表
输入引用行的单元格(R):
输入引用列的单元格(C): $A$10
确定 取消

图7-12 输入引用列的单元格

	A	B	C	D
1	盈亏平衡分析			
2				
3	固定成本	30000	销售量	1000
4	单位变动成本	60	销售收入	120000
5	销售单价	120	边际贡献	60000
6	单位边际贡献	60	总成本	90000
7	盈亏平衡销量	500	利润	30000
8				
9	销售量	边际贡献	总成本	利润
10	1000	60000	90000	30000
11	0	0	30000	-30000
12	3000	180000	210000	150000
13				
14	盈亏点销量垂直参考线		预计销量垂直参考线	

图7-13 通过模拟运算表计算出相关数据

STEP 6 选择A15:A19单元格区域，在编辑栏中输入公式“{=B7}”，完成后按【Ctrl+Shift+Enter】组合键使用数组公式引用盈亏点销量值，如图7-14所示。

STEP 7 在B15、B18、B19单元格中分别输入*Y*值的最大值、零值、最小值，然后分别选择B16和B17单元格，输入公式“=D5”和“＝D7”，完成后按【Ctrl+Enter】组合键，如图7-15所示。

A15 | {=B7}

	A	B	C	D
6	单位边际贡献	60	总成本	90000
7	盈亏平衡销量	500	利润	30000
8				
9	销售量	边际贡献	总成本	利润
10	1000	60000	90000	30000
11	0	0	30000	-30000
12	3000	180000	210000	150000
13				
14	盈亏点销量垂直参考线		预计销量垂直参考线	
15	500			
16	500			
17	500			
18	500			
19	500			
20				

图7-14 引用盈亏点销量值

B17 | =D7

	A	B	C	D
6	单位边际贡献	60	总成本	90000
7	盈亏平衡销量	500	利润	30000
8				
9	销售量	边际贡献	总成本	利润
10	1000	60000	90000	30000
11	0	0	30000	-30000
12	3000	180000	210000	150000
13				
14	盈亏点销量垂直参考线		预计销量垂直参考线	
15	500	300000		
16	500	60000		
17	500	30000		
18	500	0		
19	500	-100000		
20				

图7-15 输入并引用盈亏点销量垂直参考线的相应值

STEP 8 在C15:C19单元格区域中引用销售量数据，即D3单元格中的数据，如图7-16所示。在D15和D19单元格中分别输入*Y*值的最大值和最小值，然后分别在D16、D17、D18单元格中引用总成本、边际贡献、利润值，即D6、D5、D7单元格中的数据，如图7-17所示。

C15 {=D3}

	A	B	C	D
6	单位边际贡献	60	总成本	90000
7	盈亏平衡销量	500	利润	30000
8				
9	销售量	边际贡献	总成本	利润
10	1000	60000	90000	30000
11	0	0	30000	-30000
12	3000	180000	210000	150000
13				
14	盈亏点销量垂直参考线		预计销量垂直参考线	
15	500	300000	1000	
16	500	60000	1000	
17	500	30000	1000	
18	500	0	1000	
19	500	-100000	1000	

图7-16 引用预计销量值

D18 =D7

	A	B	C	D
6	单位边际贡献	60	总成本	90000
7	盈亏平衡销量	500	利润	30000
8				
9	销售量	边际贡献	总成本	利润
10	1000	60000	90000	30000
11	0	0	30000	-30000
12	3000	180000	210000	150000
13				
14	盈亏点销量垂直参考线		预计销量垂直参考线	
15	500	300000	1000	300000
16	500	60000	1000	90000
17	500	30000	1000	60000
18	500	0	1000	30000
19	500	-100000	1000	-100000

图7-17 输入并引用预计销量垂直参考线的相应值

知识提示

关于"盈亏点销量垂直参考线"和"预计销量垂直参考线"的相应值，如果把A15:A19和C15:C19单元格区域的值放在图表上的*X*轴，那么B15:B19和D15:D19单元格区域的值则放在图表上的*Y*轴，由于*X*值相同，因此*Y*轴上的值实际上是垂直于*X*轴方向上的一条直线上的4个点，这里假设*Y*值的最大值为"300 000"，最小值为"-100 000"。

3．创建并编辑XY散点图

下面根据公司的销售量、总成本、利润等数据，创建并编辑"XY散点图"实现本量利分析，其具体操作如下。

STEP 1 在工作表中选择A9:D9和A11:D12单元格区域，然后选择【插入】/【图表】菜单命令，如图7-18所示。

STEP 2 在打开的"图表向导-4步骤之 1-图表类型"对话框的"标准类型"选项卡的"图表类型"列表框中选择"XY 散点图"选项，然后在"子图表类型"列表框中选择"无数据点折线散点图"子图表类型，完成后单击[下一步(N) >]按钮，如图7-19所示。

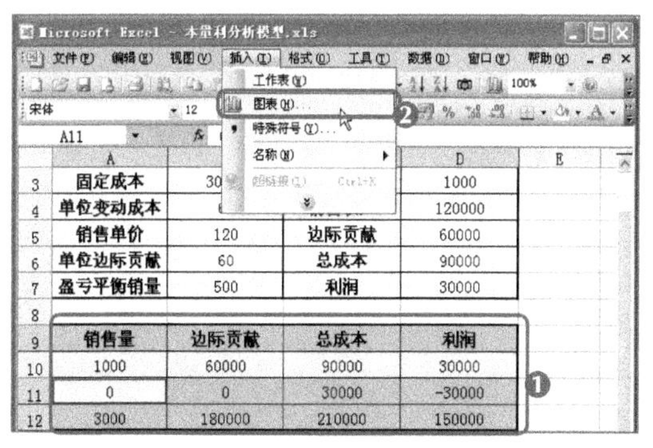

图7-18 选择"图表"菜单命令

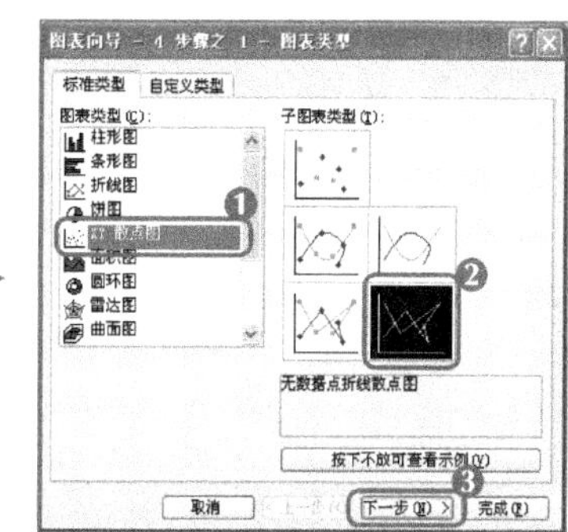

图7-19 选择图表类型

STEP 3 在打开的“图表向导-4步骤之 2-图表源数据”对话框的“系列产生在”栏中单击选中“列”单选项，然后单击下一步(N) >按钮，如图7-20所示。

STEP 4 在打开的“图表向导-4步骤之 3-图表选项”对话框的“标题”选项卡的“图表标题”文本框中输入“盈亏平衡分析模型”文本，然后单击完成(F)按钮，如图7-21所示。

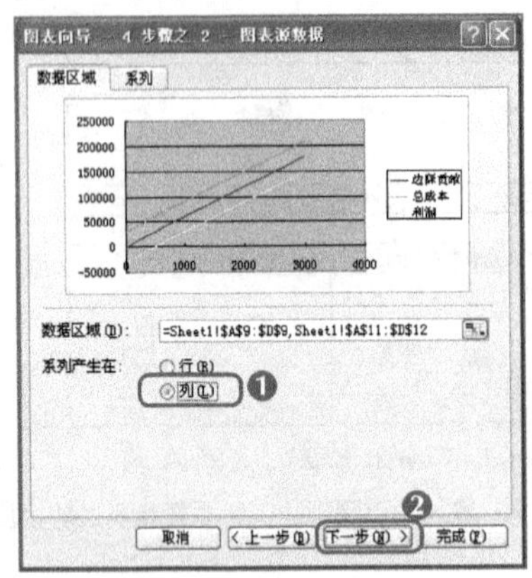

图7-20 设置图表的数据系列

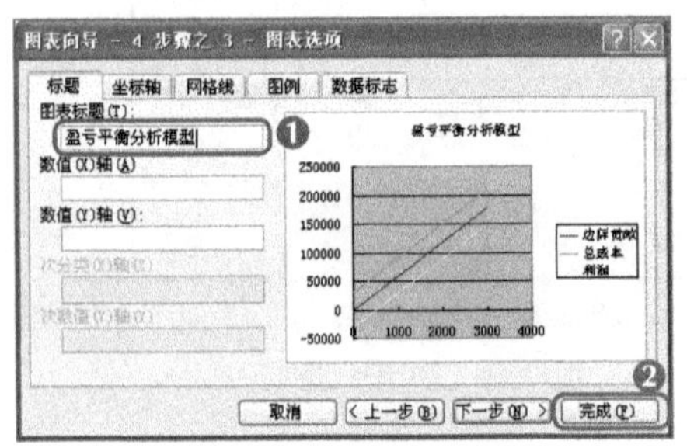

图7-21 设置图表标题

STEP 5 将创建的图表移动到空白位置，并调整图表大小，然后双击图表区。在打开的“图表区格式”对话框的“图案”选项卡的“边框”栏的“粗细”下拉列表中选择第3种线条粗细，在“区域”栏中选择“浅黄色”选项设置其图案的填充颜色，如图7-22所示。

STEP 6 单击“字体”选项卡，在“字号”下拉列表中选择“12”选项设置图表区字体大小，然后撤销选中“自动缩放”复选框，完成后单击确定按钮，如图7-23所示。

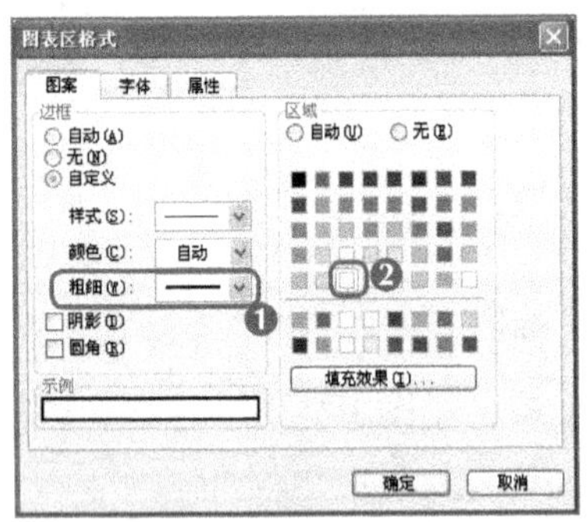

图7-22 设置图表区图案

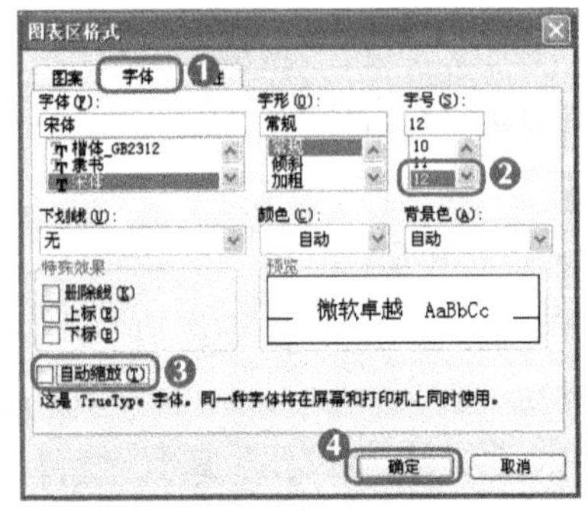

图7-23 设置图表区字体格式

STEP 7 双击*X*坐标轴，在打开的“坐标轴格式”对话框中单击“刻度”选项卡，在“最小值”文本框中输入“0”，在“最大值”文本框中输入“3000”，完成后单击确定按钮，如图7-24所示。

STEP 8 双击坐标轴，在打开的“坐标轴格式”对话框中单击“刻度”选项卡，在“最小值”文本框中输入“-100 000”，在“最大值”文本框中输入“300 000”，完成后单击确定按钮，如图7-25所示。

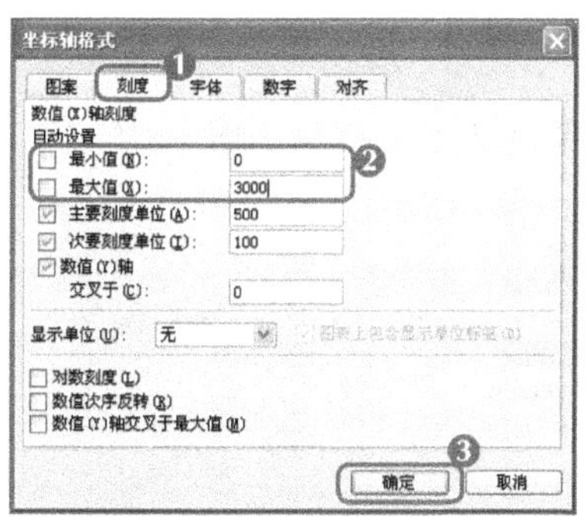

图7-24　设置X坐标轴刻度

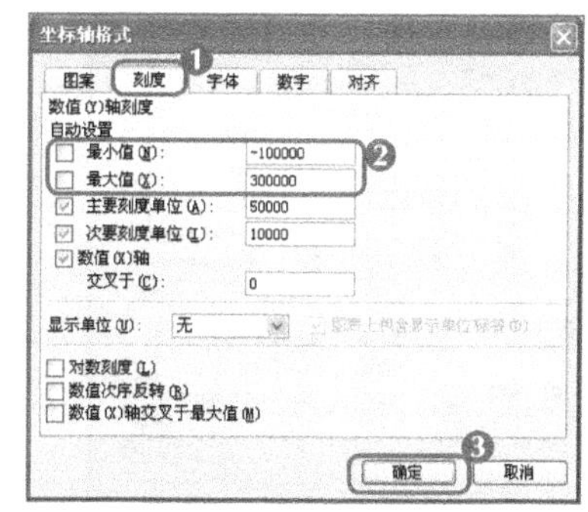

图7-25　设置Y坐标轴刻度

STEP 9 在绘图区上单击鼠标右键，在弹出的快捷菜单中选择“源数据”命令，如图7-26所示。

STEP 10 在打开的“源数据”对话框中单击“系列”选项卡，然后单击添加(A)按钮，在右侧的“名称”文本框中输入“盈亏点销量垂直参考线”，然后将文本插入点定位到“X值”文本框中，收缩对话框后在工作表中选择A15:A19单元格区域，再将文本插入点定位到“Y值”文本框中，收缩对话框后在工作表中选择B15:B19单元格区域，如图7-27所示。

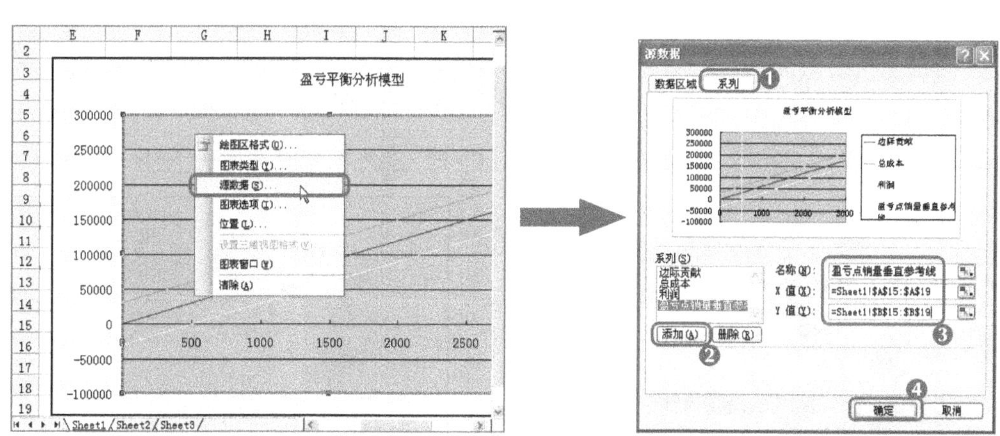

图7-26　选择“源数据”命令　　　　图7-27　添加并设置数据系列

STEP 11 单击添加(A)按钮，在右侧的“名称”文本框中输入“预计销量垂直参考线”，然后将文本插入点定位到“X值”文本框中，收缩对话框后在工作表中选择C15:C19单元格区域，再将文本插入点定位到“Y值”文本框中，收缩对话框后在工作表中选择D15:D19单元格区域，完成后单击确定按钮，如图7-28所示。

STEP 12 双击添加的“盈亏点销量垂直参考线”数据系列，在打开的“数据系列格式”对话框的“图案”选项卡的“线形”栏的“样式”下拉列表中选择第3个样式的虚线，在“颜色”下拉列表中选择“红色”选项。

STEP 13 在右侧的“前景色”下拉列表中选择“紫罗兰”选项，在“背景色”下拉列表中选择“白色”选项，并在“大小”数值框中输入“5”，完成后单击确定按钮，如图7-29所示。

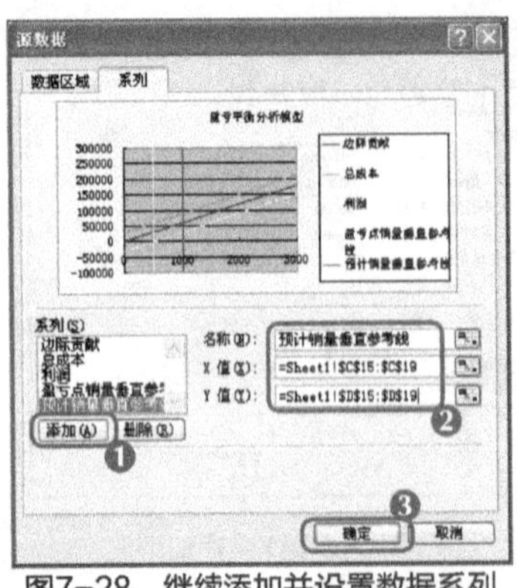

图7-28 继续添加并设置数据系列

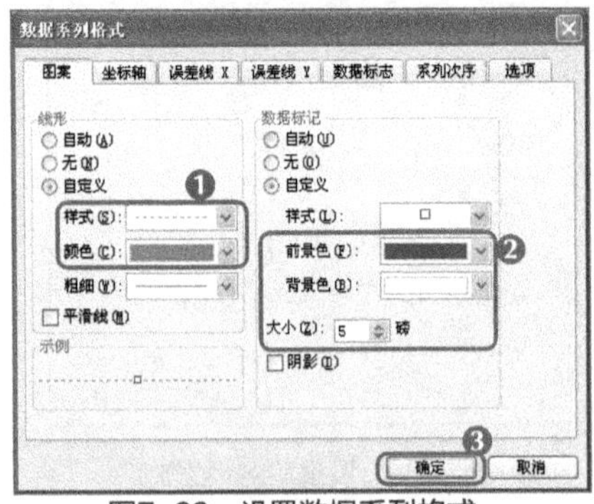

图7-29 设置数据系列格式

STEP 14 双击添加的“预计销量垂直参考线”数据系列，在打开的“数据系列格式”对话框的“图案”选项卡的“线形”栏的“样式”下拉列表中选择第3个样式的虚线，在“颜色”下拉列表中选择“深蓝”选项。

STEP 15 在右侧的“前景色”下拉列表中选择“紫罗兰”选项，在“背景色”下拉列表中选择“白色”选项，并在“大小”数值框中输入“5”，完成后单击确定按钮，如图7-30所示。

STEP 16 在“盈亏点销量垂直参考线”数据系列的最上方两次单击并选择数据点，然后在其上单击鼠标右键，在弹出的快捷菜单中选择“数据点格式”命令，如图7-31所示。

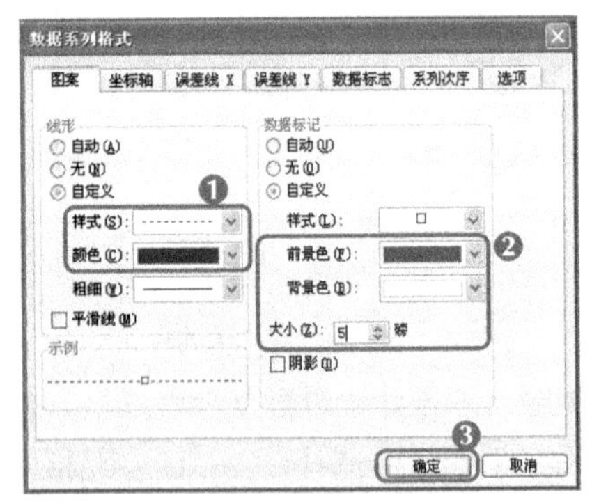

图7-30 继续设置数据系列格式

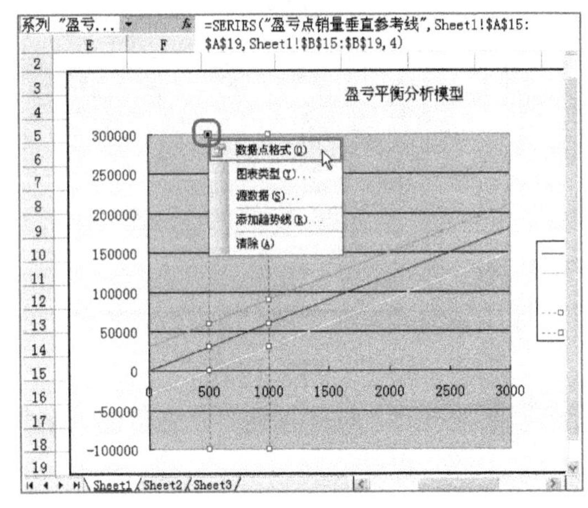

图7-31 选择数据点

STEP 17 在打开的“数据点格式”对话框的“图案”选项卡的“数据标记”栏中单击选中“无”单选项，然后单击确定按钮，如图7-32所示。用相同的方法分别清除“盈亏点销量垂直参考线”和“预计销量垂直参考线”数据系列的最上方和最下方的数据点。

STEP 18 选择“盈亏点销量垂直参考线”数据系列，再单击并选择该数据系列与总成本、利润、边际贡献交叉的数据点，在其上单击鼠标右键，在弹出的快捷菜单中选择“数据点格式”命令。

STEP 19 在打开的“数据点格式”对话框中单击“数据标志”选项卡，在其中单击选中

"Y值"复选框，完成后单击[确定]按钮，如图7-33所示。

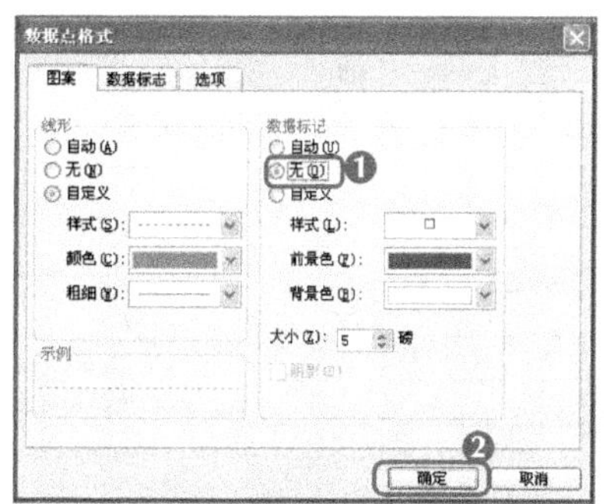
图7-32　设置数据点数据标记为"无"

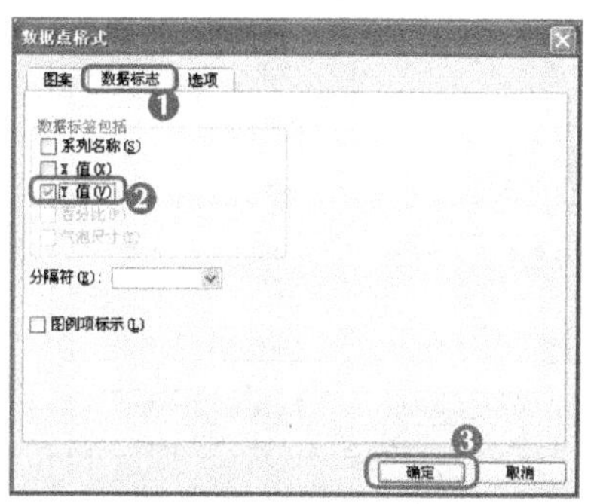
图7-33　设置数据点数据标签为"Y值"

STEP 20　用相同的方法分别在"盈亏点销量垂直参考线"和"预计销量垂直参考线"数据系列的中间交叉数据点上设置其数据标签包括Y值，到此完成静态本量利分析模型的制作，其效果如图7-34所示。

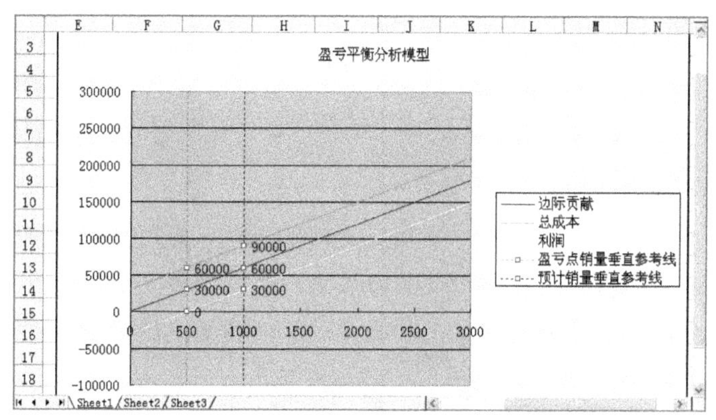

图7-34　查看静态本量利分析模型的效果

任务二　建立"动态的本量利分析模型"

在静态的本量利分析模型上若需查看数据的变化关系，需要修改表格上相应的数值，如销售单价、销售量、固定成本等。若需在图表上直接变动价格和变动销量来实现动态的盈亏分析，则需建立"动态的本量利分析模型"。

一、任务目标

为了实现在图表上直接变动价格和变动销量进行动态的盈亏分析，小白决定在"静态的本量利分析模型"的基础上建立"动态的本量利分析模型"。要完成该任务，首先添加微调项窗体控件控制数据的变化，然后添加矩形框说明数值之间的变化影响，完成后组合对象并调整微调项窗体控件查看数据的变动情况。本例完成后的最终效果如图7-35所示。

素材所在位置　光盘:\素材文件\项目七\静态的本量利分析模型.xls
效果所在位置　光盘:\效果文件\项目七\动态的本量利分析模型.xls

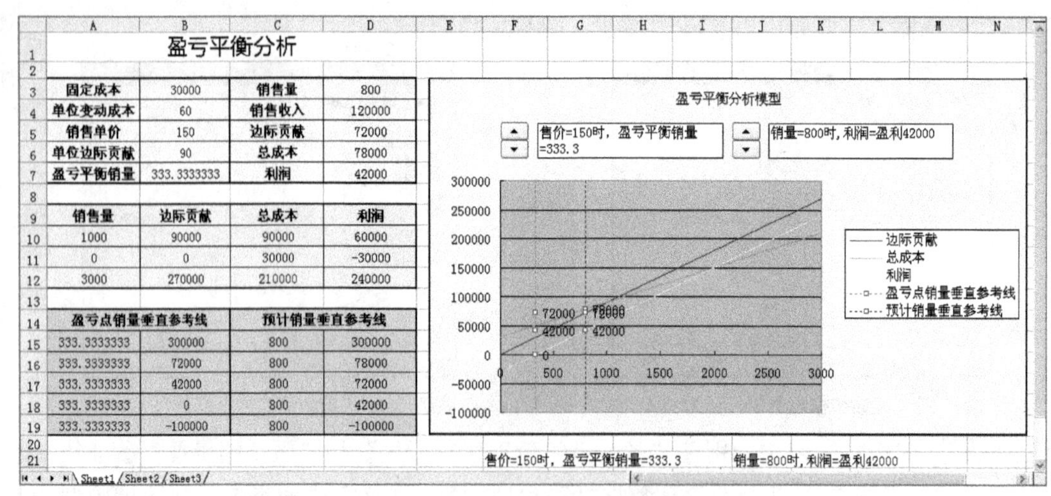

图7-35 “动态的本量利分析模型”最终效果

二、 相关知识

要建立“动态的本量利分析模型”，除了需要添加微调项窗体控件外，还需要添加矩形框说明其数值变化情况。下面先了解微调项窗体控件和矩形框在本例中的作用和使用方法。

1. 认识微调项窗体控件

在Excel中可以通过微调项窗体控件实现单元格的微调，即每次将单元格的数值进行递增或递减一定的步进。添加微调项窗体控件的方法为：选择【视图】/【工具栏】/【窗体】菜单命令，在打开的“窗体”工具栏中单击“微调项”按钮，在工作表的相应位置绘制微调项，完成后再设置控件属性。

在本例中将设置微调项窗体控件的如下属性。

- **当前值**：指控件当前的赋值，随着控件的变化而变化，不是固定的值。
- **最小值**：指控件的最小值，如一年中月份的变化最小值可设为1。
- **最大值**：指控件的最大值，如一年中月份的变化最大值可设为12。
- **步长**：指每次单击按钮值的增加或减少的幅度，如月份的变化步长可设为1。
- **单元格链接**：决定控件在表格中的赋值对象，即链接到某个单元格后，单击控件时该单元格数值将随之发生变化。

2. 认识矩形框

矩形框是Excel“绘图”工具栏中的一个工具，单击该按钮可在工作表中插入矩形或正方形，通过对矩形框的设置增强图形的视觉效果。

在本例中将利用矩形框说明数值的变化情况，因此可将矩形框链接到单元格，即为矩形框指定一个数值，当指定的数值（单元格数值）发生改变时，矩形框中的数值将随单元格的数值变化而变化。

三、任务实施

1．添加微调项窗体控件

下面打开“静态的本量利分析模型”工作簿，在其中的“XY散点图”图表上添加微调项窗体，控制售价和销售量，从而分析数据变化对图表的影响。其具体操作如下。

STEP 1 打开“静态的本量利分析模型”工作簿，将其以“动态的本量利分析模型”为名进行另存，然后选择【视图】/【工具栏】/【窗体】菜单命令，如图7-36所示。

STEP 2 在打开的“窗体”工具栏中单击“微调项”按钮，在图表上方按住鼠标左键不放，向下拖动鼠标指针至合适的位置释放鼠标，绘制出所需的微调项，如图7-37所示。

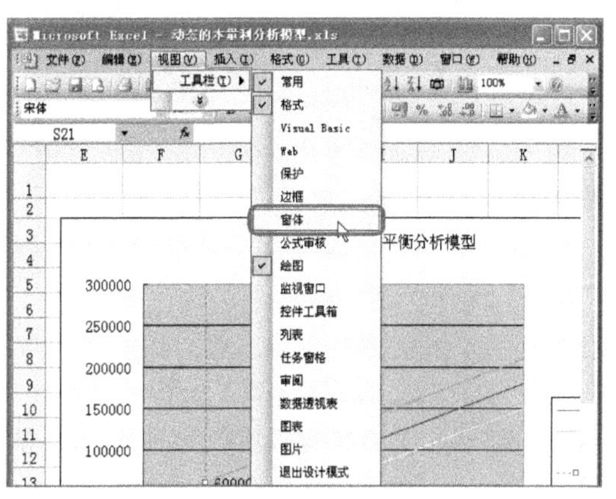

图7-36 选择“窗体”菜单命令

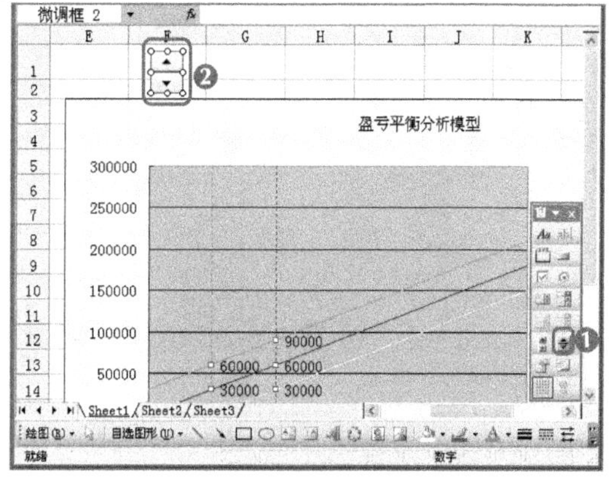

图7-37 绘制微调项

STEP 3 在绘制的微调项窗体控件上单击鼠标右键，在弹出的快捷菜单中选择“设置控件格式”命令，如图7-38所示。

STEP 4 在打开的“设置控件格式”对话框中单击“控制”选项卡，在“当前值”文本框中输入数据“120”，在“最小值”数值框中输入数据“70”，在“最大值”数值框中输入数据“200”，在“步长”数值框中输入数据“10”，然后再将文本插入点定位到“单元格链接”文本框中，收缩对话框后在工作表中选择B5单元格，如图7-39所示，完成后单击 确定 按钮。

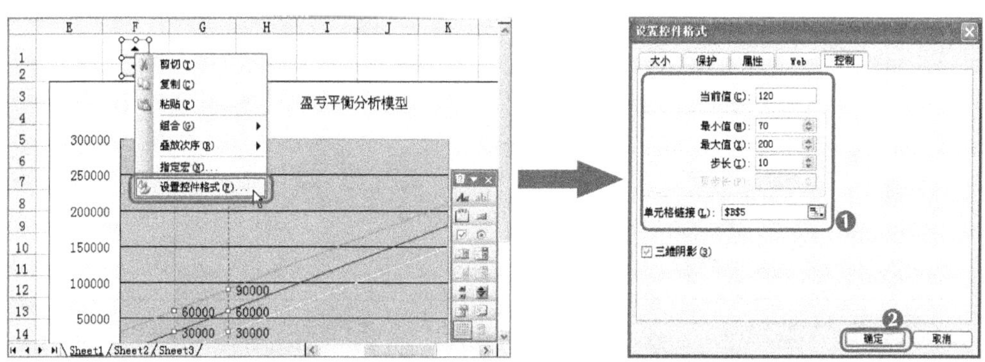

图7-38 选择“设置控件格式”命令

图7-39 设置控件格式

STEP 5 选择绘制的微调项窗体控件，按【Ctrl+Shift】组合键，同时按住鼠标左键水平向右拖动到合适的位置释放鼠标，水平方向上复制微调项窗体控件，然后在其上单击鼠标右键，在弹出的快捷菜单中选择“设置控件格式”命令，如图7-40所示。

STEP 6 在打开的“设置控件格式”对话框中单击“控制”选项卡，在“最小值”数值框中输入数据“0”，在“最大值”数值框中输入数据“3000”，在“步长”数值框中输入数据“100”，然后再将文本插入点定位到“单元格链接”文本框中，收缩对话框后在工作表中选择D3单元格，如图7-41所示，完成后单击 确定 按钮，返回工作表中，在“窗体”工具栏的右上角单击×按钮，关闭该工具栏。

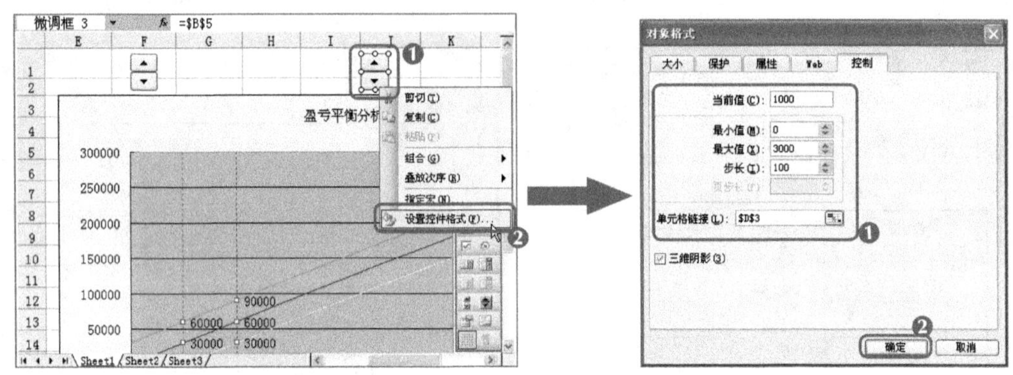

图7-40 复制微调项窗体控件　　图7-41 为复制的微调项窗体控件设置控件格式

2．添加并设置矩形框

为了增强盈亏平衡线辅助数据和两个微调项窗体控件的视觉效果，下面将在盈亏平衡线辅助数据和两个微调项窗体控件外侧添加矩形框，其具体操作如下。

STEP 1 选择F21单元格，输入公式“="售价="&B5&"时，盈亏平衡销量="&ROUND(B7,1)”，然后按【Ctrl+Enter】组合键，如图7-42所示。

STEP 2 选择J21单元格，输入公式“="销量="&D3&"时,利润="&(IF(D7>0,"盈利"&D7,IF(D7=0,0&"(保本)","亏损"&-D7)))”，然后按【Ctrl+Enter】组合键，如图7-43所示。

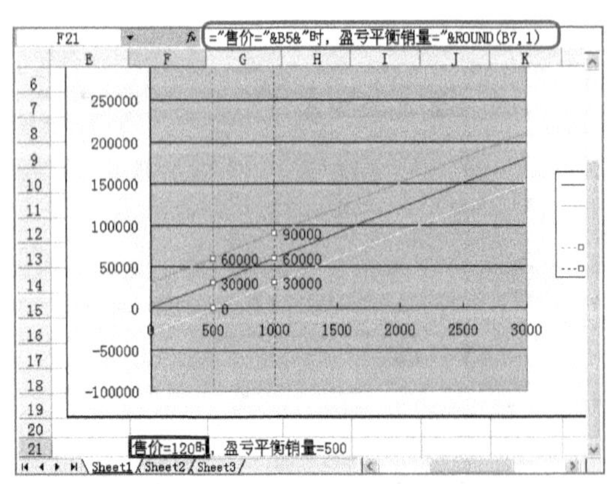

图7-42 利用公式显示售价和盈亏平衡销量的关系

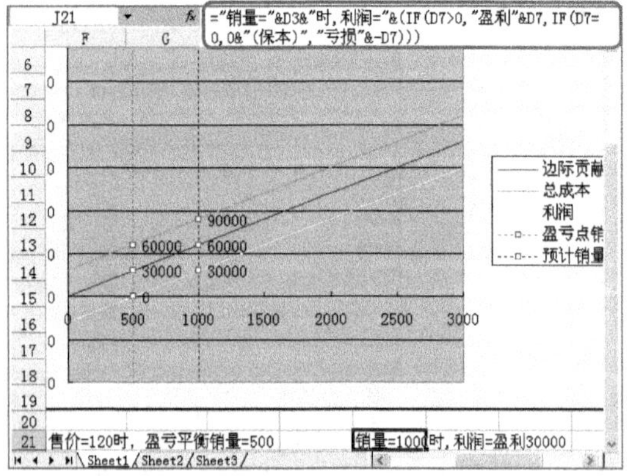

图7-43 利用公式显示销量和利润的关系

STEP 3 在"绘图"工具栏上单击"矩形框"按钮□，在图表上方左侧的微调项窗体控件后绘制一个条形矩形框，然后在编辑栏中输入"=F21"，完成后按【Ctrl+Enter】组合键矩形框中将显示F21单元格中的数据，如图7-44所示。

STEP 4 用相同的方法在图表上方右侧的微调项窗体控件后绘制一个条形矩形框，然后在编辑栏中输入"=J21"，完成后按【Ctrl+Enter】组合键矩形框中将显示J21单元格中的数据，如图7-45所示。

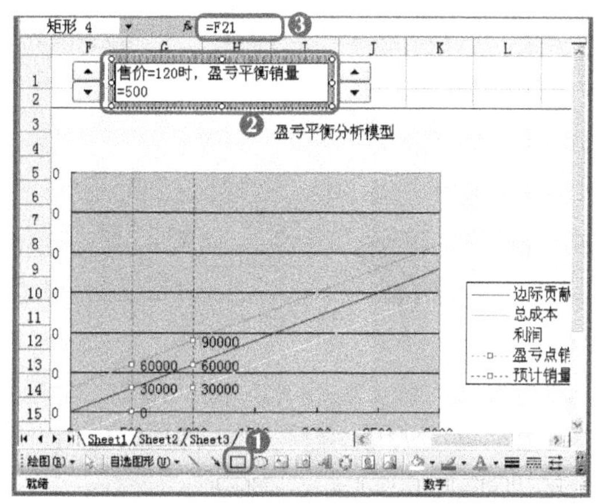

图7-44 绘制矩形框并链接到单元格

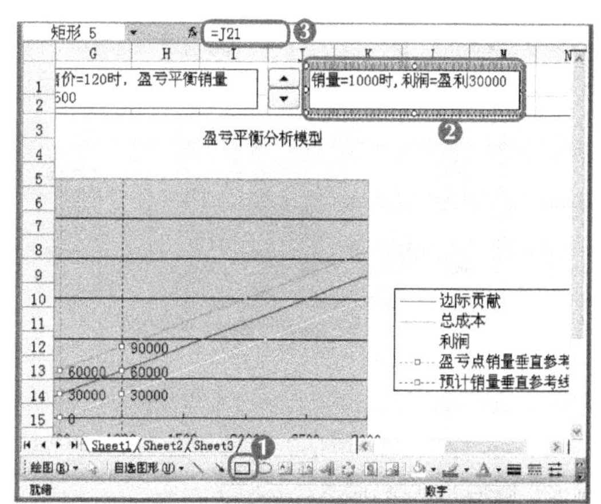

图7-45 继续绘制矩形框并链接到单元格

3．组合对象并调整微调项分析数据

为了使调整微调项后表格效果更直观，下面将组合添加的微调项窗体控件和矩形框，并调整其位置，然后再调整微调项查看表格数据和图表的变化情况。其具体操作如下。

STEP 1 选择绘图区，将鼠标指针移至最上方中间的控制点上，按住鼠标左键不放，向下拖动到合适的位置释放鼠标，如图7-46所示。

STEP 2 在"绘图"工具栏上单击"选择对象"按钮，按【Ctrl】键的同时，在工作表中选择添加的微调项窗体控件和矩形框，然后在其上单击鼠标右键，在弹出的快捷菜单中选择【组合】/【组合】菜单命令，如图7-47所示。

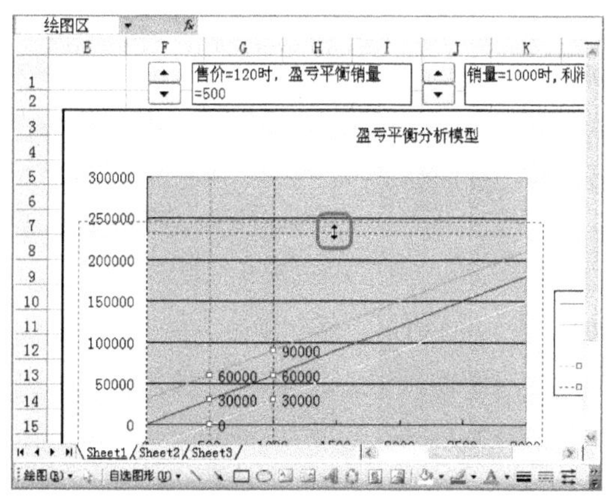

图7-46 调整绘图区大小

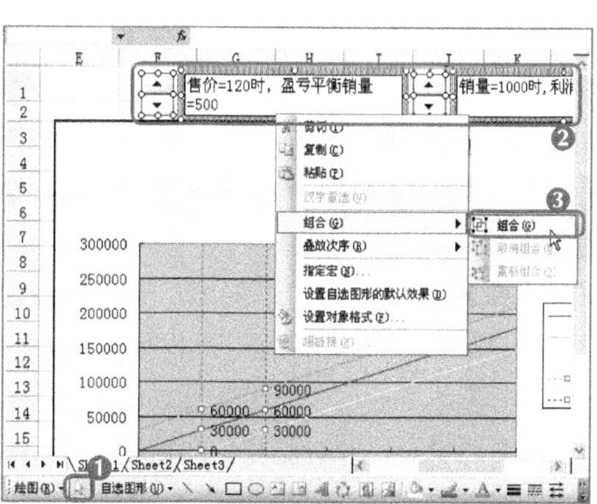

图7-47 选择组合菜单命令

STEP 3 选择组合后的对象，将其移动到图表标题下方，然后在“绘图”工具栏上单击“选择对象”按钮，取消选择对象状态，如图7-48所示。

STEP 4 选择工作表中的任意单元格，然后将鼠标指针移动到图表左侧的微调项窗体控件上，单击▲按钮或▼按钮，可提高或降低产品售价，同时盈亏平衡销量和其他相关数据也会随产品售价的改变而改变，如图7-49所示。

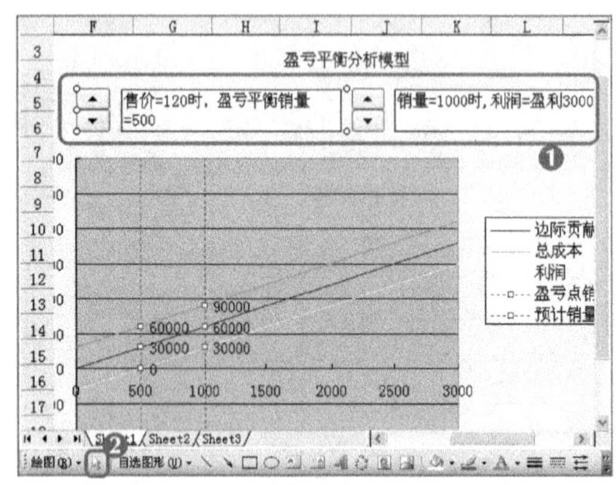

图7-48 调整组合对象位置

图7-49 调整售价对盈亏平衡销量的变动影响

STEP 5 将鼠标指针移动到图表右侧的微调项窗体控件上，单击▲按钮或▼按钮，可提高或降低销量，同时产品的利润和其他相关数据也会随销量的改变而改变，如图7-50所示。

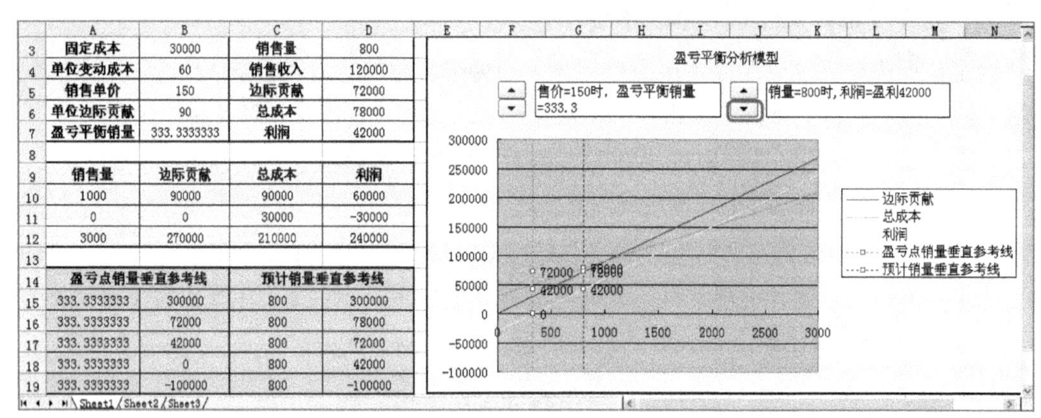

固定成本	30000	销售量	800
单位变动成本	60	销售收入	120000
销售单价	150	边际贡献	72000
单位边际贡献	90	总成本	78000
盈亏平衡销量	333.3333333	利润	42000

销售量	边际贡献	总成本	利润
1000	90000	90000	60000
0	0	30000	-30000
3000	270000	210000	240000

盈亏点销量垂直参考线		预计销量垂直参考线	
333.3333333	300000	800	300000
333.3333333	72000	800	78000
333.3333333	42000	800	72000
333.3333333	0	800	42000
333.3333333	-100000	800	-100000

图7-50 调整销量对利润的变动影响

实训一 分析“单因素下的盈亏平衡销量”

【实训目标】

假设新产品的固定成本为840 000元，单位变动成本为450元，单位售价为660元，现需小白根据固定成本、产品单价、变动成本计算产品的盈亏平衡销量，并制作一张“单因素下的盈亏平衡销量”，分析盈亏平衡销量与单位售价之间的关系。

要完成本实训，首先要创建“单因素下的盈亏平衡销量”工作簿，在其中输入并计算数据，然后利用模拟运算表计算盈亏平衡销量，完成后创建并编辑“XY散点图”分析数据，并添加组合框窗体控件查看数据的变化情况。本实训完成后的最终效果如图7-51所示。

效果所在位置 **光盘:\效果文件\项目七\单因素下的盈亏平衡销量.xls**

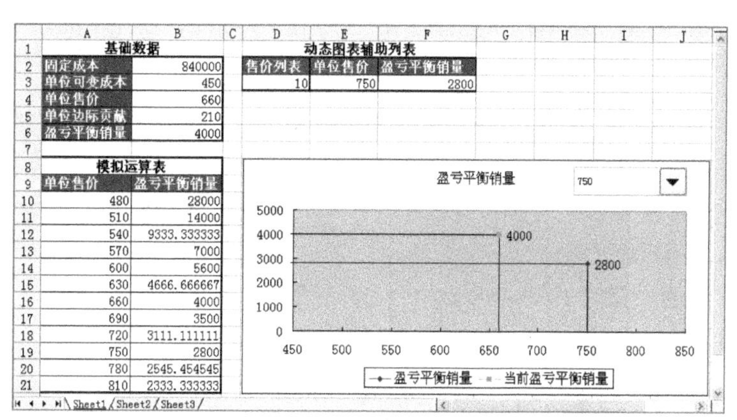

图7-51 “单因素下的盈亏平衡销量”最终效果

【专业背景】

由于影响盈亏平衡分析的因素有多种，如成本、销售量、单位售价、项目寿命期等，在本例中将只考虑产品单位售价因素对盈亏平衡销量的影响，即分析单因素下的盈亏平衡销量，测试新产品的单位售价一个变量对运算结果的影响。

【实训思路】

完成本实训首先应在创建的“单因素下的盈亏平衡销量”工作簿中输入并计算数据，然后利用模拟运算表计算盈亏平衡销量，完成后创建并编辑“XY散点图”，并添加下拉列表框窗体控件查看不同的单位售价对运算结果的影响。其操作思路如图7-52所示。

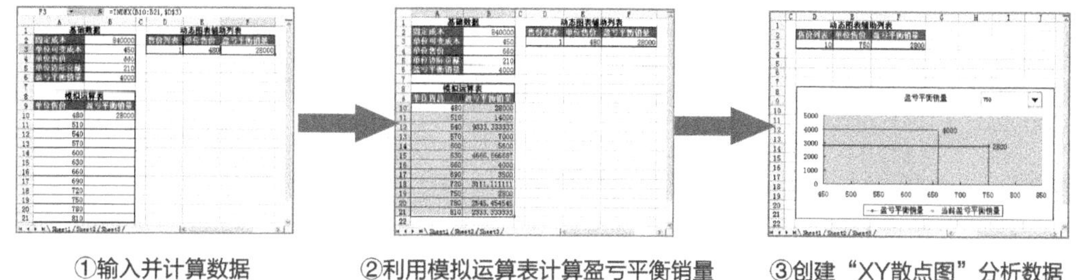

①输入并计算数据 ②利用模拟运算表计算盈亏平衡销量 ③创建“XY散点图”分析数据

图7-52 制作“单因素下的盈亏平衡销量”的思路

【步骤提示】

STEP 1 将新建的工作簿以“单因素下的盈亏平衡销量”为名进行保存，在其中输入相应的项目数据，并设置单元格格式，然后分别在B5单元格中输入公式“=B4-B3”，在B6单元格中输入公式“=B2/B5”，在B10单元格中输入公式“=B2/(A10-B3)”，在E3单元格中输入公式“=INDEX(A10:A21,$D$3)”，在F3单元格中输入公式“=INDEX(B10:B21,$D$3)”，完成后按【Ctrl+Enter】组合键。

STEP 2 选择A10:B21单元格区域，再选择【数据】/【模拟运算表】菜单命令，在打开的“模拟运算表”对话框中设置“输入引用列的单元格”为A10单元格，然后单击[确定]按钮，系统自动计算出单位售价对应的盈亏平衡销量。

STEP 3 选择E2:F3单元格区域，再选择【插入】/【图表】菜单命令，在打开的“图表向导-4步骤之 1-图表类型”对话框中选择“XY 散点图”选项，在“子图表类型”列表框中选择“平滑线散点图”子图表类型，单击[下一步(N) >]按钮。

STEP 4 在打开的“图表向导-4步骤之 2-图表源数据”对话框的“系列产生在”栏中单击选中“列”单选项，再单击“系列”选项卡，单击[添加(A)]按钮，在右侧的“名称”文本框中输入“当前盈亏平衡销量”文本，在“X值”文本框中设置B4单元格，在“Y值”文本框中设置B6单元格，单击[下一步(N) >]按钮。

STEP 5 在打开的“图表向导-4步骤之 3-图表选项”对话框的“标题”选项卡的“图表标题”文本框中输入“盈亏平衡销量”文本，然后单击“网络线”选项卡，在“数值轴”栏中撤销选中“主要网络线”复选框，再单击“图例”选项卡，单击选中“底部”单选项，再单击“数据标志”选项卡，单击选中“Y值”复选框，完成后单击[完成(F)]按钮。

STEP 6 将创建的图表移动到空白位置，并调整图表大小，然后双击图表区，设置图表区字体格式为“12”，并撤销选中“自动缩放”复选框，再双击*X*坐标轴，设置X坐标轴“刻度”的“最小值”为“450”，“最大值”为“850”，“主要刻度单位”为“50”。

STEP 7 双击“盈亏平衡销量”数据系列，在打开的“数据系列格式”对话框中单击“误差线X”选项卡，选择“负偏差”选项，然后在“误差量”栏中设置自定义“-”值为E3单元格，然后单击“误差线Y”选项卡，选择“负偏差”选项，然后在“误差量”栏中设置自定义“-”值为F3单元格。用相同的方法为“当前盈亏平衡销量”数据系列设置“误差线X”的“负偏差”值为B4单元格，“误差线Y”的“负偏差”值为B6单元格。

STEP 8 选择【视图】/【工具栏】/【窗体】菜单命令，在打开的“窗体”工具栏中单击“组合框”按钮，在图表右上方绘制出适合的组合框，然后设置控件格式的“数据源区域为”为A10:A21单元格区域，“单元格链接”为D3单元格，“下拉显示项数”为“12”，完成后返回工作表中，关闭“窗体”工具栏，并在创建的下拉列表框中选择相应的选项查看不同的单位售价对运算结果的影响。

实训二　分析“多因素下的盈亏平衡销量”

【实训目标】

假设新产品的固定成本840 000元，单位变动成本450元，单位售价为660元，预计销量为10 000件，现需小白根据固定成本、产品单价、变动成本计算产品的盈亏平衡销量，并制作一张“多因素下的盈亏平衡销量”。

要完成本实训，可在“动态的本量利分析模型”工作簿的基础上修改相应的数据和公式，然后重新设置控件的格式，完成后调整微调项查看表格数据和图表的变化情况。本实训完成后的最终效果如图7-53所示。

素材所在位置　光盘:\素材文件\项目七\动态的本量利分析模型.xls
效果所在位置　光盘:\效果文件\项目七\多因素下的盈亏平衡销量.xls

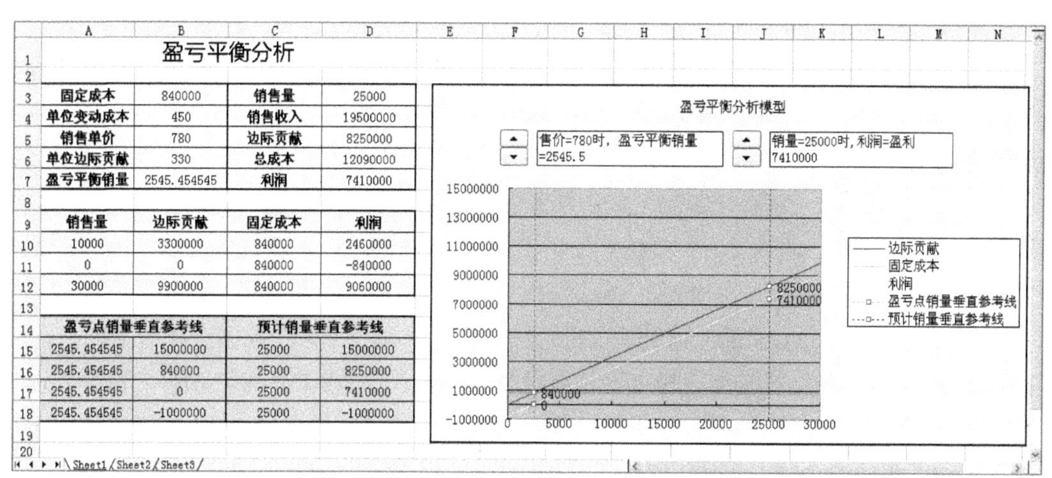

盈亏平衡分析			
固定成本	840000	销售量	25000
单位变动成本	450	销售收入	19500000
销售单价	780	边际贡献	8250000
单位边际贡献	330	总成本	12090000
盈亏平衡销量	2545.454545	利润	7410000

销售量	边际贡献	固定成本	利润
10000	3300000	840000	2460000
0	0	840000	-840000
30000	9900000	840000	9060000

盈亏点销量垂直参考线		预计销量垂直参考线	
2545.454545	15000000	25000	15000000
2545.454545	840000	25000	8250000
2545.454545	0	25000	7410000
2545.454545	-1000000	25000	-1000000

图7-53　“多因素下的盈亏平衡销量”最终效果

【专业背景】

因为影响产品盈亏平衡销量的因素比较复杂，所以仅考虑某个因素对盈亏平衡销量的影响程度，将无法准确预测产品的销量，此时，可分析多因素下的产品盈亏平衡销量。在本例中，将从产品销售量、边际贡献、固定成本和利润4个因素分析盈亏平衡销量。

【实训思路】

完成本实训首先应将“动态的本量利分析模型”工作簿重命名为“多因素下的盈亏平衡销量”，然后在其中修改相应的数据和公式，并重新为微调项窗体控件设置控件格式，完成后调整微调项查看表格数据和图表的变化情况。其操作思路如图7-54所示。

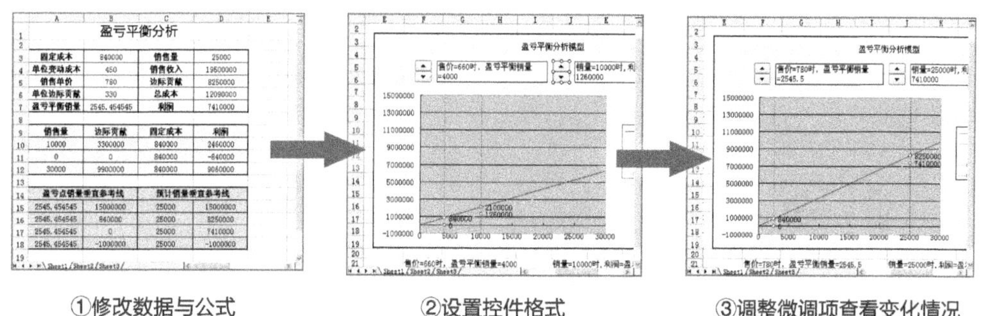

图7-54　制作“多因素下的盈亏平衡销量”的思路

【步骤提示】

STEP 1 打开“动态的本量利分析模型”工作簿，将其以“多因素下的盈亏平衡销量”为名进行另存，在其中修改相应的数据，然后分别在C10单元格中输入公式“=B3”，在D10单元格中输入公式“=A10*(B5−B4)−B3”，完成后按【Ctrl+Enter】组合键。

STEP 2 在A15:A19和C15:C19单元格区域中分别输入“=$B$7”和“=$D$3”，然后删除A16:D16单元格区域，假设在B15和D15单元格中输入Y值的最大值为“15000000”，在B18和D18单元格中输入y值的最小值“−1000000”，完成后在B16单元格中输入公式“=B3”。

STEP 3 双击x坐标轴，设置x坐标轴的刻度“最小值”为“0”，“最大值”为“30000”，“主要刻度单位”为“5000”，然后双击y坐标轴，设置y坐标轴的刻度“最小值”为“−1000000”，“最大值”为“15000000”，“主要刻度单位”为“2000000”。

STEP 4 在“盈亏点销量垂直参考线”数据系列的最下方两次单击并选择数据点，然后在其上单击鼠标右键，在弹出的快捷菜单中选择“数据点格式”命令，在打开的“数据点格式”对话框的“图案”选项卡的“数据标记”栏中单击选中“无”单选项，再单击“数据标志”选项卡，在其中撤销选中“Y值”复选框，完成后清除数据系列最下方的数据点和数据标签。用相同的方法清除“预计销量垂直参考线”数据系列最下方的数据点和数据标签。

STEP 5 在“绘图”工具栏上单击“选择对象”按钮，在图表中选择组合的微调项窗体控件和矩形框，在其上单击鼠标右键，在弹出的快捷菜单中选择【组合】/【取消组合】菜单命令取消对象的组合。

STEP 6 在左侧的微调项窗体控件上单击鼠标右键，在弹出的快捷菜单中选择“设置控件格式”命令，在打开的“设置控件格式”对话框中单击“控制”选项卡，在“当前值”文本框中输入数据“660”，在“最小值”数值框中输入数据“480”，在“最大值”数值框中输入数据“810”，在“步长”数值框中输入数据“30”，完成后单击确定按钮。

STEP 7 在右侧的微调项窗体控件上单击鼠标右键，在弹出的快捷菜单中选择“设置控件格式”命令，在打开的“设置控件格式”对话框中单击“控制”选项卡，在“当前值”文本框中输入数据“10000”，在“最小值”数值框中输入数据“0”，在“最大值”数值框中输入数据“30000”，在“步长”数值框中输入数据“5000”，完成后单击确定按钮。

STEP 8 同时选择微调项窗体控件和矩形框，再次将其组合，然后在“绘图”工具栏上单击“选择对象”按钮撤销选择对象状态，完成后将鼠标指针移动到图表的微调项窗体控件上，单击▲按钮或▼按钮，调整微调项按钮，如提高售价或降低销量后，查看表格和图表上相应数据的变化关系。

常见疑难解析

问：为什么选择图表后，图表上的微调项窗体控件和矩形框对象看不见了？

答：在默认情况下，选择图表后，其上显示的微调项窗体控件和矩形框对象将自动下移一层进行放置，此时可选择图表、微调项窗体控件、矩形框对象，在其上单击鼠标右键，在弹出的快捷菜单中选择【组合】/【组合】命令将其组合，这样选择图表的同时也可看到微调项窗体控件和矩形框对象。但是若需调整微调项窗体控件，则需取消图表的选择状态，即在工作表中选择任意单元格后再进行调整。

问：在图表上添加误差线有什么作用？

答：误差线用来反映基线的偏差范围，用图形形式显示与数据系列中每个数据标志相关的可能误差量。Excel中的误差线分为x轴的和y轴，其显示方式又分为正负偏差、正偏差、负偏差，正偏差是数据点向x轴正方向或y轴正方向引的偏差线，负偏差是数据点向x轴负方向或y轴负方向引的偏差线，正负偏差是数据点向x轴正负方向或y轴正负方向引的偏差线。

问：若需修改模拟运算表的计算结果，该怎么办？

答：在工作表中使用模拟运算表计算数据后，将不能修改模拟运算表的某一部分，此时可选择创建模拟运算表的单元格区域，按【Delete】键删除其中的数据，即删除模拟运算表的所有计算结果，再根据需要进行修改。

拓展知识

1. 单变量求解的使用

"单变量求解"是一组命令的组成部分。当进行单变量求解时，Excel会不断改变特定单元格中的值，直到依赖于此单元格的公式返回所需的结果为止。

根据如图7-55所示提供的数据使用单变量求解计算要达到目标利润"5460000"，其销售量应为多少？首先在工作表中输入进行单变量求解的数据以及公式，这里在B5单元格中输入公式"=B4*(B3-B2)-B1"，然后选择【工具】/【单变量求解】菜单命令，在打开的"单变量求解"对话框的"目标单元格"文本框中输入要求解公式所在单元格的引用，在"目标值"文本框中输入所需的结果，这里输入数据"5460000"，在"可变单元格"文本框中输入要调整的值所在单元格的引用，如图7-56所示，完成后单击确定按钮，在打开的"单变量求解状态"对话框中将显示对目标值求得的解，单击确定按钮，在可变单元格B4中将自动计算出求解结果，如图7-57所示。

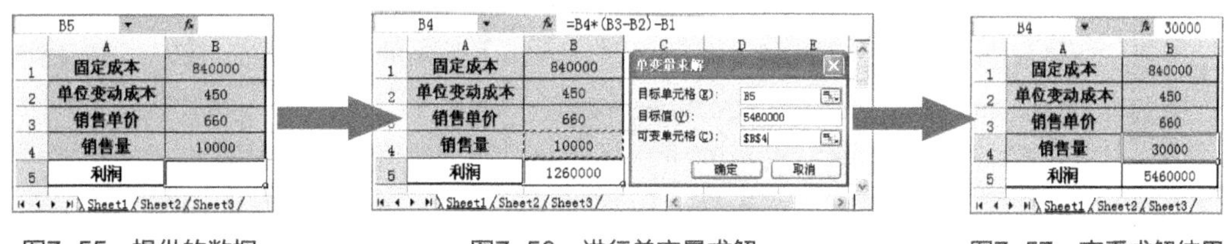

图7-55 提供的数据　　图7-56 进行单变量求解　　图7-57 查看求解结果

知识提示

在"单变量求解"对话框的"目标单元格"文本框中，其引用的单元格地址必须是有数值的单元格，否则将不能进行单变量求解运算。

2．规划求解的使用

单变量求解只能通过改变某一个单元格的数值使公式达到预期的结果。当需要同时改变多个单元格的数值，并且要求同时满足某些给定的条件，以获得目标单元格的预期结果时（即在数学中称为多元一次方程），可以使用Excel提供的“规划求解”工具。通过“规划求解”工具可以对基于可变单元格和条件单元格的假设分析方案进行求解计算。

在默认情况下，Excel工作界面中没有“规划求解”命令，因此要使用“规划求解”工具，首先应选择【工具】/【加载宏】菜单命令，在打开的“加载宏”对话框的“可用加载宏”列表框中单击选中“规划求解”复选框，如图7-58所示，然后单击确定按钮加载“规划求解”工具。稍等片刻后即可在Excel工作界面中选择【工具】/【规划求解】菜单命令，在打开的“规划求解参数”对话框的“设置目标单元格”文本框中输入目标单元格；在“可变单元格”文本框中输入每个可变单元格地址，可以用逗号分隔输入多个单元格地址，如果要让规划求解根据目标单元格自动建议可变单元格，可单击推测(G)按钮，在“约束”列表框后单击添加(A)按钮，设置并添加约束条件，如图7-59所示。完成后单击求解(S)按钮，在打开的“规划求解结果”对话框中单击选中“保存规划求解结果”单选项，在“报告”列表框中选择所有的选项计算结果，如图7-60所示。单击确定按钮即可计算出结果，并自动创建“运算结果报告1”、“敏感性报告1”、“极限值报告1”工作表。

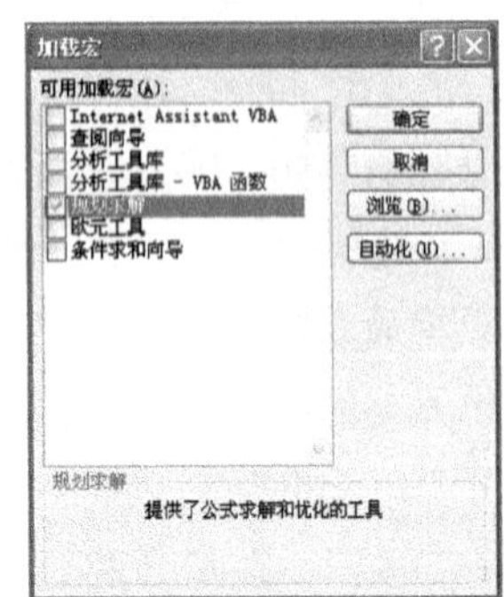

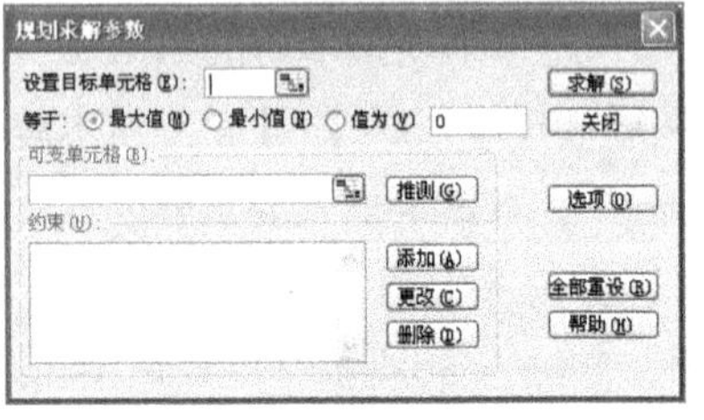

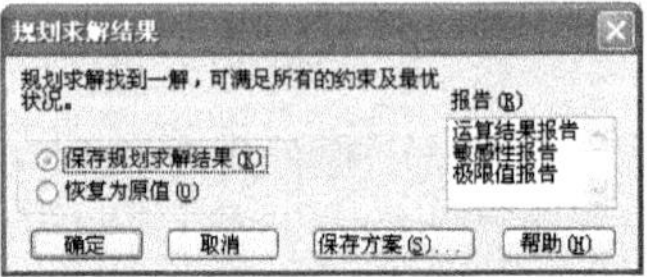

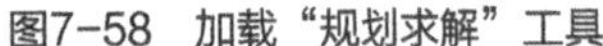

图7-58　加载“规划求解”工具　　图7-59　设置规划求解参数　　图7-60　求解规划求解结果

知识提示

在“加载宏”对话框的“可用加载宏”列表框中列出了分析工具库、分析工具库——VBA函数、规划求解、欧元工具等加载宏项目，其中“Internet Assistant VBA”表示开发者可用Internet Assistant语法，将Excel数据发布到网站上；“查阅向导”表示创建一个公式，通过区域中的已知值在区域中查找数据；“分析工具库”表示添加金融、统计及工程分析工具和函数；“分析数据库-VBA函数”表示允许开发人员用“分析工具库”的语法发布金融、统计及工程分析工具和函数；“欧元工具”表示将数值的格式设置为欧元格式，并提供EUROCONVERT工作表函数用于转换货币；“条件求和向导”表示创建公式，对区域中满足指定条件的数据进行求和计算。

课后练习

素材所在位置 **光盘:\素材文件\项目七\多因素下的盈亏平衡销量.xls**

效果所在位置 **光盘:\效果文件\项目七\新产品的盈亏平衡分析.xls、多品种下的盈亏平衡分析.xls**

（1）制作“新产品的盈亏平衡分析”，其参考效果如图7-61所示。假设新产品的单价为80元，单位变动成本为30元，固定成本为50 000元，预计销售量10 000件，现需进行盈亏平衡分析。相关要求及操作如下。

- 将“多因素下的盈亏平衡销量”工作簿以“新产品的盈亏平衡分析”为名进行另存，在其中修改相应的数据。
- 重新为微调项窗体控件设置控件格式，设置左侧的微调项窗体控件的“当前值”为“80”，“最小值”为“90”，“最大值”为“200”，“步长”为“10”。
- 设置y坐标轴的刻度“最小值”为“-1000000”，“最大值”为“6000000”，“主要刻度单位”为“1000000”。
- 调整微调项查看表格数据和图表的变化情况。

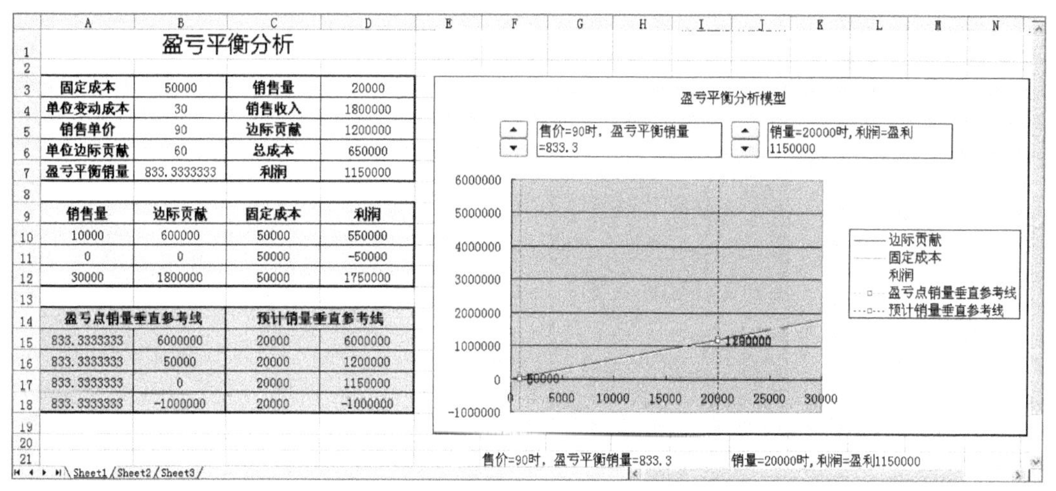

图7-61 “新产品的盈亏平衡分析”最终效果

（2）制作“多品种下的盈亏平衡分析”，其参考效果如图7-62所示。假设某企业销售A、B、C3种产品，全年预计固定成本总额为5 200 000元，预计销售量分别为50 000件、80 000件、100 000件，预计销售单价分别为60元、90元、150元，单位变动成本分别为20元、50元、80元，现需计算该企业的盈亏平衡点。将用到的相关公式如下：

- 销售收入＝销售量×销售单价
- 边际贡献＝销售量×（销售单价−单位变动成本）
- 贡献边际率＝边际贡献/销售收入×100%

- 综合贡献边际率=各种产品贡献边际额之和÷销售收入总额
- 某产品的销售比重=某产品的销售额÷全部产品的销售总额×100%
- 综合保本额＝固定成本÷综合贡献边际率
- 某产品的保本额＝综合保本额×某产品销量比重
- 某产品的保本量＝保本额÷某种产品销售单价

多品种下的盈亏平衡分析

单位:元

项目	销售量	单价	单位变动成本	销售收入	边际贡献	贡献边际率	固定成本
A产品	50000	60	20	3000000	2000000	67%	
B产品	80000	90	50	7200000	3200000	44%	
C产品	100000	150	80	15000000	7000000	47%	
合计				25200000	12200000	48%	5200000

项目	销售比重	保本额	保本量
A产品	12%	1278688.52	21311.47541
B产品	29%	3068852.46	34098.36066
C产品	25%	2685245.9	17901.63934
综合保本额		10740984	

图7-62 “多品种下的盈亏平衡分析”最终效果

PART 8

项目八
筹资与投资决策分析

情景导入

科学合理地筹资与投资决策分析，可为企业提供充足的资金，确保企业高速运转和良性投资。于是，老张希望小白学会筹资与投资决策分析，从中选择成本最低的筹资方式，并在正确的投资决策下为企业获取更多的收益。

知识技能目标

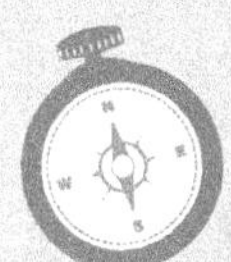

- 熟练掌握财务函数的使用方法。
- 熟练掌握方案管理器的使用方法。

- 了解工作中筹资与投资决策分析的基本流程。
- 掌握“长期借款分析模型”、“投资决策模型”等表格的制作。

项目流程对应图

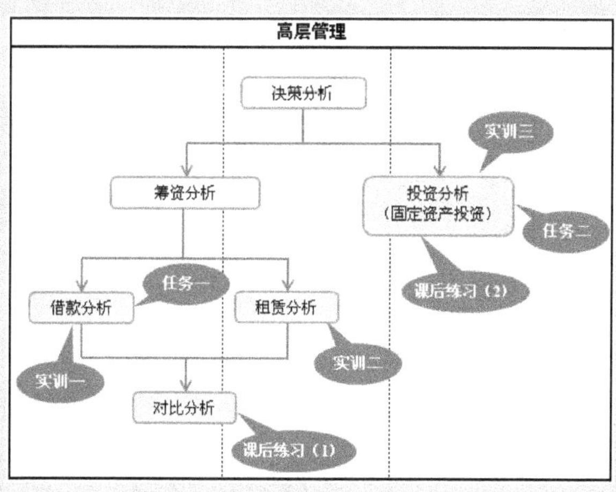

任务一 建立“长期借款分析模型”

建立长期借款分析模型就是利用Excel提供的筹资函数和工具，对借款金额、借款利率、借款期限、偿还期等因素进行多种测算，在多种方案中选择一种比较合理的贷款方案。

一、 任务目标

假设公司向银行借款1 000 000元，10年内偿还。现需小白建立一张“长期借款分析模型”，分析在不同的借款利率、不同的还款期限、不同的还款期数下每期等额偿还金额、偿还本金、偿还利息，以及避税额、净现金流量与现值等数据。该任务将先创建“长期借款分析基本模型”工作簿，在其中输入并计算数据，然后添加窗体控件实现数据的动态分析。本例完成后的最终效果如图8-1所示。

效果所在位置 **光盘:\效果文件\项目八\长期借款分析模型.xls**

长期借款筹资决策动态分析表

借款金额	借款年限	每年还款期数	借款年利率	还款总期数	分期等额偿还金额
1000000	5	3	10%	15	85799.13797
		按季支付			

分析模型

所得税率	0.33				贴现率	0.066666667	
期限	等额还款金额	偿还本金	偿还利息	折旧额	避税额	净现金流量	现值
1	85799.13797	52465.805	33333.33333	¥66,666.67	33000	52799.13797	49499.19185
2	85799.13797	54214.665	31584.47318	66666.66667	32422.87615	53376.26182	46912.73012
3	85799.13797	56021.82	29777.31769	66666.66667	31826.51484	53972.62313	44472.07106
4	85799.13797	57889.214	27909.92368	66666.66667	31210.27481	54588.86316	42168.59737
5	85799.13797	59818.855	25980.2832	66666.66667	30573.49346	55225.64451	39994.21482
6	85799.13797	61812.817	23986.32137	66666.66667	29915.48605	55883.65192	37941.3201
7	85799.13797	63873.244	21925.89415	66666.66667	29235.54507	56563.5929	36002.77055
8	85799.13797	66002.352	19796.78603	66666.66667	28532.93939	57266.19858	34171.85589
9	85799.13797	68202.43	17596.70763	66666.66667	27806.91352	57992.22445	32442.27156
10	85799.13797	70475.845	15323.29328	66666.66667	27056.68678	58742.45119	30808.09385
11	85799.13797	72825.04	12974.09846	66666.66667	26281.45249	59517.68548	29263.7565
12	85799.13797	75252.541	10546.59714	66666.66667	25480.37706	60318.76091	27804.02871
13	85799.13797	77760.959	8038.179117	66666.66667	24652.59911	61146.53886	26423.99463
14	85799.13797	80352.991	5446.147155	66666.66667	23797.22856	62001.90941	25119.034
15	85799.13797	83031.424	2767.714128	66666.66667	22913.34566	62885.79231	23884.80407

Sheet1 Sheet2 Sheet3

图8-1 “长期借款分析模型”最终效果

职业素养

长期借款是指企业向银行或其他金融机构借入的期限超过一年的一个营业周期以上的各项借款，主要用于购建固定资产和满足企业营运资金的需要。长期借款的优点主要有筹资速度快、借款弹性较大、借款成本较低、可以发挥财务杠杆的作用；缺点主要有筹资风险较高、限制性条款比较多、筹资数量有限。

二、 相关知识

要建立“长期借款分析模型”，必须结合公式和函数计算分期等额还款金额、不同期限下的等额还款额、偿还本金、期初欠款金额等数据。

1．建立“长期借款分析模型”所需公式

计算分期等额还款金额、不同期限下的等额还款额、偿还本金、偿还利息、避税额等数据的相关公式如下：

- 还款总期数=借款年限×每年还款期数
- 分期等额偿还金额=ABS（PMT（借款年利率÷每年还款期数，还款总期数，借款金额））
- 偿还本金=ABS（PPMT（借款年利率÷每年还款期数，还款期数，还款总期数，借款金额））
- 偿还利息＝ABS（IPMT（借款年利率÷每年还款期数，还款期数，还款总期数，借款金额））
- 折旧额＝SLN（借款金额，0，还款总期数）
- 避税额=（每期偿还利息+折旧额）×所得税税率（假设税率为 0.33）
- 贴现率＝利率÷（1＋利率×贴现期限）
- 净现金流量=还款额−避税额
- 现值＝净现金流量÷(1+贴现率)^还款期数

2．建立“长期借款分析模型”所需函数

在本例中将使用财务函数，结合IF函数、ABS函数、ROW函数计算相应的数据，相关函数的介绍如下。

- **PMT函数**：是基于固定利率及等额分期付款方式，返回贷款的每期付款额。其语法结构为：PMT(rate,nper,pv,fv,type)，其中，rate表示各期利率；nper表示该项贷款的付款时间数；pv表示现值，或一系列未来付款的当前值的累积和，也称为本金；fv表示未来值，或在最后一次付款后希望得到的现金余额；type用来指定各期的付款时间是在期末还是期初，数字0表示期末，数字1表示期初。
- **PPMT函数**：是基于固定利率及等额分期付款方式，返回给定期数内某项投资的本金偿还额。其语法结构为：PPMT(rate,per,nper,pv,fv,type)，其中，rate表示各期利率；per表示计算其本金数额的期数，必须介于1到nper之间；nper表示总投资期，即该项投资的付款期总数；pv表示现值，即从该项投资开始计算时已经入账的款项，或一系列未来付款当前值的累积和，也称为本金；fv表示未来值，或在最后一次付款后希望得到的现金余额；type用以指定各期的付款时间是在期末还是期初，数字0表示期末，数字1表示期初。
- **IPMT函数**：是基于固定利率及等额分期付款方式，返回给定期数内某项投资的利息偿还额。其语法结构为：IPMT(rate,per,nper,pv,fv,type)，其中，rate表示各期利率；per表示计算其利息数额的期数，必须在1到nper之间；nper表示为总投资期，即该项投资的付款期总数；pv表示现值，即从该项投资开始计算时已经入账的款项，或一系列未来付款的当前值的累积和，也称为本金；fv表示未来值，或在最后一次付款后

希望得到的现金余额；type用以指定各期的付款时间是在期末还是期初，数字0表示期末，数字1表示期初。

由于PMT函数返回每期付款额总数，PPMT函数返回每期还款额中的本金部分，IPMT函数返回每期还款额中的利息部分，所以用这3个函数计算同一问题时，用IPMT函数得到每期利息与用PPMT函数返回的每期本金之和，应等于用PMT函数返回的每期付款额。

- **SLN函数**：使用年限平均法（将固定资产的折旧平均分摊到各期的一种方法，因此每年的折旧额相等）返回某项资产在一个期间内的线性折旧值。其语法结构为：SLN(cost,salvage,life)，其中，cost表示资产原值；salvage表示资产在折旧期末的价值，即残值；life表示折旧期限。
- **ABS函数**：返回一个数值的绝对值。其语法结构为：ABS（number），其中，number表示需要返回其绝对值的实数。由于在投资计算中，系统会自动将投资款看作是支出，最后得到的投资款金额为负数，因此可使用ABS函数返回负数的绝对值得到正数。
- **ROW函数**：返回引用的行号。其语法结构为：ROW(reference)，其中，reference表示需要得到其行号的单元格或单元格区域，它不能引用多个区域。如果省略reference，表示以ROW函数所在单元格的引用，如果reference为一个单元格区域，且ROW函数作为垂直数组输入，则表示ROW函数将reference的行号以垂直数组的形式返回。

三、任务实施

1．利用财务函数计算数据

下面首先创建“长期借款分析模型”工作簿，然后在其中输入数据并根据公式计算相应的数据。其具体操作如下。

STEP 1 新建工作簿并以“长期借款分析模型”为名进行保存，在其中输入表题与表头数据，并设置单元格格式，如图8-2所示。

STEP 2 在J3单元格中输入数据“借款年利率链接单元格”，在J4单元格中输入数据“8”，然后在E4单元格中输入公式“=J4/100”，完成后按【Ctrl+Enter】组合键计算借款年利率，并设置该单元格的数字格式为“百分比样式”，如图8-3所示。

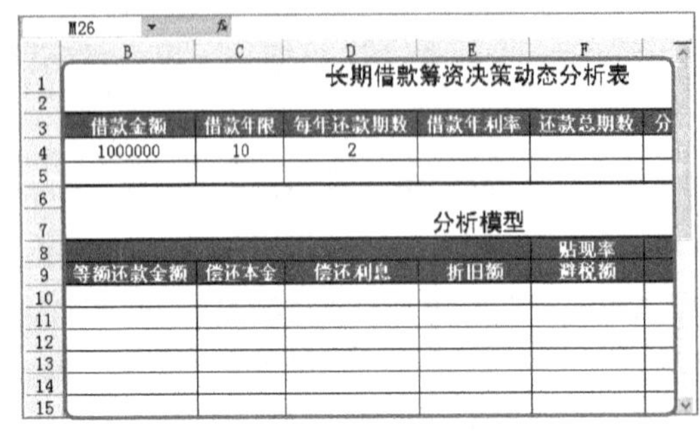

图8-2　输入数据并设置单元格格式

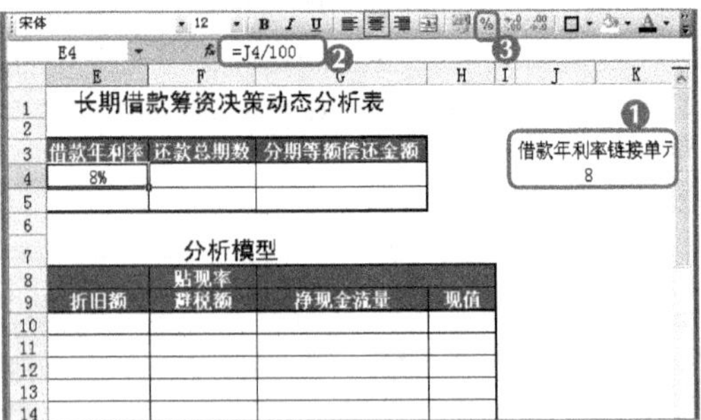

图8-3　计算借款年利率

STEP 3 选择F4单元格，输入公式“=C4*D4”，完成后按【Ctrl+Enter】组合键计算还款总期数，如图8-4所示。

STEP 4 选择G4单元格，输入公式“=ABS(PMT(E4/D4,F4,B4))”，完成后按【Ctrl+Enter】组合键计算分期等额偿还金额，如图8-5所示。

F4 =C4*D4

长期借款筹资决策动态分析表

借款年限	每年还款期数	借款年利率	还款总期数	分期等额偿还金额
10	2	8%	20	

分析模型

偿还本金	偿还利息	折旧额	贴现率避税额	净现金流量

图8-4 计算还款总期数

G4 =ABS(PMT(E4/D4,F4,B4))

长期借款筹资决策动态分析表

借款年限	每年还款期数	借款年利率	还款总期数	分期等额偿还金额
10	2	8%	20	73581.75033

分析模型

偿还本金	偿还利息	折旧额	贴现率避税额	净现金流量

图8-5 计算分期等额偿还金额

STEP 5 选择A10:A29单元格区域，输入公式“=IF(ROW()-ROW($A$9)<=$F$4,ROW()-ROW($A$9),"")”，完成后按【Ctrl+Enter】组合键计算还款期数，如图8-6所示。

STEP 6 选择B10单元格，输入公式“=IF(A10="","",$G$4)”，完成后按【Ctrl+Enter】组合键计算第一期的等额还款金额，如图8-7所示。

A10 =IF(ROW()-ROW($A$9)<=$F$4,ROW()-ROW($A$9),"")

所得税率期限	等额还款金额	偿还本金	偿还利息	折旧额
1				
2				
3				
4				
5				
6				
7				
8				
9				
10				
11				
12				
13				
14				
15				
16				

图8-6 计算还款期数

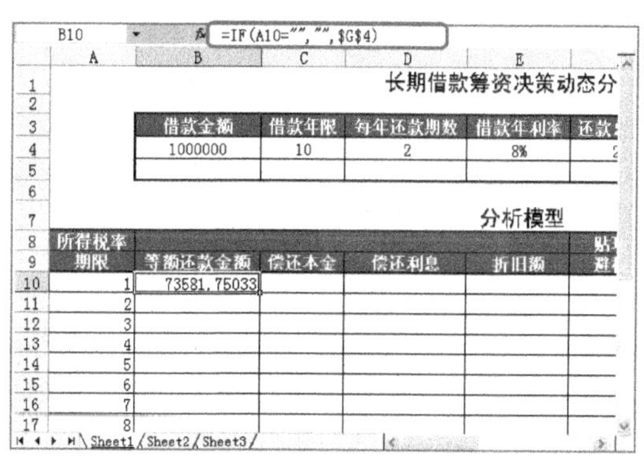

B10 =IF(A10="","",$G$4)

长期借款筹资决策动态分

借款金额	借款年限	每年还款期数	借款年利率
1000000	10	2	8%

分析模型

所得税率期限	等额还款金额	偿还本金	偿还利息	折旧额
1	73581.75033			
2				
3				
4				
5				
6				
7				
8				

图8-7 计算第一期的等额还款金额

知识提示

在本例中，结合ROW函数和IF函数返回还款期数。公式“=IF(ROW()-ROW($A$9)<=$F$4,ROW()-ROW($A$9),"")”表示当前单元格的行号减去A9单元格的行号小于或等于F4单元格的值（即还款总期数）时，将返回当前单元格的行号减去A9单元格的行号的值（即还款期数），否则返回零值。

STEP 7 选择C10单元格，输入公式“=IF(A10="","",ABS(PPMT($E$4/$D$4,A10,F4,B4)))”，完成后按【Ctrl+Enter】组合键计算第一期的偿还本金，如图8-8所示。

STEP 8 选择D10单元格，输入公式“=IF(A10="","",ABS(IPMT($E$4/$D$4,A10,$F$4,$B$4)))”，完成后按【Ctrl+Enter】组合键计算第一期的偿还利息，如图8-9所示。

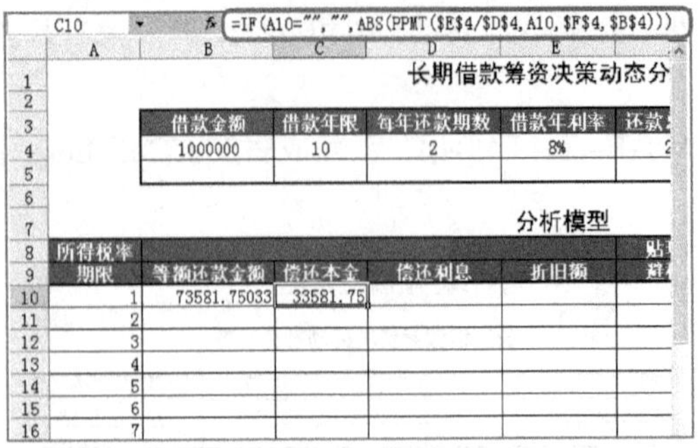

图8-8 计算第一期的偿还本金

图8-9 计算第一期的偿还利息

STEP 9 选择E10单元格，输入公式“=IF(A10="","",SLN($B$4,0,$F$4))”，完成后按【Ctrl+Enter】组合键计算第一期的折旧额，如图8-10所示。

STEP 10 在合并后的B8单元格中输入所得税率“0.33”，然后在F10单元格中输入公式“=IF(A10="","",(D10+E10)*$B$8)”，完成后按【Ctrl+Enter】组合键计算第一期的避税额，如图8-11所示。

图8-10 计算第一期的折旧额

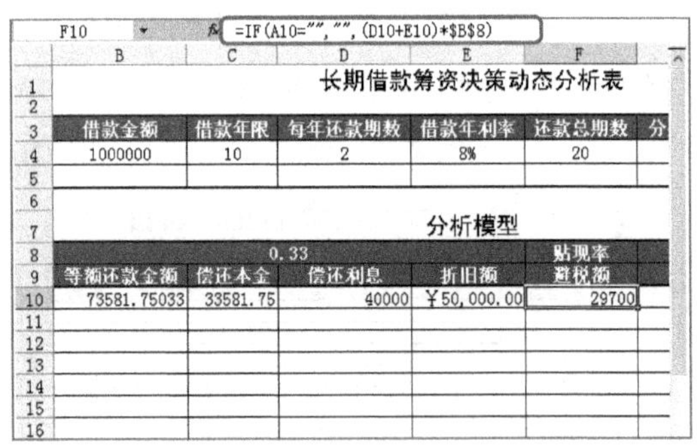

图8-11 计算第一期的避税额

STEP 11 选择G10单元格，输入公式“=IF(A10="","",B10-F10)”，完成后按【Ctrl+Enter】组合键计算第一期的净现金流量，如图8-12所示。

STEP 12 在合并后的G8单元格中输入公式“=$E$4/(1+$E$4*$C$4)”，完成后按【Ctrl+Enter】组合键计算贴现率，然后在H10单元格中输入公式“=IF(A10="","",G10/((1+$G$8)^A10))”，完成后按【Ctrl+Enter】组合键计算第一期的现值，如图8-13所示。

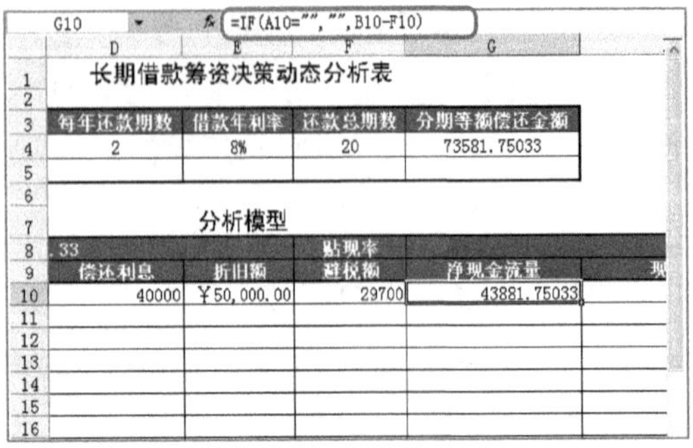

图8-12 计算第一期的净现金流量

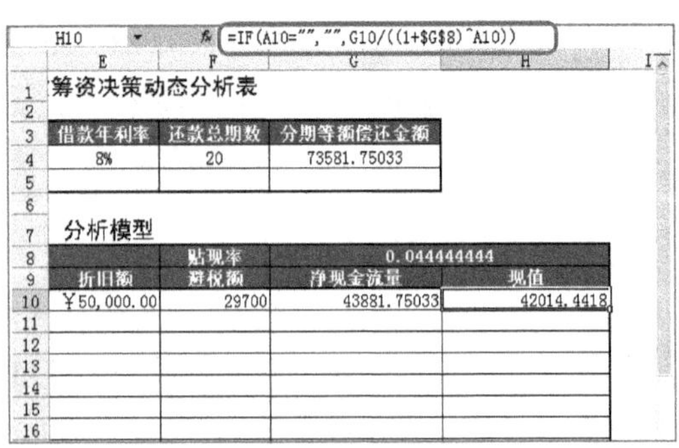

图8-13 计算第一期的现值

2．利用模拟运算表计算数据

下面利用模拟运算表功能快速计算出不同期限下的等额还款额、偿还本金、偿还利息、避税额等数据，其具体操作如下。

STEP 1 选择A10:H29单元格区域，然后选择【数据】/【模拟运算表】菜单命令，如图8-14所示。

STEP 2 在打开的“模拟运算表”对话框中将文本插入点定位到“输入引用列的单元格”文本框中，在工作表中选择A10单元格，完成后单击确定按钮，如图8-15所示。

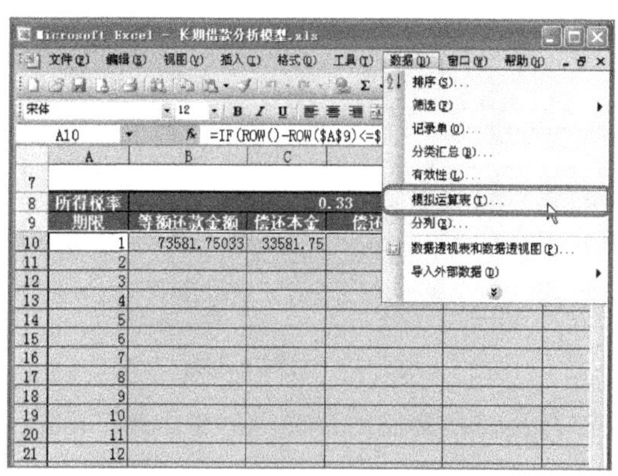

图8-14 选择模拟运算表菜单命令

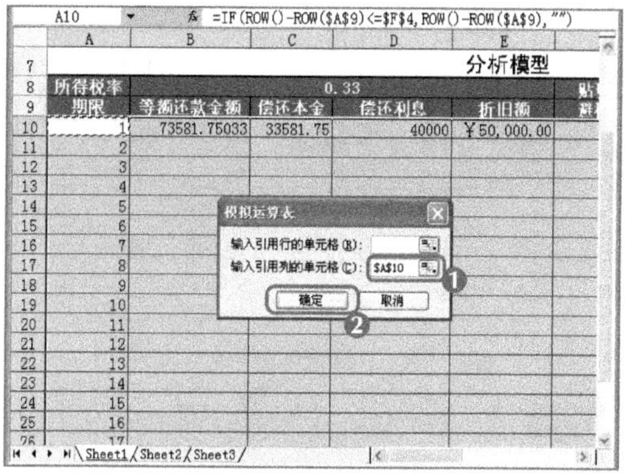

图8-15 输入引用列的单元格

STEP 3 返回工作表中，系统自动计算出不同期限下的等额还款额、偿还本金、偿还利息、避税额等数据，如图8-16所示。

STEP 4 选择B30:H30单元格区域，在“常用”工具栏中单击“求和”按钮Σ快速计算出合计数据，如图8-17所示。

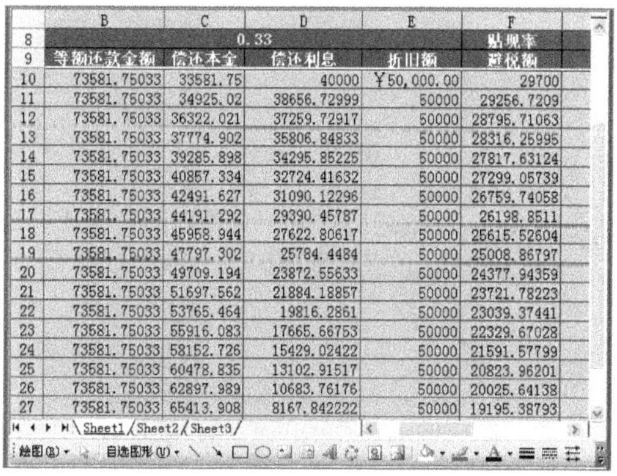

图8-16 通过模拟运算表计算出相关数据

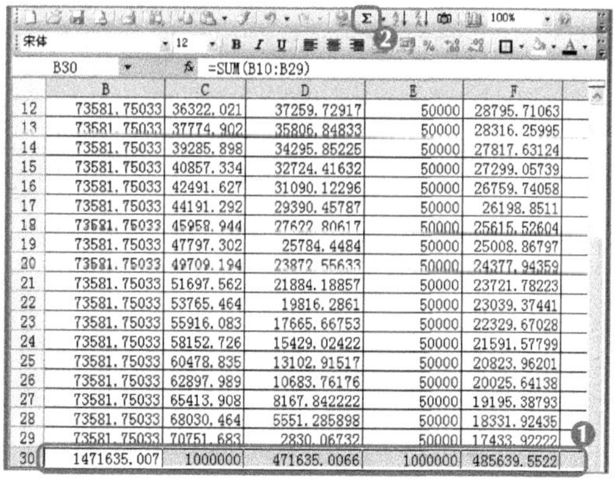

图8-17 计算合计数据

3．添加窗体控件设置动态分析效果

下面在相应的单元格中添加滚动条和组合框窗体控件并设置其控件格式，达到动态分析数据的目的，其具体操作如下。

STEP 1 选择【视图】/【工具栏】/【窗体】菜单命令，如图8-18所示。

STEP 2 在打开的“窗体”工具栏中单击“滚动条”按钮，在C5单元格中左上角按住鼠标左键不放，向右下拖动鼠标指针至合适的位置释放鼠标，绘制出所需的滚动条，如图8-19所示。

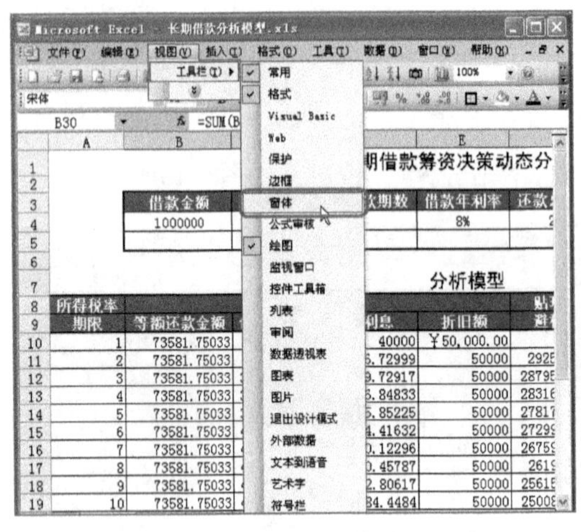

图8-18 选择窗体菜单命令

图8-19 绘制滚动条

STEP 3 在绘制的滚动条窗体控件上单击鼠标右键，在弹出的快捷菜单中选择“设置控件格式”命令，如图8-20所示。

STEP 4 在打开的“设置控件格式”对话框中单击“控制”选项卡，在“当前值”文本框中输入数据“10”，在“最小值”数值框中输入数据“1”，在“最大值”数值框中输入数据“10”，在“步长”数值框中输入数据“1”，然后再将文本插入点定位到“单元格链接”文本框中，并在工作表中选择C4单元格，完成后单击 确定 按钮，如图8-21所示。

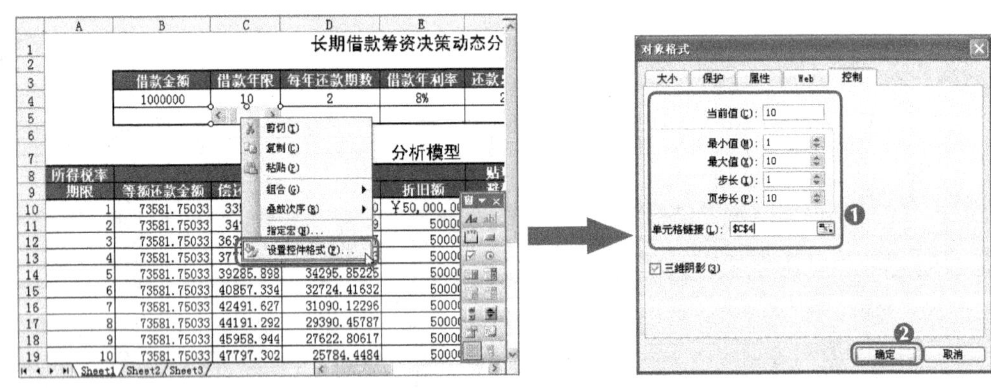

图8-20 选择“设置控件格式”命令　　图8-21 设置控件格式

STEP 5 在J5:J9单元格区域中输入相应的间隔期，如图8-22所示。

STEP 6 在“窗体”工具栏中单击“组合框”按钮，在D5单元格中左上角按住鼠标左键不放，向右下拖动鼠标指针至合适的位置释放鼠标，绘制出所需的组合框，并在其上单击鼠标右键，在弹出的快捷菜单中选择“设置控件格式”命令，如图8-23所示。

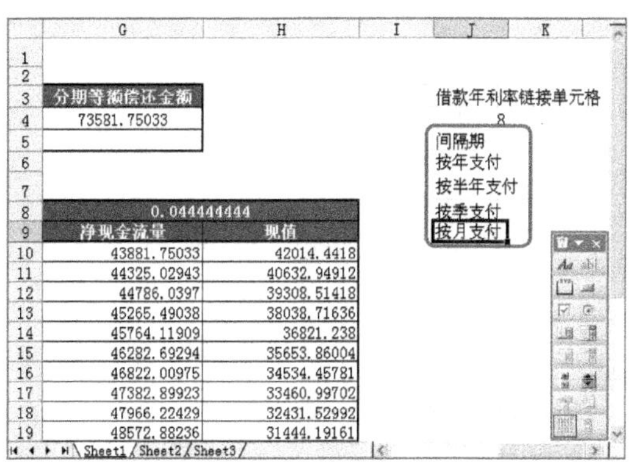

图8-22 输入数据

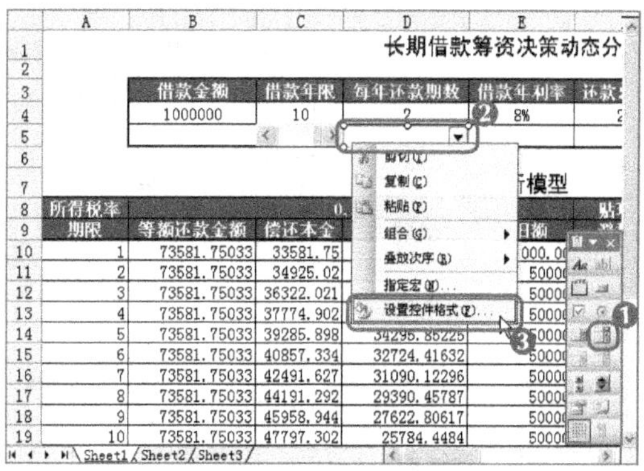

图8-23 绘制组合框

STEP 7 在打开的“设置控件格式”对话框中单击“控制”选项卡，将文本插入点定位到“数据源区域”文本框中，收缩对话框后在工作表中选择J6:J9单元格区域，然后再将文本插入点定位到“单元格链接”文本框中，收缩对话框后在工作表中选择D4单元格，在“下拉显示项数”文本框中输入数据“4”，完成后单击确定按钮，如图8-24所示。

STEP 8 用相同的方法在E5单元格中绘制滚动条窗体控件，并设置控件格式的“当前值”为“8”，“最小值”为“4”，“最大值”为“10”，“步长”为“1”，然后再将文本插入点定位到“单元格链接”文本框中，收缩对话框后在工作表中选择J4单元格，完成后单击确定按钮，如图8-25所示。

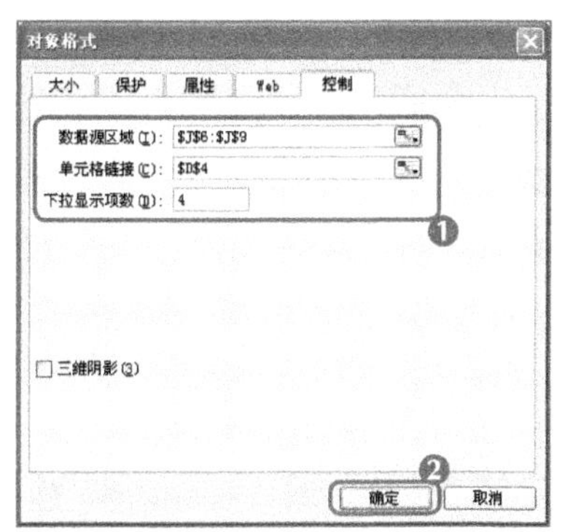

图8-24 设置“组合框”控件格式

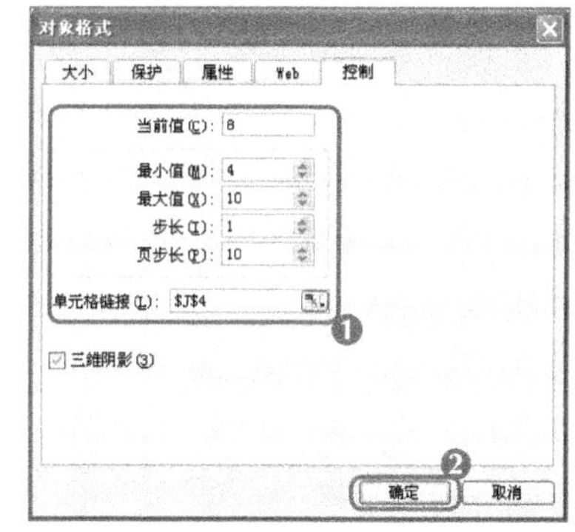

图8-25 设置“滚动条”控件格式

知识提示

由于在分析不同借款年利率条件时，可添加滚动条窗体控件，而设置滚动条窗体控件时，其相应的值不能为小数，因此这里在输入借款年利率时，可先为其输入“借款年利率链接单元格”。

STEP 9 返回工作表中在“窗体”工具栏的右上角单击按钮，关闭该工具栏，然后选择工作表中的任意单元格，并单击组合框窗体控件右侧的按钮，在弹出的下拉列表中选择相应的选项，这里选择“按季支付”选项，如图8-26所示。

STEP 10 分别单击滚动条窗体控件上的按钮或按钮，调整借款年限和借款年利率，这里将借款年限调整为“5”，借款年利率调整为“10%”，其效果如图8-27所示。

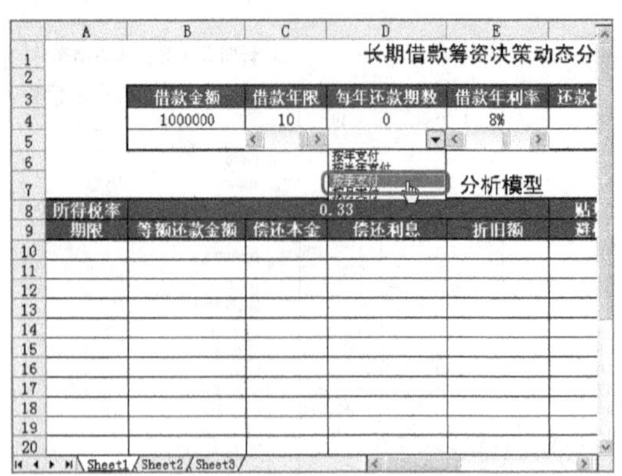

图8-26 选择每年不同的还款期数

长期借款筹资决策动态分

借款金额	借款年限	每年还款期数	借款年利率
1000000	5	3	10%
		按季支付	

分析模型

期限	等额还款金额	偿还本金	偿还利息	折旧额	
所得税率	0.33				
1	85799.13797	52465.805	33333.33333	¥66,666.67	
2	85799.13797	54214.665	31584.47318	66666.66667	32422
3	85799.13797	56021.82	29777.31769	66666.66667	31826
4	85799.13797	57889.214	27909.92368	66666.66667	3121
5	85799.13797	59818.855	25980.2832	66666.66667	3057
6	85799.13797	61812.817	23986.32137	66666.66667	2991
7	85799.13797	63873.244	21925.89415	66666.66667	2923
8	85799.13797	66002.352	19796.78603	66666.66667	2853
9	85799.13797	68202.43	17596.70763	66666.66667	2780
10	85799.13797	70475.845	15323.29328	66666.66667	2705
11	85799.13797	72825.04	12974.09846	66666.66667	26281

图8-27 调整借款年限和借款年利率

任务二 建立“投资决策模型”

投资决策分析是通过投资预算的分析与编制对投资项目进行评价。投资决策不仅是财务决策中最重要的决策，也是企业获取利润的一个重要途径。为了确保投资的获利性，财务人员应在投资之前运用科学且专业的分析方法对不同的决策方案进行投资分析，以确保该投资方案为最优投资方案。

一、 任务目标

假设企业有100万元的闲置资金，针对该闲置资金已做了4份不同的长期投资计划，现需要小白制作一张“投资决策模型”表，以对这4份投资计划进行审定分析，决定需要进行的投资点。要完成该任务，将使用不同的评估方法分析数据，首先使用函数直接计算投资项目的净现值、内含报酬率、净现值系数等，然后使用方案管理器挑选最优投资方案。本例完成后的最终效果如图8-28所示。

效果所在位置 光盘:\效果文件\项目八\投资决策模型.xls

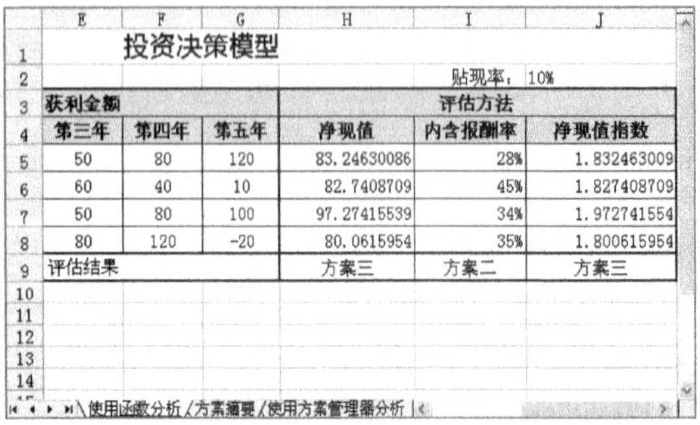

投资决策模型

贴现率：10%

获利金额			评估方法		
第三年	第四年	第五年	净现值	内含报酬率	净现值指数
50	80	120	83.24630086	28%	1.832463009
60	40	10	82.7408709	45%	1.827408709
50	80	100	97.27415539	34%	1.972741554
80	120	-20	80.0615954	35%	1.800615954
评估结果			方案三	方案二	方案三

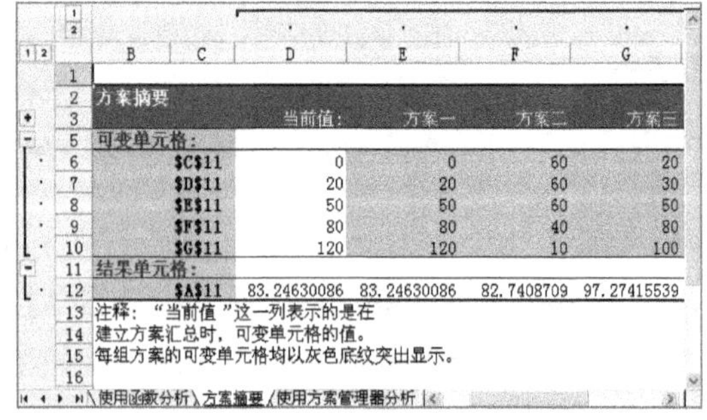

方案摘要	当前值：	方案一	方案二	方案三
可变单元格：				
$C$11	0	0	60	20
$D$11	20	20	60	30
$E$11	50	50	60	50
$F$11	80	80	40	80
$G$11	120	120	10	100
结果单元格：				
$A$11	83.24630086	83.24630086	82.7408709	97.27415539

注释：“当前值”这一列表示的是在
建立方案汇总时，可变单元格的值。
每组方案的可变单元格均以灰色底纹突出显示。

图8-28 “投资决策模型”最终效果

二、 相关知识

要建立“投资决策模型”，不仅可直接使用函数计算投资项目的净现值、内含报酬率、净现值系数等投资数据，还可使用方案管理器挑选出最优投资方案。

1．建立“投资决策模型”所需函数

在本例中将首先使用NPV函数计算净现值和净现值系数，使用IRR函数计算内含报酬率，NPV函数和IRR函数的作用与语法结构如下。

- **NPV函数**：通过使用贴现率以及一系列未来收入（正值）和支出（负值）现金流，返回一项投资的净现值。其语法结构为：NPV(rate,value1,value2,…)，其中，rate为固定值，表示某一期间的贴现率，相当于竞争投资的利率；value1,value2,…为1~29个参数，表示支出及收入。
- **IRR函数**：返回由数值代表的一组现金流的内部收益率。其语法结构为：IRR(values,guess)，其中，values表示用来计算返回的内部收益率的数字，必须输入为数组类型；guess是对函数IRR计算结果的估计值。在大多数情况下并不需要为IRR函数的计算提供guess值，若省略该值，系统将假定它为10%，若IRR函数返回错误值#NUM!，或结果没有靠近期望值，则需用另一个guess值再试一次。

知识提示

IRR函数与NPV函数（净现值函数）的关系十分密切。IRR函数计算出的收益率即净现值为0时的利率，语法表达为NPV(IRR(…), …)=0。

2．方案管理器的使用

在Excel中利用“方案管理器”工具可以在较复杂的多变量情况下分析数据，建立多套方案，并从中选择最佳方案。其具体操作如下。

STEP 1 选择【工具】/【方案】菜单命令，在打开的“方案管理器”对话框中单击[添加(A)...]按钮，如图8-29所示。

STEP 2 在打开的“添加方案”对话框的“方案名”文本框中输入方案，在“可变单元格”文本框中输入对需要更改的单元格的引用，如图8-30所示。

STEP 3 单击[确定]按钮，在打开的“方案变量值”对话框中输入可变单元格的值，单击[确定]按钮，返回“方案管理器”对话框单击[摘要(U)...]按钮。在打开的“方案摘要”对话框中单击[确定]按钮即可建立方案总结报告或方案数据透视表，比较方案的优劣。

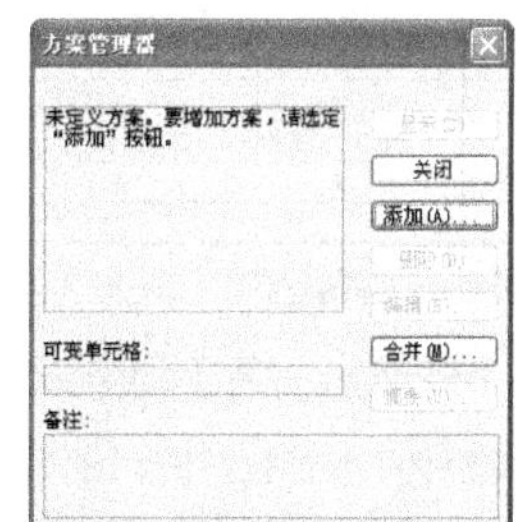

图8-29 “方案管理器”对话框

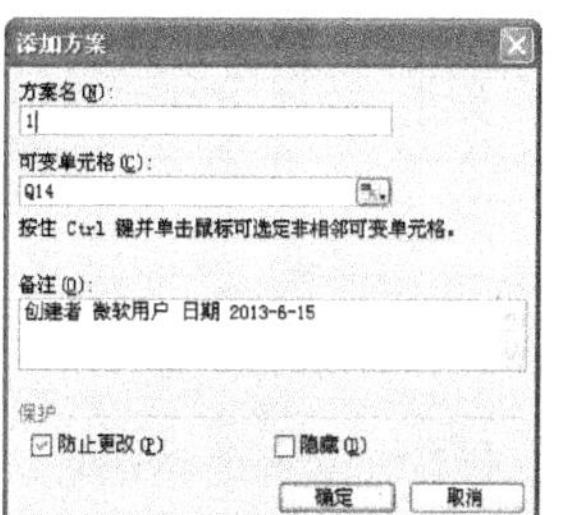

图8-30 “添加方案”对话框

若需创建其他方案，重复以上的步骤即可，创建完方案后，单击 确定 按钮，返回“方案管理器”对话框单击 关闭 按钮即可。

三、任务实施

1．直接使用函数分析数据

下面首先创建“投资决策模型”工作簿，然后在其中输入数据并使用函数计算相应的投资数据。其具体操作如下。

STEP 1 新建工作簿并以“投资决策模型”为名进行保存，然后将“Sheet1”工作表重命名为“使用函数分析”，在其中输入表题与表头数据，并设置单元格格式，如图8-31所示。

STEP 2 选择H5:H8单元格区域，输入公式“=NPV($J$2,C5:G5)+B5”，然后按【Ctrl+Enter】组合键，设置数字格式为“常规”，效果如图8-32所示。

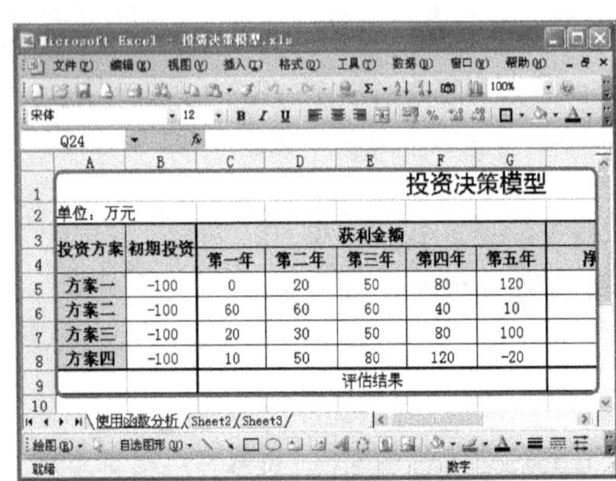

投资决策模型

单位：万元

投资方案	初期投资	获利金额					净
		第一年	第二年	第三年	第四年	第五年	
方案一	-100	0	20	50	80	120	
方案二	-100	60	60	60	40	10	
方案三	-100	20	30	50	80	100	
方案四	-100	10	50	80	120	-20	
		评估结果					

图8-31 输入数据并设置单元格格式

=NPV($J$2,C5:G5)+B5

第一年	第二年	第三年	第四年	第五年	净现值	内含报酬
0	20	50	80	120	83.24630086	
60	60	60	40	10	82.7408709	
20	30	50	80	100	97.27415539	
10	50	80	120	-20	80.0615954	

图8-32 计算净现值

STEP 3 选择I5:I8单元格区域，输入公式“=IRR(B5:G5)”，然后按【Ctrl+Enter】组合键，效果如图8-33所示。

STEP 4 选择J5:J8单元格区域，输入公式“=NPV($J$2,C5:G5)/−B5”，然后按【Ctrl+Enter】组合键，熊爱国如图8-34所示。

=IRR(B5:G5)

贴现率：10%

第二年	第三年	第四年	第五年	净现值	内含报酬率
20	50	80	120	83.24630086	28%
60	60	40	10	82.7408709	45%
30	50	80	100	97.27415539	34%
50	80	120	-20	80.0615954	35%

图8-33 计算内含报酬率

=NPV($J$2,C5:G5)/-B5

贴现率：10%

第四年	第五年	净现值	内含报酬率	净现值指数
80	120	83.24630086	28%	1.832463009
40	10	82.7408709	45%	1.827408709
80	100	97.27415539	34%	1.972741554
120	-20	80.0615954	35%	1.800615954

图8-34 计算净现值指数

STEP 5 选择H9:J9单元格区域，输入公式“=LOOKUP(MAX(H5:H8),H5:H8,$A$5:$A$8)”，然后按【Ctrl+Enter】组合键得到评估结果，如图8-35所示。

H9 =LOOKUP(MAX(H5:H8),H5:H8,$A$5:$A$8)

投资决策模型									
单位：万元								贴现率：	10%
投资方案	初期投资	获利金额					评估方法		
		第一年	第二年	第三年	第四年	第五年	净现值	内含报酬率	净现值指数
方案一	-100	0	20	50	80	120	83.24630086	28%	1.832463009
方案二	-100	60	60	60	40	10	82.7408709	45%	1.827408709
方案三	-100	20	30	50	80	100	97.27415539	34%	1.972741554
方案四	-100	10	50	80	120	-20	80.0615954	35%	1.800615954
		评估结果					方案三	方案二	方案三

图8-35 计算评估结果

2. 使用方案管理器挑选最优方案

下面首先创建“使用方案管理器分析”工作表，然后在其中输入数据并使用方案管理器挑选最优方案。其具体操作如下。

STEP 1 将“Sheet2”工作表重命名为“使用方案管理器分析”，然后将“使用函数分析”工作表中的相关数据复制到该工作表的相应单元格中，在其中编辑并修改数据。

STEP 2 在H13单元格中输入公式“=NPV($J$2,C13:G13)+B13”，然后按【Ctrl+Enter】组合键，设置其数字格式为“常规”，效果如图8-36所示。

STEP 3 选择A11单元格，然后选择【工具】/【方案】菜单命令，如图8-37所示。

A11 =NPV($G$2,C11:G11)+B11

投资决策模型						
单位：万元					贴现率：	10%
投资方案	初期投资	获利金额				
		第一年	第二年	第三年	第四年	第五年
方案一	-100	0	20	50	80	120
方案二	-100	60	60	60	40	10
方案三	-100	20	30	50	80	100
方案四	-100	10	50	80	120	-20
净现值	初期投资	第一年	第二年	第三年	第四年	第五年
83.246301	-100	0	20	50	80	120

图8-36 编辑数据并计算净现值

图8-37 选择方案菜单命令

STEP 4 在打开的“方案管理器”对话框中单击[添加(A)...]按钮，如图8-38所示。

STEP 5 在打开的“编辑方案”对话框的“方案名”文本框中输入文本“方案一”，在“可变单元格”文本框中输入“$C$11:$G$11”，单击[确定]按钮，如图8-39所示。

知识提示

创建方案后，在“方案管理器”对话框中单击[显示(S)]按钮可显示“方案”列表框中被选中的方案及其结果；单击[删除(D)]按钮可删除不需要的方案；单击[编辑(E)...]按钮可修改某个方案名和可变单元格或其相应的值；单击[合并(M)...]按钮可合并来自同一个工作簿或其他工作簿中的方案。

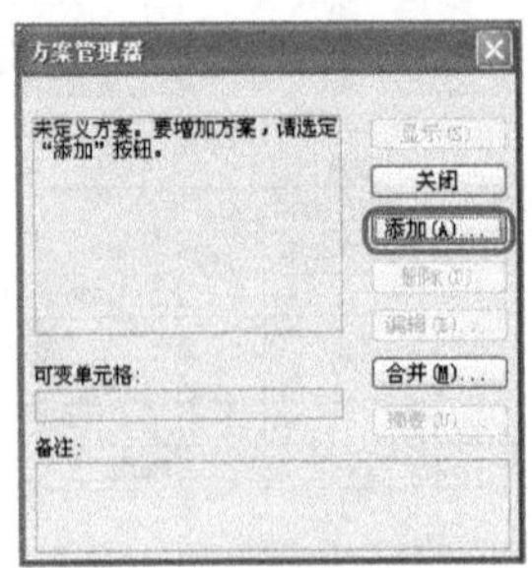

图8-38 单击"添加"按钮

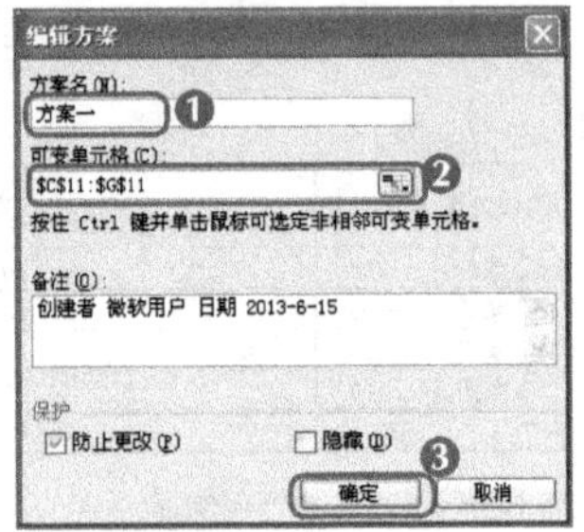

图8-39 添加方案

STEP 6 在打开的"方案变量值"对话框的"请输入每个可变单元格的值"栏中确定"方案一"的相应数据，完成后单击添加(A)...按钮，如图8-40所示。

STEP 7 在打开的"编辑方案"对话框的"方案名"文本框中输入文本"方案二"，单击确定按钮，在打开的"方案变量值"对话框的相应文本框中输入方案二对应的数值，完成后单击添加(A)...按钮，如图8-41所示。

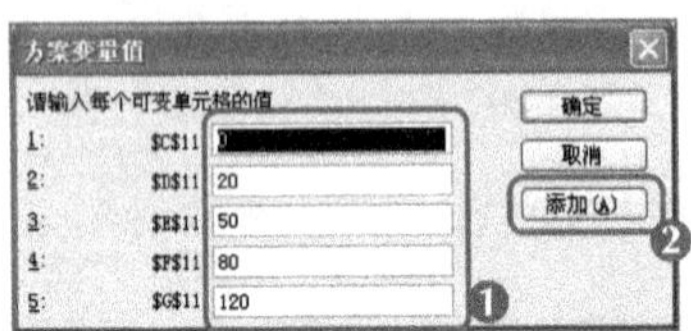

图8-40 输入方案一的可变单元格值

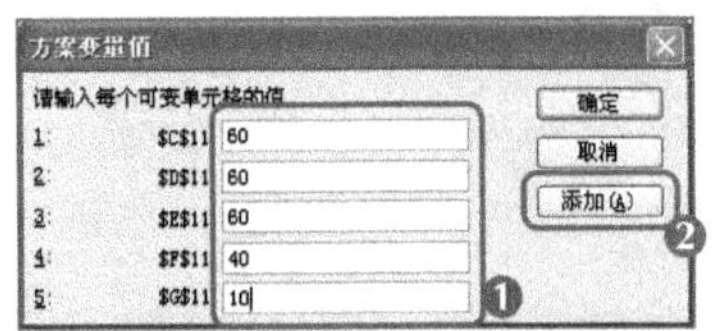

图8-41 输入方案二的可变单元格值

STEP 8 用相同的方法添加如图8-42所示"方案三"和如图8-43所示的"方案四"的方案名和方案变量值，完成后在"方案变量值"对话框中单击确定按钮。

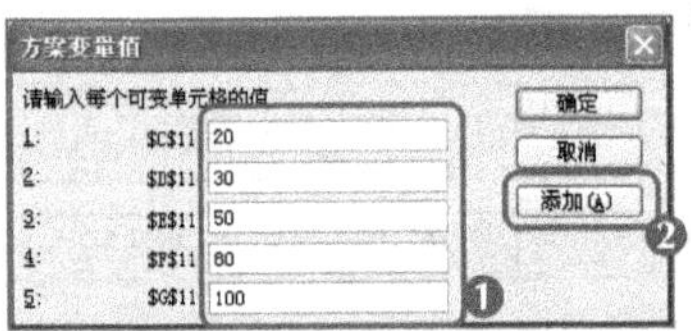

图8-42 输入方案三的可变单元格值

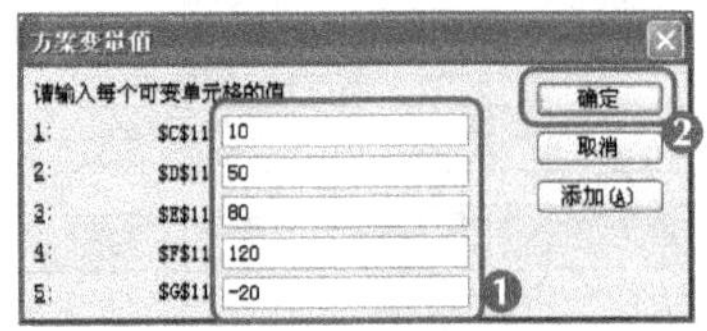

图8-43 输入方案四的可变单元格值

STEP 9 返回"方案管理器"对话框，单击摘要(U)...按钮，如图8-44所示。

STEP 10 在打开的"方案摘要"对话框中默认单击选中"方案摘要"单选项，并在"结果单元格"参数框中输入"A11"，完成后单击确定按钮，如图8-45所示。

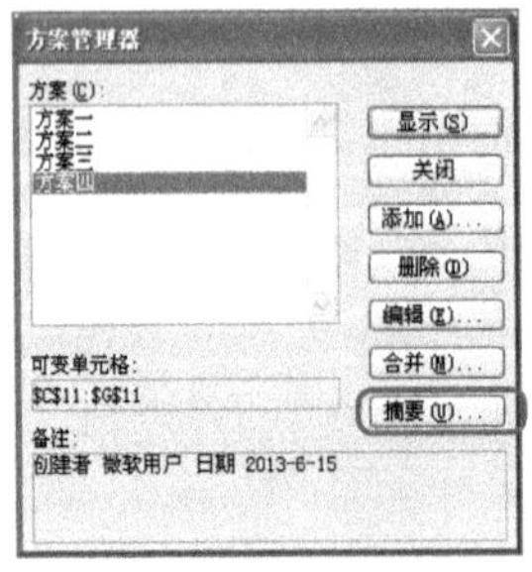

图8-44 单击"摘要"按钮

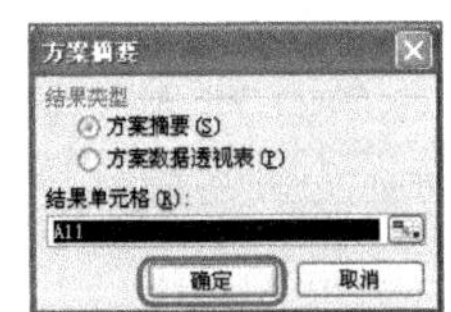

图8-45 确认结果类型与结果单元格

STEP 11 系统自动在“使用方案管理器分析”工作表前插入一个名为“方案摘要”的工作表，在其中可以看出根据净现值法判断“方案三”为最佳方案，如图8-46所示。用户还可自行使用方案管理器分析并判断内含报酬率法和净现值指数法对应的最佳方案。

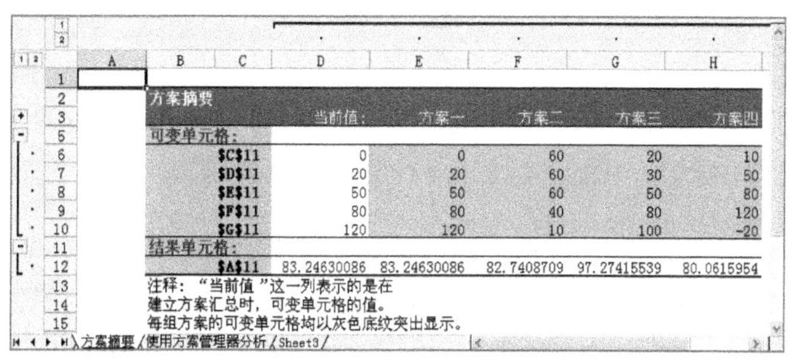

方案摘要	当前值：	方案一	方案二	方案三	方案四
可变单元格：					
$C$11	0	0	60	20	10
$D$11	20	20	60	30	50
$E$11	50	50	60	50	80
$F$11	80	80	40	80	120
$G$11	120	120	10	100	-20
结果单元格：					
$A$11	83.24630086	83.24630086	82.7408709	97.27415539	80.0615954

注释：“当前值”这一列表示的是在
建立方案汇总时，可变单元格的值。
每组方案的可变单元格均以灰色底纹突出显示。

方案摘要 / 使用方案管理器分析 / Sheet3

图8-46 查看方案摘要结果

实训一 制作“长期借款筹资计划表”

【实训目标】

假设企业向银行借款500万元，年利率为10%，借款期限为10年。现需小白制作一张“长期借款筹资计划表”，使用等额摊还法与等额本金法分析年偿还额、支付利息、偿还本金等数据。

要完成本实训，首先要创建“长期借款筹资计划表”工作簿，在其中输入项目数据，然后使用公式和函数计算长期借款筹资还款数据。本实训完成后的最终效果如图8-47所示。

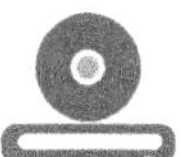

效果所在位置 光盘:\效果文件\项目八\长期借款筹资计划表.xls

长期借款筹资还款计划表

单位：万元

基本数据								
借款金额	借款年利率	借款期限	每年还款期数		还款总期数		分期等额还款金额	
500	10%	10	1		10		81.37269744	
	等额摊还法还款计划表				等额本金还款计划表			
期数	年偿还额	支付利息	偿还本金	剩余本金	年偿还额	支付利息	偿还本金	剩余本金
总计	￥813.73	￥313.73	￥500.00		￥775.00	￥275.00	￥500.00	
0				￥500.00				￥500.00
1	￥81.37	￥50.00	￥31.37	￥468.63	￥100.00	￥50.00	￥50.00	￥450.00
2	￥81.37	￥46.86	￥34.51	￥434.12	￥95.00	￥45.00	￥50.00	￥400.00
3	￥81.37	￥43.41	￥37.96	￥396.16	￥90.00	￥40.00	￥50.00	￥350.00
4	￥81.37	￥39.62	￥41.76	￥354.40	￥85.00	￥35.00	￥50.00	￥300.00
5	￥81.37	￥35.44	￥45.93	￥308.47	￥80.00	￥30.00	￥50.00	￥250.00
6	￥81.37	￥30.85	￥50.53	￥257.94	￥75.00	￥25.00	￥50.00	￥200.00
7	￥81.37	￥25.79	￥55.58	￥202.36	￥70.00	￥20.00	￥50.00	￥150.00
8	￥81.37	￥20.24	￥61.14	￥141.23	￥65.00	￥15.00	￥50.00	￥100.00
9	￥81.37	￥14.12	￥67.25	￥73.98	￥60.00	￥10.00	￥50.00	￥50.00
10	￥81.37	￥7.40	￥73.98	￥0.00	￥55.00	￥5.00	￥50.00	￥0.00

Sheet1 / Sheet2 / Sheet3

图8-47 “长期借款筹资计划表”最终效果

【专业背景】

长期借款筹资还款计划表主要包括等额摊还法与等额本金法还款计划，其中等额摊还法是指各期偿还额相同，且各期本金与偿还利息不同的还款分析方法。而等额本金还款法是指每年偿还本金相同，且偿还利息额不同的还款分析方法。

【实训思路】

完成本实训首先应在创建的“长期借款筹资计划表”工作簿中输入相应的项目数据，然后使用公式，并结合IF函数、ABS函数、PMT函数、IPMT函数、PPMT函数计算长期借款筹资还款数据。其操作思路如图8-48所示。

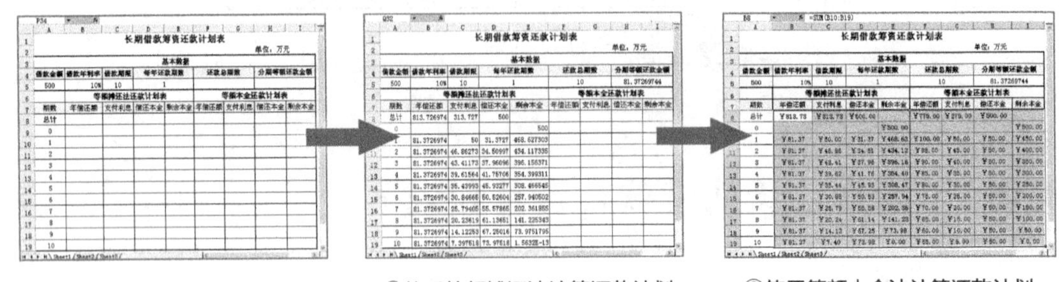

图8-48　制作“长期借款筹资计划表”的思路

【步骤提示】

STEP 1 新建工作簿并以“长期借款筹资计划表”为名进行保存，在其中输入相应的项目数据，并设置单元格格式。

STEP 2 分别在F5单元格中输入公式“=C5*D5”，在H5单元格中输入公式“=ABS(PMT(B5/D5,F5,A5))”，完成后按【Ctrl+Enter】组合键。

STEP 3 在E9单元格中输入公式“=A5”，然后选择B10:B19单元格区域，在编辑栏中输入公式“=IF(A10="","",$H$5)”，选择C10:C19单元格区域，在编辑栏中输入公式“=IF(A10="","",ABS(IPMT($B$5,A10,$C$5,$A$5)))”，选择D10:D19单元格区域，在编辑栏中输入公式“=IF(A10="","",ABS(PPMT($B$5,A10,$C$5,$A$5)))”，选择E10:E19单元格区域，在编辑栏中输入公式“=IF(A10="","",E9-D10)”，选择B8:D8单元格区域，在编辑栏中输入公式“=SUM(B10:B19)”，完成后按【Ctrl+Enter】组合键，进行等额摊还法还款计划。

STEP 4 在I9单元格中输入公式“=A5”，然后选择F10:F19单元格区域，在编辑栏中输入公式“=IF(A10="","",G10+H10)”，选择G10:G19单元格区域，在编辑栏中输入公式“=IF(A10="","",I9*$B$5)”，选择H10:H19单元格区域，在编辑栏中输入公式“=IF(A10="","",$A$5/$C$5)”，选择I10:I19单元格区域，在编辑栏中输入公式“=IF(A10="","",I9-H10)”，选择F8:H8单元格区域，在编辑栏中输入公式“=SUM(F10:F19)”，完成后按【Ctrl+Enter】组合键，进行等额本金还款计划。

STEP 5 选择B8:I19单元格区域，设置其数字格式为“货币样式”，且小数位数为两位。

实训二 建立“租赁筹资分析模型”

【实训目标】

假设企业从租赁公司租入设备，设备的购置成本为150万元，双方商定：租期10年，年利率按10%计算。租金支付的方式可以分别选择按年支付、按半年支付、按季支付、按月支付，租金支付的时点可以分别选择每期的期初支付或期末支付。现需小白建立一张“租赁筹资分析模型”，分析该设备不同租期、不同年利率、不同支付方式、不同支付时点的每期应支付租金。

要完成本实训，首先要创建“租赁筹资分析模型”工作簿，在其中输入并计算数据，然后添加窗体控件实现数据的动态分析。本实训完成后的最终效果如图8-49所示。

效果所在位置 **光盘:\效果文件\项目八\租赁筹资分析模型.xls**

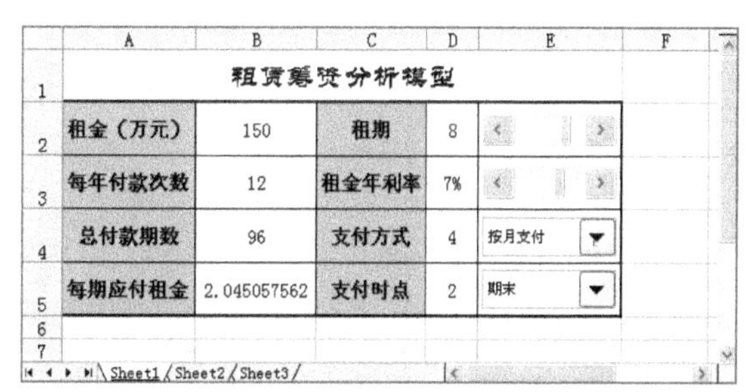

租赁筹资分析模型				
租金（万元）	150	租期	8	
每年付款次数	12	租金年利率	7%	
总付款期数	96	支付方式	4	按月支付
每期应付租金	2.045057562	支付时点	2	期末

图8-49 “租赁筹资分析模型”最终效果

【专业背景】

由于在租赁筹资分析中，承租企业要按合同规定向租赁公司支付租金，因此，财务管理人员就需要对不同的租赁途径、租赁期限、利息率、租金数额、支付方式等因素进行分析，对多个备选方案进行比较，挑选一种最优方案，为管理者进行租赁筹资决策提供重要依据。

【实训思路】

完成本实训首先应在创建的“租赁筹资分析模型”工作簿中输入并计算数据，然后添加滚动条和组合框窗体控件，完成后设置并调整窗体控件查看不同租期、不同年利率、不同支付方式、不同支付时点对运算结果的影响。其操作思路如图8-50所示。

①输入并计算数据　②添加滚动条和组合框窗体控件　③调整窗体控件查看结果

图8-50 制作“租赁筹资分析模型”的思路

【步骤提示】

STEP 1 将新建的工作簿以"租赁筹资分析模型"为名进行保存，在其中输入相应的项目数据，并设置单元格格式，然后在G2:I5单元格区域中输入设置窗体控件的辅助数据。

STEP 2 分别在B3单元格中输入公式"=IF(D4=1,1,IF(D4=2,2,IF(D4=3,4,12)))"，在D3单元格中输入公式"=G2/100"，在B4单元格中输入公式"=D2*B3"，在B5单元格中输入公式"=IF(INDEX(I2:I3,D5)="期末",PMT(D3/B3,B4,−B2),PMT(D3/B3,B4,−B2,,1))"，完成后按【Ctrl+Enter】组合键。

STEP 3 在E2和E3单元格中添加滚动条窗体控件，设置E2单元格中控件格式的"当前值"为"10"，"最小值"为"1"，"最大值"为"10"，"步长"为"1"，"单元格链接"为D2单元格；设置E3单元格中控件格式的"当前值"为"10"，"最小值"为"1"，"最大值"为"10"，"步长"为"1"，"单元格链接"为G2单元格。

STEP 4 在E4和E5单元格中添加组合框窗体控件，设置E4单元格中控件格式的"数据源区域"为H2:H5单元格区域，"单元格链接"为D4单元格，"下拉显示项数"为"4"；设置E5单元格中控件格式的"数据源区域"为I2:I3单元格区域，"单元格链接"为D5单元格，"下拉显示项数"为"2"。

STEP 5 分别调整E2:E5单元格区域中的窗体控件，查看不同租期、不同年利率、不同支付方式、不同支付时点对每期应支付租金的影响。

公式"=IF(INDEX(I2:I3,D5)="期末",PMT(D3/B3,B4,−B2),PMT(D3/B3,B4,−B2,,1))"表示如果I2:I3单元格区域中的值与D5单元格中的值交叉引用同时返回"期末"时，则在B5单元格中计算付款时间在期末的贷款每期付款额，否则，计算付款时间在期初的贷款每期付款额。

实训三　建立"固定资产更新决策模型"

【实训目标】

为确定新旧设备的性能，同时为更准确地显示固定资产更新的必要性，现需小白根据提供的新旧设备信息建立一张"固定资产更新决策模型"，对固定资产进行决策分析。

要完成本实训，首先要创建"固定资产更新决策模型"工作簿，在其中输入相应的项目数据，然后使用公式和函数计算新旧设备的折旧额、所得税、现金流量、净现值等数据，完成后使用条件格式判断是否需要更新固定资产。本实训完成后的最终效果如图8−51所示。

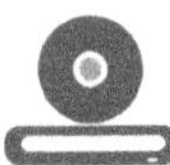

效果所在位置　光盘:\效果文件\项目八\固定资产更新决策模型.xls

	A	B	C	D	E	F	G
1	固定资产更新决策模型						
2	单位：元		资金成本：12%			所得税率：40%	
3		初始投资	预计使用年限	已使用年限	残值	变现收入	净现值
4	旧设备	50000	10	4	0	5000	35,424.41
5	新设备	80000	6	0	5000		68,771.53
6	结论	建议进行设备更新					
7	旧设备现金流量表						
8	旧设备/剩余使用年限	1	2	3	4	5	6
9	销售收入	30000	30000	30000	30000	30000	30000
10	付现成本	20000	20000	20000	20000	20000	20000
11	折旧额	5000.00	5000.00	5000.00	5000.00	5000.00	5000.00
12	税前净利	5000.00	5000.00	5000.00	5000.00	5000.00	5000.00
13	所得税	2000.00	2000.00	2000.00	2000.00	2000.00	2000.00
14	税后净利	3000.00	3000.00	3000.00	3000.00	3000.00	3000.00
15	营业净现金流量	8000.00	8000.00	8000.00	8000.00	8000.00	8000.00
16	终结现金流量						5000.00
17	现金流量	8000.00	8000.00	8000.00	8000.00	8000.00	13000.00
18	新设备现金流量表						
19	新设备/剩余使用年限	1	2	3	4	5	6
20	销售收入	80000	80000	80000	80000	80000	80000
21	付现成本	30000	30000	30000	30000	30000	30000
22	折旧额	26666.67	17777.78	11851.85	7901.23	5401.23	5401.23
23	税前净利	23333.33	32222.22	38148.15	42098.77	44598.77	44598.77
24	所得税	9333.33	12888.89	15259.26	16839.51	17839.51	17839.51
25	税后净利	14000.00	19333.33	22888.89	25259.26	26759.26	26759.26
26	营业净现金流量	40666.67	37111.11	34740.74	33160.49	32160.49	32160.49
27	终结现金流量						5000.00
28	现金流量	40666.67	37111.11	34740.74	33160.49	32160.49	37160.49

Sheet1 / Sheet2 / Sheet3

图8-51 “固定资产更新决策模型”最终效果

【专业背景】

固定资产更新决策是指将继续使用旧设备视为一种方案，将购置新设备、出售旧设备视为另一种方案，将这两种方案按一定的方法进行对比选优，如果前一方案优于后一方案，则不更新改造，而继续使用旧设备；否则，应该购买新设备进行更新。

【实训思路】

完成本实训首先应创建“固定资产更新决策模型”工作簿，在其中输入相应的项目数据，然后使用公式和函数计算新旧设备的折旧额、所得税、现金流量、净现值等数据，完成后使用条件格式判断是否需要更新固定资产。其操作思路如图8-52所示。

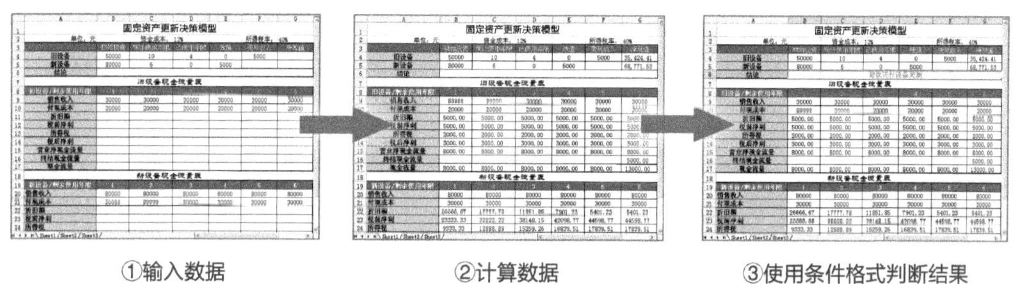

①输入数据 ②计算数据 ③使用条件格式判断结果

图8-52 制作“固定资产更新决策模型”的思路

【步骤提示】

STEP 1 将新建的工作簿以“固定资产更新决策模型”为名进行保存，在其中输入相应的项目数据，并设置单元格格式。

STEP 2 选择B11:G11单元格区域，输入公式“=SLN($B$4,$E$4,$C$4)”，选择B12:G12单元格区域，输入公式“=B9-B10-B11”，选择B13:G13单元格区域，输入公式“=B12*$G$2”，选择B14:G14单元格区域，输入公式“=B12-B13”，选择B15:G15单元格区域，输入公式“=B14+B11”，选择G16单元格，输入公式“=F4”，然后选择B17:G17单

元格区域，输入公式“=B16+B15”，完成后按【Ctrl+Enter】组合键。

STEP 3 选择B22:G22单元格区域，输入公式“=VDB($B$5,$E$5,$C$5,B19−1,B19)”，选择B23:G23单元格区域，输入公式“=B20−B21−B22”，选择B24:G24单元格区域，输入公式“=B23*$G$2”，选择B25:G25单元格区域，输入公式“=B23−B24”，选择B26:G26单元格区域，输入公式“=B25+B22”，选择G27单元格，输入公式“=E5”，然后选择B28:G28单元格区域，输入公式“=B27+B26”，完成后按【Ctrl+Enter】组合键。

STEP 4 选择G4单元格，输入公式“=NPV(D2,B17:G17)”，选择G5单元格，输入公式“=NPV(D2,B28:G28)−B5”，选择B6单元格，输入公式“=IF(G5−G4>0,"建议进行设备更新","建议继续使用旧设备")”，完成后按【Ctrl+Enter】组合键。

STEP 5 选择B6单元格，设置其条件格式为当该单元格数值等于“建议进行设备更新”时，其单元格的字体格式为“加粗，红色”，单元格的底纹为“浅黄”颜色。

常见疑难解析

问：计算投资款金额时，其结果显示为负数，该怎么办？

答：除了可使用ABS函数返回负数的绝对值得到正数外，还可设置相关函数的参数为负数，其结果将显示为正数，如任务一中计算分期等额偿还金额时，除了输入公式“=ABS(PMT(E4/D4,F4,B4))”，还可输入公式“= PMT(E4/D4,F4, − B4)”，它们的计算结果相同。

问：什么是折旧计算，折旧计算使用的函数？

答：折旧计算就是将企业的固定资产在使用年限内，因有形或无形的损耗逐年丧失其应有的功能，因此需要将固定资产的成本在使用年限内转化为现值的过程。在Excel中要快速计算固定资产的折旧值，可使用折旧计算函数，如本项目中使用的SLN函数、VDB函数等。VDB函数是指使用双倍余额递减法或其他指定的方法，返回指定的任何期间内（包括部分期间）的资产折旧值，VDB函数代表可变余额递减法。其语法结构为：VDB(cost,salvage,life,start_period,end_period,factor,no_switch)，其中，cost表示资产原值；salvage表示资产在折旧期末的价值（也称为资产残值）；life表示折旧期限（有时也称作资产的使用寿命）；start_period表示进行折旧计算的起始期间；end_period表示进行折旧计算的截止期间；factor表示余额递减速率（折旧因子），如果省略参数factor，则函数假设factor为2（双倍余额递减法），如果不想使用双倍余额递减法，可改变参数factor的值；no_switch表示逻辑值，指定当折旧值大于余额递减计算值时，是否转用直线折旧法。

问：能否在同一工作表中创建并使用多组方案？

答：当然可以，由于方案报告不会自动重新计算，如果更改方案值后，则这些更改将不会显示在现有摘要报告中，此时可通过编辑方案创建另一组方案和新的方案摘要报告。也可直接添加另一组方案，获取新的方案摘要报告。在同一工作表中创建和保存多组方案值后，选择相应的方案摘要报告即可切换到其中的任一组新方案查看不同的结果。

拓展知识

1. Excel的数据共享

为了提高办公效率，可在网络中共享Excel文档。共享Excel文档分为两种情况：一是在局域网中共享，即多人同时编辑同一工作簿中的数据，它可实现协同办公的目的；二是在Internet上共享，即将Excel文档发布到网络中，供更多人查阅并了解公司情况，实现办公网络化管理。

在局域网中共享Excel文档的具体操作如下。

STEP 1 打开需要在局域网中共享的工作簿，选择【工具】/【共享工作簿】菜单命令，在打开的“共享工作簿”对话框中将工作簿设为共享状态，如图8-53所示。

STEP 2 将其保存到局域网中的共享文件夹中，供其他用户访问。

当工作簿完成共享设置后，其他用户就可使用并编辑该工作簿了，其操作方法与编辑本地工作簿相同，可在其中输入和修改数据。但是为了避免多人在编辑工作簿时产生冲突，还需要对工作簿设置修订。

设置修订的方法如下。

STEP 1 在设置了共享的工作簿中选择【工具】/【修订】/【突出显示修订】菜单命令，在打开的“突出显示修订”对话框中设置时间、修订人和位置等选项，如图8-54所示。

STEP 2 单击 确定 按钮可设置突出显示修订。

另外，还可设置接受或拒绝修订，具体操作如下。

STEP 1 在局域网中的另一台电脑中修订并保存工作簿后，在本地电脑上打开该共享的工作簿，并选择【工具】/【修订】/【接受或拒绝修订】菜单命令，在打开的“接受或拒绝修订”对话框中设置时间、修订人和位置等选项，如图8-55所示。

STEP 2 单击 确定 按钮，在打开的“接受或拒绝修订”对话框中显示出有关修订的详细信息，单击 接受(A) 按钮接受该修订。

STEP 3 单击 拒绝(R) 按钮则拒绝对相应信息所作的修改，完成后单击 关闭 按钮关闭该对话框。

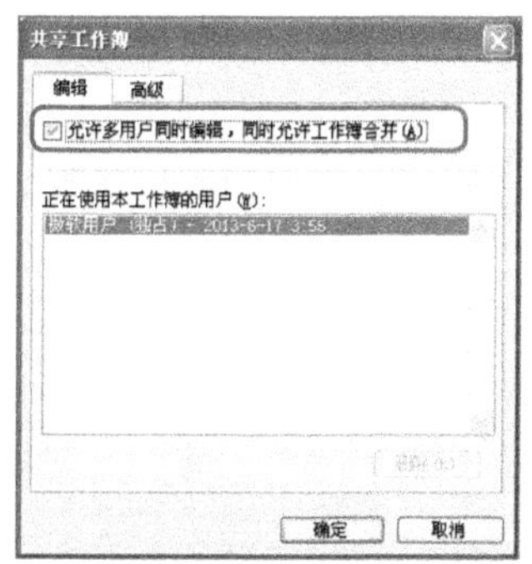

图8-53 设置工作簿的共享状态

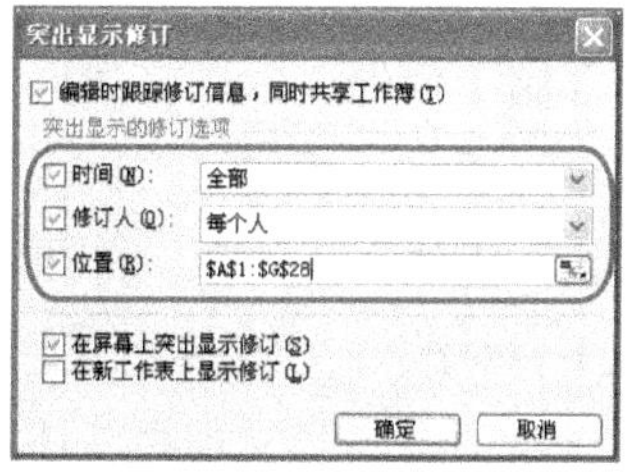

图8-54 设置突出显示

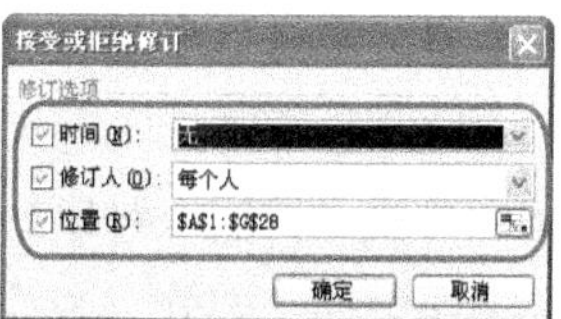

图8-55 设置接受或拒绝修订

知识提示

要在局域网中撤销共享工作簿时，需先确定其他正在编辑该工作簿的用户是否已停止编辑，并已保存和关闭该工作簿，然后选择【工具】/【共享工作簿】菜单命令，在打开的“共享工作簿”对话框的“编辑”选项卡中撤销选中“允许多用户同时编辑，同时允许工作簿合并”复选框即可。

为了方便网络用户随时查阅工作簿中的数据，可在Internet上共享Excel文档的具体操作如下。

STEP 1 在Excel 2003中打开“打开”或“另存为”对话框，在“保存位置”下拉列表中选择“添加/更改FTP位置”选项。

STEP 2 打开“添加/更改FTP位置”对话框，在“FTP站点名称”文本框中输入FTP站点名称，这里假设输入“192.168.0.200”，然后单击选中“用户”单选项，如图8-56所示。

STEP 3 单击[添加(A)]按钮在“FTP站点名称”文本框中输入的站点名称即可添加到“FTP站点”列表框中，然后单击[确定]按钮返回“另存为”对话框，如图8-57所示。

STEP 4 双击添加的站点名称的文件夹选项，然后单击[保存(S)]按钮将工作表保存后，通过IE浏览器打开共享工作簿的FTP站点即可浏览共享在Internet上的表格内容。

图 8-56　添加站点名称

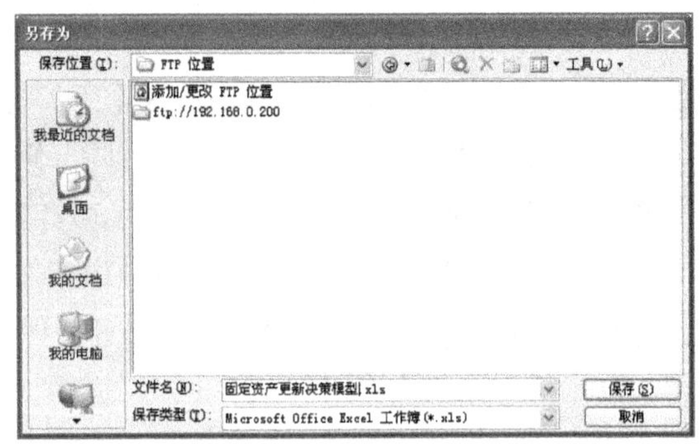

图 8-57　双击添加的站点名称的文件夹选项

知识提示

要想在Internet上共享Excel文档，要求目标FTP站点必须能够支持文件上传功能，同时用户必须拥有向该FTP站点上传文件与保存文件的权限。

2．利用链接与嵌入对象功能实现数据的协同工作

Office 2003中的各个组件之间主要是通过链接与嵌入来实现协同工作的，链接对象和嵌入对象之间的主要差别在于数据存储于何处，以及将数据放入目标文档后如何更新。在链接对象的情况下，只有在修改源文档时才会更新信息。链接的数据存储于源文档中，目标文档中仅存储文档的地址，并显示链接数据的外部对象。如果用户比较注重文档大小，则可以使用链接对象。在嵌入对象的情况下，修改源文档不会改变目标文档中的信息。嵌入对象成了目标文档中的一部分，一旦插入，就不再与源文档有任何联系。在源程序中双击嵌入对象就可以打开主程序并对其进行编辑。

要创建链接或嵌入对象，首先选择单元格作为链接或嵌入对象的存储位置，然后选择【插入】/【对象】菜单命令，在打开的“对象”对话框中执行相应的操作，如嵌入对象或链接对象等。

- **嵌入对象**：在“对象”对话框的“新建”选项卡的“对象类型”列表框中选择需嵌入的对象选项，如图8-58所示，然后单击 确定 按钮即可创建嵌入对象，完成后双击嵌入对象，可对该对象进行编辑。
- **链接对象**：在“对象”对话框中单击“由文件创建”选项卡，单击 浏览(B)... 按钮，在打开的“浏览”对话框中选择需链接的文件，然后单击 插入(S) 按钮，返回“对象”对话框，单击选中“链接到文件”复选框，如图8-59所示，单击 确定 按钮即可创建链接对象，完成后双击链接对象，在Excel中可将该对象切换到相应的程序，在其中对链接的对象进行编辑。

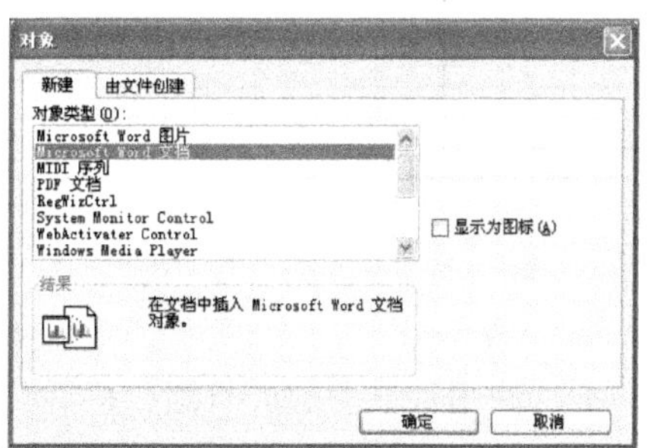

图 8-58　嵌入对象

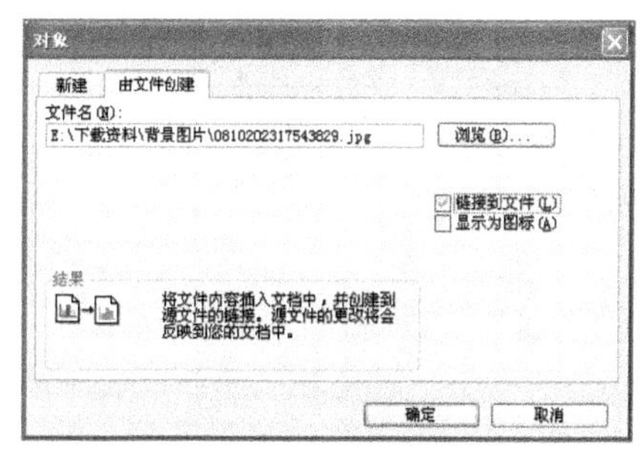

图 8-59　链接对象

在“对象”对话框的相应选项卡中单击选中“显示为图标”复选框后，单击 更改图标(I)... 按钮，在打开的“更改图标”对话框的“图标”列表框中选择相应的图标，在“图标标题”文本框中输入相应的内容，完成后单击 确定 按钮可为链接或嵌入对象的自定义图标和图标标题。

课后练习

效果所在位置　**光盘:\效果文件\项目八\筹资方案比较分析表.xls、固定资产折旧分析表.xls**

（1）制作“筹资方案比较分析表”，其参考效果如图8-60所示，具体要求如下。

- 根据提供的企业采用租赁筹资方案或长期借款方案的相关数据，比较长期借款筹资与租赁筹资两种筹资方案中的现值额，从中选择最优筹资方案，现值额越小表示该筹资方式的可行性越强。
- 前面建立“长期借款分析模型”时已介绍了长期借款筹资方案的现值计算方法，且租赁筹资方案的现值计算方法与长期借款筹资方案的现值计算方法基本相同。

- 这里假设企业采用租赁筹资方式等额偿还租金，由于租金也可抵税，所以租赁筹资方案中的避税额可用公式“避税额=每期应付租金*税率”进行计算。

筹资方案比较分析表												
税率:	33.00%					贴现率:	10.00%			单位：万元		
分析结果					租赁筹资方案							
租赁筹资方案					长期借款筹资方案							
基础数据					基础数据							
租金	年利率	租期	每年还款期数	还款总期数	借款金额	年利率	期限	每年还款期数	还款总期数	每期偿还金额		
300	8%	5	2	10	300	8%	5	2	10	￥37		
每期应付租金	￥37											
现值计算					现值计算							
期限	租金支付额	避税额	净现金流量	现值	期限	等额还款额	偿还本金额	偿还利息额	折旧额	避税额	净现金流量	现值
1	36.99	12.21	24.78	22.53	1	36.99	24.99	12.00	30.00	13.86	23.13	21.02
2	36.99	12.21	24.78	20.48	2	36.99	25.99	11.00	30.00	13.53	23.46	19.39
3	36.99	12.21	24.78	18.62	3	36.99	27.03	9.96	30.00	13.19	23.80	17.88
4	36.99	12.21	24.78	16.93	4	36.99	28.11	8.88	30.00	12.83	24.16	16.50
5	36.99	12.21	24.78	15.39	5	36.99	29.23	7.76	30.00	12.46	24.53	15.23
6	36.99	12.21	24.78	13.99	6	36.99	30.40	6.59	30.00	12.07	24.91	14.06
7	36.99	12.21	24.78	12.72	7	36.99	31.62	5.37	30.00	11.67	25.32	12.99
8	36.99	12.21	24.78	11.56	8	36.99	32.88	4.11	30.00	11.25	25.73	12.00
9	36.99	12.21	24.78	10.51	9	36.99	34.20	2.79	30.00	10.82	26.17	11.10
10	36.99	12.21	24.78	9.55	10	36.99	35.56	1.42	30.00	10.37	26.62	10.26
合计				152.27	合计							150.44

图8-60 “筹资方案比较分析表”最终效果

（2）制作“固定资产折旧分析表”，其参考效果如图8-61所示，根据提供的固定资产的相关数据，对比分析固定资产在不同折旧方法下和不同使用年限下的折旧额、总折旧额与剩余价值。将用到的财务函数如下。

- 使用SLN函数返回固定资产在一个期间中的线性年折旧额和月折旧额。
- 使用DB函数根据固定余额递减法返回固定资产在给定期间内的年折旧额和本年折旧额。其语法结构为：DB(cost,salvage,life,period,month)，其中，cost表示资产原值；salvage表示资产在折旧期末的价值（也称为资产残值）；life表示折旧期限（有时也称作资产的使用寿命）；period表示需要计算折旧值的期间；month表示第一年的月份数，如省略，则假设为12。

固定资产折旧分析表							
直线折旧法分析表				余额递减法折旧分析表			
增加日期	2013年6月1日	资产原值	￥150,000.00	增加日期	2013年6月1日	资产原值	￥150,000.00
可使用年限	10	已使用年限	4	可使用年限	10	已使用年限	4
残值率	10%	月折旧额	￥1,125.00	残值率	10%	本年应折旧金额	￥17,473.98
分析数据				分析数据			
使用年限	折旧额	总折旧	剩余价值	使用年限	折旧额	总折旧	剩余价值
0			￥150,000.00	0			￥150,000.00
1	￥13,500.00	￥13,500.00	￥136,500.00	1	￥30,900.00	￥30,900.00	￥119,100.00
2	￥13,500.00	￥27,000.00	￥123,000.00	2	￥24,534.60	￥55,434.60	￥94,565.40
3	￥13,500.00	￥40,500.00	￥109,500.00	3	￥19,480.47	￥74,915.07	￥75,084.93
4	￥13,500.00	￥54,000.00	￥96,000.00	4	￥15,467.50	￥90,382.57	￥59,617.43
5	￥13,500.00	￥67,500.00	￥82,500.00	5	￥12,281.19	￥102,663.76	￥47,336.24
6	￥13,500.00	￥81,000.00	￥69,000.00	6	￥9,751.27	￥112,415.02	￥37,584.98
7	￥13,500.00	￥94,500.00	￥55,500.00	7	￥7,742.50	￥120,157.53	￥29,842.47
8	￥13,500.00	￥108,000.00	￥42,000.00	8	￥6,147.55	￥126,305.08	￥23,694.92
9	￥13,500.00	￥121,500.00	￥28,500.00	9	￥4,881.15	￥131,186.23	￥18,813.77
10	￥13,500.00	￥135,000.00	￥15,000.00	10	￥3,875.64	￥135,061.87	￥14,938.13

图8-61 “固定资产折旧分析表”最终效果

附录　Excel财务应用表格模板查询

为了有效地帮助财务管理工作人员开展工作，提高工作执行力，我们将与财务应用相关的各个工作环节进行了重新梳理，并在本书配套光盘中的“模板库”文件夹中提供了大量的表单、制度、细节、方案等模板，包括“会计凭证、账簿与报表模板”、“财务分析与预算模板”、“应收应付款模板”、“成本分析和利润管理模板”、“财务审计与税务模板”、“财务控制与投资管理模板”、“固定资产管理模板”等。使用模板时，读者可根据实际情况和工作的具体要求对其进行修改和套用，以提高实际工作效率。

以下为“模板库”中的模板查询索引，供大家查询使用，具体内容请参见光盘。

一、会计凭证、账簿与报表模板

1. 发票.xls
2. 收款收据.xls
3. 领款单.xls
4. 借款单.xls
5. 费用报销单.xls
6. 银行存款调节表.xls
7. 收款凭证.xls
8. 付款凭证.xls
9. 转账凭证.xls
10. 通用记账凭证.xls
11. 普通日记账.xls
12. 现金日记账.xls
13. 银行存款日记账.xls
14. 固定资产明细分类账.xls
15. 材料明细分类账.xls
16. 半成品明细分类账.xls
17. 科目汇总表.xls
18. 总账.xls
19. 资产负债表.xls
20. 利润表.xls
21. 利润及利润分配表.xls
22. 现金流量表.xls

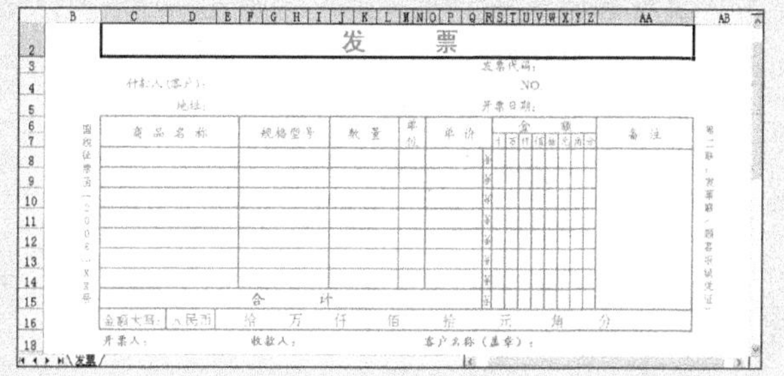
发　票

NO

商品名称	规格型号	数量	单位	单价	金额	备注
合　计						
金额大写：	人民币	佰 万 仟 佰 拾 元 角 分				

银行存款日记账

年		凭证号	结算方式	摘　要	借方金额	核对号	贷方金额	余额
月	日							

资产负债表

编制单位：　　　　　　　　　　　　年　　月　　　　　　　　　单位：元

资　产	行次	期末余额	年初余额	负债和所有者权益	行次	期末余额	年初余额
流动资产：				流动负债：			
货币资金	1			短期借款	31		
短期投资	2			应付票据	32		
应收票据	3			应付账款	33		
应收账款	4			预收账款	34		
预付账款	5			应付职工薪酬	35		
应收股利	6			应交税费	36		
应收利息	7			应付利息	37		
其他应收款	8			应付利润	38		
存货	9	0.00	0.00	其他应付款	39		

二、财务分析与预算模板

23. 主要财务比率分析表.xls
24. 支票期分析表.xls
25. 经济效益分析表.xls
26. 投资效益分析表.xls
27. 月份财务分析表.xls
28. 采购资金预算表.xls
29. 低值易耗品汇总采购预算表.xls
30. 低值易耗品及办公用品需求预算表.xls
31. 广告预算表.xls
32. 制造费用预算表.xls
33. 生产成本预算表.xls
34. 产品成本预算.xls
35. 直接成本预算.xls
36. 管理费用预算表.xls
37. 分公司销售费用预算明细表.xls
38. 销售收入及回款预算表.xls
39. 生产量预算表.xls
40. 融资预算表.xls
41. 预算损益表.xls
42. 预算现金流量表.xls

经济效益分析表

建造名称			建造别出 扩建 新建成 改善	
产品名称	规格	单位	数量	说明
				本工程预计 年 月起
				至 年 月止
				计 月完成

概要	财务	年预计经济效益	实际后经济效益	差异	目标说明
甲、收益项目					
1. 增加产量					
2. 节省人工					
3. 节省物料					
4. 节省费用					
5. 品质改进					
6. 增加效率					
合计					
乙、支出项目					
1. 变动成本					
2. 固定成本					

产品成本预算

编制部门：

产品名称及规格	生产数量	直接材料		直接人工		制造费用			预算制造成本	
		每件定额	预算金额	每件定额	预算金额	分配比例	单位成本	总成本	单位成本	总成本
合计										

审批： 制表：

预算损益表

制表部门： 预算期限 单位：元

项目	行次	本期	数目来源	备注
商品销售收入（含税）	1			
减：销售费用	2			
商品销售成本	3			
商品销售税金及附加	4			
应缴增值税销项税	5			
商品销售利润	6			
减：管理费用	7			
（其中财务费用： 元）	8			
利润总额	9			
减：所得税	10			
净利润	11			

三、应收应付款模板

43. 收款通知单.xls
44. 应收款日程表.xls
45. 应收账款明细表.xls
46. 应收票据冲转明细表.xls
47. 应收票据明细分类表.xls
48. 月份收款状况表.xls
49. 应收账款票据分户明细卡.xls
50. 应收账款票据日报表.xls
51. 应收账款票据月报表.xls
52. 应收应付票据记录表.xls
53. 应收应付账款月报表.xls
54. 内部往来通知单.xls
55. 应收账款分析表.xls

应收账款票据月报表

月份

客户名称	应收账款			应收账款			合计		
	本月	累计	%	本月	累计	%	本月	累计	%

应收应付票据记录表

兑现日期： 月 日 星期

收票日期	发票人	银行名称	支票号码	金额	累计金额	转出记录	日期	受款人	银行帐户

四、成本分析和利润管理模板

56. 产品成本记录表.xls
57. 产品成本控制表.xls
58. 成本费用明细表.xls
59. 成本差异汇总表.xls
60. 成本估价卡.xls
61. 成品汇总表.xls
62. 各产品成本比较表.xls
63. 各批号成本分析比较表.xls
64. 基准单位成本分摊计算表.xls
65. 内部往来利息表.xls
66. 各利润中心周转资金分析表.xls
67. 利润中心费用分摊表.xls
68. 利润中心损益表.xls
69. 利润中心财务状况比较表.xls
70. 利润中心资金支出计划表.xls
71. 利润中心资金预计表.xls

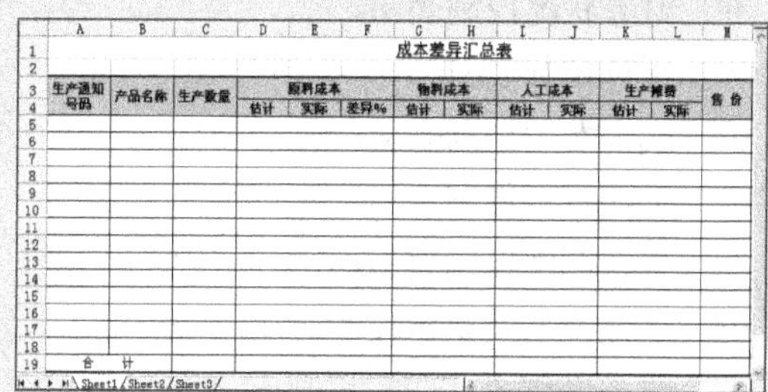

成本差异汇总表

生产通知号码	产品名称	生产数量	原料成本			物料成本		人工成本		生产摊费		售价
			估计	实际	差异%	估计	实际	估计	实际	估计	实际	
合计												

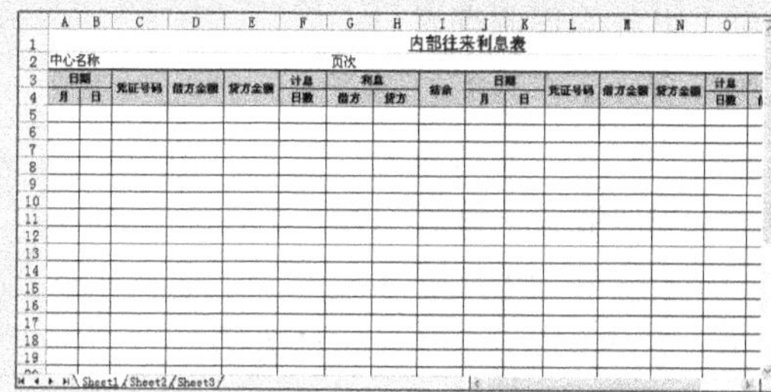

内部往来利息表

中心名称　　页次

日期		凭证号码	借方金额	贷方金额	计息	利息		结余	日期		凭证号码	借方金额	贷方金额	计息
月	日				日数	借方	贷方		月	日				日数

五、财务审计与税务模板

72. 审计工作计划.xls
73. 审计通知单.xls
74. 审计表.xls
75. 审计报告表.xls
76. 稽核工作计划.xls
77. 稽核表.xls
78. 稽核报告表.xls
79. 盘存单.xls
80. 现金盘点报告表.xls
81. 盘点盈亏汇总表.xls
82. 发票缴销登记表.xls
83. 发票领购申请审批表.xls
84. 企业所得税年度纳税申报表.xls
85. 印花税明细申报表.xls
86. 营业税申报表.xls
87. 原料冲退税分析表.xls
88. 税款缴纳记录表.xls

盘点盈亏汇总表

年　月

部门	类别	品名及规格	单位	单价	调整后帐面数量	盘点数量	盘盈		盘亏		差异原因	
							数量	金额	数量	金额	说明	对策

税款缴纳记录表

税款名称	缴纳税款处	标准	上月		下月		合计	备注
			日期	金额	日期	金额		

六、财务控制与投资管理模板

89. 财务状况控制表.xls
90. 预算控制表.xls
91. 成本费用控制表.xls
92. 采购成本控制表.xls
93. 资金调度控制表.xls
94. 保证背书及票据控制表.xls
95. 各金融机关存贷款控制表.xls
96. 损益预算检核表.xls
97. 资金收支实际与预算比较表.xls
98. 财务管理调查表.xls
99. 会计工作分配表.xls
100. 投资专业分析表.xls
101. 投资收益明细表.xls
102. 投资管理卡.xls
103. 重要投资方案绩效核计表.xls
104. 投资经济分析表.xls
105. 直接经营投资影响因素表.xls
106. 投资方案的营业现金流量计算表.xls
107. 投资方案效益检验表.xls
108. 投资计划概算修正比较表.xls

成本费用控制表

年　月

期间 / 科目	本月		上月		本年累计		去年累计	
	金额%		金额%		金额%		金额%	
销货收入净额								
代销收入								
销货收入合计								
直接原料								
直接人工								
制造费用								
销货成本合计								
员工薪资								
文具用品								
交通费								
保险费								
交际费								
邮电费								
佣金支出								

Sheet1 / Sheet2 / Sheet3

投资方案效益检验表

投资编号		投资名称	收回期间	估计投资金额	实际投资金额	预计应收回金额	实际已收回金额	预计回收金额		预计收益率		原因
								预计	修正	预计	修正	
1												
2												
3												
4												
5												
6												
7												
8												
9												
合计												

Sheet1 / Sheet2 / Sheet3

七、固定资产管理模板

109. 增加固定资产申请表.xls
110. 固定资产增减表.xls
111. 固定资产盘存单.xls
112. 固定资产移转单.xls
113. 固定资产减损单.xls
114. 闲置固定资产明细表.xls
115. 固定资产让售比价单.xls
116. 财产保管卡.xls
117. 固定资产登记表.xls
118. 固定资产报废申报表.xls
119. 固定资产停用、封存通知表.xls
120. 无形资产及其他资产表 .xls

固定资产登记表

资产编号	资产类型	名称	型号	品牌	单位	数量	购入时值	现时估值	购入日期	资产来源			使用状况		
										租用	自购	赠送	良好	一般	待报废

登记表 / Sheet2 / Sheet3